El sujeto existente mujer

Libro 3: Haciéndose mujer

Anna Arnaiz Kompanietz

Blog «Comprendiendo la condición sexual humana»:
http://anna-arnaiz-kompanietz.blogspot.com.es/

Portada: «Mujer reinventando el mundo»,
técnica mixta de María Luisa González Gutiérrez
http://pinturademarialuisa.blogspot.com.es/
Foto del cuadro: Rosario García Casas

Índice general

Introducción 11

Haciéndose mujer 29
   1.   Algunas consideraciones respecto al hacerse mujer 29
   2.   La mujer en la niñez 106
   3.   La mujer en la adolescencia 158
   4.   La mujer en la edad adulta 227

Susurros al viento   333

Haciéndose mujer 335
   1.   Algunas consideraciones respecto al hacerse mujer 335
   2.   La mujer en la niñez 365
   3.   La mujer en la adolescencia 386
   4.   La mujer en la edad adulta 415

Bibliografía 456

A todas las mujeres y a los hombres que aman a las mujeres.

Agradecimientos:

Quisiera dar las gracias a las personas que, de una o de otra manera, han contribuido a la elaboración de este libro.

A Rafael Nieto Carlier, que me ha ayudado y me ha apoyado siempre, y que ha revisado el texto y maquetado con mimo este libro.

Le doy las gracias a mi amiga, María Luisa González Gutiérrez por el cuadro que ha pintado pensando en el libro.

También le agradezco a Rosario García Casas la foto que ha hecho del cuadro y que aparece en la portada.

Un especial agradecimiento a Isabel Morant Deusa, escritora, gran profesional e intelectual a la que admiro, por sugerirme el título para este libro.

Asimismo, a Gabriella Buzzatti y a Anna Salvo, autoras del libro «El cuerpo-palabra de las mujeres», publicado por Ediciones Cátedra, que me aportaron el concepto del cuerpo-palabra al leer su texto.

Igualmente, quisiera dar las gracias a mis pacientes, que me han enseñado tanto.

Los progresos de la razón son lentos, las raíces de los prejuicios, profundas.

VOLTAIRE

La manera de hacer es ser.

LAO-TSÉ

Si yo no soy para mí mismo, ¿quién será para mí?
Si yo soy para mí solamente, ¿quién soy yo?
Y si no ahora, ¿cuándo?

REFRANES DEL TALMUD MISNAH ABAT

Introducción

Este tercer libro de la serie «Sujeto existente mujer» versa sobre cómo nos vamos haciendo mujeres en una sociedad dada con su cultura correspondiente, pues, como decía Simone de Beauvoir, no solo se nace mujer sino que se llega a serlo. Se trata de un proceso biográfico de cada una, con acontecimientos y puntos de inflexión comunes y particulares, pero intransferibles y difícilmente narrables, porque suceden en un cuerpo vivo, con sus pensamientos, sueños, vivencias, deseos e intenciones personales. Nos vamos haciendo mujeres singulares en el vivir, desde ese sostenido latido existencial siendo mujeres y reconocidas como tales por los otros con quienes nos relacionamos. Nos hacemos en continuada interacción con los otros en un mundo que nos rodea y nos incluye, y que se va transformando en nuestro mirar, nombrar, actuar y crear.

También este libro es rebelde e invita a la reflexión. Creemos que pensar cuestionando lo dado e intentando comprender contribuye a hacernos más libres, unas creadoras de mundos más lúcidas en el crear. Cada una de nosotras es una libertad existente capaz de crear mundos mejores para vivir en ellos, más justos y humanos; capaz de crear con propósito consciente, crear en belleza, bondad y verdad profundamente humanas. En este escrito tratamos de la experiencia de vivir en nuestra piel sexuada en femenino y sexual, de cómo nos formamos en el devenir madurativo desde que nacemos hasta que morimos; y hablamos desde una mirada femenina, con respeto, comprensión y humanidad.

«Haciéndose mujer» se divide en cuatro capítulos, que abarcan el camino existencial de la mujer desde su infancia hasta su vejez, y tratan de aclarar qué nos sucede en cada etapa, qué deseos nos mueven, qué necesidades y motivaciones. Después, como en los otros libros de este proyecto, añadimos la sección de «Susurros al viento», una especie de resumen susurrante de todo lo dicho en el libro, pero con un estilo diferente, que puede resultar más claro y conciso para el lector, muy útil para reflexionar sobre algunas frases y argumentos.

En el primer capítulo «Algunas consideraciones respecto al hacerse mujer» hablamos de las cuestiones comunes a nuestro caminar evolutivo, individual y colectivo, como la interdependencia entre los seres humanos, hondamente sociales y necesitados de relacionarse con otros; la comunicación, que siempre aporta información y nos va transformando con su «algo más»; la mutua influencia de unos sobre otros, apenas perceptible, pero constante en su acción performativa de los cuerpos-palabra que somos. Cada individuo es creador de mundos en sus relaciones con otros y no se da cuenta de que lo hace, ni sabe cómo lo hace, pero lo hace, quiera o no.

No hay dos mujeres iguales y cada una de nosotras crea mundos únicos e irrepetibles en sus interacciones con otros, despertando diversas potencialidades en estos, tejiendo en común con ellos realidades, que podrían ser otras. Esas continuas interacciones aportan significados con respecto a ser del sexo femenino, significados creadores de sentido existencial en el ser mujer, sentido que puede facilitar o dificultar el desarrollo de nuestras potencialidades como sujetos existentes. Tratamos de explicar cómo introyectamos ese sentido de ser mujer, que nos inclina a ocupar un lugar en el mundo relacional, y, poco a poco, aprendemos qué se espera de nosotras por ser del sexo que somos. Hablamos de la socialización del individuo en una cultura dada. El proceso de socialización del sujeto existente es siempre creador. Nuestra manera de conducirnos no es congénita, se moldea en un continuado aprendizaje en un orden social con su cultura correspondiente; paulatinamente, lo social y lo cultural se torna carnal existente.

Sin embargo, cada sujeto es un individuo activo, que puede transformar su existencia y la de los otros con sus acciones y elecciones, en su poder de decir «sí» y «no» con propiedad o sin ella. Así que, en cualquier instante cabe cambiar de actitud y decidir crear un mundo mejor para vivir en él, porque lo que creamos nos crea también a nosotras, independientemente de si somos conscientes de ello o no. Podemos ir cambiando nuestros guiones de vida desde la comprensión de lo que somos y de lo que hacemos con lo que somos, desde los cambios internos que nacen en nosotras y transmutan nuestros actos y nuestro mundo relacional.

Hablamos de los vínculos afectivos y del amor, que nos transforma y nos hace aprender nuevas verdades sobre nosotras mismas, sobre los otros, sobre las relaciones con ellos y sobre el mundo. El amor que sentimos empapa nuestro ser existente y nos transfigura con su intenso «algo más». La caricia sentida nos da la vida y nos abre a otra piel viva. El amor y la humanidad se hilvanan en el tocar con afecto, en la caricia que moldea el cuerpo-palabra existente. No obstante, el amor que sentimos cambia en las distintas etapas evolutivas del sujeto, en concordancia con su nivel madurativo y sus necesidades.

También hablamos del sometimiento, del poder y de la dependencia. Los conocimientos que adquirimos en continuada interacción con otros performan nuestra carnalidad y la trascienden. El individuo va aprendiendo paso a paso, se aprende algo y eso le lleva a aprender después algo más... Nuestro mundo se amplía y se transforma constantemente conforme desarrollamos nuestras capacidades y aprendemos nuevas habilidades. Cada mujer es una historia inacabada mientras esté viva, y cabe elegir la prosa o el verso con los que la narramos; en cualquier caso, puede ser un canto de libertad y de hermosura en el *ser* carnal y real, única y maravillosamente imperfecta.

Nuestra vida es un proyecto consciente o no, que se oculta tras nuestras elecciones y decisiones. Tendemos a reproducir aquello que aprendemos en nuestro proceso de socialización, y ese proceso es diferente para los dos sexos. Los mensajes que internalizamos repercuten en las expectativas, sueños de felicidad, cometidos y papeles sociales. La diferencia sexual se entrelaza con la desigualdad social, característica del orden social patriarcal. La perversa y perniciosa premisa de la supuesta «inferioridad» femenina se inscribe de forma inconsciente en la carne existente que somos. La diferenciada distribución del poder social entre los sexos se graba en los cuerpos-palabra y nos moldea en nuestra carne existente, que siente y piensa en cada latido de su ser. Sin querer ni pretenderlo, sin ser conscientes de ello, nos convertimos en vivos recordatorios de las verdades establecidas, porque las comunicamos de modo inconsciente al relacionarnos con otros, no en vano la manera en que se nos socializa en un orden dado respalda el engranaje de poder de dicho orden. Si a las mujeres se les inculca desde pequeñas que el poder femenino es insano y aberrante, no tenderán a desarrollarlo, salvo que se rebelen y se posicionen conscientes en contra de esta creencia.

Así que hablamos de la jerarquía entre los sexos, que nos gobierna en el orden patriarcal; de la misoginia, del machismo y del androcentrismo, y de sus repercusiones en nuestras existencias. Esos discursos sociales propician una mala relación entre los sexos y entorpecen el desarrollo de los sujetos existentes que conviven en su influencia, porque los discursos sociales crean realidades, no pasan sin causar efectos en las personas y en sus interacciones. Poco a poco, y sin que nos demos cuenta, lo social y lo cultural se muta en carnal existente.

Las mujeres nos vamos haciendo en una cultura que estimula el desarrollo de unas «virtudes» femeninas, que nos conducen a una serie de creencias, expectativas, tareas, hábitos...; son códigos culturales que rigen la interacción entre los sexos y nos forman como individuos sociales. Cabe reflexionar sobre qué tipo de comportamientos femeninos se prescriben en nuestra cultura. ¿Por qué a las mujeres se las sigue alentando a gustar y a ser deseadas, y no se refuerza su condición de sujetos reales y carnales, dueños de sí mismas e independientes? ¿Por qué sigue siendo vigente en nuestras sociedades modernas el mensaje de que el poder femenino es la belleza? ¿Para qué sirve? ¿Qué desean las mujeres? ¿Desear ellas mismas o ser objetos de deseo de otros? Desear ser sobre todo deseadas se relaciona con la socialización de las mujeres en una cultura que ensalza la figura femenina como objeto de deseo del hombre. Es lo que se nos comunica desde pequeñas. Fijémonos de qué sexo son los héroes de las historias que se nos narra desde que nacemos.

Generalmente, los héroes son los hombres, y las mujeres figuran como secundarias, como sus amadas y deseadas, sus colaboradoras o contrarias, y, también, como sus víctimas, pues el arquetipo complementario del héroe es el de la víctima. La identificación femenina con el papel de víctima debilita a las mujeres y las aleja del poder, perpetuando su posición social subordinada.

Y hablar de la cultura y de la socialización nos conduce a hablar de la educación. ¿Cómo nos educan a las mujeres? ¿Para qué se nos prepara? ¿Qué verdades nos cuentan? Nos nutrimos de una multitud de falsedades que conservan las relaciones de poder entre los sexos en el orden patriarcal. Se nos educa para adaptarnos a un orden social injusto y asumir el papel social del sexo con menos derechos y oportunidades reales para su desarrollo, de un sexo en desventaja social. Mediante la educación se logra que la dependencia y la subordinación de las mujeres sean muy profundas, y muchas se sienten realizadas en su papel de secundarias, satisfechas sirviendo al éxito de los otros. A las mujeres se nos educa para sentirnos contentas siendo del sexo subordinado socialmente, y se nos recompensa por aceptarlo y no rebelarse.

Asimismo, se nos enseña a tener miedo a la libertad, miedo a decidir, a ser protagonistas, miedo al rechazo, a la soledad, a la violencia, miedo al hombre... El miedo es un instrumento eficaz para limitar al individuo y encauzar sus acciones; el miedo sirve para controlar y dominar. También la culpabilidad sentida sirve para lo mismo, y sentirse culpable sin razón es algo muy femenino, porque hagamos lo que hagamos no nos podemos convertir en la medida de excelencia para los dos sexos, es decir, en un sujeto varón. Pero lo cierto es que no tenemos por qué adecuarnos a los modelos masculinos, lo que tenemos que hacer es reescribir nuevas formas de medir, las que no nos condenen a ser las eternas secundarias en comparación con los hombres. Los dos sexos son diferentes, magníficos en su ser sexuados y sexuales de igual valor.

La educación de las mujeres en nuestras sociedades patriarcales y androcentristas ha sido un eficaz instrumento para preservar el orden social dado haciéndonos sentir «naturalmente» inferiores como sexo. No se ha estimulado en la mujer la adquisición de una buena autoestima, no se han valorado sus obras, ni las cotidianas, necesarias para que la vida fluya, ni las excepcionales, que pasan sin ser destacadas. ¿Para qué hacerlo? ¿Para que se desordene el orden patriarcal? Si las mujeres siguen creyendo en su «inferioridad» e «insuficiencia», en que la autoridad y el conocimiento les son ajenos, serán sumisas y colaborarán en su subyugación. Las mujeres deberíamos posicionarnos desde nuestro poder en el *ser* y entender que nadie puede hacernos sentir inferiores sin nuestro consentimiento consciente o no. Si las mujeres cuestionamos las verdades y las creencias internalizadas en nuestro proceso de socialización, nuestras experiencias de vida pueden cambiar y podríamos caminar más libres, más orgullosas de ser mujeres, heroínas de nuestras narraciones.

Por lo general, los individuos no somos conscientes de la forma en que nos relacionamos, ni de cómo influimos en otros con nuestras acciones y palabras. No nos educan para respetar la maravilla errante que es el ser humano, sino para ejercer poder sobre otros, para valorar el dinero y las posesiones. El tener tiende a suplantar al ser. No nos educan en justicia social sino en injusticia, que estructura nuestro orden social y normaliza el gobierno de los hombres sobre las mujeres, lo cual es nefasto para todos los sujetos, pues daña su ética. La infravaloración de las mujeres y los prejuicios contra el sexo femenino son un verdadero problema de las relaciones humanas. Es necesario abrir una gran interrogación en muchas cosas que hemos aceptado como verdades, y cuestionar, reflexionar y crear con el propósito de *ser*, ser en respeto, en igualdad y solidaridad entre los sexos, ser en un mundo mejor, en cooperación y entendimiento, y crear en hermosura humana. Una buena educación que predisponga a cada sexo a favor del otro es necesaria para lograr unas buenas relaciones entre ellos.

Todas las personas formamos una inmensa red de intervenciones y relaciones, una red plástica, cambiante y constantemente activa. El poder de transformar la realidad está en las personas y se expresa en cada instante vivido. Somos nosotras las que podemos decidir qué camino seguiremos a partir de ahora, en este mágico momento que puede hacer nacer a la maravillosa mujer que cada una oculta en la hondura de su ser.

Todos, mujeres y hombres, podemos cuidar de otros, todos estamos capacitados para amar, empatizar y contribuir a que el otro se sienta a gusto y feliz. ¿Existe algo más noble, generoso y elevado? Sin embargo, en nuestras sociedades apenas se valora este tipo de creación sostenida. Las personas que aman y enseñan a amar deberían ser muy valoradas, pero, hoy por hoy, no es así en nuestras sociedades. De todas formas, el cuidar de otros no tendría que asociarse con el autodescuido. Es importante aprender a ser la mejor amiga de sí misma, es un verdadero tesoro existencial que nadie nos podrá quitar. Somos nosotras las que siempre estamos ahí, en nuestra sentida piel. La relación personal con una misma es la más decisiva que existe, es donde todo nace, donde se escribe la narrativa de vida propia, de la propia sexualidad, erótica y amatoria.

Cada mujer pasa por distintas etapas evolutivas en su maduración y esas etapas suceden en los cuerpos sexuados y sexuales que somos, no fuera de nosotras ni en un mundo de ideas a propósito de la condición sexual humana. Hablamos del cuerpo vivo, con su sexualidad, erótica y amatoria particulares, de la mala educación sexual que se nos da, la cual dificulta un desarrollo íntegro del sujeto mujer. Si las personas no comprendemos lo que somos, si no apreciamos el milagro existente que somos por ser reales, vivas y carnales, no nos desenvolveremos bien ni nos relacionaremos bien unas con otras. La realidad interna del individuo se prolonga en la externa, en la realidad compartida en relación y comunicación con otros. Deberíamos cambiar nuestra consideración de ser cuerpo, de ser sexuados y sexuales, asignarle el gran valor que supone ser sujeto existente real, reivindicar nuestra profunda y maravillosa humanidad. Las mujeres nos avergonzamos demasiado de ser cuerpos reales y no unos ideales incorpóreos, fantaseados por mentes que huyen de lo real, y, en su ceguera existencial, no valoran lo majestuoso del hecho de *ser* carnal, de estar vivo y crear mundos, únicos e irrepetibles en cada instante vivido.

Hablamos de qué deseamos las mujeres, de cómo nos comportamos en el amor y en el sexo, en ese *continuum* existencial trepidante que vivimos y que nos crea en ese proceso narrativo de lo que somos. Todo lo que tocamos cambia y las personas cambiamos en el tocar y ser tocadas. Las mujeres debemos decidir de una vez *ser* en primera persona y relacionarnos de igual a igual con los hombres, y elegir a los buenos, a aquellos que colaboran con nosotras y nos ayudan a vivir en justicia y humanidad. Es muy importante elegir bien y tener claro que el amor no lo justifica todo, que el mal trato no se debe consentir y, si existe, la relación con ese otro que trata mal no conviene. A todas se nos debe tratar bien y más las personas que se supone que te quieren y te desean.

Construirnos en sujetos es el gran tema de las mujeres, y se entrelaza con el logro de una vida propia, con un sentido propio de la existencia, no solo como ser para otros. La transformación en sujeto es un proceso laborioso y largo, requiere perseverancia, esfuerzo y compromiso, una determinación en el ser. No olvidemos que buscar el hondo placer de *ser*, de ser una mujer real que está a gusto en su piel, es una acción de rebeldía, un canto a la libertad que trastoca el mundo que nos rodea y a los otros con los que nos relacionamos. Las mujeres tenemos que aprender a mimar ese potencial placer de *ser*, de ser nosotras mismas, perfectas en nuestra imperfección real, y dejarle manifestarse en sus distintas formas en cada una de las etapas de nuestras vidas. Tenemos que concentrarnos en el momento presente y crear con propósito, conscientes, porque cada instante es un mágico y misterioso nacimiento de otros. Si dejamos morir a la gran mujer que existe en cada una de nosotras se perderán los mundos que podrían nacer de su intervención. De nosotras depende cambiar de mirada y empezar a valorar a nosotras mismas y nuestras acciones de una manera diferente, más humana y justa. La bondad, la solidaridad, el amor y el respeto mutuo son fundamentales para practicar la ética del cuidado en ambos sexos y lograr buenas relaciones entre ellos. De estas cuestiones y de muchas más tratamos en el primer capítulo.

En el siguiente, nos situamos en la niñez de la mujer. La historia de cada bebé nace en su comunión con las personas más allegadas, en una profunda y dramática dependencia para sobrevivir en el mundo. ¿Cómo la bebé adquiere los significados que le explican las cosas que existen y califican a las personas que interactúan en ese mundo? ¿Cómo se comunica con los otros e intenta controlar algo su incierta y menesterosa realidad? ¿Cómo crecemos y vamos madurando en el aprendizaje? ¿De qué modo el primer mundo sensitivo de la bebé pasa a ser también cognitivo?

Hablamos de las particularidades de esta etapa evolutiva de la mujer, de cómo vamos internalizando los significados, las «verdades» y los comportamientos atribuidos a nuestro sexo, de las características y circunstancias de hacerse mujer, de nuestro desarrollo diferenciado, pues acontece en un cuerpo-palabra sexuado en femenino, no fuera de él. Las habilidades y los intereses de las niñas se distinguen de los de los niños, y es bueno tenerlo en cuenta. Los dos sexos no son lo mismo, la diferencia sexual existe y habría que no ignorarla, habría que darle valor, pues es humana, es real, es nuestra.

Este capítulo trata de cómo vamos madurando en la niñez, cómo se nos socializa en un orden dado con su cultura correspondiente; trata de la educación y del constante aprendizaje, tanto en la familia como en la escuela; de la adquisición de habilidades tan importantes y vitales como el tocar, comunicarse, hablar, besar, confiar, leer, comportarse, relacionarse, jugar con otros, compartir, tratar a los demás, amar... ¿Qué verdades y comportamientos aprenden las niñas? ¿Para qué sirve este aprendizaje? ¿Qué consecuencias tiene? Nuestras experiencias modelan lo que somos y derivan en expectativas; vamos escribiendo la narración de nuestra existencia palabra a palabra vividas.

La familia, la escuela y el grupo de iguales son unos eficaces instrumentos socializadores de las niñas, por eso nos detenemos en ellos y en cómo educan. ¿Cómo preparan a las niñas para ser en el orden social en el cual se relacionan con otros? ¿Qué desarrollo fomentan? ¿Qué peculiaridades cabría destacar de las niñas en su familia, en la escuela y en sus relaciones con sus pares?

En cada etapa de su desarrollo las niñas cambian y asimismo cambian sus formas de percibir el mundo, su estar en él, su conciencia de ser, sus maneras de relacionarse con otros, su cuerpo existente, sus pensamientos, emociones, vivencias, deseos, sueños, intenciones conscientes o no. En cada etapa, conforme las niñas van madurando, emergen nuevos mundos, y ellas tienen que aprender a desenvolverse en ellos y seguir avanzando o no. Para poner orden en su realidad y entender tantas novedades existenciales se recurre a la inteligencia, que se va desarrollando en el uso. La conciencia de ser de la niña va madurando.

También hablamos de la sexualidad de la niña, de la identidad sexual, de lo que desea la mujer en la etapa infantil, de la masturbación, las fantasías sexuales y los juegos, de los abusos y posibles traumas biográficos, de las primeras experiencias en el amor y en el sexo, y de la educación sexual. ¿Qué pasaría si diésemos una buena educación sexual a nuestros pequeños de ambos sexos? ¿Qué pasaría si las niñas aprendieran a sentirse orgullosas en su sentida piel, sexuada y sexual? Sin duda, el mundo en que viviríamos todos sería más feliz y digno, un mundo mejor. Influir en la felicidad de las personas debería de ser la base de la educación sexual y también de todas las relaciones humanas.

El siguiente capítulo trata de la mujer en la pubertad y la adolescencia, etapas repletas de grandes y sorprendentes cambios, de nuevas vivencias que enriquecen el bagaje biográfico del sujeto mujer. Su cuerpo se transforma y su conciencia de ser cambia también, se vuelve más racional y reflexiva, más ecológica y responsable; cambia su mundo entero, ampliándose más, y tornándose más profundo. La adolescente ya es capaz de reflexionar sobre sí misma, sobre el mundo y los demás. Es una época de dudas, cuestionamientos, inseguridades, descubrimientos inesperados, nuevas vivencias y frecuentes crisis identitarias. El sujeto mujer va avanzando por su senda existencial hacia su potencial autonomía.

Hablamos del despertar hormonal cíclico que acontece en esta etapa, de la menstruación, una importante experiencia, pues reorganiza la imagen corporal de la adolescente y su realidad, introduciendo nuevas capacidades y peligros, reafirmando su identidad sexual e intensificando las vivencias corporales. Las chicas se vuelven conscientes de sus genitales, que, además, sangran mensualmente. Su esquema corporal y la relación consigo misma y con los demás cambian. También cambia su desear. Las adolescentes empiezan a darle mucha importancia a ser deseadas por los demás. Internalizan que la belleza es un claro valor para la mujer y un poder femenino para ascender socialmente en el orden social en el que conviven con otros. Por lo general, las chicas cuidan su aspecto y aprenden a comportarse para atraer a otros.

Las adolescentes también apuestan por el ritual académico para ascender socialmente, procuran ser buenas estudiantes, porque en ello les va el lograr tener una profesión, una vida propia sin depender económicamente de otros: cuestión radical en el planteamiento existencial de cada sujeto adulto. Además, ser buenas estudiantes se relaciona con la «honra» femenina de esta etapa, con ser «buenas» chicas y no dar disgustos ni problemas a sus padres.

En este capítulo, dedicado a las transformaciones adolescentes del sujeto existente mujer, hablamos de muchas cosas: de las peculiaridades femeninas en el desarrollo, de la socialización y la educación en la familia, la escuela y en el grupo de iguales, de la relación con ambos padres y el conflicto con ellos, de las traumas y posibles abusos, de la autoestima, los frecuentes trastornos alimentarios, nuevos impulsos instintivos y miedos, de los afectos y del amor, de la sexualidad, la erótica y la amatoria adolescentes, de la educación sexual... ¿Qué educación sexual reciben las adolescentes? ¿Les ayuda a aprender a relacionarse bien consigo mismas y con los otros?

Es muy importante comprender lo que somos y qué nos sucede para poder cambiar aquello que no nos hace bien y comenzar a caminar más erguidas por la vida, más orgullosas de ser mujeres, sujetos existentes con plenos derechos a su propio desarrollo. Las adolescentes pueden aprender a ser sus mejores amigas, las que siempre apoyan y ayudan, las que saben decir «sí» y «no» a sí mismas; pueden aprender a confiar en sí mismas; a quererse y respetarse de verdad a sí mismas; a pensar bien y diferenciar los pensamientos que les ayudan a vivir a gusto en su propia piel y crecer, de aquellos que les hacen daño y dificultan su caminar. No se suele enseñar estas habilidades a las adolescentes, pero qué importante es desarrollarlas.

En esta etapa, las chicas pueden asumir que su vida es el asunto más importante para ellas y la tienen que construir bien. Además, pueden tomar una gran decisión: no ser misóginas, y comportarse de forma solidaria con sus compañeras. El buen trato entre mujeres es un valor a cultivar y cabe comenzar a hacerlo siendo adolescentes. Asimismo, es muy importante que las chicas aprendan a exigir un buen trato en sus relaciones con otros, y eso implica tener muy claro que el amor no lo justifica todo, que las personas que te aman de verdad no te tratan mal, sino que intentan cuidarte y ayudar; implica aprender a identificar los posibles riesgos y evitarlos, y decidir, siempre que sea posible, no vivir experiencias dañinas. Las adolescentes pueden construir una buena existencia para sí mismas, que repercutirá en la de los demás con los cuales se relacionen.

Hablamos de la sexualidad, la erótica y la amatoria, de la masturbación, el primer coito, los orgasmos... Las adolescentes sueñan con el amor y con encontrar a esa persona con la que formarán una pareja. Las chicas fantasean e imaginan, construyen sus deseos y sus fantasías desde lo conocido, desde lo que perciben en su medio social con su cultura correspondiente. Su soñar se perfila en las narraciones de otros, que reciben por doquier. Es bueno que las adolescentes conozcan sus fantasías e ideales de felicidad, porque las pueden motivar a crear unas realidades y no otras, también posibles.

Es importante que las adolescentes se comprometan con su propio desarrollo como sujetos existentes que son, que se relacionen con los otros que les hacen bien, que logren crear buenas relaciones con otros y eviten las relaciones perjudiciales, que aprendan a cuidarse de verdad, que se rodeen de estímulos que cultiven su mente: con buena música, lectura, cine, teatro, arte, conversaciones... El entorno influye en nuestro desarrollo y puede favorecerlo o dificultarlo. Es conveniente que las chicas comprendan que el cultivo de sí es tarea de una misma.

También es importante hacer ejercicio, aprender a comer bien, evitar los hábitos tóxicos como fumar, consumir alcohol o drogas... El tabaco y el alcohol son unos tóxicos muy potentes y destructivos para las adolescentes. Las chicas pueden decidir no dañar sus organismos, porque es bueno para ellas, y tomar esta decisión es una muestra de inteligencia. Son ellas las que deben cuidar de sí mismas, cuidarse con profundo respeto y amor hacia esa frágil fortaleza carnal que son. La vida es para vivirla bien, para disfrutar con el viaje existencial y crear cosas y actos de los que podamos estar orgullosas y que contribuyan a que ese maltratado mundo nuestro sea mejor. En eso creo, en que todos somos importantes para construir un mundo mejor en que vivir junto a otros, y, en un momento de nuestro caminar existencial, podemos darnos cuenta de esto y decidir crear con mayor lucidez, propósito y humanidad, con más amor y cuidado.

El último capítulo trata de la edad adulta de la mujer y abarca la juventud, la madurez y la vejez. ¡Cuántos acontecimientos en esta larga y apasionante etapa! El objetivo óntico del sujeto adulto es llegar a realizarse como tal, sujeto autónomo, dueño de sí mismo y de su vida. La autorrealización supone desarrollarse como persona y ser responsable de sí misma, implica integrar las múltiples facetas como sujeto social de pleno derecho, objetivo que no siempre se logra, pues requiere un esfuerzo continuado, perseverancia y cierta rebeldía en el ser mujer en un orden patriarcal, que ni valora ni honra el trabajo personal que supone conseguirlo. No se educa a las mujeres para ser sujetos sociales de primer orden, ni se legisla protegiendo sus oportunidades para combinar la condición de trabajadora o profesional con la de ser madre. No se les enseña el sentido de valía independiente. El orden patriarcal favorece que las mujeres vivan a través de los demás en vez de pretender su propia realización como sujetos existentes de pleno derecho a ser en primera persona.

La socialización de la mujer suele provocar la ignorancia de sus potencialidades, subrayando algunas de sus facetas, útiles para preservar el orden establecido y la relación entre los sexos que lo perpetúa. Las mujeres adultas tienen que aprender a vivir a pesar de..., a rebelarse para ser y a deshabituarse a estar en un segundo plano en la propia narración de sus vidas. Las mujeres adultas tenemos que desaprender muchas cosas, y decidir comportarnos como sujetos de pleno derecho al propio desarrollo en nuestras relaciones con otros. La mayor parte del comportamiento es inconsciente y el «darse cuenta» es un paso importante para crear una realidad relacional nueva, más interesante y digna para el sujeto existente mujer. No olvidemos que el sentido de la existencia se organiza en torno al relato que se hace de ella.

Hablamos de los temas ocultos que estructuran nuestras vidas narradas en femenino, temas decisivos que, sin embargo, pasan desapercibidos para nosotras mismas. ¿Qué es lo importante para las mujeres en sus vidas? ¿Qué motivaciones las mueven en su manera de decidir? ¿De dónde nacen esas motivaciones? ¿Qué valoramos las mujeres? ¿Por qué muchas mujeres se conforman con el papel de subordinadas sociales y se sienten satisfechas e, incluso, felices en su desempeño?

Nos detenemos en el matrimonio y en la maternidad, y procuramos hablar con autenticidad existencial, sin idealizarlos ni demonizarlos. ¿Qué supone para la mujer ser madre? ¿Cuál es la letra pequeña de ese trascendente contrato? La mujer cambia al casarse, y más al ser madre, todo su mundo cambia, tanto el externo como el interno. Después de ser madre ya no podrá prescindir de esa condición, salvo excepciones, que las hay, y sentirá un profundo vínculo con sus hijos, vínculo emocional del que quizás no logre desprenderse nunca, pues sus hijos se crearon dentro de ella, fueron en su interior y lo transformaron más allá de la voluntad de la mujer. Hablamos de las relaciones de la madre con sus hijos de ambos sexos, pues existen peculiaridades en el trato con ellos dependiendo del sexo del que son, y eso sucede tanto si lo queremos como si no, sin que nos demos cuenta de eso.

Es bueno que los dos sexos comprendan que hay grandes diferencias entre ellos, y esas diferencias se manifiestan en distintas esferas, no solo en su anatomía, sino también en su psiquismo, en su esfera emocional, sensibilidad, expresividad, palabra, gesto, mirada, autoestima, sexualidad, erótica y amatoria, que van moldeándose a lo largo de esta etapa adulta. Si ignoramos las peculiaridades de ambos sexos seguramente no llegaremos a entender lo que somos y no podremos relacionarnos bien. No debemos quitarle el valor a ser sexuados y sexuales, nos deshumaniza relegándonos a vivir en el mundo de las ideas a propósito de... Somos reales, somos carnales, y a mucha honra. Somos unas fascinantes y continuadas fuentes de creación. No reduzcamos nuestra inmensa profundidad carnal a una ablativa caricatura. Comprender y valorar nuestras diferencias es importante para que nos relacionemos mejor, de igual a igual, con respeto entre los sexos y admiración mutua.

El cuerpo-palabra de la mujer adulta se va transformando en la etapa adulta, su energía va cambiando con los años. Queramos o no, no podemos salir del cuerpo que somos, aunque algunas se ubiquen en el espejismo de ser incorpóreas; vivimos en y desde nosotras mismas corpóreas y reales. El cuerpo, entendámoslo o no, está vivo y se expresa constantemente sin palabras dichas en una increíble fisiología interna. Todo lo que vivenciamos tiene su traducción interna en diversas sustancias, hormonas, neurotransmisores, activaciones celulares, transformaciones pasajeras o permanentes... El cuerpo cambia en los embarazos, la lactancia, la menopausia, la vejez... Nos detenemos en esos períodos existenciales y en cómo influyen en la sexualidad femenina, en nuestra erótica y amatoria.

¿Qué es lo «normal» en la sexualidad femenina? Mientras las mujeres corroboremos las «verdades» de siempre, referentes a nuestra sexualidad, seguiremos contribuyendo a que se nos ignore como sujetos sexuales de igual valor y derechos que nuestros compañeros los hombres. Reconocerse como sujetos sexuales implica valorar la propia condición sexual. La sexualidad femenina no debe convertirse en servil reflejo de la masculina, tiene sus propias palabras y ricas peculiaridades por conocer. Las mujeres deberíamos reconocer y honrar nuestras propias vivencias, así nos conoceríamos mejor; deberíamos aceptar y legitimar nuestras experiencias de mujeres. La belleza, la verdad y la bondad anidan en el cuerpo-palabra sexuado en femenino, y podemos disfrutar hondamente descubriendo y reivindicando nuestra propia sexualidad. ¡Cuántos placeres! Sentir placer en la existencia diaria es una acción de rebeldía de la mujer, pues ella no se resigna a su apocamiento en el ser. No olvidemos que todas las mujeres, tengan la edad que tengan y sean como sean, pueden sentir placer en su viva piel, un placer profundo, reconfortante, gratuito, libre, creador... Tenemos que darle valor al placer en el ser mujer y aprender a cuidarlo como un auténtico tesoro existencial.

También hablamos de las excitaciones y de los orgasmos femeninos. ¿Qué nos ocurre cuando nos excitamos? ¿Qué peculiaridades tienen los orgasmos femeninos? Nos detenemos en la experiencia del primer orgasmo, en la masturbación adulta, en el primer coito, en cómo vamos madurando sexualmente las mujeres, en cómo cambiamos con la edad...

Y ¿qué sucede con nuestro desear, con nuestra erótica? ¿Qué desean las mujeres? ¿Cómo van transformándose sus deseos y sus fantasías, sus imágenes de felicidad soñada? El imaginario de las mujeres es un rico y secreto paraje, que las nutre con las diversas ensoñaciones que colorean su cotidianidad. ¿Con qué sueñan las jóvenes? ¿Esos sueños permanecen inalterables a lo largo de la etapa adulta? Asimismo nos detenemos en la orientación del deseo de la mujer adulta. ¿La orientación del deseo de la mujer adulta puede variar con los años? Explicamos las peculiaridades del deseo sexual femenino y sus matizaciones en los tiempos vividos de la mujer.

Por último, hablamos de cómo nos conducimos las mujeres adultas en el amor y en el sexo. ¿Nuestra amatoria cambia con la edad? Hoy en día, las relaciones sexuales y las amorosas ocurren a cualquier edad. ¿Qué buscamos las mujeres adultas en el amor y en el sexo? ¿Hablamos de ello con nuestras parejas? ¿Es fácil hablar de sexo y del amor con los hombres? ¿Cuándo aprendemos a decir «no» sin sentirnos culpables? ¿En qué momento nos armamos de valor para plantear las cosas que nos afectan de manera sincera, con asertividad existencial? ¿Por qué a veces repetimos las mismas historias con diferentes personas? ¿Cómo puede suceder esto? ¿Qué nos hace el amor y el sexo? ¿Existen las relaciones tóxicas? Las mujeres tenemos que tener cuidado al elegir a esos otros con quienes nos relacionamos, pues los errores pueden costarnos demasiado caro, incluso la vida. Tenemos que cuidarnos a nosotras mismas y no ponernos en riesgo ni en nombre del amor, ni en el del deseo, bondad, generosidad o sacrificio. No tenemos que expiar ninguna culpa por ser mujeres.

Es importante que las mujeres sigamos aprendiendo y conquistando el saber. Tenemos una ardua tarea: desaprender muchas de las cosas aprendidas, cosas que nos impiden ser en libertad, realizarnos como sujetos existentes de pleno derecho, en igualdad social y justicia. Confío que este escrito contribuya a que lo logremos. Esta es mi intención, la energía que me mueve y me sostiene en este ambicioso proyecto de escribir sobre el sujeto existente mujer.

Haciéndose mujer

No se nace mujer: llega una a serlo.

Simone de Beauvoir
El segundo sexo. La experiencia vivida

1. Algunas consideraciones respecto al hacerse mujer

Las mujeres no solo nacemos como tales sino que aprendemos a serlo en un prolongado proceso de maduración, que incluye también una vertiente social y cultural. Nos formamos como sujetos en un medio social gracias a un sinfín de constantes interacciones con otros, en una multitud de encuentros y desencuentros con esos otros. El ser humano es profundamente social, necesita de otros para sobrevivir desde que nace, necesita de su contacto, de sus miradas, que le vuelven visible, de sus cuidados y de su amor.

Nacemos de un sexo determinado y la identidad sexual estructura al individuo desde la hondura de su ser existencial. La necesidad de diferenciarse del otro sexo es una necesidad primordial en el ser humano. Necesitamos saber de qué sexo somos y el hecho de definirnos de un sexo o de otro no se limita a saber qué genitales o qué aspecto tenemos, acontece en el campo emocional y psíquico de cada individuo en continuada relación con otros. Esta necesidad expresa la existencia de nuestro ser y cuando la satisfacemos, sentimos placer, un profundo placer que impregna el cuerpo-palabra que somos desde su hondura carnal, desde su viva afectividad. Este placer no es el fin en sí mismo sino la expresión del avance en el proceso del nacimiento del sujeto existente, sujeto sexuado y sexual[1].

Nos vamos haciendo de un sexo o de otro en nuestras experiencias vitales en relación con otros, por tanto cabe afirmar que la sexuación de los individuos tiene carácter relacional y es reactiva a la información que nos va llegando de esos otros sexuados y sexuales[2]. Las mujeres aprendemos a ser mujeres en continuada interacción con otras mujeres y con los hombres: padres y madres, abuelas y abuelos, hermanos y hermanas, pares o superiores, colaboradores y contrarios, amigos y enemigos... Desde que nacemos somos como esponjas ávidas de conocer y de aprender, deseosas de formar parte de ese mundo que nos incluye y que encontramos ya constituido, y deseosas de sobrevivir en él sin demasiado sufrimiento. Lo social está ya ahí cuando lo conocemos, ya existe como una solicitación, que ejerce su influjo sobre el individuo en formación[3]. El conocimiento trasciende cualquier uso que hagamos de él, empapa nuestro ser y nos crea en su acción en ese proceso de convertirnos en un sujeto existente.

Cada ser humano es el sujeto y el objeto de la evolución, precisamos de un tiempo vivido para hacernos, para constituirnos como sujetos. Nacemos siendo muy dependientes de otros y nos vinculamos a ellos para poder sobrevivir. No es una cuestión baladí, nos va la vida en eso. Ningún sujeto puede emerger como tal sin ese vínculo de dependencia básica de otros, aunque sea algo incons-

---

[1]Sigue siendo válido para el sujeto existente mujer lo que escribí sobre hacerse sujeto existente en Arnaiz Kompanietz, Anna: *El sujeto existente*, Madrid, Biblioteca Nueva, 2010, pp. 107-168. También en: Arnaiz Kompanietz, Anna: *El sujeto existente en relación con otros*, Madrid, Biblioteca Nueva, 2011, pp. 27-105.

[2]«Es importante no olvidar que el mismo hacerse de un sexo está en referencia al otro, y viceversa, en sus mismas estructuras que, al sexuarse, hacen que la misma individualidad sea, a su vez, sexuada. De ahí el carácter relacional que por definición impronta la sexuación de los sujetos. Desde los más mínimos elementos a los más grandes suceden a través de mecanismos de encuentros y desencuentros». Amezúa, Efigenio: «El sexo: historia de una idea», *Revista Española de Sexología* 115-116, Madrid, (2003), p. 42.

[3]Merleau-Ponty, Maurice: *Fenomenología de la percepción*, Barcelona, Planeta-Agostini, 1993, p. 373.

ciente. Conforme maduramos, nos vamos volviendo más independientes y autónomos. No hay autonomía sin biografía, se requiere de un tiempo vivido para alcanzar una cierta autonomía en el ser. Por otra parte, la interdependencia es una condición de *ser* humano. Todos influimos en todos, es imposible no influir porque nos comunicamos unos con otros y, al comunicarnos, influimos en la conducta de ellos, queriendo o sin querer.

La comunicación aporta información, información en cuanto al contenido del mensaje y también sobre la relación en curso con ese otro diferente. El contenido se entremezcla con las emociones, la comunicación nos afecta y nos predispone a la toma de decisiones. Toda comunicación nos aporta algo más, nos va transformando en menor o mayor grado; es una experiencia que ocurre a la persona y, como tal, se inscribe en nuestra historia personal, seamos conscientes o no de su efecto. Toda comunicación acontece en un campo emocional y psíquico de cada individuo y de cada relación suya con otros.

Así que las personas nos vamos haciendo mujeres u hombres en nuestro tiempo vivido y cada etapa de nuestro desarrollo se produce en la totalidad del cuerpo-palabra que somos, en la conciencia individuada hecha carne sexuada y sexual, en el organismo vivo que comprende no solo la anatomía sino también lo psíquico y lo social. Somos naturalezas socializadas y culturizadas, y no hay dos mujeres iguales; todos los individuos somos diferentes, con nuestras biografías personales e intransferibles. Ser una mujer no basta para definir a una persona. Cada individuo es único e irrepetible, crea mundos únicos e irrepetibles alrededor de sí, de forma que cuando muere, se muere también esta capacidad, los múltiples mundos que podría haber creado si siguiese vivo. No obstante, existen muchas condiciones que compartimos las mujeres y los hombres por ser humanos, como, por ejemplo, que cada individuo se encuentra sometido al mismo imperativo de desarrollo personal y realización como sujeto: llegar a ser un individuo razonablemente autónomo y dueño de sí mismo[4].

Todos crecemos con un sentido de lo que es ser mujer o ser hombre, y ese sentido no está claramente delimitado, puede generar dudas y conflictos personales, conscientes o no. Los niños se van identificando de un sexo o de otro en un medio de valores y actitudes familiares y sociales, aderezado por fantasías infantiles e ideaciones inmaduras. Poseen un gran afán imitativo y necesidad de ser amados, y también de amar a sus próximos; son curiosos, inseguros, dependientes y vulnerables. Es decir, las niñas aprenden a ser mujeres en una continuada interacción con otros, interacción creadora de sentido, placentera o dolorosa, facilitadora o represora del desarrollo de sus potencialidades, siempre moderadora de su hacerse mujeres.

La niña introyecta el sentido de ser una mujer durante sus intercambios sensoriales, físicos y cognitivos con los demás. Ese sentido se configura poco a poco, por medio de la atribución de valores simbólicos positivos que recibe de los otros, valores que la atañen como individuo en formación, pues se refieren a su lugar en el mundo relacional, a su cuerpo, a su aspecto, comportamientos, obligaciones y cometido. La niña aprende qué se espera de ella, no nace con esta información, la adquiere paulatinamente en sus experiencias diarias, en el transcurrir de su tiempo vivido. Desde que nace, el conocimiento de lo que se considera «femenino» se va implantando en ella de manera subliminal, no consciente. Además, esta información será reforzada infinitas veces a lo largo de su proceso de socialización, y no olvidemos que ese proceso es creador. Así, las reglas de conducta desempeñan un importan-

---

[4] «Mucho antes que hombres o mujeres, somos personas particulares sometidas al mismo imperativo: construirnos, realizarnos al margen de las muletas de la creencia y de los usos. Esta necesidad de pensarnos como individuos autónomos, responsables de sus actos y de sus fracasos, es lo que nos une a unos con otros, con lo que eso conlleva de angustia y de soledad consentidas. Ser una mujer no basta para agotar la definición de una persona: una vez reconocida la diferencia del otro, falta todavía no reducir al otro a su diferencia». Bruckner, Pascal: *La tentación de la inocencia*, Barcelona, Anagrama, 1999, p. 168.

te papel en la creación del sujeto existente mujer. Su manera de conducirse no es congénita, se basa en un continuado aprendizaje.

El procesamiento de la información que recibe en su constante comunicación con otros produce significaciones dependientes de las expectativas del individuo en su estar en el mundo, que nunca es un simple estar, sino un estar en relación con los otros, con las cosas y los fenómenos que pertenecen a ese mundo. En toda percepción existe una perspectiva existencial llena de sentido, es una aprehensión por parte del individuo que tiene una intención consciente o no de ser, una esperanza de adquirir conocimiento y habilidades para poder sobrevivir en su medio y evitar excesivo dolor. Esta intención surge en un individuo interesado y le torna activo.

A la primordial intención de sobrevivir en un medio dado se añaden nuevas significaciones, resultado de vivencias que van afectando al sujeto existente en sus tiempos vividos, relacionados con las etapas evolutivas del sujeto mujer. Nuestro desarrollo afectivo y cognitivo participa en la atribución de significaciones a las señales percibidas y a la información que recibimos. Lo que hemos experimentado, lo que hemos vivido, forma parte de nosotros, se queda en nuestro haber de manera memorable o no, pero ahí está, en nuestra biografía, en nuestra narración existente. Lo podemos aceptar o rechazar, pero no podemos borrarlo de haberlo vivido, nos afecta y nos influye.

Los otros, queriendo o sin querer, modulan las conductas del sujeto en formación confirmando o no la corrección de su comportamiento. A menudo ni siquiera se precisan reprobaciones verbales ni castigos, el lenguaje no verbal basta, el lenguaje de gestos, miradas, caricias y abrazos en un medio de máxima necesidad de amor y de cuidados. Nos sometemos al poder de otros en un terreno de afectos, de imperiosa necesidad, miedo y esperanza. Aprendemos a desenvolvernos con cierto éxito en el mundo en que nos toca vivir, procurando adaptarnos a lo que se espera de nosotros, no en vano, la probabilidad de supervivencia del individuo y de los grupos aumenta cuando hay armonía entre ellos y su entorno, y no olvidemos que el mandato primordial de un ser vivo es el de sobrevivir. Lo aprendido es reforzado gracias a la repetición que conduce al dominio de la práctica. Y el dominio de lo aprendido crea hábitos, que reafirman el sometimiento. La sumisión y el dominio tienen lugar simultáneamente en el sujeto existente[5].

La vinculación afectiva y la alianza amorosa comprenden un contrato implícito que deja su huella en las vivencias del sujeto, le va modelando. El amor reorganiza los aprendizajes y fundamenta un estilo relacional de la persona, que es el resultado de sus vivencias tempranas con otros, estilo que puede cambiar en las sucesivas etapas de su vida. En todo caso, cabe afirmar que el amor literalmente nos crea, transforma el cuerpo-palabra que somos, lo empapa quedándose grabado en su memoria. Tanto es así que el sentimiento se recuerda con el cuerpo. La caricia sentida nos da la vida y nos abre en el vivir, nos aporta energía necesaria para ir avanzando en nuestra maduración como sujetos existentes.

Las distintas etapas de crecimiento parecen organizarse en torno a la maduración de la conciencia hecha carne sexuada y sexual, y la adquisición por ella de diversas habilidades que se relacionan con las capacidades del individuo en formación. Así, el sujeto existente va evolucionando desde la total dependencia hacia la razonable independencia de su madurez. Va adquiriendo mayor capacidad de pensar y de sentir, de uso de la palabra, de comprensión, de narrar su propia historia y la de los otros, de actuar con propósito... Se aprende algo para aprender después algo más. En cada etapa de desarrollo, el sujeto llega a alcanzar una serie de metas evolutivas, hecho que le posibilita seguir avanzando en su maduración. Progresivamente, la aprehensión de su mundo se vuelve más y más rica. Su mirada hace posible que emerjan de lo no manifiesto reali-

---

[5] «Mientras más se domina una práctica, más plenamente se logra el sometimiento. La sumisión y el dominio tienen lugar simultáneamente, y en esta paradójica simultaneidad radica la ambivalencia del sometimiento... Desde esta perspectiva, ni la sumisión ni el dominio son *realizados por un sujeto*; la simultaneidad vivida de la sumisión como dominio y del dominio como sumisión es la condición de posibilidad de la emergencia del sujeto». Butler, Judith: *Mecanismos psíquicos del poder*, Madrid, Cátedra, 2011, pp. 130-131.

dades cada vez más complejas y muy personales. En cada etapa evolutiva nuestra visión del mundo cambia. Aprehendemos una realidad transformadora destacando unas cosas y no otras, dando importancia a acontecimientos que antes pasaban prácticamente desapercibidos por no tener sentido en nuestro mundo relacional. Nuestras ideas, la filosofía de vida, deseos y acciones cambian también.

Sin embargo, cada sujeto existente es diferente, no hay dos iguales ni siquiera al nacer. Cada uno de nosotros es una conciencia individuada, con sus propias potencialidades e inclinaciones, aunque tengamos legados comunes por ser humanos. Cada uno de nosotros tiene un desarrollo particular y un camino narrativo de vida personal e intransferible. Cada uno de nosotros crea mundos personales, en los cuales están los otros. Un bebé, cuando nace, hace nacer también a la madre en la mujer que le ha traído a este mundo, hace nacer toda una nueva red relacional entre otros, padres, abuelos, tíos, primos..., una red relacional que les implica a todos en nuevas interacciones, intereses y experiencias.

El bebé es un individuo con su propio carácter y potencialidades, condiciona a la madre a vivir de una manera determinada y a desarrollar algunas de sus cualidades o potencialidades, que antes estaban en ella sin apenas emerger. El bebé la somete desde el hecho de que existe y es como es. Para explicarlo mejor veamos unos ejemplos: un bebé que no duerme bien o que no come bien, un bebé que llora sin parar, que está enfermo... Todas estas circunstancias y muchas otras influyen en la vida de sus padres y crean mundos relacionales particulares. ¿Qué duda cabe? Cada individuo que llega a este mundo es único e irrepetible, e influye en otros, no solo se somete a ellos, también somete a esos otros. Es decir, el sometimiento es mutuo y simultáneo entre los sujetos en relación. También el poder lo es. La interacción se ubica en un entretejido dinámico de estas dos fuerzas. Los sujetos en interacción crean un mundo relacional único e irrepetible, que es el producto creativo de ambos en unas circunstancias determinadas y no en otras. Es así de plástico, y forja caracteres sin que seamos conscientes de ello. Nos vamos haciendo en relación con otros, que colaboran en ese proceso de forma consciente o no por medio de su oposición o apoyo. El carácter se va forjando en la sucesión de nuestras elecciones y acciones en relación con ellos, en nuestro decir «sí» y «no». Se podría concluir que en cada uno de nuestros talantes o cualidades manifiestas se esconde la sombra de las personas que han intervenido en su desarrollo.

Los sujetos existentes creamos nuestro mundo relacional sin ser conscientes de ello y sin saber cómo lo hacemos. Con frecuencia, no comprendemos ni el por qué, ni el para qué de nuestras decisiones y acciones, las cuales nacen en nosotros y no en otros, en el inmenso mar de afectos y emociones, y en unas etapas evolutivas en las que nuestra inmadurez apenas nos permite razonar, cuestionar y comprender. Adoptamos un estilo relacional y creamos, creamos constantemente sin ser conscientes de ello ni sentirnos responsables de nuestras creaciones. Sin embargo, lo creado nos crea también a nosotros, independientemente de si nos damos cuenta de eso o no. Nos desenvolvemos en los mundos que creamos y nuestra evolución tiene lugar en esos mundos, sucediendo en una dirección y no en otra[6].

Sin que seamos conscientes de esto, nuestra narración existente esconde una elección, forma parte de un proyecto vital del sujeto, aunque los sucesivos acontecimientos y cómo los vivenciamos se nos aparezcan como casualidades o hechos fortuitos. En todo caso, a menudo no podemos elegir aquello que nos sucede, pero siempre podemos decidir qué hacemos con aquello que nos sucede, en qué lo convertimos vivencialmente. Por lo general, solo con el paso de los años y la madurez podemos volver la atención sobre nosotros mismos y comprender hacia donde tendía nuestra existencia. El sentido que le atribuimos a las cosas no se encuentra en la realidad objetiva sino en la subjetiva, está en nuestra historia

---

[6] «El hombre no sólo crea su propio ambiente, sino que, al hacerlo, termina presidiendo la programación y realización de su propia evolución, por más inadvertido y casual que esto le parezca». Bruner, Jerome: *La importancia de la educación*, Barcelona, Paidós, 1987, p. 134.

personal y en el fin que perseguimos[7]. No obstante, las interpretaciones que hacemos desde una mirada adulta solo se aproximan a comprender las vivencias y las decisiones de nosotros mismos cuando éramos más inmaduros, pues el cúmulo de emociones que sirvieron de base a nuestras elecciones a menudo pasan a formar parte del inconsciente, son difícilmente rememorables o reproducibles como vivencias que condujeron a otras vivencias, y esas a otras y a otras... La huella se pierde en la insondable profundidad del sujeto existente. Así de complejas son nuestras cosas humanas.

Por otra parte, es prácticamente imposible evitar la discrepancia entre lo narrado en palabras y lo vivenciado en la carne existente que somos. Con eso tenemos que contar... Además, cuando ya tenemos una historia, los sucesos se interpretan en su contexto, es imposible salirse de su influencia, pues sería vivir una historia diferente, una biografía ajena: lo que nos ha sucedido ya ha pasado a formar parte de nuestro bagaje de experiencias, nos ha afectado y nos influye en la toma de decisiones[8].

Sea como sea, al pensar y al sentir desde y en nosotros mismos expresamos lo que somos en cada momento en relación con los otros y con el mundo que nos rodea y nos comprende. Nuestras otras expresiones del ser esperan nacer y eso será posible puesto que somos una historia inacabada mientras estemos vivos, una libertad existente que toma sus propias decisiones. El mundo social puede que nos englobe y que nos engulla como un punto, como decía Pascal, pero el sujeto piensa y reflexiona, y tiene su propio punto de vista. El sujeto no solo pertenece a un mundo y se ubica en él, sino que lo transforma constantemente al comprenderlo o no, al cuestionarlo e intervenir en él. Las distinciones que efectuamos creando nuestro propio mundo revelan lo que somos, dicho

---

[7] Cyrulnik, Boris: *El amor que nos cura*, Barcelona, Gedisa, 2005, p. 33.

[8] «Toda acción es causa de los acontecimientos posteriores y consecuencia de los anteriores. Toda acción lleva la historia de las acciones anteriores hasta el siguiente acontecimiento. Al responder a la última acción del otro, la persona está respondiendo también a su acción anterior, al significado que transmitía la acción anterior del otro». Strong, Stanley R. y Claiborn, Charles D.: *El cambio a través de la interacción*, Bilbao, Desclée De Brouwer, 1985, p. 46.

de otro modo, nos distinguimos precisamente distinguiendo lo que no somos, el mundo que nos rodea y en el que existimos como individuos; de ahí que no hay dos mundos personales iguales, aunque ignoremos este hecho[9]. El mundo que creamos no es el resultado de la transcripción del mundo «real» sino que es construido en una trepidante idiosincrasia del observador y lo observado. Sin embargo, no somos conscientes de esta creación y suponemos que nuestro mundo existe independientemente de nosotros y es el mismo que el mundo de otros[10].

Nuestro mundo cambia constantemente porque nosotros cambiamos en la experiencia vivida, que siempre es en relación con otros y en comunión con los mundos de esos otros con los que nos vinculamos. Todo sujeto se constituye en las vinculaciones afectivas a sus otros importantes, de los cuales depende para sobrevivir. Y esa dependencia se vive de manera inconsciente, pero no por ello deja de ejercer su honda acción. Además, las personas no solo dependen de otros sino que someten a esos otros a su influjo, porque es inherente al sujeto procurar controlar el mundo en que se desenvuelve. La intención, el poder, la capacidad de decisión y de acción residen en la persona, no en el mundo que la engloba. Somos una libertad existente con los deseos de sobrevivir y desarrollarse plenamente, aunque esos deseos no sean conscientes a la hora de decidir y actuar. Así que cabe afirmar que los sujetos existentes no solo estamos controlados por el ambiente en que vivimos sino que constantemente procuramos controlar a este sirviéndonos de nuestra experiencia vivencial.

La mayor parte de los procesos de atribución de significados a aquello que nos sucede no son conscientes, ni tampoco la mayor parte del procesamiento de información que acontece cuando nos relacionamos unos con otros. Apenas nos damos cuenta de la información recibida; solamente los elementos nuevos o muy impor-

---

[9]Ceberio, Marcelo y Watzlawick, Paul: *La construcción del Universo*, Barcelona, Herder, 2006, p. 66.

[10]Watzlawick, Paul: *La coleta del barón de Münchhausen*, Barcelona, Herder, 1992, pp. 128-129.

tantes, los que requieren una atención especial, tienden a tornarse conscientes. La familiaridad de los estímulos y de los mensajes, que tiene que ver con la repetición de estos, contribuye a que se procesen a un nivel inconsciente, y esos estímulos nos moldean desde su acción. Nos vamos habituando a una normalidad más allá de la razón, la justicia o el deseo consciente.

Por eso es tan importante aprender a pensar y a cuestionar lo dado, aprender a ser conscientes en el hacer para no acabar como zombis, unos muertos vivientes que se comportan como autómatas[11]. Hay una diferencia abismal entre comportarse y ser consciente del comportamiento. La conducta reflexiva y pensada es la excepción, no la regla[12]. Sin embargo, una de las grandes penas que derivan de vivir de manera inconsciente es la del vaciamiento del sujeto, que termina soportando su existencia, una vida no recompensante al servicio de metas que le idiotizan y que no elige conscientemente[13]. Hay que tener mucho cuidado para no perder el norte, porque, a menudo, el estilo de nuestra existencia propicia el deslizamiento del sujeto a la inconsciencia en el vivir. Es menos trabajoso funcionar con el automático inconsciente que pensar las cosas desde una posición consciente, responsable y comprometida en el *ser*. Pero, ¡qué diferencia de vida! No es lo mismo vivir como una zombi que vivir estando maravillosamente viva. Por eso las mujeres tenemos que ser conscientes en el vivir, nos va en ello llegar a ser sujetos de nuestra narración existencial, dueñas de nosotras mismas y protagonistas satisfechas de nuestros guiones de vida, no personajes secundarios de los guiones de los otros. Lo que hacemos a su vez nos hace a nosotras, nuestra vida y nuestras obras se entrelazan en una creación trepidante de nosotras mismas y de nuestro mundo, en el que nos relacionamos con otros. Podemos ir

---

[11]De eso hablamos en Arnaiz Kompanietz, Anna: *Sujeto mujer*, CreateSpace Independent Publishing Platform, 2016, pp. 41-134.

[12]Strong, Stanley R. y Claiborn, Charles D.: *El cambio a través de la interacción*, Bilbao, Desclée De Brouwer, 1985, p. 50.

[13]Branden, Nathaniel: *Los seis pilares de la autoestima*, Barcelona, Paidós, 1995, p. 172.

cambiando nuestros guiones de vida desde los cambios personales internos que vivimos, y esos cambios transformarán nuestros actos y nuestro mundo relacional.

Nuestra vida es un proyecto consciente o no, relacionado con nuestras elecciones y decisiones. Nuestros actos se nos antojan espontáneos, pero derivan de un aprendizaje a desenvolvernos en nuestro mundo y de nuestras inclinaciones innatas y adquiridas. Tendemos a reproducir aquello que hemos aprendido, salvo que nos posicionemos conscientes frente a ello y decidamos que no queremos vivir así, que deseamos vivir de otra manera, más satisfactoria y justa para nosotras. De esta forma podremos construir un mundo diferente, un mundo con propósito, que reafirme nuestra condición de sujetos existentes, dueños de nosotras mismas y razonablemente libres de decidir cómo queremos vivir en nuestro mundo. Pero para poder hacerlo, conviene comprender que nos socializamos en un mundo que ya está ahí cuando nacemos, y aprendemos en él bebiendo sus verdades antes de la toma de consciencia en el vivir. Antes de que seamos sujetos formados y conscientes de nosotras mismas nos habituamos a una manera de estar en el mundo e internalizamos las verdades de su orden establecido. Estas verdades pasan a formar parte de lo que somos, de la carne sintiente y deseante que somos, y sirven para preservar el orden, porque, en una repetición continuada, confirmamos las relaciones de poder existentes, sin que seamos conscientes de ello. Tenemos que partir de esa comprensión para crear una realidad nueva, una realidad más hermosa y digna para vivir en ella.

La socialización de las mujeres y su experiencia cotidiana, que, evidentemente, confirma o no su adecuación al medio en que conviven con otros, es muy diferente a la de los hombres. Los mensajes que internalizamos son diferenciados en función de nuestros sexos y repercuten en nuestras expectativas por ser mujeres, en lo que podemos esperar obtener de la existencia en el orden social en el que nos toca vivir. Al relacionarse los dos sexos lo hacen de un modo más o menos definido socialmente. La diferencia sexual se entrelaza con la desigualdad social y se inscribe de forma inconsciente en la carne existente que somos.

La diferenciada distribución del poder social entre los sexos se graba en los sujetos existentes y nos modela carnalmente[14]. Y una vez que eso sucede, nos convertimos sin querer ni pretenderlo en vivos recordatorios de las verdades establecidas, porque las comunicamos sin ser conscientes de ello al relacionarnos con otros en un orden social dado; es decir, la información que albergamos en nosotros al socializarnos en un orden se entreteje con las relaciones vigentes entre los individuos que interactúan en dicho medio social y la confirman o no en su influencia. Si hay una discrepancia entre la información que transmitimos al comunicarnos unos con otros y la que recibimos, podemos entrar en conflicto que, quizás, conduzca a un cambio en nosotros, en nuestro comportamiento y en la relación que establecemos con otros. No olvidemos que todo comportamiento en presencia de otros tiene carácter comunicativo, es una comunicación con esos otros. Y ya que no existe un no comportamiento, tampoco puede existir la no comunicación[15].

La socialización depende de la comunicación continuada entre los individuos inmersos en una realidad relacional, que aporta instrucciones sobre cómo comportarse siendo mujer y cómo hay que ver el mundo. Actuar de acuerdo a los supuestos aprendidos lleva a construir realidades que los confirman[16]. La manera en que se nos socializa en un orden dado respalda las estructuras de poder de dicho orden y si el individuo reproduce las verdades del poder de ese orden en su comportamiento es recompensado en su interacción con otros, puesto que oferta una comunicación adecuada o adaptada al orden establecido. El proceso de socialización también posee un aspecto de adoctrinamiento del individuo, incluso sin que se pretenda por el poder vigente. Es algo que sucede por una iner-

---

[14]«De hecho, el poder produce; produce realidad; produce ámbitos de objetos y rituales de verdad. El individuo y el conocimiento que de él se puede obtener corresponden a esta producción». Foucault, Michel: *Vigilar y castigar*, Madrid, Siglo XXI, 2005, p. 198.

[15]Watzlawick, Paul: *La coleta del barón de Münchhausen*, Barcelona, Herder, 1992, pp. 19-20.

[16]Ceberio, Marcelo y Watzlawick, Paul: *La construcción del Universo*, Barcelona, Herder, 2006, p. 112.

cia de lo que hay, que nos ubica en un medio relacional concreto: nos sometemos al influjo del poder y en ello adquirimos un cierto poder para sobrevivir y desenvolvernos con éxito en la sociedad. Y, simultáneamente, nuestras acciones crean nuestras realidades, aunque no seamos conscientes de esa creación.

En cualquier interacción existe una simultaneidad creativa entre el sometimiento y el poder sobre otro. Se trata de una retroalimentación sincrónica en ambas direcciones, en la cual es difícil establecer una relación de causa-efecto unidireccional. La interacción entre los sujetos es una creación comunicativa de estos, que aporta información simultánea y diferente para cada sujeto que interviene en ella. Cada uno de los participantes procura un cierto control sobre su medio, sobre la relación y sobre el otro. El proceso de controlar y producir cambios en otros sujetos es complejo, puesto que esos sujetos no son pasivos, también se esfuerzan en controlar su medio y cambiar aquello que no les gusta o les es dañino. La sumisión y el dominio acontecen de forma sincrónica en un sujeto existente.

Nuestras sociedades son complejas redes de relaciones afectivas, económicas, culturales, políticas... En ellas, el poder y el sometimiento se distribuyen de manera diferencial para cada sexo. Además, existe una conexión inconsciente entre el poder y la afectividad, una persona se siente de una manera ejerciendo o no su particular poder. Esta apenas perceptible conexión hace que las cosas permanezcan estables o cambien, es decir, si la mujer se siente satisfecha con su posición en la sociedad, lo más probable es que las cosas seguirán como están. A veces, las circunstancias sociales obligan al cambio, como, por ejemplo, sucedió con el trabajo de las mujeres fuera de casa durante las guerras mundiales.

Sin embargo, nuestros afectos pueden deberse al aprendizaje a sentir de un modo determinado al hacer o no hacer, basado en nuestras experiencias de vida en continuada comunicación con otros. Esos sentimientos los internalizamos, sin ser conscientes de ello, en nuestro proceso de socialización en la familia y en la sociedad en las que nos desarrollamos. Es complicado y trabajoso luchar contra la influencia de esos sentimientos, inculcados en sujetos inmaduros, ya que pasan a formar parte de la carne existente que son; solo los argumentos racionales a menudo no son suficientes para cambiar el modo de sentir de los individuos, que sienten lo que sienten, a veces, muy a su pesar. De hecho, a los individuos se les controla socialmente despertando en ellos emociones que los conduzcan a las acciones deseadas para preservar el orden social dado. Este tipo de acondicionamiento sentimental de los individuos nos dirige a una gran uniformidad en el comportamiento[17]. Además, nuestro desarrollo afectivo interviene en las significaciones que atribuimos a lo que percibimos, no en vano nuestras percepciones tienen carácter selectivo, del que tampoco somos conscientes; y, por si fuera poco, tendemos a creer que los otros les dan los mismos significados a las cosas que nosotros.

Si a las mujeres se les inculca desde pequeñas que el poder femenino es insano y aberrante, no tenderán a pretenderlo, salvo que se rebelen y se posicionen de manera consciente en contra de esta creencia. Los prejuicios sirven para delimitar el grupo y ejercen su influjo en coordinación con las expectativas que deriven de ellos. Asimismo, los prejuicios refuerzan las relaciones de poder existentes, estabilizando diferentes patrones de conducta de los sexos, y esos patrones confirman generalmente las creencias y las expectativas de partida. Una vez más, lo que hacemos nos hace a nosotros, nos moldea.

En nuestras sociedades patriarcales reina una clara jerarquía entre los sexos, de un sexo supuestamente superior y otro inferior, que se inscribe de mil maneras en el orden que nos gobierna, desde el mundo simbólico y las palabras, hasta las disposiciones legislativas y políticas. La subsunción de las mujeres es profunda, se graba en sus identidades sexuales, performa sus cuerpos existentes. Las mujeres aprenden a conformarse con su presumida inferioridad como sexo e, incluso, la viven como «normal», y tienden a repre-

---

[17] «Quienes detentan el poder desean, casi inevitablemente, que sus súbditos sean más emotivos que racionales, porque de este modo es más fácil que las víctimas de un sistema social injusto se conformen con su suerte». Russell, Bertrand: *La educación y el orden social*, Barcelona, Edhasa, 2004, p. 300.

sentarla consciente o inconscientemente. La supuesta inferioridad de las mujeres es interiorizada por ellas en su proceso de socialización y conduce a una encubierta misoginia, funcional al machismo, al androcentrismo y al sexismo. Todas las personas somos misóginas en mayor o menor grado, aunque algunas logran trascender esa misoginia de base, tan perniciosa para el desarrollo de las mujeres y su empoderamiento existencial[18]. Pero es difícil hacer sentir inferior a una persona sin su consentimiento consciente o no; y cuando una mujer decide que ya no se sentirá inferior por ser mujer, es posible que lo logre a pesar de sus circunstancias que, generalmente, no le ayudan.

Sea como sea, la desigual valoración de los sexos conduce a una jerarquía social entre ellos, por tanto, a una desigual distribución de poder y a una posición social inferior de las mujeres, una posición que se experimenta por ellas en su cotidianidad, es decir, se siente en los cuerpos existentes que somos. Cabe afirmar que el prejuicio contra las mujeres es un verdadero problema relacional entre los sexos, un problema de relaciones humanas que se vincula a un orden social injusto. Los sistemas sociales que fomentan la injusticia son perniciosos para los individuos que conviven en ellos y la toleran de forma consciente o no. Esos sistemas injustos introducen a los individuos en un medio sustentado por un discurso social que propicia una mala relación entre los sexos, que los sumerge en una continuada lucha por el poder de uno sobre otro, y tutela distorsionados desarrollos de los sujetos existentes.

Así, en el proceso de socialización, a las mujeres se las estimula menos a imponerse en el espacio público, subrayando su realización personal en el privado. Su éxito se basa en las relaciones con otros, en su cuidado y apoyo[19]. La socialización femenina se orienta hacia las personas y se impregna de afectos. Poco a poco, las

---

[18]Lagarde y de los Ríos, Marcela: *Para mis socias de la vida*, Madrid, Horas y horas, 2005, p. 138.

[19]«Ya no es una inhibición psicológica lo que mantiene a las mujeres apartadas del poder, sino una menor estimulación social a imponerse en la escena pública, una socialización que valora más el éxito privado que el éxito organi-

mujeres internalizamos un sentido existencial fundamentado en las relaciones afectivas con otros, reforzado por el afán de cuidarlos atendiendo sus necesidades y deseos. Las mujeres aprendemos a priorizar poniendo en primer lugar a otros y no a nosotras, lo cual es noble y altruista, pero a menudo se convierte en un impedimento para nuestro propio desarrollo como personas plenas que somos[20]. Sin embargo, apenas somos conscientes de los efectos que nos causa la subrayada ética femenina de cuidados, porque nos sentimos identificadas con el papel de entrega a los demás, sobre todo a esos otros que queremos.

La ética del cuidado, que es tan nuestra, se alimenta de la capacidad nutricia de las mujeres, de nuestra capacidad dadora y protectora, que posibilitan que los otros crezcan y actúen sabiéndose apoyados y queridos. Pero la tradicional ética femenina del cuidado de los otros se entrelaza con el autodescuido de las mujeres, porque, entre otras cosas, el tiempo del que una mujer dispone es el que es, y si prioriza dedicarlo a los otros, tenderá a dejar sus propias necesidades y deseos en un segundo lugar. Además, el orden social establecido lo reafirma y refuerza constantemente, más aun si la mujer es madre o esposa.

En el proceso de socialización de la mujer se le inculca que tiene el deber de vivir para los demás, que es consustancial con su naturaleza y, por tanto, fuera de cualquier duda. Si es una buena mujer, tiene que obedecer a ese mandato, incluso olvidándose

---

zacional, el enriquecimiento relacional que el dominio jerárquico». Lipovetsky, Gilles: *La tercera mujer*, Barcelona, Anagrama, 1999, p. 273.

[20]«Así, intereses entrañables de las mujeres van quedando en postergados o negados debido a la prioridad de *los otros* en el entramado social, y al segundo lugar jerárquico de las mujeres en la sociedad, en el Estado y, en particular, en la familia y en la pareja. Sus asuntos son postergables. La subjetividad femenina es moldeada para que cada mujer asuma un segundo plano. Quien vive la dominación se encarga de hacerla efectiva». Lagarde y de los Ríos, Marcela: *Claves feministas para la autoestima de las mujeres*, Madrid, Horas y horas, 2000, pp. 98-99.

de sí misma[21]. Paulatinamente, la mujer aprende a existir para sus afectos abstrayéndose, confundiendo sus límites como sujeto concreto, tornándose un ser amoroso dedicado al cuidado de otros, y esa misión es infinita. Las mujeres aprenden a sentirse bien cuidando a otros y desean hacerlo. No en vano, se las ha educado tradicionalmente en la entrega, en el sacrificio y la abnegación en detrimento de su autonomía como sujetos existentes reales. La mujer coopera en su propia sujeción social desde el convencimiento de su noble papel y la conformidad con las normas sociales vigentes[22]. Al aceptar tácitamente los límites que se les imponen, las mujeres contribuyen, sin ser conscientes de ello, a su propia dominación. Y la sujeción está siempre reforzada por la moralidad, moralidad diferenciada para los sexos, que, en nuestras sociedades androcentristas, confirma el poder superior de los hombres sobre las mujeres[23].

Las mujeres nos vamos haciendo como tales en una cultura que estimula, con su continuada acción performativa, el desarrollo de una serie de virtudes femeninas, que nos ubican en unos espacios de relaciones y no en otros. Esas «virtudes», que internalizamos en nuestro proceso de socialización, impregnan el conocimiento que adquirimos en nuestro medio de relaciones, aportándonos herramientas para formar nuestros criterios y juicios de valor; son como ladrillos simbólicos con los cuales construimos nuestro mundo. Poco a poco, introyectamos modos de vida, costumbres, hábitos, creencias, expectativas...; son códigos culturales que rigen la interacción entre los sexos, nuestras interacciones con los otros, y nos forman como individuos sociales que somos. Esos códigos cul-

---

[21] «"Procura ser buena y no te propongas ser grande. La actitud más noble de la mujer consiste en retirarse a un segundo plano". Admoniciones de esta índole constituyen el alimento debilitador que se ha servido a las mujeres asiduamente, día tras día». Montagu, Ashley: *La mujer, sexo fuerte*, Madrid, Guadarrama, 1970, p. 160.

[22] «La democracia ha sustituido la sumisión por la cooperación y la veneración por el instinto gregario». Russell, Bertrand: *La educación y el orden social*, Barcelona, Edhasa, 2004, pp. 69-70.

[23] Russell, Bertrand: *El poder*, Barcelona, RBA, 2010, p. 216.

turales llevan en sí información, esconden mensajes cuyas verdades nos posicionan en una realidad y no en otra, propician unas acciones y no otras. Si las mujeres cuestionamos las verdades y las creencias internalizadas en nuestro proceso de socialización, quizás, nuestras experiencias de vida como mujeres cambiarían, puesto que las verdades de las que partimos en nuestra existencia son piezas de un complejo sistema simbólico de bienes, prácticas y maneras de comportarse, constituyen auténticos signos distintivos que utilizamos para crear nuestra realidad y desenvolvernos en ella[24].

¿Y cuáles son las formas culturales de representación de las mujeres y de lo femenino? ¿Qué mensajes nos aportan esos ladrillos de construcción simbólica? ¿De qué verdades de nuestro mundo social nos informan? En un orden patriarcal la «verdad» de partida es la desigualdad valorativa de los sexos, de un sexo femenino supuestamente inferior y un sexo masculino supuestamente superior. En ese orden de cosas se carga al sexo femenino de descalificaciones, negaciones, represiones y falsas informaciones. Lo femenino se rechaza y se reprueba, salvo cuando es útil para servir, para mantener el orden establecido. La fobia hacia las mujeres se esconde tras el ensalzamiento de la mujer-objeto, de las musas de los hombres, cuyo poder es ser eso: una musa para otro.

Los papeles que se fomentan culturalmente para las mujeres son ser objeto de deseo y sujeto reproductor, trabajador sobre todo doméstico y dispensador de cuidados y de amor. Las imágenes femeninas idealizadas y los mitos que impregnan nuestra cultura alaban a la madre, a la buena esposa y a la amante o amada. Y la mujer como persona, dueña de sí misma y protagonista de su narración existente, ¿dónde está? ¿Qué mitos exaltan este ideal? ¿De

---

[24]Bourdieu, Pierre: *Capital cultural, escuela y espacio social*, Buenos Aires, Siglo Veintiuno Editores, 2010, p. 32. Y añade: «Pienso que la variable educativa, el capital cultural, es un principio de diferenciación casi tan poderoso como el capital económico. Hay toda una nueva lógica de la lucha política que no puede comprenderse si no se tiene en mente la distribución del capital cultural y su evolución», pp. 69-70.

qué sexo son los héroes de las historias que se nos cuentan? Desde luego, los héroes de las historias de siempre suelen ser de sexo masculino y sus acciones generalmente se relacionan con defender, conquistar, matar al enemigo, salir airosos de las dificultades gracias a la fortaleza, ingenio y sabiduría... Sin embargo, la vida real está repleta de heroínas valientes, lúcidas, perseverantes, nobles, generosas, inteligentes y solidarias; mujeres que transforman el mundo para que sea mejor. Pero ellas no suelen ser las heroínas de las historias de siempre, suelen permanecer en el anonimato.

Los mitos sustentan lo visible y lo invisible del orden social, prescriben acciones en su permanencia a lo largo de los tiempos; es un sutil modo de control social[25]. La cultura actúa sobre nosotras moldeándonos en el cuerpo-palabra que somos, influye en la mente de cada una modulando sus estructuras cognitivas y produce conocimiento, por tanto, crea mundos. La cultura programa aquello que aprehendemos, soñamos, deseamos y perseguimos como metas en nuestra existencia, no en vano los mensajes que internalizamos sin apenas ser conscientes de ello conectan los sucesos de nuestro mundo tal y como lo concebimos. Y una vez constituido un modelo de comportamiento deseado para cada sexo, este modelo es imitado por los individuos de manera consciente o no, porque las personas desean ser comprendidas y deseadas, quieren dramáticamente relacionarse con otros y hacerlo de forma eficaz.

Cabe reflexionar sobre qué tipo de comportamientos femeninos se prescriben en nuestra cultura. ¿Por qué a las niñas se las sigue alentando a gustar y ser deseadas, y no se refuerza su condición de sujeto que desea ser dueña de sí misma e independiente? ¿Por qué sigue siendo vigente en nuestras sociedades modernas el mensaje de que el poder femenino es la belleza? Además, se trata de una belleza juvenil; la belleza y la madurez siguen casando mal en la mujer. Así, las mujeres se esfuerzan en esconder las señales del tiempo en sus cuerpos. No en vano se ven acosadas por innumerables mensajes que propagan la misma «verdad».

---

[25] Alborch, Carmen: *Malas*, Madrid, Aguilar, 2002, pp. 97-98.

Esos mensajes impregnan los anuncios, las historias que se cuentan, las canciones, incluso el lenguaje...; se repiten tantas y tantas veces que se incrustan en nuestros cuerpos-palabra y nos persuaden para que valoremos unas cosas y no otras. El conocimiento que adquirimos desde fuera nos conecta en interacción con otros, los cuales comparten con nosotros la misma cultura, el mismo lenguaje del cuerpo-palabra. Ese conocimiento de afuera hacia adentro del individuo se refuerza de manera «natural» en el afán de imitar a otros.

Las mujeres no pueden identificarse con los héroes de las historias narradas porque no lo son; ellas son los objetos de deseo y de amor de esos protagonistas, son las figuras secundarias en los relatos de otros. Poco a poco, el sexo femenino internaliza su subordinación existencial. Además, en las sociedades cuyas culturas valoran la fuerza muscular y la violencia física de los individuos que las integran, las mujeres suelen aceptar más su subordinación y su supuesta inferioridad como sexo.

Por otra parte, la imagen simbólica o el arquetipo complementario del héroe es el de la víctima; las mujeres tienden a identificarse con este arquetipo y esa condición de víctimas las mantiene alejadas del poder, perpetuando su situación de subordinadas. Por si fuera poco, el miedo al hombre, a su fuerza física y agresividad, coarta la libertad de movimientos de las mujeres, sobre todo de noche, y tiende a recluirlas en sus casas, donde, a veces, corren más peligro que en la calle o en el trabajo. Y puestas a sufrir, las mujeres suelen aguantar el sufrimiento, no en vano su contrato social tiene un pronunciado carácter sacrificial, modelo de comportamiento reforzado por la mayoría de las doctrinas religiosas y por la educación que se nos da en nuestras sociedades patriarcales. La cultura puede dar sentidos muy diferentes a los comportamientos de los sexos y no se puede reflexionar sobre la educación sin tener en cuenta cómo se transmite una cultura.

La educación que recibimos las mujeres viene a decir que nos tenemos que conformar con estar en desventaja social, que por ser del sexo femenino «naturalmente» ocupamos una posición jerárquica inferior respecto al sexo masculino. Nos nutrimos de una multitud de falsedades que afianzan las relaciones de poder existentes entre los sexos y modifican nuestras expectativas de vida, aquello que podemos esperar de la existencia en relación con otros. El drama existencial femenino está en mayor o menor grado en todas nosotras, pues se nos educa para adaptarnos a un orden social injusto y asumir resignadas el papel social de sexo perdedor, de sexo con menos derechos y oportunidades reales para su desarrollo.

A las mujeres se nos educa para mirar el efecto que obtenemos en el sexo poderoso, en los hombres. Se nos transmite que el poder femenino es la belleza y el éxito social se obtiene gracias a ella. Mirar el efecto que causamos en los hombres se convierte en un verdadero hábito femenino y empapa el cuerpo-palabra que somos. La independencia existencial y la autovalía no son las claves de nuestra educación, todo lo contrario, se nos suele inculcar la dependencia psicológica, que una vez aprendida e instaurada en la profundidad del cuerpo-palabra, demanda su satisfacción como si de una necesidad auténtica se tratara. Así, numerosas mujeres se sienten en falso o incompletas si no mantienen una relación con un hombre, un hombre que las gobierne y proteja.

Mediante la educación se logra que la subordinación de las mujeres sea tan profunda que llegue a confundirse con su identidad como seres sexuales. Muchísimas mujeres se sienten satisfechas e, incluso, felices en su dependencia psicológica y existencial. Es el triunfo de una educación eficaz para preservar el orden social patriarcal, que rige una «normal» desigualdad de oportunidades entre los sexos. Existe una oculta relación entre la opresión y la afectividad, que hace que las mujeres se sientan realizadas en su subordinación, contentas cumpliendo el papel social que les toca, satisfechas sirviendo al éxito de los otros, sobre todo si son hombres. A las mujeres se nos educa para sentirnos dichosas siendo el sexo subordinado socialmente y se nos recompensa por aceptarlo y no rebelarse.

Además, se nos enseña a tener miedo a la libertad, miedo a decidir desde nosotras mismas, miedo a evidenciarnos al actuar siendo protagonistas, miedo al rechazo, a la soledad, miedo a la violencia... Numerosos miedos que cohíben nuestros pasos como sujetos existentes con todo el derecho a su desarrollo como personas. El miedo es un instrumento eficaz para limitar al individuo y encauzar sus acciones, respalda las estructuras de poder vigentes en la sociedad. La fuerza que conduce a las acciones deriva de las emociones y las acciones construyen nuestra realidad. El miedo sirve para controlar y dominar, por eso a las mujeres se nos enseña a temer al hombre. También se nos enseña a obedecerle como a un superior.

Por si fuera insuficiente, las mujeres aprendemos a sentirnos culpables, culpables por no llegar a pesar del empeño, culpables por pasarnos en el empeño, culpables de no hacer suficiente, culpables por hacer demasiado, culpables por ser muy emocionales, culpables por no emocionarnos, culpables por querer y culpables por no querer, culpables…, culpables hagamos lo que hagamos. La culpa nos aprisiona y nos debilita como sujetos, es una buena herramienta para mantenernos subordinadas y ubicarnos en el servir.

La educación de las mujeres en nuestras sociedades androcentristas ha sido un eficaz instrumento para preservar el orden social dado, haciéndonos sentir «naturalmente» inferiores como sexo. No en vano, nuestro desarrollo afectivo participa en la interpretación de la realidad, en las significaciones que atribuimos a nuestras percepciones. El estilo afectivo que adquirimos en la infancia representa una tendencia que enmarca nuestras relaciones posteriores. La educación que recibimos en la familia y fuera de ella instala en nosotros principios, valores, reglas y herramientas del conocimiento. Todos nos vinculamos a los otros y a algo para no perecer en un mundo sin significados ni afectos, y lo hacemos cuando apenas tenemos desarrollado el sentido crítico que permita cuestionar la realidad.

Cómo nos comportamos en el mundo que nos incluye nos va creando en relación con otros. Desde que nacemos, se van implantando en nosotras de manera subliminal modelos femeninos de comportamiento, vigentes en nuestras sociedades. Los aprendemos tanto en la familia como fuera de ella, por medio de los innumerables mensajes recibidos sin cesar comunicándonos con otros y con el mundo exterior. No nacemos sabiendo cómo se comporta una mujer, lo aprendemos gracias a una continuada educación para ser miembros adaptados en un medio social dado.

Si las mujeres internalizan desde pequeñas la premisa de la superioridad masculina, tenderán a confirmarla de manera inconsciente en sus acciones y comportamientos, no en vano partirán de esa idea en la construcción de su mundo, que siempre es en relación con los otros y con lo que nos rodea. Además, lo aprendido en edades tempranas suele perdurar en nosotras. El construido sentido de las cosas transforma las representaciones que almacenamos en el cuerpo-palabra que somos, y ese sentido da forma temática a nuestra existencia.

Generalmente, a las mujeres se nos educa para satisfacer las necesidades afectivas de los demás, para que nos identifiquemos con el papel de entrega a los otros, para atenderlos y cuidarlos, amarlos y sostenerlos, ayudarles y consolarlos... Adquirimos una gran sensibilidad para detectar señales de necesidades afectivas de los demás, un auténtico radar afectivo femenino. Tanto es así que a menudo nuestros límites como sujetos existentes se difuminan; nos volvemos erróneamente ilimitadas en nuestra labor de hacer que los demás se sientan bien. Sin embargo, una puede responsabilizarse de sí misma pero no de lo que sienten los demás; podemos contribuir a su bienestar, pero no podemos asegurarlo: los demás son los demás, sienten en sí mismos y viven en un mundo propio de interpretaciones y pretensiones particulares. Las mujeres ni debemos ni podemos vivir a través de la vida de otros. No obstante, en nuestro proceso de socialización, se nos educa para vivir a través de los demás en vez de favorecer la búsqueda de nuestra propia realización como personas completas que somos, lo cual conforma un fértil terreno para la frustración existencial y el sentimiento de culpa.

En nuestras sociedades, el desarrollo del aspecto «maternal» del cuidado de otros se propicia en las niñas. Se las alienta a ser amables, cariñosas, compasivas, solidarias, pacientes, cuidadosas... Esta capacidad de dispensar cuidados y de responder a las necesidades emocionales de los demás se va reforzando en la experiencia vivida, en la continuada repetición de tareas y ocupaciones de las mujeres. Se inclina a la mujer a pensar que su sentido de ser es ser para los demás, que tiene el deber de vivir para ellos, que es lo que le corresponde naturalmente por ser mujer, incluso abstrayéndose de sí misma y pensando en sí misma en último lugar. Sin darnos cuenta, las mujeres tendemos a convertirnos en sombras de otros, nos volvemos invisibles socialmente hablando, invisibles como protagonistas de historias narrables; tenemos que obedecer y, siendo mujer, existir para los afectos. Así, en la educación femenina se sigue sin estimular la capacidad de pensamiento crítico ni, por tanto, la de decidir desde la libertad en el ser. La vertiente activa, abierta al exterior, asertiva, arriesgada, triunfadora y enérgica de la personalidad de las chicas es coartada y reprimida[26].

En nuestros tiempos, aunque se hable mucho de libertad como el gran valor, se educa a los individuos para no ser libres, sino manejables y controlables en sus deseos y acciones, para ser dóciles, conformistas y buenos consumidores. Se les habitúa a no pensar sino a guiarse por sus impulsos y apetencias del momento, a aceptar las «verdades» de todos, las que deberíamos considerar como propias. Desde pequeños nos acostumbramos a «autocensurarnos» en exceso, lo cual permite la obediencia en sustitución del pensamiento independiente[27]. Si las víctimas de un orden social injusto, y todos los que nos educamos en él lo somos, se habitúan a no pensar y a no cuestionar lo dado, serán manejables y controlables, no se empeñarán en cambiar la realidad que las subordina. De este modo, el hábito de no pensar se convierte en aliado de la injusticia social y la servidumbre. ¡Qué importante es acostumbrarse a pensar! Es decisivo para ser razonablemente libre, un sujeto social, una libertad existente capaz de decidir su caminar vital.

Si a las niñas desde pequeñas se les coarta su capacidad potencial de participar activamente en la sociedad con plenas facultades, se las relegará de manera «natural» al espacio privado, al hogar, y

---

[26]Eichenbaum, E. L. y Orbach, S.: *¿Qué quieren las mujeres?*, Madrid, Talasa, 1995, pp. 86-87.

[27]Chomsky, Noam: *La (des)educación*, Barcelona, Austral, 2013, p. 32.

se les impedirá un desarrollo pleno de sus capacidades como sujetos sociales activos. El impedimento detiene la expresión de una capacidad. Vamos aprendiendo poco a poco: se aprende algo para aprender después algo más y más, y más... El dominio de una habilidad es un proceso abierto que implica ir superando una serie de requisitos previos para llegar a desarrollar una faceta, una potencialidad que albergamos en nuestra hondura de ser y puede emerger de lo no manifiesto o permanecer sin evidenciarse. Si nuestros pasos se bloquean en una dirección, no lograremos desarrollar algunas facetas nuestras y otras se desarrollarán incluso en exceso. Cabe afirmar que la educación y la socialización de la mujer instalan en ella la ignorancia de su propio potencial como persona completa que es, una libertad existente que narra su particular historia siendo sujeto.

Lo interiorizado en la niñez es un bagaje que permanece en nosotras toda la vida y causa sus efectos desde nuestra increíble profundidad carnal, sin que a menudo seamos conscientes de ello. Además, los seres humanos tendemos a imitar a otros y a cohesionarnos en un «nosotros» relacional donde adquirimos sensación de seguridad y fuerza al ser aceptados por el grupo e integrados en él. La niña quiere ser como las demás niñas y modela sus comportamientos en relación, en concordancia con la información que recibe desde fuera, no solo en su hogar, en su escuela y por la televisión, sino también de sus pares, de sus compañeras y amigas. No nos limitamos solo a percibir gestos, actitudes y comportamientos, sino que los procesamos, interpretamos, comprendemos o no, e interiorizamos los significados o las supuestas verdades que derivan de ellos. Y las verdades, ciertas o no, permanecen en nosotras y nos llevan a otras verdades y a otras..., que internalizamos en nuestra experiencia de vida. Nuestras verdades se van construyendo con las verdades o falsedades previamente interiorizadas[28].

---

[28] «Pues no hay ninguna de mis acciones, ninguno de mis pensamientos, siquiera erróneos, que, desde el momento en que me he adherido a ellos, no haya apuntado a un valor o a una verdad y que, luego, no guarde su actualidad en lo sucesivo de mi vida, no solamente como hecho imborrable, sino además como

Toda comunicación, verbal o no verbal, nos aporta información que se compone de distintos mensajes: en cuanto al contenido, en cuanto a nosotros mismos, en cuanto a la relación con ese otro que comunica y en cuanto al grupo al que se supone que pertenecemos. En un orden social patriarcal es improbable que la información que recibamos las mujeres al relacionarnos con otros no señale nuestra posición inferior respecto al sexo masculino, puesto que la subordinación del sexo femenino es real en nuestras sociedades en las que nos comunicamos con otros. Y ya podemos afirmar cabalmente lo contrario: —la deseada igualdad valorativa y de oportunidades entre los sexos—, miles de mensajes sin palabras lo desmienten constantemente e inscriben de manera imperceptible su verdad en nosotras, en los cuerpos-palabra que somos, porque en la comunicación se nos aportan instrucciones sobre cómo hay que ver el mundo, sobre cómo tenemos que conducirnos en él para no ser rechazadas ni ignoradas. Las diferencias simbólicas asociadas a distintas tareas, prácticas, bienes y maneras de estar en el mundo social conforman complejos sistemas de signos distintivos, que nos sirven para manejarnos con éxito en nuestros medios ya constituidos. Ese sistema simbólico tiene un carácter explicativo y no solo describe lo dado sino que también lo prescribe y lo preserva[29]. No en vano, actuar de acuerdo a los supuestos lleva a construir realidades que los confirman[30].

Además, una vez que aprehendamos el mundo relacional de un modo y no de otro, a menudo con esfuerzo y considerables costes emocionales, ya no estamos inclinadas a renunciar a lo asimilado que nos sirve de marco interpretativo, y no nos damos cuenta que la realidad que percibimos es una realidad inventada en ese marco,

---

etapa necesaria hacia las verdades o los valores más completos que posteriormente he reconocido. Mis verdades se han construido con estos errores y los arrastran en su eternidad». Merleau-Ponty, Maurice: *Fenomenología de la percepción*, Barcelona, Planeta-Agostini, 1993, pp. 402-403.

[29]Bourdieu, Pierre: *Capital cultural, escuela y espacio social*, Buenos Aires, Siglo Veintiuno Editores, 2010, pp. 32-33.

[30]Ceberio, Marcelo y Watzlawick, Paul: *La construcción del Universo*, Barcelona, Herder, 2006, p. 112.

que la realidad es plástica y puede cambiar si cambiamos nuestras interpretaciones y significaciones[31]. Se nos persuade sin aparente violencia de las verdades que estructuran el orden social, y nos las creemos. Es más, acabamos queriendo creerlas porque nos prometen visibilidad social, nos prometen que se nos aceptará y se nos querrá si nos comportamos bien, como se espera de nosotras por ser mujeres. Así, las creencias permanecen gracias, en parte, a los sentimientos agradables que se asocian con el hecho de creer que si hacemos tal cosa obtendremos un resultado deseado y buscado.

No obstante, todos los seres humanos creamos de nuevo el mundo sin que seamos conscientes de ello ni entendamos cómo lo hacemos. Todos existimos en un mundo propio, muy particular, y suponemos erróneamente que es igual al mundo de otros. Nuestras opiniones respecto a las cosas y a los hechos son decisivas a la hora de relacionarnos unos con otros, causan importantes efectos en los asuntos sociales, influyen en nuestras elecciones y acciones, y estas no solo crean nuestro mundo sino que también nos crean a nosotros.

¿Y cómo se generan las opiniones compartidas por un colectivo? Las opiniones se forman basándose en la evidencia del hecho, en el deseo de que sea cierto y en la repetición. Una opinión ampliamente aceptada, socialmente relevante, es el producto de la combinación de estos tres elementos en distintas proporciones. De ese modo, si se pretende fabricar una opinión en masa, que no corresponde a la evidencia, se recurre a la repetición y a la promesa de felicidad o bienestar si haces caso a dicha «verdad» y te atienes a ella en tu existencia[32]. En nuestros tiempos, la propaganda de distintas verdades se ha hecho más persuasiva que impositiva. Esas «verdades» se nos inculcan desde que nacemos y aprendemos

---

[31]«Quien con un trabajo ímprobo ha construido orden en un mundo sin sentido y sin reglas, sólo ya por eso no está dispuesto a renunciar a su construcción porque considera este orden como una realidad encontrada y no inventada». Watzlawick, Paul: *La coleta del barón de Münchhausen*, Barcelona, Herder, 1992, p. 149.

[32]Russell, Bertrand: *El poder*, Barcelona, RBA, 2010, p. 131.

a nombrar las cosas y los hechos de ese mundo nuestro, y nos habituamos a sentirnos de un modo haciendo lo que hacemos, influenciados por el grupo social en el que crecemos y nos desarrollamos.

Toda comunicación influye en la conducta de los demás y todo comportamiento siempre comunica verdades. Los mensajes retroalimentan a los participantes en una sincronía trepidante y nos aportan información que nos torna diferentes y, de manera consciente o no, nos inclina a posicionarnos frente a otros. No es posible relacionarse sin transmitir, sin comunicar. Por otra parte, cuando una persona se dirige a otra le transmite un contenido y le propone un cierto modelo de relación[33]. Lo que pensamos respecto al otro, respecto a sus intenciones y la relación con él o ella choca con lo que piensa ese otro. Se crea un clima entre los participantes que posibilita o impide el desarrollo de algunas propuestas dichas o no. Cada uno procura dirigir la interacción para realizar sus objetivos e intenta manejar a los demás en la promesa velada de la relación deseada por el otro. Todos influimos en otros y más si existe un vínculo afectivo entre los sujetos que interactúan.

Sin embargo, generalmente los individuos no somos conscientes de la forma en que nos relacionamos ni de cómo influimos en otros con nuestras acciones y palabras. Vamos adquiriendo experiencia y esa experiencia nos sirve de guía existencial para sobrevivir y crecer en el medio social que nos ha tocado, para intentar controlarlo. Así, lo que hacemos es consecuencia de lo que ya hemos hecho y causa de nuestras acciones futuras. Cuando interactuamos con otro no solo respondemos a sus acciones del momento sino que también a sus acciones anteriores. Lo mismo le sucede a ese otro con el que nos comunicamos. La simultaneidad de acciones tiene un efecto multidireccional.

Las circunstancias que nos rodean no son totalmente determinantes de nuestras acciones, la iniciativa y el poder de la acción residen en el sujeto existente, no en el ambiente en el que vive, aunque, sin duda, el medio influye de manera importante en el

---

[33]Strong, Stanley R. y Claiborn, Charles D.: *El cambio a través de la interacción*, Bilbao, Desclée De Brouwer, 1985, p. 48.

individuo. Pero mientras haya un ser humano hay esperanza de que elija la mejor opción y decida actuar para mejorar el mundo en el que convive con otros, a pesar de que no se nos eduque bien para ello. No nos educan para cooperar y para prosperar todos, sino para competir y luchar por el poder de unos sobre otros. No nos educan para respetar la maravilla errante que es el ser humano, sino para valorar el dinero y los bienes que se pueden adquirir teniéndolo. No nos educan en justicia social sino en injusticia, que estructura nuestro orden social, en el cual la profunda desigualdad valorativa entre los sexos empapa el medio en que nos desarrollamos y normaliza el gobierno de los hombres sobre las mujeres. Y la injusticia tolerada y normalizada es nefasta para todos los sujetos, porque se asocia con una mala educación de los individuos, una educación en la que los aspectos éticos se ven muy dañados, una educación que propicia actitudes destructivas y comportamientos insolidarios de unos con otros, basados en la ceguera existencial y la sinrazón[34]. La responsabilidad de unos con los otros, la responsabilidad de cada cual por aquello que deposita en este mundo nuestro es algo que se aprende, no se nace con ella. Sin embargo, nuestra educación no favorece este aprendizaje, todo lo contrario, parece que a los poderosos se les permite abusar de su poder, explotar a los más débiles y perjudicar a otros seres humanos; en la repetición, es algo que se ha convertido en lo normal y hasta en algo bien visto. Parece que casi todo vale para enriquecerse, que no importa explotar al otro y causarle un mal. El estilo competitivo de la vida en un mundo industrial y capitalista ahoga la humanidad de los individuos.

La infravaloración de las mujeres y los prejuicios contra el sexo femenino son un verdadero problema de relaciones humanas. La desigualdad sexual es injusta y perjudicial para todos. Es necesario abrir una gran interrogación en muchas de las cosas que

---

[34] «La piedra de toque de una sociedad buena debería ser que en ella destacasen la bondad, la fraternidad y la creatividad, y no la rabia y los sentimientos destructivos». Russell, Bertrand: *La educación y el orden social*, Barcelona, Edhasa, 2004, p. 200.

hemos aceptado como verdades, y cuestionar, reflexionar y crear con propósito de *ser*, ser en respeto y solidaridad entre los sexos, ser en un mundo mejor para ambos sexos, en cooperación y entendimiento, y crear en hermosura[35]. Las buenas relaciones entre los sexos se entrelazan con las buenas relaciones humanas. Una educación que se encarga de disponer a un sexo contra el otro no conduce a nada bueno, es perniciosa para los individuos, favorece la incomprensión y el desencuentro entre ellos. Si crecemos oponiéndonos unos a otros, si en la educación se subrayan nuestras supuestas diferencias irreconciliables olvidando lo común que nos une, obtenemos un terreno relacional conflictivo, y esto es lo que ha sucedido a lo largo de los siglos.

A los individuos se les ha estimulado en función de su sexo y de los papeles que se les reserva en la sociedad. A los hombres se les impide el desarrollo de su potencial emocional, de su vertiente maternal, y a las mujeres, su potencial de autoridad y de asertividad. Además, en muchas sociedades a las mujeres se les dificulta el acceso al conocimiento y a la cultura, se las educa para servir procurando el bienestar de otros. El impedimento del desarrollo de las mujeres como sujetos de pensamiento y de razón se asocia con el impedimento para ellas de alcanzar el estatus de ciudadanas de primer orden. El contrato social femenino sigue teniendo un pronunciado carácter sacrificial. Nos entrenan para ser pacientes, amables, tolerantes con la frustración y la injusticia hacia nosotras... De manera casi imperceptible, se nos acostumbra desde pequeñas a buscar la confianza fuera de nosotras, a desear la seguridad que nos proporcionan otros y su protección; se nos torna

---

[35] «La mejor manera de remodelar el mundo no es cambiarlo, sino cambiar a la gente que ha hecho que el mundo sea lo que es, convirtiendo a la gente en personas, en seres humanos». Montagu, Ashley: *La mujer, sexo fuerte*, Madrid, Guadarrama, 1970, p. 188. Y añade: «Desde sus primeros años, los niños de ambos sexos debieran ser educados para entenderse mutuamente; no se les debiera abandonar a los mitos tradicionales que encuentran con tanta frecuencia flotando en nuestra civilización. El estado humano esencial es el de la armonía y la cooperación. Nuestra sociedad se las ha compuesto para crear una separación compleja y una falta de comprensión entre los dos sexos», p. 226.

más dependientes; se nos educa para esperar, esperar ser deseadas, reconocidas, aceptadas, queridas..., esperar que se nos trate bien, como nos merecemos por nuestros esfuerzos... ¿Y si la espera se vuelve infinita? ¿Y si lo que esperamos nunca sucede? ¿Qué hacemos? ¿Nos resignamos?

El poder superior de los hombres tiende a relegar a las mujeres a las tareas relacionadas con el gobierno del hogar, procura el desarrollo de las virtudes consideradas clásicamente femeninas, nos enseña a saber cuál es nuestro puesto y a no aspirar a destinos impropios para nuestro sexo. A todos los individuos se nos comunica una y otra vez lo que se espera de nosotros por ser del sexo que somos. Cabe afirmar que la conformidad con el género es uno de los instrumentos más eficaces y poderosos de la socialización. Cuando el individuo se identifica de un sexo surge en él un sentimiento de «nosotros», de pertenencia a un grupo y no a otro, y ese sentimiento cohesiona al grupo y aporta al individuo una cierta confianza de adaptación y de seguridad. El grupo influye sobre el individuo, ¿qué duda cabe? El orden social imprime sus estructuras en los ciudadanos mediante la enseñanza de los estereotipos y de los ideales de la feminidad y la masculinidad. Esos ideales sirven para preservar y perpetuar dicho orden, son conservadores de lo dado[36]. La feminidad y la masculinidad son construcciones sociales, no nacemos con esos significados, los vamos adquiriendo en el aprendizaje de ser mujer o de ser hombre. Vamos desarrollando unas capacidades y no otras en nuestra existencia en un medio social en continuada relación con otros. En esa sostenida interacción aprendemos códigos culturales, reglas, normas..., que conforman la invisible estructura social en la que nos movemos.

Si a los pequeños se les enseña la oposición de un sexo frente al otro, si se les comunica que el sexo masculino es contrario al femenino o viceversa, que existe una clara dicotomía entre ambos sexos y la diferencia es abismal, se favorece el futuro desencuentro y el mal entendimiento entre los hombres y las mujeres. Una cosa

---

[36]Kaplan, Louise: *Perversiones femeninas*, Buenos Aires, Paidós, 1994, p. 336.

son los conceptos, las dicotomías irresolubles porque se es de un sexo o de otro y no de ambos, y otra cosa muy diferente son los seres humanos, individuos carnales que comparten la condición humana. Lo femenino y lo masculino son cualidades que pertenecen tanto a los hombres como a las mujeres. Y si por ser del sexo que somos nos identificamos solo con uno de esos conjuntos conceptuales, nos confundimos y no entendemos lo que realmente somos; nuestro desarrollo como personas se vería perjudicado pues ignoraríamos muchas de nuestras capacidades.

Así, no solo las mujeres pueden cuidar de otros, también los hombres pueden hacerlo, y los hay con una gran capacidad maternal, que si no la expresan, se quedan empobrecidos en su *ser*. En la actualidad, muchos hombres quieren vivir su paternidad de manera activa, dispensando cuidados amorosos a sus hijos, estando con ellos, jugando con ellos, animándoles y enseñándoles cómo es el mundo. Por contra, todavía hoy, numerosas mujeres no reciben los mismos estímulos sociales ni oportunidades para desenvolverse libremente en el terreno público que sus compañeros los hombres[37]. Nuestra educación suele tener un pronunciado carácter sobreprotector. A las mujeres no se nos educa para el liderazgo social.

La educación de las niñas va preparándolas para asumir el papel femenino adjudicado a ellas en nuestro orden social. La mujer tiene que cuidar, nutrir, apoyar, sostener emocionalmente, amar...; tiene que ser amable, flexible, paciente, abnegada, aparentemente sumisa y dependiente. Se supone que tiene que conformarse con su lugar de secundaria social y no dar la lata con sus «eternas y aburridas protestas». La mujer tiene que aprender a sonreír pase lo que pase, a disimular, y colaborar en su propia subordinación;

---

[37] «El puesto de la mujer estaba en el hogar y las mujeres, desde los primeros tiempos, consideraron el hogar y los hijos como la realización más plena de su vida. Si trabajaban en alguna otra cosa miraban su trabajo como algo secundario comparado con el asunto más importante de su vida, que consistía en sacar adelante a su familia. Mientras que los hombres han concentrado la mayor parte de sus energías al servicio del hombre». Montagu, Ashley: *La mujer, sexo fuerte*, Madrid, Guadarrama, 1970, p. 180.

tiene que encontrar su felicidad en la subsunción existencial siendo para otros, en las tareas que se le permiten por ser del sexo que es. Si no lo cumple, tendrá que pagar un precio por rebelarse y no atenerse a lo que se espera de ella.

En nuestras sociedades patriarcales se sigue valorando la belleza como el gran poder femenino; se sigue comunicándonos que el poder femenino basado en la inteligencia y las propias capacidades desarrolladas es insano y perturbador. Los hombres generalmente no buscan la inteligencia y la sabiduría en las mujeres que desean, y se continúa preparando a las niñas para ser sobre todo objetos de deseo de los hombres y no tanto sujetos de deseos propios[38].

Por otra parte, amar es el honorable cometido de las mujeres, lo cual sostiene al mundo. ¿Qué pasaría si las mujeres dejáramos de amar y de cuidar a otros? Seguramente, el mundo sería un lugar mucho peor para vivir en él. La capacidad creadora de la mujer se vuelca en dar la vida a otros, y no nos referimos solo al aspecto reproductivo sino al afán de nutrir, cuidar, hacer crecer y sostener. ¿Existe algo más noble, generoso y elevado? Sin embargo, en nuestras sociedades apenas se valora este tipo de creación, cuyas obras no son notorias y, a veces, ni siquiera visibles. Tampoco se valoran demasiado las actividades relacionadas con esos cometidos. Como consecuencia, la autoestima de las mujeres se resiente, pero en nuestras sociedades patriarcales la autoestima de las mujeres no se fomenta ni se pretende cuidar. ¿Para qué estimular en las mujeres la adquisición de autoestima? ¿Para que el orden social vigente se desordene? Si las mujeres siguen creyendo en su insuficiencia, en que la autoridad y el conocimiento les son ajenos, serán sumisas y colaborarán en su subordinación.

---

[38] «¿Por qué, pues, a pesar de las oleadas recientes de feminismo, continuamos rindiendo culto a la musa? Porque continuamos creyendo que el poder femenino es insano y abrumador, que es un peligro succionador del alma que tanto mujeres como hombres deben conjurar. En consecuencia, inconscientemente sostenemos la fantasía masculina de que el único poder *legítimo* que debe ser alentado en niñas y en mujeres es el de ser el Objeto del Deseo». Young-Eisendrath, Polly: *La mujer y el deseo*, Barcelona, Kairós, 2000, pp. 34-35.

La baja autoestima femenina es muy útil para mantener el orden patriarcal. Si la mujer permanece ignorando su propio potencial y valía, si se autocensura y se rechaza a sí misma, será un dócil instrumento para que las cosas continúen como están, para servir a otros. Además, si se logra que las mujeres interioricen su supuesta deficiencia y la falta de valía, será difícil convencerlas de lo contrario, incluso cuando los acontecimientos que demuestran su valía sean evidentes. Las mujeres tenderán a atribuir sus logros a la suerte, a las intervenciones de otros, a las circunstancias favorables…, a cualquier cosa menos a sí mismas.

La autoestima femenina suele fundamentarse de manera notoria en la estima de los otros, no en vano la educación de las mujeres propicia la búsqueda de aprobación en otros. Sin embargo, en nuestras sociedades patriarcales, la estima de los otros a las mujeres, en general, brilla por su ausencia. Así, el maléfico círculo se completa. Parece que demasiadas cosas propician la baja autoestima de las mujeres, y ni siquiera somos conscientes de ello. Y la baja autoestima se relaciona íntimamente con la dependencia, porque la autoestima, la independencia y la autonomía van de la mano.

Las mujeres deberíamos posicionarnos desde nuestro poder en el *ser* y entender que nadie puede hacernos sentir inferiores sin nuestro consentimiento consciente o no. Si nosotras nos sentimos válidas, si comprendemos bien lo que somos desechando las falsedades sexistas interiorizadas en el proceso de hacernos mujeres, si actuamos como sujetos existentes que somos, ¡ya puede llover! Desde luego si somos conscientes en el *ser* avanzaremos en el fortalecimiento personal. El empoderamiento femenino repercute positivamente en la autoestima de las mujeres. La autoestima fundada en la propia opinión, en la confianza en una misma, en la fuerza y la valía propias, es un capital personal intransferible y un gran recurso para desenvolvernos de manera autónoma y eficaz en la existencia, sin bajar la mirada por ser mujeres. Por contra, las personas de pobre autoestima se posicionan por debajo de sus interlocutores construyendo fantasías autodescalificantes sobre lo que los demás piensan de ellas, y actúan como si su invención fuera real. Se afanan en encontrar la valorización fuera, ignorando que la autoestima se basa justamente en consideraciones que la persona tiene sobre sí misma[39].

De todas formas es bueno que las mujeres entendamos que para nosotras es tan importante cuidar a otros que si no lo hacemos, seguramente, nuestra autoestima sufrirá. Muchas mujeres no pueden sentirse bien si no consideran que dan lo suficiente a los demás. Lo malo es que ese «suficiente» parece que no tiene límites, y nos salimos de nuestra piel para que las cosas vayan bien y a pesar de ello tendemos a sentirnos culpables cuando los resultados no son los que deseamos. Pero las mujeres no somos diosas omnipotentes; solo somos personas reales. Los demás son los demás, y deciden desde sí mismos; tienen su propia vida y no podemos vivirla por ellos. Las mujeres transitamos entre la supuesta impotencia femenina y la pretendida omnipotencia. Sería bueno situarnos en nuestro poder real por ser sujetos existentes capaces de crear mundos relacionales mejores para vivir en ellos; poder limitado, pues choca con el poder de los demás y sus elecciones.

La mujer sigue fuertemente orientada hacia las relaciones, hacia lo emocional, lo afectivo, lo íntimo[40]. Su poder acontece sobre todo en las distancias cortas. Las mujeres tenemos una sensibilidad muy especial hacia lo afectivo. Tendemos a ser buenas, amables, generosas, complacientes, modestas... Son los ideales de *ser* mujer, que tenemos interiorizados, y en las cuestiones humanas es difícil separar lo innato de lo adquirido en la existencia. Las mujeres nos dedicamos a satisfacer las necesidades afectivas de los demás y, aunque aparentemos ser más frágiles y dependientes que los hombres, emocionalmente solemos ser más fuertes e independientes. Quizás, eso se deba a que toleramos mejor las frustraciones y a que, en nuestra socialización, hemos aceptado la dependencia en

---

[39]Ceberio, Marcelo y Watzlawick, Paul: *La construcción del Universo*, Barcelona, Herder, 2006, p. 113.

[40]«La mujer sigue fuertemente orientada hacia lo relacional, lo psicológico, lo íntimo, las preocupaciones afectivas, domésticas y estéticas; el hombre hacia la "instrumentalidad", lo técnico-científico, pero también la violencia y el poder». Lipovetsky, Gilles: *La tercera mujer*, Barcelona, Anagrama, 1999, p. 280.

las relaciones con otros, lo cual nos ha hecho más poderosas y, paradójicamente, independientes.

Las mujeres tendemos a convertirnos en seres de amor. Cuando no se tuerce esa natural inclinación, amamos, amamos a los seres de nuestro pasado, del presente e incluso a los seres imaginados y soñados del futuro: maridos, hijos, nietos... El imaginario de las mujeres está poblado de sus seres del amor. El amor empapa los cuerpos-palabra de las mujeres en su experiencia de vida, no en vano acontece en nosotras, en el sí-mismo en relación continuada con los otros y con lo que lo rodea. El amor que sentimos por lo general nos hace fuertes y nos motiva a avanzar en un medio de bondad, verdad y belleza existenciales, aunque no siempre sea así[41]. Las mujeres estamos bastante cómodas amando el mundo y a los otros. Nuestra capacidad dadora propicia la entrega a los demás, aunque, evidentemente, existen excepciones que todos conocemos.

Las mujeres aceptamos que el amor está estrechamente ligado a las necesidades básicas de la vida y que, para sobrevivir, no existe la posibilidad de no amar. La esperanza de sobrevivir se relaciona con el amor como energía creadora. Todo sujeto se vincula a otros por medio de lazos afectivos y ese proceso es necesario para que sobreviva y se forme como sujeto existente, de otro modo, seguramente moriría. Pero en nuestras sociedades todavía no se le da importancia al amor como la fuerza creativa por excelencia. La más apremiante necesidad de un ser humano es convertirse en un ser humano y eso es imposible sin el amor, sin amar. La capacidad de amar, como potencial, está en todos los seres humanos, en las mujeres y en los hombres, pero por nuestra socialización se desarrolla más en el sexo femenino; a las mujeres se nos estimula más

____

[41] «El amor es una experiencia de relación con el mundo. Es una experiencia de aprehensión del mundo. Y también es una experiencia de aprehensión del yo misma. Por el amor me relaciono con el mundo y, al mismo tiempo, conmigo misma en una relación íntima, interna, yoica. Esta experiencia del amor propio es una clave fundamental». Lagarde y de los Ríos, Marcela: *Para mis socias de la vida*, Madrid, Horas y horas, 2005, p. 351.

para amar y para poder expresarlo con mayor libertad. De ahí que las mujeres estemos más interesadas en las relaciones en las cuales podemos amar y ser amadas. Aprender a amar es muy importante para preservar la vida y a las personas, y esas personas que aman y enseñan a amar a otros deberían ser muy valoradas; hoy por hoy, en nuestras sociedades no es así.

El amor es un gran capital para la supervivencia de la Humanidad: mientras haya mujeres que aman la especie humana seguirá sobreviviendo. ¡Y es así de trascendente! El amor es el sentimiento que armoniza la coexistencia social, propicia el encuentro, la comprensión, la compasión, la solidaridad, el conocimiento en el respeto a lo otro..., cuida el mundo en que vivimos, y ese mundo es el resultado de lo que hacemos y dejamos de hacer las personas. Las mujeres tendemos a crear mundos impregnados de amor y cada uno de ellos es único, irrepetible y frágil, porque igual que nace, puede morir. Todos formamos una inmensa red de intervenciones y relaciones, una red plástica, cambiante y constantemente activa. No nos damos cuenta ni sospechamos la repercusión de nuestras acciones, en qué momento nace un camino y adónde nos lleva a nosotros y a otros. Cada una de nuestras capacidades desarrolladas o actitudes oculta las interacciones pasadas con los demás, pero somos nosotras las que podemos decidir el camino que seguiremos a partir de un ahora, a partir de este preciso instante, en el que todo puede cambiar de rumbo, y podemos hacer nacer un mundo mejor para vivir en él.

El desarrollo de nuestra faceta de cuidar a otros no debe asociarse con el autodescuido. A pesar de que el orden social en el que nos formamos no fomente el cuidado del cuidador, las mujeres tenemos que aprender a cuidarnos mucho, no sólo para poder seguir cuidando a otros sino para *ser* nosotras mismas. Las experiencias del ser esperan nacer[42]. Tenemos que aprender a ser nuestras mejores amigas, una de sí misma y también de otras mujeres. Eso nos fortalecería.

---

[42]Metz, Pamela K. y Tobin, Jacqueline L.: *El tao de las mujeres*, Madrid, Gaia, 1996, p. 127.

Todos los seres humanos necesitamos amar y ser amados, pero las mujeres nos vinculamos más con el amor. Y cuando no satisfacemos esa necesidad, nos tensamos en nosotras mismas, sufrimos e incluso enfermamos, no en vano somos cuerpos existentes reales, cuerpos carnales que duelen o sienten placer, enferman o están sanos y mueren o se curan. Los sentimientos acontecen en los cuerpos existentes que somos, se vuelven carne sintiente y se recuerdan carnalmente. De pronto sentimos una emoción, nos avergonzamos, nos sentimos turbadas, alegres, tímidas, provocativas... Apenas somos conscientes de qué nace esa emoción, seguramente de los recuerdos de experiencias pasadas o imaginadas. Lo que sentimos se manifiesta en gestos; el cuerpo que somos tiembla, se sonroja, se mueve o se paraliza, tartamudea o ríe... A menudo el cuerpo reacciona a pesar de nosotras mismas y en contra de la razón y el deseo. No queremos sonrojarnos pero nos sonrojamos; no queremos temblar o palidecer, pero es algo que ocurre... En estas ocasiones el cuerpo se sustrae a la conciencia y a la voluntad expresándose desde lo interiorizado en la experiencia de vivir en una sociedad dada, con sus normas y mandatos.

El cuerpo que somos ha internalizado una lógica de sentimientos y deberes entremezclados con el amor a los otros, el respeto y la devoción[43]. Y no podemos salirnos de nuestro cuerpo y vivir fuera de él: somos cuerpo sintiente y pensante, cuerpo existente y, por tanto, cuerpo en continuada relación con los otros y con el espacio social en que nos encontramos[44]. Poco a poco aprendemos a sentirnos de un modo actuando de una manera concreta. Sentimos vergüenza sin entender bien por qué cuando actuamos de forma

---

[43]Bourdieu, Pierre: *Meditaciones pascalianas*, Barcelona, Anagrama, 1999, pp. 236-237.

[44]«No podemos *salir* del mundo determinado por nuestro cuerpo y nuestro sistema nervioso. No existe otro mundo excepto el que experimentamos por medio de estos procesos, procesos que son premisas para nosotros y hacen de nosotros lo que somos. Nos encontramos dentro de un dominio cognoscitivo del cual no podemos salir, o decidir donde comienza o cómo se crea». Francisco Varela en: Watzlawick, Paul y otros: *La realidad inventada*, Barcelona, Gedisa, 2010, p. 261.

«anormal», cuando actuamos mal según lo interiorizado por nosotras en etapas muy inmaduras de nuestro desarrollo. Y es el cuerpo el que produce esa emoción y ni siquiera nos damos cuenta de por qué lo hace y para qué, pero lo hace. El cuerpo propio atraviesa un proceso que permanece desconocido para el sujeto existente y realmente no sabemos cómo lo hace ni podemos discernir su increíble complejidad. No podemos abarcar con la mirada ni con el intelecto la totalidad del cuerpo que somos porque tanto la mirada como el intelecto son partes de lo que se quiere aprehender[45].

El cuerpo-palabra que somos es un vivo recordatorio biográfico. Aprendemos a ser mujeres en una sociedad dada a lo largo de nuestro proceso de socialización. Aprendemos a comportarnos de una manera y no de otra, y el cuerpo que somos se moldea en sus acciones y experiencias del día a día, en su estar en relación con otros aceptando las normas, los mandatos y los límites que se nos comunican. Paulatinamente, introyectamos los valores simbólicos atribuidos a ser mujeres y a nuestro estar en el mundo. Internalizamos conceptos sobre el cuerpo, el comportamiento, la sexualidad, las formas de amar... Aprendemos a hablar y a nombrar las cosas y los hechos... Todos esos conceptos organizan nuestro mundo cognitivo y afectivo. Las palabras se incrustan en nosotras y se vuelven carne en relación. El lenguaje, tanto verbal como no verbal, performa el cuerpo que somos con sus diferencias simbólicas referentes a los sexos. Esas diferencias sexuales son auténticas estructuras simbólicas estructurantes de un orden social y cultural en el que nos ubicamos[46].

---

[45] Watzlawick, Paul: *La coleta del barón de Münchhausen*, Barcelona, Herder, 1992, p. 61.

[46] «Las diferencias asociadas a las diferentes posiciones, es decir, los bienes, las prácticas y sobre todo las *maneras*, funcionan, en cada sociedad, al modo de las diferencias constitutivas de los sistemas simbólicos, como el conjunto de fonemas de una lengua o el conjunto de rasgos distintivos y de separaciones diferenciales constitutivos de un sistema mítico, es decir, como los *signos distintivos*». Bourdieu, Pierre: *Capital cultural, escuela y espacio social*, Buenos Aires, Siglo Veintiuno Editores, 2010, p. 32.

Las personas no simplemente estamos en el mundo, sino que estamos en el mundo en continuada expresión y comunicación con otros por medio de las palabras dichas o no, por medio del lenguaje verbal y no verbal. Nombramos las cosas que nos rodean y las palabras pasan a formar parte de nosotras y de nuestro mundo, se inscriben en el cuerpo que somos, y es tan significativo que incluso cuando conversamos lo más esencial que decimos lo hacemos con nuestro cuerpo, gracias a su lenguaje no verbal, aunque no nos demos cuenta de ello. De hecho, cuando los mensajes verbal y no verbal que recibe el interlocutor son contradictorios, el que prevalece generalmente es el mensaje no verbal. Mientras está vivo, el cuerpo habla siempre, incluso en su aparente silencio. Es imposible no transmitir mensajes entre los cuerpos en comunicación. La palabra se torna carne y se manifiesta a aquél que la quiere escuchar. Sin embargo, no olvidemos que las palabras son insuficientes para expresar todo lo que ocurre en nuestro interior. El sí-mismo carnal es increíblemente complejo y cada expresión suya, cada gesto, son productos de múltiples causas que se pierden en la inmensa profundidad del cuerpo-palabra vivencial de cada cual[47].

En toda sociedad humana los cuerpos son objetos y blancos de poder, y en un orden patriarcal, el mayor sometimiento de los cuerpos se ejerce sobre los cuerpos de las mujeres[48]. En estas sociedades, los cuerpos femeninos son considerados como cuerpos para otros, cuerpos que nutren y cuidan, cuerpos que traen hijos al mundo, cuerpos estéticos que decoran la vida de otros, cuerpos

---

[47] «Sería erróneo afirmar que expreso *todo* cuanto ocurre dentro de mí, ya que cada segundo pasan allí miles de cosas imposibles de formular por separado y menos aun expresar». Rogers, Carl; Stevens, Barry: *Persona a persona*, Buenos Aires, Amorrortu, 2012, p. 141.

[48] «Ha habido, en el curso de la edad clásica, todo un descubrimiento del cuerpo como objeto y blanco de poder. Podrían encontrarse fácilmente signos de esta gran atención dedicada entonces al cuerpo, al cuerpo que se manipula, al que se da forma, que se educa, que obedece, que responde, que se vuelve hábil o cuyas fuerzas se multiplican». Foucault, Michel: *Vigilar y castigar*, Madrid, Siglo XXI, 2005, p. 140.

eróticos que les proporcionan placer... Así las cosas, los cuerpos femeninos que se valoran tienen que ser bellos, jóvenes, es decir, fértiles, y sexys, lo que se traduce en sexualmente dispuestos. Si los cuerpos femeninos no cumplen esas cualidades no se los valora ni se les presta atención, y las mujeres se vuelven, en cierto modo, incorpóreas e invisibles. Es como si las mujeres que no se ajusten a los mandatos de belleza imperantes en nuestras sociedades perdieran su condición carnal. El castigo para las que no se someten no tiene que ser físico propiamente dicho, es el de la marginación o la invisibilidad social, castigo cruel y doloroso. La invisibilidad del cuerpo que somos angustia, pues nos presagia la soledad existencial, y nos inclina de forma inconsciente a seguir las normas y a no apartarnos del grupo, porque si la necesidad de afecto, de atención y de contacto físico no se satisfacen, sufrimos y nos enfermamos en el cuerpo que somos.

El cuerpo que somos es un cuerpo sexuado y sexual. La formulación de conceptos referentes a nuestra condición sexual ordena nuestro mundo relacional y conecta los sucesos que caben en él. El conocimiento trasciende cualquier uso que se haga de él, crea mundos en los que nos desenvolvemos en relación con otros. Si las mujeres no conocen su propia anatomía, si ignoran las características de su sexualidad y se preparan sobre todo para servir a las excitaciones masculinas, seguirán ciegas y se relacionarán de forma precaria. Es hora ya de reivindicar el acceso al conocimiento de las mujeres de su propio cuerpo y de su funcionamiento sin falsas infravaloraciones encubiertas en palabras aparentemente correctas. Las palabras pueden ser tan eficaces como los bisturís para hacer desaparecer estructuras que no se quiera nombrar. A clarificar todo eso hemos dedicado el libro «Cuerpo-palabra mujer», porque creemos que el conocimiento crea mundos y es fundamental para que las mujeres nos valoremos más y entendamos lo que somos realmente[49]. Las denominaciones adecuadas y los conceptos verdaderos propician el sentimiento de pertenencia y así las niñas no

---

[49] Arnaiz Kompanietz, Anna: *Cuerpo-palabra mujer*, CreateSpace Independent Publishing Platform, 2016.

se separarán del cuerpo que son ni se distanciarán de su identidad sexual, serán más sujetos, dueñas de sí mismas.

Todo individuo pasa por distintas etapas evolutivas en su maduración y esas etapas suceden en los cuerpos sexuados y sexuales que somos, no fuera de nosotros o en un mundo de ideas a propósito de la condición sexual humana. El cuerpo sexuado y sexual que somos se transforma en el tiempo, evoluciona constantemente, adquiriendo madurez, desarrollando o no sus potencialidades. Las transformaciones que experimenta el cuerpo ocurren en la carne sintiente y pensante que somos, en la totalidad celular que conforma el cuerpo, en la conciencia vivencial en continuada evolución. En el transcurso del tiempo nos enfrentamos al abismo carnal que somos procurando desvelar su misterio existencial o ignorando el hecho de ser de carne real, cuerpo sexuado y sexual esperanzado y creador de mundos. En ambos casos nos ubicamos en un mundo de ideas a propósito de..., y, una vez ubicados en él, nos conducimos creyendo que es cierto y casi el único posible, cuando en realidad ese mundo depende de nuestras creencias y actitudes, es transformable.

En una majestuosa sincronía existencial, el cuerpo que somos se sexúa, su conciencia de ser evoluciona haciendo nacer mundos de aprehensión y de acción cada vez más amplios, ricos y complejos. No sabemos cómo lo hace el cuerpo, pero lo hace, más allá de nuestro deseo consciente o de nuestra voluntad. Un logro te lleva a otro y ese a otro..., es un proceso. Vamos madurando poco a poco, nos vamos convirtiendo en personas capaces de relacionarnos de igual a igual con otras. Aprendemos algunas cosas e ignoramos otras. Nuestra educación modela nuestro camino existencial, reforzando algunas tendencias y reprimiendo otras. Una buena educación, y no nos referimos al aprendizaje de buenos modales, es muy importante para el desarrollo de personas completas, sujetos existentes que piensan y deciden con propósito de *ser* personas.

Por lo general, la educación que se nos da no propicia el desarrollo íntegro del individuo. Suele transmitir una partición o parcelación falaz del cuerpo sexuado y sexual. Es como si algunas partes nuestras fueran sexuales y otras asexuales, cuando todo nuestro ser es profundamente sexuado y sexual, y conectado: todo lo que pensamos, sentimos, hacemos nos hace a nosotros, nos afecta y nos transforma con su algo más. Y si no comprendemos lo que somos tampoco nos desenvolveremos bien ni nos relacionaremos bien unos con otros. Nuestra educación no propicia una sexualidad constructiva y sana, todo lo contrario, y eso sucede más en la educación del sexo femenino, al cual le toca un papel secundario y subordinado, pues la relación entre los sexos tiene una cualidad jerárquica de un sexo más poderoso que el otro, de un sexo con pleno derecho al uso de la palabra, y de otro, que está acostumbrado a callar cuando el primero habla.

El terreno sexual femenino está poblado de falsedades perturbadoras y nocivas para el desarrollo de las mujeres como sujetos existentes de pleno derecho a *ser*. El conocimiento que adquirimos a propósito de nuestro cuerpo sexuado y sexual crea realidades existenciales, no es inocente, tiene consecuencias graves en nuestro vivir. Experimentamos la vida observando, atribuyendo e interpretando significados, imitando e innovando o no. La labor de construcción de sentido es un proceso íntimo, pero ocurre en comunión con lo externo a nosotras. La realidad interna de cada cual se prolonga en la externa, en la realidad compartida en relación y comunicación con otros. En esa comunicación afectiva con otros aprendemos lo que somos y aprendemos a relacionarnos, no nacemos con ese conocimiento, lo vamos internalizando en nuestro proceso formativo como individuos. Gran parte de lo que asimilamos y reproducimos en nuestras acciones lo hacemos buscando reconocimiento y amor, lo introyectamos desde pequeños en la caricia sentida. Si se nos enseña que la sexualidad es algo perverso, sucio y prohibido, algo que tenemos que temer, así tenderemos a vivirla, porque lo asimilado impregna nuestro ser carnal y nutre lo que somos y lo que hacemos, pues somos un vivo recordatorio; lo asimilado da forma temática a nuestra narración existente.

La sexualidad humana acontece en una comunión entre lo biológico, social y cultural, es cambiante en función de las creencias y expectativas, en función del conocimiento del individuo. Cada etapa sexual de desarrollo se desenvuelve en torno a la adquisición de una serie de aptitudes, vamos madurando en un proceso evolutivo dinámico, de cambio permanente. Por tanto, también nuestra sexualidad va cambiando en cada etapa y es bueno saberlo para evitar errores interpretativos y sufrimiento innecesario. Nuestra sexualidad se compone de miles de vivencias en nuestra aventura real de vida, modela nuestro ser carnal y crea mundos concordantes con nuestro desarrollo. Así, el mundo vivencial de las niñas no es el mismo que el mundo vivencial de las jóvenes, ni de las mujeres maduras. De todos esos cambios hablaremos en este libro con el propósito de entender mejor lo que somos las mujeres.

Las mujeres tenemos que hablar de los significados de nuestra propia experiencia, tenemos que explicitar nuestras vivencias para que se conozcan y se comprendan por ambos sexos, tenemos que reclamar su legitimidad[50]. Hasta ahora nos hemos movido en un terreno plagado de falsedades y espejismos. Es hora de clarificar y poner luz en nuestra humanidad, es hora de *ser*, si no, ¿cuándo?

A las mujeres se nos reprime en nuestra sexualidad, ni siquiera se explica bien qué particularidades tiene[51]. Nos frustramos sin poder expresar bien lo que somos y lo que sentimos en nuestro interior; nos faltan las palabras adecuadas para ello y tampoco se nos escucha. Sin embargo, esa represión no puede borrar el hecho de que somos individuos sexuales. Además, a veces, la represión conduce a intensificar el interés en lo reprimido y a empeñarse en su comprensión y desarrollo. Sea como sea, la ignorancia no elimina aquello que se ignora, lo puede hacer de la agenda consciente del sujeto, pero conscientes o no, reprimidos o no, los individuos somos sexuales, lo somos en nuestra totalidad carnal existente. Lo que se valora en nuestras sociedades difiere radicalmente de las vivencias que ocurren en nosotras y eso nos conduce a un distan-

---

[50] Polly Young-Eisendrath en: Zweig, Connie (editora): *Ser mujer*, Barcelona, Kairós, 1992, p. 209.

[51] «La negación de la sexualidad de las mujeres para sustituirla por la feminidad o la asexuación es, de hecho, el principal instrumento de la desviación y perversión de la energía mujeril». Greer, Germaine: *La mujer eunuco*, Barcelona, Kairós, 2004, p. 91.

ciamiento del cuerpo real que somos, lo cual crea mucha tensión, conflicto e inseguridad personal[52].

Cabe afirmar una vez más que el conocimiento y la autoafirmación como seres sexuales libera energías empleadas en bloquear la consciencia de este hecho evidente. Tendríamos que empezar por ahí. Las vivencias de los cuerpos-palabra se enriquecen en verdad, bondad y belleza cuando reconocemos nuestra condición sexual, nuestra inconmensurable hondura carnal, y le damos valor. Deberíamos cambiar nuestra consideración de ser cuerpo, de ser sexuadas y sexuales, asignarle por fin el gran valor que supone ser existente real, reivindicar nuestra profunda y hermosa humanidad.

Hasta el momento hemos seguido utilizando para explicar la sexualidad femenina significaciones que no aclaran las vivencias de las mujeres. Se nos ha permitido emocionarnos y manifestar nuestros sentimientos, se nos ha permitido llorar mostrándonos supuestamente débiles y necesitadas de ayuda, y es verdad que llorar puede liberar tensión, pero no se nos ha permitido mostrarnos fuertes e independientes, mujeres poderosas y sabias. Incluso el acceso al placer continúa siendo obstaculizado para las mujeres; nos desenvolvemos en un terreno conflictivo entre el placer y el abuso. Y no nos referimos solo al placer en cuanto excitaciones y orgasmos, sino también al placer de estar a gusto en nuestra propia piel: el gran placer existencial de ser una persona completa, dueña de sí misma, placer duradero que facilita muchos otros placeres. Las mujeres nos avergonzamos demasiado de ser cuerpos reales y no unos ideales incorpóreos, fantaseados por mentes que huyen de lo real y, en su ceguera existencial, no valoran lo majestuoso del hecho de *ser* carnal, de estar vivo y crear mundos, únicos e irrepetibles en cada instante vivido.

---

[52] «Esta discrepancia fundamental entre los conceptos del individuo y su vivencia real, entre la estructura intelectual de sus valores y el proceso de valoración inconsciente, es parte integrante de la enajenación fundamental del hombre moderno respecto de sí mismo». Rogers, Carl y Stevens, Barry: *Persona a persona*, Buenos Aires, Amorrortu, 2012, p. 31.

La educación sexual que se nos da a todos, hombres y mujeres, suele ser bastante precaria. La ignorancia, la falta de información veraz, la desvalorización de la condición carnal y sexual, la reducción del sentido y el conflicto caracterizan nuestra educación sexual. Los que educan a menudo no están bien preparados para educar y se limitan a dar mensajes que, en vez de clarificar y ayudar a valorar la sexualidad, la enturbian y problematizan. La ignorancia se entrelaza con el miedo, dirigiendo a los individuos a vivencias desajustadas con el sí-mismo carnal, vivencias conflictivas, teñidas de culpa, deseo y temor, que frecuentemente conducen a una frustración vital. Demasiadas mujeres siguen sin sentirse satisfechas en sí-mismas, ni tampoco experimentan orgasmos en los coitos o fuera de ellos.

La falta de una buena educación sexual supone un coste humano terrible, traducido en problemas existenciales, desencuentros, sufrimiento, frustraciones, depresión, enfermedad, no realización... La falsedad, la fealdad y la perversión siguen instauradas en la educación que se nos brinda por doquier respecto al hecho sexual humano. El placer carnal, el placer siendo cuerpo existente continúa problematizado y se asocia a menudo con el pecado, con algo indecente que hay que ocultar, pero al mismo tiempo dramáticamente deseable. Los individuos experimentan ambivalencia respecto a su condición sexuada y sexual, que no acaban ni de aceptar, ni de valorar, ni de comprender. Poco a poco, la sexualidad propia se torna un medio para aliviar las tensiones cotidianas y el sujeto con el que uno se relaciona, un objeto sexual. En nuestras sociedades patriarcales, en este tipo de interacción, las mujeres suelen interpretar el papel de objetos sexuales y los hombres, de sujetos. La educación sexual que se nos da a las mujeres lo facilita; las mujeres aprendemos a conformarnos, a negar nuestra propia sexualidad, a callar y a ser sobre todo objetos de deseo de los hombres. No se nos enseña el sentido de valernos por nosotras mismas ni el gusto de ser una misma sin pretender mutarse en un ideal andante, cosa que es un imposible real: los ideales andantes no existen en el mundo real, pertenecen a la Fantasía.

Las mujeres sueñan con ser deseadas, sueñan con los hombres, evidentemente nos referimos a las mujeres heterosexuales, sueñan con encontrar a su príncipe azul y vivir un gran amor con él. Los sueños de las mujeres intentan compensar en el mundo de las fantasías su frustración sexual en el mundo real. Pero incluso sus fantasías reproducen lo aprendido en su proceso de socialización, tanto en la imitación de lo deseable como en el rechazo de lo que no lo es. Las cosas y los gestos se vuelven sexualmente gravados adquiriendo significados, un sentido cargado de valor erótico que se inscribe en una narración supuestamente sexual. Es bueno pararse a pensar sobre nuestras fantasías amorosas y eróticas. ¿Qué cosas soñamos? Nuestras fantasías van cambiando a lo largo de nuestra vida en concordancia con los cambios en nosotras mismas: las niñas sueñan unas cosas y las mujeres adultas, otras. Las personas también estamos hechas de nuestros sueños, lo que deseamos nace en nuestra inconmensurable hondura carnal y se inscribe en ella. La mayoría de las mujeres sigue queriendo amar y que las amen a la usanza de los mitos amorosos de siempre, mitos universales que alimentan nuestros sueños e ideales de felicidad a lo largo de los siglos. Esos mitos los internalizamos en nuestro proceso de hacernos mujeres y nos ubican en un papel de cuerpos incorpóreos para otros[53].

Pocas mujeres viven el amor soñado en la realidad de su existencia. Los sueños, sueños son... La realidad se desenvuelve en una dimensión diferente, las vivencias son carnales y nos modelan, se graban en nosotras y nos hacen mientras vivimos. Pretender vivir exactamente en la vida real lo soñado nos puede llevar a la frustración y desencanto, nos puede debilitar como sujetos reales que somos, puesto que incluso los sueños que se realizan no son como

---

[53] «Es un buen ejercicio preguntarnos cuál es en este momento de mi vida mi fantasía amorosa. Podemos también analizar nuestras fantasías en las diferentes etapas de la vida: cuáles eran mis fantasías amorosas cuando era chiquita, en la pubertad, en la adolescencia... Y así sucesivamente. ¿Cambiaron o no cambiaron? Podemos ir conociéndonos mejor si sabemos seguir en nuestra subjetividad el hilo finísimo de la mítica». Lagarde y de los Ríos, Marcela: *Para mis socias de la vida*, Madrid, Horas y horas, 2005, p. 427.

los soñamos. La realidad no es que supere la ficción, es distinta y no necesariamente peor, la vivimos en nosotras mismas. Demasiado tiempo las mujeres nos hemos movido en un espacio de espejismos que refuerza la desvalorización de lo real. Sin embargo, toda la fuerza de creación se concentra en ese instante presente en que vivimos y de nosotras depende lo que hacemos de él. ¿Qué eliges hacer con ese momento de creación? ¿Qué sentido de vida quieres dar a tus momentos vividos? En cualquier latido cabe cambiar de verso narrativo y, en adelante, componer tu relato de vida con palabras nuevas.

A muchas mujeres ni se les pasa por la cabeza el deseo de buscar su propia sexualidad. Se nos enseña bien para ello, para negarnos a nosotras mismas y cumplir un «deber». Ni nos imaginamos que las cosas pueden ser diferentes y que es bueno que lo sean; no aprendemos a desearlo, sino que deseamos lo que se supone que todo el mundo desea. Resulta agradable creer que las cosas son como se nos ha enseñado que son, y lo creemos, incluso deseamos creer que son así, porque eso nos aporta cierta seguridad al desenvolvernos en nuestro mundo relacional con otros. El poderoso deseo de ser deseadas enturbia el deseo de ser una misma y nos ubica en querer ser y comportarse como se supone que se espera de nosotras. El querer resultar atractiva a los ojos de ese otro soñado nos aleja de nuestros propios deseos, de nosotras mismas como sujetos existentes carnales[54].

---

[54] «El deseo de ser deseadas tampoco es una expresión de un deseo de intimidad o proximidad. En vez de ello, querer ser deseadas nos hace sentir como si no tuviéramos deseos claros por nosotras mismas. Nos centramos en cómo hacer que las cosas queden bajo control de una determinada forma, hablando de una determinada manera que insinúa nuestras necesidades. Sin embargo, nunca decimos directamente lo que queremos y puede que nunca lo sepamos en realidad. Hemos sido hasta tal punto programadas culturalmente para sintonizar con las sutilezas de si estamos o no obteniendo el "efecto deseado", que dejamos de sintonizar con lo que realmente queremos y de ver lo fuertemente motivadas que estamos por querer ser deseadas». Young-Eisendrath, Polly: *La mujer y el deseo*, Barcelona, Kairós, 2000, p. 19.

Las mujeres sí queremos que nos deseen, pero a nosotras mismas, no a los fantaseados ideales andantes, porque no lo somos. Queremos que *nos* deseen de verdad, que nos escuchen de verdad, que nos respeten de verdad y nos tomen en serio como sujetos de pleno derecho a *ser*, en igualdad de oportunidades a nuestro propio desarrollo y vida. Las mujeres queremos sentir a ese otro a nuestro lado, atento, emocionalmente comprometido y apoyándonos de igual a igual para conseguir nuestros sueños. Si no emprendemos la senda destructiva, las mujeres queremos un buen compañero en nuestra vida, un compañero que facilite que nos sintamos a gusto y que nos ayude a realizarnos como personas.

Las mujeres también deseamos disfrutar, disfrutar en la vida y en las relaciones sexuales. Deseamos sentir orgasmos, el cuerpo que somos lo demanda sin que sepamos cómo lo hace ni entendamos bien por qué y para qué. Pero sobre todo deseamos vivir a gusto, disfrutar en nuestra existencia y tener tiempo para nosotras mismas, para *ser* en primera persona y no a través de servir a otros. Las mujeres entregamos con demasiada facilidad nuestro tiempo a otros y no nos damos cuenta de que les entregamos nuestro tiempo vivido, nuestra vida parcelada en horas y horas.

Cuando los individuos nos relacionamos unos con otros, transmitimos, queriendo o sin querer, una información en la que se incluye un contenido y una proposición consciente o no de un tipo de relación[55]. Generalmente, las personas no somos conscientes de nuestra forma de relacionarnos con los demás; focalizamos nuestra atención en el contenido de los mensajes que emitimos y no en el tipo de relación al que estamos dispuestas a entrar, eso pasa bastante desapercibido para nosotras mismas. Así, los significados de los mensajes se entrelazan con los significados de la relación, no en vano el contexto da sentido a la comunicación. Nuestros gestos en parte ocultan y en parte muestran nuestras intenciones, y el encuentro entre los interlocutores acontece cuando el compor-

---

[55] «El manejo de las impresiones es un aspecto primordial de las relaciones interpersonales». Strong, Stanley R. y Claiborn, Charles D.: *El cambio a través de la interacción*, Bilbao, Desclée De Brouwer, 1985, p. 47.

tamiento de uno obtiene aceptación por parte del otro o, por lo menos, capta su interés. De ese modo tiene lugar una confirmación mutua de uno por el otro[56]. Pero ¿qué es lo que tendemos a confirmar las mujeres y los hombres al relacionarnos? ¿Los papeles aprendidos en función de nuestro sexo? ¿La jerarquía relacional entre los sexos?

Ya hemos dicho que todo comportamiento es comunicación, los humanos nos comunicamos constantemente gracias al lenguaje verbal y no verbal. Los gestos se tornan palabras carnales y, a menudo, tienen más peso que las palabras dichas. Y los gestos referentes a la relación son cruciales para los participantes, les influyen en su comportamiento para continuar en la relación o para irse. Los mensajes que encierran los gestos pueden ser compartidos o no, lo cual lleva a los encuentros o a los desencuentros entre los individuos que se relacionan[57]. Lo que sucede es que cuando estás dentro de la relación apenas te percatas de su visión total, porque formas parte de la relación, no tienes la distancia necesaria para el análisis. Las vivencias del individuo en relación se entrelazan en una continuidad existencial y, con frecuencia, tampoco somos conscientes de sus efectos en el cuerpo-palabra existente que somos, ni nos preguntamos por qué nos comportamos de un modo y no de otro o, mejor dicho, para qué lo hacemos, puesto que algo obtenemos como resultado de nuestro comportamiento. ¿Lo que obtenemos es lo que realmente deseamos y pretendemos?

A menudo contribuimos a crear un mundo relacional sin que ese mundo sea deseado, lo hacemos sin ser conscientes de nuestra creación, ni tampoco de que esta, a su vez, nos crea modelan-

---

[56]Merleau-Ponty, Maurice: *Fenomenología de la percepción*, Barcelona, Planeta-Agostini, 1993, p. 202.

[57]«Si examinamos nuestro comportamiento comunicativo cotidiano, veremos que en éste, por lo que se refiere al nivel de relación, se trata de un proceso continuo de ofrecimiento, aceptación, rechazo, descalificación o reformulación de definiciones de relación». Watzlawick, Paul: *La coleta del barón de Münchhausen*, Barcelona, Herder, 1992, p. 23.

do el cuerpo-palabra existente que somos[58]. Todos, queriendo o sin querer, influimos constantemente en los demás en un infinito proceso creativo en red; tendemos a animar a nuestros interlocutores a comportarse de un modo aceptable para la relación que está naciendo entre nosotros. Cada comunicación constituye una respuesta a la anterior comunicación, se inscribe en una historia de la relación y es una nueva aportación en ella. Respondemos al otro y le comunicamos el efecto de su comportamiento en la relación, posibilitando o no que siga comportándose de la misma forma o indicando que deje de hacerlo. Si se produce una considerable divergencia entre lo que uno espera y el otro ofrece, la relación tiende a romperse.

Las condiciones de la relación establecida entre los implicados en ella se asocian a cambios positivos o negativos para esas personas. La calidad de la relación entre los individuos es la que propicia o no su desarrollo personal en un *continuum* existencial trepidante. Así, toda acción presente nace en un terreno biográfico de acciones pasadas y engendra las futuras que están por llegar. Nuestro proceso de vida es un camino personal que andamos paso a paso, latido a latido sentido en relación con otros, y siempre podemos cambiar nuestra manera de caminar, si es eso lo que decidimos en un momento dado y nos comprometemos con nosotros mismos para conseguirlo. Para ello es bueno que tengamos en cuenta que solemos reproducir las pautas de interacción ya vividas en las relaciones anteriores e interiorizadas en el cuerpo-palabra que somos, solemos repetirlas de forma inconsciente en nuestras interacciones presentes y futuras, en una especie de inercia biográfica, salvo

---

[58] «Las múltiples transacciones que realizan los seres humanos en el curso de una jornada implican la necesidad continua de definir y redefinir la relación: ¿quién tiene prioridad?, ¿quién tiene la última palabra?, ¿quién carga con una tarea fastidiosa?, ¿quién toma la iniciativa? Todos estos interrogantes y otros similares que nos formulamos cada día, de manera más o menos consciente, representan el campo de la definición de la relación. Funciones y disfunciones de los contactos humanos se forjan exclusivamente en torno del problema de la definición de la relación». Selvini Palazzoli, Mara: *El mago sin magia*, Barcelona, Paidós, 1990, p. 67.

cuando decidimos conscientemente no repetirlas. Eso ocurre porque somos una memoria carnal viva y, además, nos atenemos a las mismas definiciones de relación[59]. La fuerza de esa inercia biográfica es tal que muchas veces los intentos de cambiar una relación estimulan los esfuerzos inconscientes por restablecerla. Es como si una persona se quedara anclada en un tipo de relación por habituarse a ella, independientemente de la calidad de dicha relación. A pesar de que sea precaria, es *su* relación y es donde se halla, es la que vivencia como individuo existente y es a la que se adapta desarrollando una serie de mecanismos de defensa que performan su piel: es *su* realidad y se inscribe en su sentido cuerpo-palabra.

Por si fuera poco, si la persona se aleja de sus vivencias para poder sobrevivir y superar el sufrimiento y el dolor, tenderá a permanecer en la relación en una especie de inercia existencial. Poco a poco su autoestima se dañará y la persona buscará desesperadamente el reconocimiento, la valorización y el afecto en el exterior de sí misma cuando es en el interior de nosotras donde hay que buscar la valorización y fundarla[60]. Somos nosotras las importantes a la hora de opinar de nosotras mismas. Somos nosotras las que siempre estamos ahí, con nosotras mismas. La relación personal con una misma es la más decisiva que existe, es donde todo nace, donde se escribe la narrativa de vida propia.

Las relaciones se crean entre personas, que aportan sus propios mundos de conceptos y hábitos. Esos mundos se confrontan y se entrelazan sin que a menudo seamos conscientes de ello, y nace

---

[59]«Las definiciones de la relación que se basan en el pasado no sólo guían a los individuos hacia el restablecimiento de las pautas anteriores; sino que además su interpretación de los acontecimientos tenderá a inhibir la observación de las diferencias o de los aspectos nuevos de las relaciones actuales». Strong, Stanley R. y Claiborn, Charles D.: *El cambio a través de la interacción*, Bilbao, Desclée De Brouwer, 1985, p. 51.

[60]«La imagen de uno mismo constituye el capital con el que nos implicamos en las elecciones más aventuradas de nuestra existencia: el amor y lo social. Esta representación de uno mismo se convierte en una fe que determina nuestros compromisos». Cyrulnik, Boris: *El amor que nos cura*, Barcelona, Gedisa, 2005, p. 46.

un nuevo mundo que es particular de esas personas en relación, es su producto, una creación común con su sistema de creencias y expectativas, con su escala de valores, reglas, normas y significados de percepción. Sin saber bien cómo, las personas en relación inventan un mundo de realidades en que se desenvuelven y crean su existencia, que, a su vez, contribuye a crearlas a ellas con su continuo «algo más». Nuestras historias privadas se graban en nosotras y se mutan en carne existente que somos. El amor y el desamor modulan al sujeto existente: no es posible relacionarse afectivamente y no transmitir. El afecto y el amor acercan a los individuos, los invitan a tocar y a ser tocados.

Todo lo que tocamos cambia y las personas cambiamos en el tocar y ser tocadas. En el tocar nos comunicamos con otros de manera carnal y humana, reconocemos a otros y establecemos o no relaciones con ellos. Si el reconocimiento del otro por medio del tacto acontece en un clima de afecto, sus consecuencias son más trascendentes para los individuos. El amor y la humanidad se hilvanan en el tocar con afecto, en la caricia que modela el cuerpo-palabra existente[61]. Todos deberíamos entenderlo y revalorizar las relaciones carnales, es decir, de un cuerpo-palabra que toca a otro cuerpo-palabra. No son solo modos de proporcionarnos placer y relajar la tensión, sino que nos afectan en nuestra totalidad existente; aunque no lo veamos ni apenas lo percibamos, las experiencias se graban en la memoria biográfica de cada cual y nos transforman. Y lo que más cuenta para las personas es que en su vida existan afecto y amor; los humanos vivimos mal sin amar a alguien o a algo y sin ser amados por alguien. El amor es una energía sin igual que nos transforma hondamente, nos da fuerzas para enfrentar los problemas y superarlos, aunque no siempre sea así. A veces el amor trae consigo el perjuicio y la destrucción, sobre todo cuan-

---

[61] «La comunicación que transmitimos con el tacto constituye el medio más poderoso de establecer relaciones humanas, el cimiento de la experiencia. Cuando empieza el tacto, también lo hacen el amor y la humanidad: en los minutos que siguen al nacimiento». Montagu, Ashley: *El tacto*, Barcelona, Paidós, 2004, p. 19.

do no existe la consideración de que se ama como sujeto y a sujetos, dueños de sí mismos, soberanos en su cuerpo sexuado y sexual. En nombre de un supuesto amor cabe convertir al otro en un objeto, despersonalizarlo o reducirlo a una superficie carnal. El amor por sí solo no muta una mala relación en buena. Cuando a un sujeto se le trata mal ya pueden decir que le quieren mucho, eso no cambia el hecho de que se le trata mal. Es mejor la calidad del amor que la supuesta cantidad, ¡que no nos quieran mucho, pero que nos quieran bien!

Las personas nos vinculamos unas a otras en el amor, firmamos una especie de contrato implícito del que no salimos igual que hemos entrado; puede que la relación nos haga bien y puede que nos perjudique e, incluso, nos destruya[62]. Generalmente, el amor hace reconsiderar nuestros estilos afectivos y es una buena oportunidad para mejorarlos. Muchas veces podemos superar algunos bloqueos personales y resolver relaciones conflictivas del pasado cuando nos encontramos con el amor y nos va bien en él. Algunos vínculos ambivalentes se desprenden de su carga sombría y evolucionan hacia una mayor serenidad y seguridad. En la pareja enamorada los aprendizajes de los individuos se reorganizan en un mundo nuevo de significados, creado por ellos, y la evolución afectiva de ambos es posible. Sin embargo, las mujeres tenemos que estar muy atentas en el amor, porque solemos llevar la peor parte en ese contrato implícito que firmamos al formar una pareja. Es así en un orden social patriarcal, en el que existe una relación jerárquica entre los dos sexos, ocupando el sexo femenino una posición inferior, de subordinación existencial, de seres para servir al desarrollo y al éxito de otros.

No obstante, las mujeres no somos el Gran Seno de nadie. Todos dependemos unos de otros, y los hombres y las mujeres po-

---

[62]«La ocasión amorosa es una curva maravillosa y peligrosa, ya que un pequeño número de personas con vínculo seguro y un número algo mayor de personas con vínculo inseguro se rompen la crisma al negociarla. Sin embargo, los que consiguen tomarla bien salen mejorados de la experiencia». Cyrulnik, Boris: *El amor que nos cura*, Barcelona, Gedisa, 2005, p. 111.

demos ser solidarios y aprender a ayudarnos en nuestra existencia para ser más personas. Debe haber un equilibrio entre las ventajas de unos y las desventajas de otros, una igualdad de oportunidades para ser sujetos de pleno derecho al desarrollo personal; de otra manera no vamos bien, y la relación entre los sexos se vuelve injusta y propensa a convertirse en un sostenido conflicto por la pugna por el poder de unos sobre otros, de unos que pretenden explotar a otros y esos otros luchan por salir de la asfixia existencial que eso supone. Que sepamos, solo vivimos una vez y la felicidad y el bienestar de unos no pueden fundarse en la desdicha y la explotación de otros, eso enturbia el terreno relacional. Los hombres y las mujeres tenemos que ayudarnos a ser mejores personas y colaborar en la construcción de un mundo de relaciones más justas y más humanas, unas relaciones que tengan el propósito de influir en la felicidad de los implicados. La ayuda mutua debería ser el fundamento de las relaciones entre los seres humanos. Así viviríamos mejor, seríamos más felices.

Las mujeres le damos mucha importancia al amor y a la relación de pareja. Soñamos con un amor maravilloso y una pareja en la que podamos confiar y apoyarnos. Muchas mujeres buscan la seguridad en su pareja, anhelan su compromiso e incondicionalidad, sin embargo, la incondicionalidad en el amor no suele darse a menudo. Es bueno que tengamos claro que las únicas que podemos ser nuestras incondicionales somos nosotras mismas[63]. Con frecuencia, el amor y también el sexo se convierten en una gran decepción, y traen un cúmulo de experiencias que ponen en riesgo a la mujer, cuando no debería ser así. Las mujeres tenemos que estar atentas en el amor y en el sexo para evitar que nos hagan mal, para evitar que otros abusen de nuestro querer y que nos exploten.

---

[63] «La única incondicionalidad a la que realmente podemos aspirar en la vida no está en el amor de nadie. Nadie nos va a amar incondicionalmente. Las únicas que podemos ser nuestras incondicionales somos nosotras mismas. No podemos seguir a la vieja usanza del amor tradicional esperando la incondicionalidad de alguien. Eso es una pura fantasía y mantenerla acentúa nuestras desventajas». Lagarde y de los Ríos, Marcela: *Para mis socias de la vida*, Madrid, Horas y horas, 2005, p. 460.

A pesar de la mala educación que hemos recibido, que nos empuja a idealizar el amor romántico y a vivir a través de los demás, tenemos que pretender nuestra propia realización como personas completas que somos.

Las mujeres aprendemos a lo largo de nuestro proceso de socialización a estar demasiado sujetas a otros, y nuestra sujeción es reforzada por una moralidad desigual para los dos sexos, que confirma constantemente el poder superior de los varones, característico de las sociedades patriarcales. Las mujeres tenemos tan internalizada la subordinación existencial que nosotras mismas sentimos vergüenza y culpabilidad por desear algo tan natural como disponer de tiempo para una misma y ser dueñas de nuestro propio cuerpo. Solemos sufrir en nuestra autoestima si creemos que no les damos lo suficiente a los demás, y ese concepto de «suficiente» parece que tiende a no tener límites. Hagamos lo que hagamos las mujeres, o no llegamos o nos pasamos, y eso no deja de ser una trampa existencial, que nos apresa en una culpabilidad insensata y nociva.

A las mujeres se nos enseña a hallar un equilibrio en la subsunción existencial e, incluso, a sentirnos realizadas cuidando a otros y descuidando a nosotras mismas. Se nos educa para desenvolvernos a la sombra de otros, por eso la asertividad y la autoridad no suelen fomentarse en las mujeres. Como resultado, cuando resaltamos por cosas que hacemos, nos sentimos un tanto impostoras, salvo cuando se trata de lo que se nos permite en la sociedad: cuidado de otros, belleza, colaboración con otros y obediencia a las normas en uso. Seguimos acusando un grave problema de poder en nosotras mismas, de supuesta omnipotencia para las cosas de los demás e impotencia para nuestras propias cosas, lo cual es un error de consideración y otra trampa existencial más en el desarrollo personal. La falsa impotencia aprendida perjudica seriamente nuestro desarrollo. Parece claro que si somos casi todopoderosas para resolver asuntos de otros también lo somos para resolver los nuestros.

Cabe preguntarnos para qué nos educan así, pues además de cómo y por qué, existe un para qué. ¿Qué se obtiene con el tipo de educación que se nos da a las mujeres? ¿Para qué sirve? Nuestra educación sirve para mantener el orden social, para que sigamos cumpliendo el papel social que se nos otorga en dicho orden. Con ese fin lo mejor es lograr inculcarnos los sentimientos de satisfacción haciendo lo que se supone que tenemos que hacer; así las mujeres nos sentiremos felices sobre todo cuidando a otros y siendo unas secundarias sociales, y no pretenderemos ningún cambio sustancial en el sistema. Los pequeños triunfos serán suficientes para contentarnos y no rebelarnos de una vez ante tanta injusticia social del orden patriarcal, que nos relega a la condición de objetos de otros, diluyendo nuestra condición de sujetos de pleno derecho a *ser* en una especie de inconcreción conceptual, en un extraño consentimiento de todos.

Lo que está en la raíz de nuestros males es que hemos sido educadas en un orden misógino y machista, que transmite una falaz escala de valores, la cual condena al sexo femenino a una posición social y cultural inferior. Todos, hombres y mujeres, lo asimilamos como lo «normal» en nuestro proceso de socialización, lo interiorizamos y lo reproducimos sin darnos cuenta, confirmándolo de forma inconsciente miles de veces en nuestros actos, pensamientos, deseos, atribuciones de sentido, creencias, planteamientos de vida... También las mujeres nos mostramos misóginas cuando juzgamos la realidad con la medida patriarcal, aunque no seamos conscientes de ello ni deseemos crear lo que creamos con nuestros actos. Al juzgar la realidad con la medida patriarcal contribuimos sin querer a que las cosas permanezcan sin grandes cambios. Al estar dentro de un sistema de valores y de significados es complejo darnos cuenta de que la realidad que creamos es correlacional a estos, y puede ser otra, más justa y mejor para vivir en ella. Para eso tendríamos que partir de otras premisas, que ordenen nuestros valores y actos. Lograrlo es complejo y laborioso, porque requiere estar atentas y no despistarnos en el objetivo, reflexionar de forma habitual, perseverar, resistir... Es necesario un gran compromiso con la tarea para que consigamos cambiar las cosas y mejorar nuestras existencias de mujeres en relación con otros, puesto que lo «natural» es que la realidad siga su curso con una inercia existencial aplastante. No olvidemos que todos influimos en todos, que en la comunicación creamos mundos relacionales y podemos cambiar las cosas. El futuro nace en el instante presente, y siempre cabe mutar este momento en un punto de inflexión, a partir del cual, nuestra narración de vida se torne distinta y la existencia también[64].

Lo que somos las mujeres continúa ocultándose en lo no manifiesto, porque el mundo en que nos formamos y nos relacionamos con otros lo demanda. Nuestro *ser* mujer está alienado por y para el orden patriarcal. En él, la mujer tiene que adecuarse a sus mandatos e interiorizar que no está hecha para sí misma sino para complacer a los hombres y servir a sus fines. Las mujeres son educadas para soportar la injusticia social y poner buena cara incluso cuando se las desprecie como sujetos y se las trate mal. Se nos inculca ser pacientes, sacrificadas y esperar, esperar siempre que otros vengan a salvarnos. Y así pasa la vida, sin grandes cambios en el sistema, y vienen otras mujeres, nuestras hijas, que también aprenden a esperar... Los verdaderos cambios son los que se producen en el interior de nosotras mismas y es ahí donde nacen todas las cosas y se crean nuevos mundos en relación con otros. Si no creemos en nosotras mismas, ¿quién creerá en nosotras? Si no confiamos en nuestras propias fuerzas, ¿quién nos convencerá de lo contrario?

A las mujeres se nos ha educado para priorizar mal: generalmente atendemos las cosas de otros en primer lugar, posponiendo las nuestras. Se nos ha dicho que las mujeres «buenas» son las que se sacrifican por los demás y no aspiran a su propio desarrollo como sujetos, y lo hemos interiorizado como una «verdad». La conformidad con el papel que se nos asigna a las mujeres nos vuelve atractivas a los ojos de los hombres, aunque no de todos, y nos gusta gustar a los hombres. Al inculcarnos una serie de valores «femeninos», como la obediencia, el sacrificio, la belleza... se nos

---

[64]«"A menudo, la profecía es la causa principal del acontecimiento profetizado", escribió ya Thomas Hobbes en su *Behemot*». Watzlawick, Paul: *La coleta del barón de Münchhausen*, Barcelona, Herder, 1992, p. 150.

ubica en un papel social de secundarias orientadas a complacer a otros más poderosos. Si, además, se nos acostumbra a no pensar, a no cuestionar lo dado, a no soñar con un mundo más justo y mejor, y a no considerarnos importantes para crearlo, el orden patriarcal se perpetúa casi que por sí solo.

A todos se nos educa y se nos socializa en un orden social dado, que posee los mecanismos necesarios para su pervivencia, y que recompensa a los adaptados y sumisos. El pensamiento crítico e independiente no se estimula en nuestros tiempos y menos en las mujeres. Para que el orden patriarcal sobreviva las mujeres no deberíamos hacernos preguntas sobre las cuestiones importantes que nos afectan. Las mujeres aprendemos a autocensurarnos para no crear problemas y las cosas siguen más o menos igual. ¿Qué pasaría si las mujeres dejáramos de colaborar en nuestra propia subordinación existencial? ¿Qué pasaría si nos empeñáramos en pensar y reflexionar sobre las cosas importantes de nuestra existencia, y decidir como sujetos que somos? La realidad en la que nos desenvolvemos se va construyendo a través de nuestras acciones, es hora de que decidamos qué queremos ser: sobre todo objetos de deseo de otros o sujetos de nuestros propios deseos. ¿Qué eliges?

A menudo, es el malestar existencial de las mujeres el que crea la necesidad de cambiar las cosas, trascendiendo la inercia de lo que hay. No obstante, las mujeres nos hemos acostumbrado a dirigir nuestra energía creativa hacia otros y no hacia nosotras mismas, nos hemos reprimido como sujetos existentes completos. La excesiva represión se asocia con algunos trastornos anímicos y enfermedades: la melancolía, el sordo malestar existencial, la histeria, la distimia, la depresión... Los cuerpos femeninos se quejan somatizando su persistente dolor, se enferman, se tornan destructivos. Las mujeres tendemos a dirigir nuestra energía destructiva sobre todo hacia nosotras mismas y, después, hacia los demás; reprimimos nuestro malestar para seguir con nuestras existencias, cumpliendo nuestras tareas. También, solemos culparnos de todo lo que nos sucede a nosotras mismas, incluso cuando alguien nos trata mal sospechamos que somos nosotras las causantes de que eso suceda. «¿Lo habremos provocado?», nos preguntamos. «Igual hemos hecho algo que...» Sin embargo es bueno que de una vez por todas comprendamos que el maltrato no puede ser justificado ni consentido, que no es ético tratar mal al otro, y son los que tratan mal a alguien los responsables de sus actos: siempre pueden decidir no hacerlo y conducirse con honor, y crear un mundo mejor para todos, y no lo hacen cuando maltratan.

El consentimiento de un maltrato, además de lo «natural» en nuestras sociedades jerarquizadas, puede deberse a una nociva idea, generalmente no consciente, de querer expiar una culpa. Y, en nuestra cultura patriarcal, las mujeres tenemos la culpa internalizada, se nos atribuye nada menos que la expulsión del hombre del paraíso... ¡Nada más y nada menos! ¡Qué malas, malísimas que somos! ¿Quién puede soportar sin inmutarse tantas y tantas falsedades dañinas respecto de las mujeres? Poco a poco, repitiéndose por doquier, van dejando mella en todos nosotros. Además, las enseñanzas religiosas, como la redención por el sufrimiento y la muerte, inclinan a las mujeres a la purificación del pecado por medio del autocastigo o del dolor causado por otros. Y ¿para qué sirven todas esas enseñanzas? Está claro, para mantener un orden social dado, un orden machista, injusto y perverso en su fundamento. Se trata de un estructurado montaje para mantener la abusiva subordinación del sexo femenino al masculino.

Lo que aprendemos desde niñas suele perdurar en nosotras aunque se oculte en lo interiorizado y no consciente. Y, por supuesto, si nos acostumbramos a no pensar, a no reflexionar ni cuestionar lo dado, seremos dóciles instrumentos para la perpetuación de cualquier orden social en que nos ubiquemos, sea este orden justo o injusto. Si los damnificados de un orden social injusto no reflexionan sobre las cosas importantes que les atañan, se conformarán con su suerte adaptándose a lo que hay, consentirán su propia subordinación existencial. Así, en nuestras sociedades injustas, la frustración, la rabia y los sentimientos destructivos están muy presentes. La sinrazón existencial reina entre nosotros. El fuerte y el poderoso, todavía hoy, abusa del débil, incluso apoyándose en leyes que se crean con ese propósito para que sea legal y no punible, y, parece evidente que el fomento del pensamiento independiente en los individuos sería muy perjudicial para perpetuar el abuso y el mal trato de las personas. Entonces, es conveniente distraer, entretener y atontar, no vaya a ser que las mujeres detengamos nuestra atención en lo que realmente es importante para nosotras y nos empeñemos en ser tratadas como sujetos de igual derecho a nuestro propio desarrollo que los hombres. ¡Sería el caos! ¿Cómo podría perpetuarse el orden patriarcal si las mujeres dejáramos de creer en sus premisas y dejáramos de valorarlo todo como se nos ha enseñado desde que hemos aprendido a nombrar las cosas? Sin darnos cuenta de ello, nuestra narración existencial es un proyecto de vida dotado de sentido, y siempre elegimos, conscientemente o no. Aunque se nos ha educado en una subrayada dependencia, que a veces raya la servidumbre existencial, las mujeres podemos trascender lo interiorizado en el hábito de pensar y reflexionar, convirtiéndonos en valientes y poderosas heroínas de nuestras historias de vida. La labor de construcción de sentido es una actividad personal e íntima, y el sentido construido perdura en el individuo dando forma narrativa a su vida. ¡No huyamos de nosotras mismas! ¡Pensemos en lo que realmente nos importa! ¡No vivamos persiguiendo metas que nos idiotizan!

Como resultado de la educación que se nos da a las mujeres, solemos desconocer nuestros potenciales de personas completas, solemos rechazar partes de nosotras mismas que podrían no gustar a otros, y nos empobrecemos en nosotras mismas. Estamos programadas culturalmente para que nos deseen otros e invertimos mucha energía para conseguirlo. ¿Qué pasaría si las mujeres se dedicaran más en averiguar cuáles son sus deseos y dejaran de gastar su energía, tiempo y dinero en adivinar y adecuarse a los supuestos deseos de otros? Podemos trascender la perniciosa enseñanza de que el gran poder de las mujeres es la belleza, es decir, ser el objeto de deseo de hombres poderosos y vivir a su sombra. El verdadero poder de las mujeres está en ellas mismas: creamos continuamente en relación con otros y tenemos que cambiar de consideración al respecto de nosotras mismas, tenemos que creer en nosotras mismas, confiar en que podemos vivir como sujetos existentes de pleno derecho a su desarrollo. Pero se requiere valor y perseverancia para trascender lo dado, porque tendemos a reproducir lo que ya conocemos, lo internalizado en nuestro cuerpo-palabra en relación. Sin embargo es apasionante crear algo nuevo, un mundo mejor para vivir en él, y, al crearlo, nos creamos también a nosotras mismas renovadas. No esperemos que otros vengan a nuestra vida y lo hagan por nosotras, somos nosotras las capaces de crear un mundo mejor; transformar la existencia propia es una tarea nuestra, aunque, por supuesto, nos pueden ayudar otros. ¡Bienvenidos sean!

Cuando caminamos como sujetos existentes de pleno derecho a *ser* la autoestima crece y nos volvemos más independientes. La autoestima va de la mano con la autonomía, con cierta independencia existencial, aunque todos dependemos de otros. Por eso, para perpetuar el orden patriarcal no interesa que las mujeres se valoren, no interesa fomentar la autoestima femenina, salvo cuando se relacione con el cumplimiento del papel social que sustente la mujer en dicho orden: el papel de madre, de esposa, de amante, de musa, de cuidadora abnegada de otros, de administradora de su hogar, de objeto erótico...; en definitiva, un papel social secundario, pues el papel principal como ciudadano de primer orden se le reserva al varón. Y mientras las mujeres nos conformemos con nuestra «suerte» y no aspiremos a más, se nos tolerará socialmente y se nos aceptará. Por contra, las mujeres que piensan de modo habitual en su existencia son sospechosas de algo sin precisar de qué.

Por si la poca autoestima femenina no fuese suficiente para mantener la injusta subordinación de la mujer en el orden patriarcal, se nos enseña a las mujeres a temer, a temer decidir, a temer la libertad, a temer la violencia física y el abuso, y también temer la soledad, el abandono, la invisibilidad...[65] Esos miedos interfieren

---

[65] «El temor que sienten las mujeres ante el envejecimiento es el miedo a ser invisibles. Tememos que, a medida que nos hagamos mayores, los hombres dejen de vernos y pasemos a ser una cifra más de la masa formada por las anónimas mujeres maduras». Leroy, Margaret: *El placer femenino*, Barcelona, Paidós, 1996, p. 207.

gravemente con la construcción de la autoestima de las mujeres, manteniéndonos subyugadas y conformadas con nuestra posición social. Además, la misoginia interiorizada y la competición por distinguirse de otras y atraer a los hombres desunen a las mujeres, las enemistan entre sí y las debilitan como colectivo. ¡Cuánto daño nos han hecho la rivalidad y la envidia entre las mujeres! A veces somos nuestras propias enemigas y eficaces instrumentos para preservar el orden patriarcal. ¿Es posible desmontar todo eso? Sí, pero es difícil, es una tarea que requiere compromiso y perseverancia consciente en la cotidianidad de nuestra existencia. No nos debemos despistar, porque lo fácil es que las cosas continúen como están.

En nuestras sociedades patriarcales, se sigue valorando la fuerza física y la ley del más fuerte, del que puede doblegar y matar. Las hazañas del héroe, del más fuerte, agresivo y poderoso son contadas en miles de historias que percibimos a diario[66]. Las mujeres no solemos desarrollar nuestra fuerza física tanto como los hombres y, en general, continuamos temiendo a los hombres como posibles agresores. Ni siquiera es algo racional y consciente, interiorizamos ese miedo desde pequeñas en nuestro proceso de socialización y aprendemos a convivir con él de mejor o peor manera[67]. Sin embargo, erigirnos en víctimas de los hombres nos puede perjudicar, porque la condición de víctimas y dañadas nos debilita existen-

---

[66] «Es evidente, por tanto, que en las sociedades que aprueban una cierta dosis de violencia los hombres, por su mayor fuerza muscular, se considerarán a sí mismos "superiores" a las mujeres en este aspecto, y las mujeres aceptarán fácilmente esta "superioridad"». Montagu, Ashley: *La mujer, sexo fuerte*, Madrid, Guadarrama, 1970, p. 80.

[67] «Las mujeres temen a los hombres. Pueden soportar insultos y humillaciones cotidianos durante años, sufrir violaciones y abusos sexuales reiterados y a pesar de todo guardar silencio, tolerar una vida de patadas y golpes propinados por un marido, porque tienen miedo. Soportan sufrimientos sin fin porque las han convencido de que si huyen, las seguirán y ellas y sus hijas e hijos sufrirán castigos aún peores». Greer, Germaine: *La mujer completa*, Barcelona, Kairós, 2000, p. 417. Y añade: «El mito de la condición de víctimas de las mujeres las mantiene "alejadas de la calle" y recluidas en casa, el lugar donde corren mayor peligro», ob. cit., p. 424.

cialmente y nos inclina a seguir cumpliendo ese papel. Las mujeres podemos reescribir el relato de nuestras vidas, de nuestras relaciones y no ubicarnos en el victimismo, que coarta nuestra libertad de acción y nuestro desarrollo como personas. En todo caso, las mujeres somos unas supervivientes en un orden social injusto, lo cual requiere fortaleza, pero tampoco podemos contentarnos con sobrevivir, sino decidir de una vez vivir como sujetos existentes de primer orden, de igual derecho a nuestro propio desarrollo como personas plenas que los hombres, de igual derecho a *ser* en relación con otros.

Para lograr vivir como sujeto existente de primer orden es importante ser independiente económicamente, porque la dependencia económica limita la libertad de decisión y de acción, tiende a empobrecer la autoestima y acallar las palabras. Aunque nos cansemos trabajando fuera y dentro de casa, la dependencia económica es una situación de riesgo para la mujer y hay que evitarla. En un principio, quedarse en casa limita las experiencias y te cierra caminos, aunque ahora es posible trabajar también desde casa y el tiempo que se gana te permite crear. Sea como sea, todavía hoy, la educación de las mujeres no proporciona los mismos estímulos y oportunidades para que triunfen en sus cometidos en cualquier espacio social, en su casa y fuera de ella. Muchas mujeres siguen considerando que su profesión es algo secundario si se la compara con el papel de madre y esposa. Las mujeres concentramos la mayor parte de nuestras energías en sacar adelante a nuestros hijos y en cuidar a la pareja[68]. Nuestro sobresaliente desarrollo afectivo nos inclina a ello. Sin embargo, las mujeres conseguiremos más si nos hacemos miembros activos de la sociedad, si actuamos como ciudadanos de primer orden, con voz y palabras propias, y si no sacrificamos partes de nosotras mismas para agradar a otros y obtener su beneplácito.

---

[68]«Para explicar la disparidad en cuanto al "triunfo" entre los hombres y las mujeres puede aducirse sencillamente que la mujer no se siente interesada por la clase de "triunfo" que atrae de manera tan extraordinaria al hombre». Montagu, Ashley: *La mujer, sexo fuerte*, Madrid, Guadarrama, 1970, p. 181.

El proceso de socialización de ambos sexos es diferente y sus experiencias cotidianas también lo son. El mundo emocional de la mujer se empapa de empatía, afecto, ternura y amor. Las mujeres damos mucha importancia a las relaciones con los otros y, en general, nos gusta comunicarnos. La felicidad para nosotras está estrechamente vinculada a la sociabilidad, a las relaciones con otros. La amistad nos proporciona momentos muy gratos; la charla con las amigas se convierte a menudo en un bálsamo existencial. La mujer, por su educación, no teme manifestar sus emociones y se desenvuelve con cierta facilidad en el terreno afectivo, porque estamos más habituadas a navegar en esas aguas. Se nos educa desde pequeñas en el cuidado emocional de otros y se nos comunica que se espera de nosotras que seamos afectuosas y cariñosas. Desde pequeñas nos convertimos en potenciales madres y nos dedicamos a captar las señales de necesidad de otros, incluso de nuestras propias madres. ¿Ser seres de amor es la naturaleza femenina o es algo que se nos enseña en el proceso de socialización? ¿Es posible separar en un ser humano lo innato de lo adquirido en nuestra formación? Tampoco es tan importante averiguarlo, pero lo cierto es que las mujeres tendemos a convertirnos en las cuidadoras emocionales de otros; a los hombres no se les educa para ello, su terreno afectivo continúa siendo problematizado. La falta de ajuste emocional entre los dos sexos causa incomprensión, conflictos y hace daño. Por contra, las buenas relaciones entre los dos sexos se vinculan con la humanidad, con la bondad, la belleza y la verdad humanas en relación con otros. A eso deberíamos aspirar todos, a aprender a relacionarnos mejor unos con otros, a ser mejores personas, en definitiva.

En la educación de las niñas en las sociedades patriarcales se problematiza el cuerpo que son. Poco a poco, las mujeres internalizamos una cierta distancia con respecto a nuestro propio cuerpo, nos enfadamos con él por sus inoportunas menstruaciones, dolencias y limitaciones. Con frecuencia, vivenciamos nuestro cuerpo como un potencial enemigo para realizar nuestros sueños. Las mujeres aceptamos de manera inconsciente que sólo en parte es nuestro, que es un cuerpo para otros, no solo amoroso, nutricio y procreador, sino también estético y erótico[69]. Aprendemos a juzgar nuestro cuerpo como si fuera un objeto, una cosa que se posee y se exhibe a la mirada ajena. En el orden patriarcal, el cuerpo femenino despierta deseo, pero también desdén y repugnancia si no es bello, ni joven, ni delgado, ni seductor... Lo que no despierta generalmente es un profundo respeto.

Además, los mitos de nuestra cultura asignan a las mujeres un papel secundario en las relaciones con otros, incluso se nos considera como seres que sirven a esos otros. Los héroes de nuestros relatos son casi siempre de sexo masculino. Las mujeres aprendemos que el amor y el sexo se mezclan con el poder sobre otro; que en el sexo el hombre tiene un papel protagonista y que es él el que hace, las chicas dejan o no dejan hacer; y que lo que ellas piensan y desean está supeditado a las necesidades y deseos masculinos. Muchas llegan a la conclusión de que ni merece la pena descubrir la propia sexualidad y que la autoafirmación sexual no tiene sentido para ellas, les causa problemas y desencuentros con sus compañeros los hombres.

Así que el desarrollo sexual de las mujeres ocurre en un terreno problematizado, con bloqueos impuestos y múltiples falsedades, que les impiden una formación sana como sujetos sexuados y sexuales de pleno derecho a *ser* en primera persona. Para la mayoría de las mujeres, la sexualidad y el sexo como actividad se asocian no solo con el placer sino con el peligro, el abuso y la violencia sobre ellas[70]. La niña aprende a reprimir su sexualidad y sustituirla por la feminidad e, incluso, aparente asexuación. El mantenimiento de esta actitud consume mucha energía femenina, energía que podría

---

[69]Lagarde y de los Ríos, Marcela: *Para mis socias de la vida*, Madrid, Horas y horas, 2005, p. 62.

[70]«Las mujeres aprendemos a una edad muy temprana que debemos protegernos a nosotras mismas y permanecer en estado de continua vigilancia para mantenernos a salvo del peligro sexual, que tenemos que planear y organizar nuestras vidas con objeto de salvaguardarnos a nosotras mismas; y que acaso la única respuesta sea quedarnos en un "sitio seguro". Muchas mujeres no salen solas de noche». Leroy, Margaret: *El placer femenino*, Barcelona, Paidós, 1996, pp. 71-72.

ser dirigida a otros objetivos, a conquistar el mundo, por ejemplo... Esa represión de la sexualidad propia causa graves consecuencias existenciales para la mujer. La falta de información veraz, la carencia de palabras que nombren su anatomía y sus vivencias, y la ignorancia resultante de una educación sexual muy deficiente producen serios problemas. La confusión y los sentimientos de culpabilidad causan frustración y efectos depresivos. Demasiadas mujeres se muestran vergonzosas y torpes en las relaciones sexuales, no se atreven a hablar con sus compañeros de aquello que desean y no llegan a experimentar orgasmos. Muchas se alejan insatisfechas de sus parejas y se conforman con lo que hay. Los embarazos no deseados, los abortos y las enfermedades relacionadas con el sexo como actividad siguen siendo realidad para numerosas mujeres. Mucho sufrimiento que podría evitarse con una buena educación sexual para ambos sexos y con una mejor relación entre ellos.

¿Y qué podríamos hacer las mujeres para cambiar nuestra realidad? Tenemos que aprender a vivir como sujetos de pleno derecho a vivir la vida en primera persona, nuestra propia vida y no solo como madres, esposas, amantes o musas; tenemos que vivir como sujetos de deseos propios. Parece algo trivial decirlo, pero la diferencia de significados vivenciales entre reconocerse como sujeto de deseo y como objeto de deseos ajenos es inmensa. Y para vivir como sujetos de deseos propios es necesario saber qué es lo que realmente deseamos y en qué narración de vida nos ubica aquello que deseamos. Las mujeres tenemos que practicar de forma habitual la reflexión independiente, pensar lo que somos y lo que queremos, y decirles «no» a las voces interiorizadas en nuestra infancia. Tenemos que ser conscientes, valientes y perseverar. El camino de llegar a ser sujetos de nuestros deseos es complejo y a menudo difícil. Nos jugamos mucho en él. ¡Ya basta de perseguir metas que nos idiotizan!

Las mujeres debemos decidir de una vez *ser* en primera persona y relacionarnos de igual a igual con los hombres, y elegir a los buenos, a aquellos que colaboran con nosotras y nos ayudan a vivir en justicia y humanidad. La elección de los amigos, amantes o pareja es muy importante para la mujer, porque el amor y el sexo pueden hacer que cambie de rumbo y trunque su desarrollo personal. Cada encuentro emocional es creador de sentido para ambos sexos, un punto de inflexión de la narración personal, y puede ser beneficioso o perjudicial para el individuo. Es muy importante elegir bien y tener clarísimo que el amor no lo justifica todo, que el mal trato no se debe consentir y, si existe, la relación con esa persona que te trata mal no te conviene. A todas se nos debe tratar bien y más las personas que te quieren y te desean. Todas las personas somos decisivas a la hora de crear realidades, lo hacemos constantemente sin que apenas seamos conscientes de ello. Podemos decidir crear un mundo mejor para vivir en él y comprometernos en esa tarea.

Es importante que las mujeres sintonicemos con lo que verdaderamente deseamos, que descubramos que tenemos voz y palabras propias para nombrar las cosas y los sucesos de nuestra vida, y que, a partir de ese momento, no lo olvidemos jamás. Es apasionante vivir la vida en verdad, bondad y belleza humanas. Ese modo de vivir no es fácil ni instantáneo, se va elaborando de manera consciente con ilusión, constancia, confianza en sí misma, valor y perseverancia en la tarea. La vida es difícil para ambos sexos y a veces hay que luchar mucho, incluso con uno mismo, para crear una realidad en la que nos encontremos a gusto en relación con otros. Todos dependemos de todos, y todos somos vulnerables y fuertes a la vez, dependientes y, sin embargo, razonablemente autónomos. Tenemos la capacidad de decidir y de elegir nuestro camino dentro de las circunstancias que nos afectan, pero tenemos que conocer nuestras capacidades y limitaciones, porque las fuerzas humanas no son infinitas. Las mujeres tenemos que gestionar bien lo que somos, aprender a priorizar bien y elegir el momento adecuado para avanzar en nuestro propósito de vida. Nadie lo puede hacer por nosotras. Vivir la vida propia es un asunto personal e intransferible. ¡Respira hondo y atrévete a pensar y a sentir en cada latido de tu narración existente! ¡No te congeles! ¡No busques las miradas fuera, mira en tu interior! ¡Todo nace en ti! ¡Eres importante! ¡Eres creadora de mundos y de seres! ¡Date cuenta de ello y valóralo! ¡Actúa como sujeto existente que eres!

Construirnos en sujetos es el gran tema de las mujeres, y se entrelaza con el logro de una vida propia y con un sentido propio de existencia, no solo como ser para otros[71]. La transformación en sujeto es un proceso laborioso, requiere esfuerzo y compromiso continuados. Las conquistas personales de las mujeres chocan con lo que el mundo está dispuesto a reconocer y a valorar, porque el orden establecido tiende a recolocar a las mujeres en los papeles sociales que preservan dicho orden, papeles subordinados en la jerarquía sexual que nos implica. Así, resistir sus influjos se convierte en un acto de rebeldía y de libertad en el ser; es muy importante resistir a la dominación machista de un orden patriarcal que precisamente se sostiene sobre ella.

La noble ética femenina del cuidado de los otros se hermana con el callado autodescuido, prácticamente invisible e inconsciente. Es complicado para la mujer hallar un equilibrio entre el cuidado de otros y el de sí misma[72]. No obstante, la vida propia es el asunto más importante para cada una y las mujeres tendríamos que interiorizar esta verdad. El compromiso ético y la solidaridad con los otros no debe sustituir el autocuidado y el respeto hacia una misma como sujeto existente, los complementan y los enriquecen. Aunque nos han enseñado a sentirnos invisibles si no cumplimos lo que se espera de nosotras, tenemos que desaprenderlo, y aprender a reconocer nuestros valores como mujeres y componer nuestras historias de vida, nuestras biografías en primera persona, con palabras propias. Cada una de nosotras es única e irrepetible, y crea mundos únicos e irrepetibles en relación con otros. No puede haber individualidad sin la diferencia; la diversidad humana es increíble, y, en relación con otros, se torna aún más rica y compleja.

Para las mujeres es importante establecer ciertos límites frente a los otros, porque nuestra tendencia a ser ilimitadas nos puede perjudicar. Los límites se entrelazan con ser un individuo, un

---

[71]De eso hemos hablado en: Arnaiz Kompanietz, Anna: *Sujeto mujer*, CreateSpace Independent Publishing Platform, 2016.

[72]Lagarde y de los Ríos, Marcela: *Para mis socias de la vida*, Madrid, Horas y horas, 2005, p. 50.

sujeto existente autónomo, y, para serlo, tenemos que conocer y respetar nuestros límites, y ser capaces de separarnos de los otros. A pesar de temer la soledad tenemos que entender que en realidad estamos solas, solas en nosotras mismas como cuerpos existentes. Eso sí, trascendemos esta soledad en la constante comunicación con otros, en nuestras palabras dichas o no, en nuestras relaciones con otros. Los momentos de soledad son muy necesarios para nosotras; son espacios-tiempos para pensar, para sentir y para crear desde y en nosotras mismas, espacios-tiempos de una cierta libertad de *ser*, y, si reconocemos su valor y aprendemos a disfrutar de ellos, pueden convertirse en un auténtico tesoro que nos aporte alegría y felicidad: instantáneas de paz y de fuente de energía revitalizadora en el *ser* una misma. ¡Y ya puede llover!

Buscar el placer de *ser*, de ser una mujer más allá de los estereotipos es una acción de rebeldía, un propósito de libertad, que puede transformar el mundo que nos rodea e incluye, los mundos de relación de los dos sexos. Es bueno que las mujeres disfrutemos en nuestros instantes vividos, que reclamemos la legitimidad de nuestras experiencias cotidianas, que reconozcamos su gran valor; es un hondo placer de *ser*, es inmenso, gratuito, alcanzable, sorprendente, libre y muy personal. Las mujeres tenemos que aprender a mimar ese potencial placer de *ser*, de ser nosotras mismas en nuestro tiempo-espacio personal, y dejarle manifestarse en sus distintas formas en cada una de las etapas de nuestras vidas. Podemos elegir libremente los placeres cotidianos que nos fortalezcan como sujetos existentes e ir descubriendo quiénes somos en realidad. Y, una vez más, una buena manera de conocer es hacer, es actuar en una dirección marcada.

Pero es conveniente no olvidar que nuestras acciones, nuestras elecciones tienen un propósito conocido o no por nosotras. No solo importa el por qué de aquello que hacemos, sino sobre todo el para qué. Nuestra existencia oculta una serie de elecciones, un proyecto de vida, aunque aparente ser espontánea[73]. ¿Qué obtenemos con

---

[73] «Vivimos, vivimos, y los hechos se acumulan, pero sólo cuando el tiempo nos permite volver la atención sobre nosotros mismos captamos por fin hacia

aquello que elegimos hacer? ¿Qué logramos comportándonos de una manera determinada? ¿Es lo que realmente deseamos? A veces, los pequeños cambios en nuestro hacer conducen a resultados sorprendentes. Las mujeres solemos recurrir a este modo de intervención. Todos influimos, puesto que al comunicarnos es imposible no influir, y toda conducta es una comunicación que influye en la conducta del otro y le transforma. Creamos constantemente mundos relacionales aunque no seamos conscientes de ello. Es bueno preguntarnos cuál es el asunto aquí y ahora en nuestra existencia. Es bueno vivir la vida de la mejor manera que podamos. Si no podemos cambiar nuestras circunstancias, sí podemos cambiar de actitud en ellas. Elegir la propia actitud en cualquier conjunto de circunstancias es una acción de libertad humana que nadie nos puede quitar, y de ese modo elegimos nuestro camino[74]. Introduciendo cambios concretos, reales y pragmáticos se abrirá la posibilidad a otros cambios y a otros... La realidad se va construyendo a través de la acción.

En lo que tenemos que concentrarnos es en el momento presente, porque es el instante de la creación y el comienzo de otros que están por llegar. Es bueno que aprovechemos cada momento, que pensemos, sintamos y disfrutemos en la creación de mundos, de seres y de nosotras mismas, porque al crear también nos creamos de un modo nuevo[75]. Si dejas morir a la gran mujer que existe en ti se perderán diversos mundos que podrían derivar de su intervención, y esa pérdida será irreparable e irreversible. ¡Qué impor-

---

dónde tendía nuestra existencia». Cyrulnik, Boris: *El amor que nos cura*, Barcelona, Gedisa, 2005, p. 27.

[74] Rogers, Carl y Stevens, Barry: *Persona a persona*, Buenos Aires, Amorrortu, 2012, p. 65.

[75] «Ser creativa no implica producir sólo objetos físicos sino también fomentar la conciencia mental; crear significa mirar el mundo de modo creativo, y por ello admirar un cuadro, leer un libro o escuchar música pueden ser actividades tan creativas como el hecho de pintar ese cuadro, escribir el libro o tocar el instrumento. Al crear pensamientos y emociones estás expresando tu conciencia acerca del mundo que te rodea...» Gray, Miranda: *Luna roja*, Madrid, Gaia Ediciones, 1999, p. 158.

tantes somos! Pero no se nos han contado las cosas así. Sin embargo, de nosotras depende cambiar de mirada y empezar a valorar a nosotras mismas y a lo que nos rodea de una manera diferente, más humana y justa.

El proceso de completar el desarrollo propio y llegar a *ser* se entrelaza con la alegría en el vivir, con valorar la vida. Sentimos alegría y honda satisfacción cuando hacemos algo que queríamos hacer y que, además de entretenernos y divertirnos, contribuye al éxito en la tarea de constituirnos en sujetos existentes de pleno derecho[76]. Y la alegría de vivir la vida propia nos hace más fuertes, incrementa el deseo de hacer las cosas bien y de sentirnos orgullosas de nosotras mismas, nos torna más capaces de completar la tarea de formarnos y aumenta la confianza en nosotras mismas; nuestra autoestima crece. La alegría de vivir nuestra propia vida nos da alas para transformar lo deseado y soñado en realidad. Recuperar la alegría en el crear día a día se relaciona con la felicidad en el ser[77].

Pero para poder crear con propósito necesitamos tiempo, estar en contacto con nosotras mismas y atrevernos a *ser*, atrevernos a ver el mundo y a nosotras mismas de modo diferente, trascendiendo la mala educación que se nos ha dado. La nueva actitud debe

---

[76] «El camino al éxito pasa por la alegría de vivir. Cada vez que haga aquello que tiene ganas de hacer, habrá dado un paso adelante en la dirección correcta. Y no pierda de vista que sólo usted, ¿quién si no?, determina aquello que para usted constituirá el éxito». Ehrhardt, Ute: *...Y son cada vez peores*, Barcelona, Debolsillo, 2003, p. 121.

[77] «Ella se atreve a crear lo extraordinario con lo ordinario. Toma tiras, trozos, restos y hace colchas, cestas, pasteles y familias. Tener y no tener proporciona la tensión para crear. Ella se atreve a crear sin hacer, a tejer sin hilo y a cantar en silencio. Cuando el trabajo de la mujer está hecho, lo deja ir. De esta forma, puede continuar sin ella. Extraordinario». Metz, Pamela K. y Tobin, Jacqueline L.: *El tao de las mujeres*, Madrid, Gaia, 1996, p. 19. Y añade: «¿Puedes dar a luz y después soltar? ¿Puedes cuidar de los demás y seguir cuidando de ti misma? ¿Puedes mostrar a otros el camino sin perder el tuyo propio? ¿Puedes proporcionar seguridad y atreverte a arriesgarte a lo desconocido? ¿Puedes calmar el miedo de los niños y quedarte con el tuyo? Todo lo que tocas cambia. Cambias todo lo que tocas. El proceso es creación», p. 35.

redescubrirse una y otra vez para ser asimilada en nuestra cotidianidad existente, pues las malas enseñanzas están integradas profundamente en nosotras. Lo que asumimos en nuestras historias privadas desde la infancia nos aporta sentido en nuestra existencia, y ese sentido da forma temática a nuestra vida, engendra imágenes de felicidad, perfila aquello que deseamos y perseguimos. Sin embargo, podemos reescribir nuestra narración biográfica renovando el sentido en nuestra existencia[78].

Los distintos discursos sociales tutelan desarrollos diferentes y siempre puede haber un punto de inflexión para construir y construirse de un modo renovado, con un sentido nuevo. Si las mujeres nos damos cuenta de que el orden patriarcal en el que nos desenvolvemos está impregnado de ideología machista, pues dicha ideología sustenta la jerarquía sexual que lo impera, podremos observar los innumerables micromachismos hilvanados en nuestra existencia, en nosotras mismas y en nuestras relaciones con otros. Y, una vez detectados, podremos formar una opinión al respecto, debatirla, descubrir esos micromachismos a otras miradas y trascender poco a poco el machismo que nos afecta a todos, puesto que lo hemos bebido en el orden que nos rodea e incluye desde muy pequeñas, en el orden en que nos constituimos como individuos. Si no aceptamos la supuesta inferioridad que se nos atribuye por ser mujeres, si no consentimos que nos traten como objetos, nadie nos podrá hacer sentir como inferiores y subordinadas. Las mujeres tenemos que trascender nuestra mala educación, desprendernos del machismo interiorizado y superar nuestra propia misoginia. Tenemos que reconocer el gran valor de nuestras acciones, cuidar nuestra autoestima, empoderarnos y ser solidarias entre nosotras, dejando de competir unas con otras para captar las miradas de los

---

[78] «Mientras no se haya puesto el punto final de la frase o de la vida, el sentido es susceptible de una constante reorganización». Cyrulnik, Boris: *El amor que nos cura*, Barcelona, Gedisa, 2005, p. 31.

hombres. Tenemos que comprometernos en esa tarea, pues hemos aprendido lo contrario[79].

Las mujeres tenemos que fomentar el poder de nuestro hacer, de nuestras palabras, y participar activamente en el orden social transformándolo desde dentro en un orden mejor, más humano y justo. Y para poder hacerlo, necesitamos una cierta independencia existencial, que va pareja con la económica. Es importante que las mujeres seamos independientes económicamente; eso nos da una mayor libertad a la hora de decidir nuestras acciones. También es muy importante que nos habituemos a pensar con cierta independencia, cuestionar lo dado y reflexionar sobre las cosas importantes que nos afectan. Los conceptos que manejamos para explicar lo que nos rodea conectan los sucesos de nuestro mundo y crean realidades en las que nos desenvolvemos. El conocimiento nos empodera. Conocer, comprender y vivir la vida con alegría y felicidad crea una realidad mejor. Si, además, compartimos con otros esa alegría de vivir, influiremos en su felicidad. Influir en la felicidad de los demás debería de ser la base de todas las relaciones humanas[80]. ¿Os imagináis un mundo que naciera de ese principio? ¡Qué bueno sería!

La responsabilidad con los otros es algo que descubrimos en el proceso de convertirnos en sujetos, en personas; no nacemos con ella, la vamos adquiriendo conforme maduramos. Todos tenemos que aprender a relacionarnos mejor como seres humanos a pesar de nuestra mala educación para ello. Los hombres y las mujeres tenemos que aprender a cooperar desde el respeto y la consideración al diferente, en igualdad valorativa. ¿Es posible hacerlo en nuestras sociedades competitivas y jerarquizadas? En esta tarea los hombres tienen mucho trabajo, tienen que hacer un mayor esfuer-

---

[79] «Esta ética se acompaña de una estética, la estética de un buen trato entre nosotras. De tal manera que vayamos eliminando los malos tratos, la hostilidad, la violencia entre nosotras. Si le pedimos al mundo que respete a las mujeres, asumimos que somos nosotras las primeras en respetarlas». Lagarde y de los Ríos, Marcela: *Para mis socias de la vida*, Madrid, Horas y horas, 2005, p. 484.

[80] Montagu, Ashley: *Hombre, sexo y sociedad*, Madrid, Guadiana, 1969, p. 18.

zo pues están habituados a no tratar bien a las mujeres, a tratarnos como inferiores.

Una relación mejor entre los sexos es posible, y podemos aprender unos de otros para lograr una vida juntos más rica y feliz. Merece la pena abrir una gran interrogación en muchas cuestiones que nos afectan a los sujetos existentes de ambos sexos en nuestra convivencia, en nuestra manera de relacionarnos, puesto que la probabilidad de supervivencia de un colectivo aumenta si las personas que lo integran logran relacionarse bien. Y no olvidemos que la felicidad para un gran número de mujeres está en estrecha conexión con la sociabilidad: damos mucha importancia a las relaciones con otros y las solemos cuidar. Las mujeres no nos creemos autosuficientes y aceptamos la dependencia de los otros, actitud que paradójicamente nos torna más independientes emocionalmente hablando. Nos gustan sobre todo las relaciones en las que amamos y nos aman. En algún lugar de nuestra hondura de ser sabemos que amar, ayudar y cuidar a otros representa el mayor valor de un ser humano, que el mundo sobrevive gracias al amor, que supera los males, los odios y la indiferencia. Cabe afirmar que las personas más importantes de ese mundo nuestro, a pesar de que no se las reconozca como tales, son las personas que aman sinceramente y enseñan a amar, y las mujeres lo hacemos normalmente[81].

El amor es una experiencia de relación con todo: con el mundo, con los otros y con nosotras mismas. El amor es el sentimiento que armoniza la coexistencia social. La persona que ama la vida crea con ese sentimiento, el cual se hilvana en sus creaciones y en ella misma, porque, al crear, creamos a nosotras mismas. Amar la vida es el fundamento de vivir con amor, también de amar incondicionalmente a sí misma, porque cada una de nosotras es el principio

---

[81] «Lo que le falta al mundo de manera alarmante en el tiempo presente y lo que va a seguir faltándole si quiere aumentar y mantener su felicidad, es algo más de espíritu maternal y algo menos de espíritu masculino. Necesitamos más donantes de vida y menos devoradores de ella. Necesitamos más personas dispuestas a amar y menos dispuestas a odiar, y necesitamos aprender la manera de enseñárselo». Montagu, Ashley: *La mujer, sexo fuerte*, Madrid, Guadarrama, 1970, p. 189.

de muchos sucesos, de muchas obras tangibles o no. Las mujeres intervenimos de un modo decisivo para que la especie humana sobreviva y creamos sin parar, aunque no le demos importancia ni reconozcamos el valor que tienen nuestras acciones.

La fuerza para crear se deriva de las emociones y las buenas emociones engendran a menudo buenas acciones, aunque no siempre. A veces pretendiendo hacer el bien causamos perjuicio al otro; el bien y el mal se entretejen de forma compleja y, con frecuencia, sorprendente. Hay que tener cuidado e ir con tiento. No obstante, la bondad, la solidaridad y el respeto mutuo conforman una buena base para practicar la ética del cuidado, que habría que fomentar en los dos sexos.

Si los sujetos de ambos sexos aprendieran a cooperar y a ayudarse mutuamente, a ser amables, compasivos y bondadosos, el mundo sería un lugar mejor para vivir. Todos, hombres y mujeres, tenemos que aprender a cuidar con un amor de madre nuestro mundo, nuestra Tierra, pues nos sostiene y sostendrá a nuestros hijos, nietos...; tenemos que aprender a cuidar nuestras relaciones y a las personas que están a nuestro lado[82]. La solidaridad y el respeto entre los seres humanos, la ayuda mutua, son los ingredientes de una buena manera de relacionarse entre las personas, y si la ponemos en práctica habitualmente, viviremos mejor, de un modo más humano, pleno y feliz. Se debería educar a todos los niños para poder entenderse mejor, para respetarse y cooperar, disponiendo

---

[82] «Los hombres debieran pensar que una de las obligaciones del matrimonio consiste en ayudar a sus mujeres, en toda la amplitud de sus posibilidades, para que ellas consigan ser de manera más efectiva lo que desean. Los hombres tienen que darse cuenta, con más claridad que hasta ahora, de lo que es ser un esclavo doméstico; deben saber que a una mujer no se le puede exigir que sea únicamente la criada de su marido, su lavandera, su cocinera, su concubina y la nodriza e institutriz de sus hijos, y que no puede pasar los primeros veinticinco años de su vida marital de este modo y los otros veinticinco tratando de recobrarse de los efectos de haber traído los hijos al mundo sin ser aliviada de las demás obligaciones. Una mujer es una persona que tiene sus derechos y que quiere y debe ser tratada como algo más que una buena compañera, que es también al mismo tiempo por una feliz casualidad una esclava doméstica». Montagu, Ashley: *La mujer, sexo fuerte*, Madrid, Guadarrama, 1970, p. 207.

a ambos sexos en favor del otro. Si logramos educar a los niños para conseguir buenas relaciones entre los sexos, todos saldríamos ganando, puesto que, en cualquier sociedad, las buenas relaciones entre los hombres y las mujeres se hilvanan en las buenas relaciones humanas. Y no puede haber una buena relación entre personas sin el respeto mutuo.

2. LA MUJER EN LA NIÑEZ

En este libro no me voy a extender en el proceso de la sexuación del embrión humano, ya lo he tratado en otro escrito[83]. Solo mencionaré algunas cuestiones, como, por ejemplo, que la trayectoria del desarrollo fetal, sin la acción de las hormonas sexuales masculinas, es la femenina, es decir, que el desarrollo sexual en femenino es espontáneo en la especie humana. Esta verdad biológica desecha el mito del origen de la mujer del varón; en todo caso, por mucho que nos pueda chocar, sería al revés: el hombre siempre se origina de la mujer, también de esa mujer que podría haber sido sin el influjo hormonal en unos momentos claves de su formación.

Asimismo, según afirman algunos autores, los fetos femeninos se desarrollan en el útero de su madre a una velocidad mayor que los varones, y su desarrollo cerebral tiene características diferenciales. El proceso podador neuronal, que consiste en la muerte programada de neuronas, se inicia al final del embarazo y sigue actuando después del nacimiento. Se ha comprobado que las áreas del lenguaje del cerebro femenino se desarrollan antes[84]. Por contra, parece que la actividad motora es mayor en los fetos masculinos.

---

[83] Arnaiz Kompanietz, Anna: *El sujeto existente*, Madrid, Biblioteca Nueva, 2010, p. 111.

[84] «La superioridad femenina en las capacidades verbales se inicia a edad temprana, hasta el punto de que incluso se han detectado diferencias entre los movimientos de la boca de los fetos masculinos y femeninos en el útero materno». Morris, Desmond: *Masculino y Femenino*, Barcelona, Plaza & Janés, 2000, p. 41.

Y por fin nace una niña. Sin quererlo ni pretenderlo, hace nacer consigo un nuevo mundo relacional de padres, abuelos, tíos, primos...; crea un mundo sin ser consciente de ello simplemente por nacer, por ser real y estar en él. Ese mundo creado en conjunción con sus personas significativas conforma una base afectiva en la que nuestra bebé se desarrollará y constituirá su mundo de inteligibilidad, de significados que ordenarán su existencia en la dramática dependencia física, emocional y psíquica de sus comienzos de vida[85]. La historia de nuestra bebé se escribe en términos de comunión de ella con sus seres más allegados. El ambiente en que crece puede ser amoroso u hostil, puede satisfacer sus necesidades de dependencia o no, necesidades que, por otra parte, son particulares de cada una de las bebés, pues no hay dos iguales, cada una es como es y ya da señales de una personalidad en formación.

Los bebés dependen de otros para poder sobrevivir y avanzar en su desarrollo, y, poco a poco, crean vínculos afectivos con las figuras que los cuidan y alimentan. Todos partimos de esos vínculos afectivos nacidos en una profunda dependencia y menesterosidad existencial. Así empezamos a convertirnos en sujetos existentes, hacernos mujeres es un proceso. Aunque no seamos conscientes de esos vínculos afectivos ni apenas nos acordemos de nuestras vivencias en los primeros años de nuestra vida hemos atravesado esa etapa, hemos estado ahí y nos ha dejado su huella biográfica.

Los bebés necesitan afecto y amor, y aprenden a amar a las personas que satisfacen sus necesidades básicas de vida. Los bebés no saben a qué se vinculan, sin embargo se vinculan a esas personas para sobrevivir: sobrevivir es el mandato de todo organismo vivo. Así que cabe subrayar la importancia de las relaciones primarias en el desarrollo afectivo y psicológico de los bebés. Y no

---

[85] «Se ha teorizado largamente sobre los capitales social, económico, simbólico, cultural y escolar de las personas, pero no se suele hablar de un hecho esencial para su funcionamiento como persona adulta: el suelo psíquico sobre el que ha crecido, o lo que podríamos llamar su *capital afectivo*. Sin embargo, este "input" es fundamental en cualquier biografía». García de León, María Antonia: *Herederas y heridas*, Madrid, Cátedra, 2002, p. 110.

olvidemos que el desarrollo afectivo del individuo participa en la significación que atribuimos a las señales percibidas[86].

En ese aprendizaje de significados intervienen el emisor de la señal, el signo percibido, con su significado ya instaurado en la sociedad, el receptor y el clima en que acontece la acción, apenas tenido en cuenta, dependiente de la relación entre el emisor y el receptor. Además, la atribución de significados a las señales percibidas es dinámica, interactiva y susceptible de cambios, puesto que el emisor y el receptor se intercambian constantemente de papel en la acción y reacción en una vorágine comunicativa circular y en red con otros. Ya hemos dicho que todo comportamiento tiene carácter comunicativo e influye en el receptor que, a su vez, se convierte en emisor a velocidad de vértigo, y así sucesivamente. La relación que se establece entre las personas que se comunican incide de forma considerable en la interpretación de las señales. De una manera continuada, los interlocutores se ofrecen uno al otro, se aceptan o se rechazan, se valoran o se descalifican, se vuelven importantes o invisibles para el otro y reformulan su relación.

Además del significado perceptible existen unas intencionalidades del emisor y del receptor, y su disposición o no de preservar el tipo de interacción y la relación entre ambos. Por eso, no solo interesa saber por qué llora una bebé sino también para qué, qué quiere que suceda si llora. Si no obtiene el objetivo deseado, intentará otra maniobra de comunicación y de manipulación de la realidad que la afecte. La realidad de nuestra bebé se construye a través de la acción, aplicando el método de ensayo y error. Así, se va orientando en su mundo relacional y va constituyendo su propia experiencia en la interacción con lo que la rodea, en el conocimiento de su medio. Sus experiencias se traducen en vivencias de un ser vivo, único e irrepetible en el cuerpo-palabra que es, se inscriben en su memoria y van conformando latido a latido su biografía.

---

[86]Cyrulnik, Boris: *El amor que nos cura*, Barcelona, Gedisa, 2005, p. 96.

Las necesidades sentidas por nuestra bebé expresan su ser, su ser que espera nacer en cada instante vivido. Cuando se satisface una necesidad, la bebé siente placer y, si no se satisface, siente malestar e, incluso, dolor o sufrimiento. Si el sufrimiento se prolonga en el tiempo, dejará su huella biográfica, se incrustará en sus expectativas en relación con otros pudiendo convertirse en un problema, una enfermedad y, a veces, conducir a la muerte. Por contra, el placer sentido refuerza la formación del ser, nos da energía existencial para avanzar en el proceso del crecimiento. La sabiduría fisiológica del cuerpo de la bebé guía sus acciones y elecciones. De momento, es su fuente de evaluación de lo que le sucede. La bebé siente y se conduce procurando satisfacer sus necesidades, necesidades que experimenta en sí misma. Ella es el centro de valoración, la cual se basa en sus sentidos, en sus vivencias. Esta sabiduría permanecerá en el cuerpo-palabra existente a lo largo de toda su vida y se expresará o no dependiendo de muchos factores internos y externos, que ordenan su mundo de relación consigo misma y con lo que la rodee. Sin embargo, esta manera de elegir y de valorar prestando atención a lo que le dice el cuerpo, seguramente, nunca se manifestará con tanta potencia como en esa temprana etapa del desarrollo de la mujer.

En cada etapa de nuestro desarrollo, cambiamos la forma de percibir el mundo, nuestra mirada se transforma en concordancia con nuestro nivel madurativo, con nuestra conciencia de ser. Asimismo, cada etapa de desarrollo se organiza de manera que el sujeto vaya completando su proceso de crecimiento y de maduración[87]. Para ello, se focalizan las vivencias entorno a unos modos perceptivos y no a otros, modos adecuados para cada etapa madurativa. Un logro posibilita otro logro, la maduración de la conciencia hecha carne que somos es un proceso continuado, paso a paso, aunque pueda detenerse en un punto y no progresar más.

Así, los recién nacidos tienen un foco sensitivo centrado en su boca y todavía no entienden bien las palabras, ni distinguen tam-

---

[87] Ya lo hemos tratado en: Arnaiz Kompanietz, Anna: *El sujeto existente*, Madrid, Biblioteca Nueva, 2010, pp. 111-131.

poco bien las caras. Poco a poco, vamos aprendiendo y adquiriendo nuevas habilidades y nuestro mundo se va ampliando cada vez más. Nos servimos de nuestras vivencias para sobrevivir y crecer, y no es un deseo consciente, es un mandato inscrito profundamente en cada célula de nuestro ser. Nuestras experiencias nos van guiando con su constante «algo más» y vamos procurando ejercer un cierto control sobre el entorno y sobre los que se relacionan con nosotros. Las personas no estamos totalmente influenciadas por el ambiente en que vivimos; intentamos controlarlo. Incluso los bebés, con toda su inmadurez dependiente, no vienen a este mundo como seres vacuos, son conciencias hechas cuerpos existentes, con su incipiente personalidad. No hay dos bebés iguales. Todos somos diferentes, y la iniciativa de acción y el poder de hacer o no hacer residen en las personas, no fuera de ellas. Los bebés intentan modular su mundo haciendo o no: lloran, vomitan, se mueven, sonríen, te llaman y te buscan... Quien ha tenido hijos sabe hasta qué punto la vida se reorganiza alrededor de ellos, hasta qué punto el tiempo propio se torna un tiempo compartido con ellos y dirigido por sus necesidades: Los padres intentan sacar adelante a sus hijos cueste lo que cueste.

La madre o la persona que cuida al bebé es el mundo primero del recién nacido, es un mundo sensitivo. Las sensaciones se traducen en emociones, que van dando sentido a las experiencias. El tacto se convierte en un tesoro de información, la base de las experiencias tempranas del bebé, pues es el sentido que antes se desarrolla en el ser humano, ya en el feto. Paulatinamente, el tacto sitúa al bebé en la realidad, le aporta sensaciones de lo que le rodea. Los otros y los objetos se tornan tangibles y, poco a poco, el bebé establece límites entre lo que es él y lo otro que no es él; por tanto, el tocar es una necesidad conductual básica para el desarrollo del bebé[88]. El recién nacido mantiene su primer contacto con el mundo y con las personas que le cuidan por medio de la experiencia táctil. Las señales que recibe a través de su piel y de

---

[88]Montagu, Ashley: *El tacto*, Barcelona, Paidós, 2004, p. 64.

su boca son su modo de comunicación con el mundo y su base de aprendizaje en el proceso de hacerse persona. Esas experiencias le proporcionan información, le comunican o no amor y cuidados, y le aportan sensación de seguridad o, por contra, le sitúan en un mundo incierto u hostil. Eso incide en las expectativas del bebé respecto a qué puede esperar de los otros y de su propio poder para controlar su entorno. El contacto corporal con la madre y con otras personas que cuidan al bebé es esencial para que vaya adquiriendo consciencia de ser un individuo con límites, diferenciado de lo que le rodea.

El contacto corporal es esencial para que los bebés sobrevivan. Las privaciones sensoriales en otros aspectos, como la luz y el sonido, pueden sobrellevarse, pero no así la ausencia de experiencias táctiles[89]. El carácter tangible de la madre y de los otros los torna reales, y le permite al bebé diferenciarse de su madre, y salir de esa intensa comunión inicial con ella, lo cual es necesario para que crezca y madure. El tacto siempre implica la existencia del cuerpo que toca y de lo tocado por él. Sentir a su madre, que está ahí y es tocable, tranquiliza al bebé y le aporta una base de seguridad para aventurarse en los pequeños progresos diarios en su proceso formativo[90]. Ese empeño de tocar para comprobar que algo o alguien es real se inscribe hondamente en nuestro ser y se conserva a lo largo de toda nuestra vida.

Así que, en el lactante, la interrelación con otros se hilvana en la relación corporal, en la cercanía de cuerpo a cuerpo, de cuerpos que nutren y cuerpos que se alimentan, y sobreviven gracias al contacto con otros. Quizás, por eso, en el ser humano, los senti-

---

[89]Montagu, Ashley: ob. cit., p. 121.

[90]«De la evidencia tangible del cuerpo materno, el asimiento del pecho con labios, manos y dedos, con el mundo en la yema de sus dedos, el lactante desarrolla una conciencia de su cuerpo y del cuerpo materno que constituirá su primera relación objetal. Es importante reiterar que, a pesar de muchos otros factores involucrados, es mediante la primacía de la piel como el lactante inicia a tientas el establecimiento de relaciones objetales. Es en buena medida la estimulación de la piel por el tacto la que capacita al niño para trascender su propia piel». Ob. cit., p. 148.

dos de proximidad como el tacto, el gusto y el olfato se desarrollan antes que los sentidos de distancia como la vista y el oído, porque son primordiales para que el bebé sobreviva en esta etapa de su existencia y llegue a completar su desarrollo y prepararse para la siguiente. De esta etapa y sus circunstancias parten el miedo al abandono y la ansiedad de separación, que se inscriben en la profundidad del cuerpo-palabra que somos, y nos acompañarán a lo largo de toda la vida, y contribuirán a que busquemos la compañía de otros en todas las etapas de nuestra existencia.

La transmisión de información es inevitable en la comunicación, en la relación corporal. Gracias a la piel viva leemos los mensajes de otra piel. Los mensajes se transcriben en las emociones y estas, en mensajes. El vínculo con el otro forma un lenguaje en comunión, con sus sensaciones, sus gestos, su estilo narrativo propio... Así, los estados de ánimo de unos y de otros se transmiten a los demás y connotan los significados privados que se dan a las cosas y a los hechos. En ese clima, poco a poco, los pequeños se hacen una imagen de lo que les rodea y de sí mismos[91]. Las condiciones de la relación con los otros son importantes para producir cambios, que pueden ser de avance, de bloqueo e, incluso, de regresión evolutiva; y esas condiciones también dependen de la intervención de los bebés, que procuran modular su entorno en función de sus necesidades, miedos y pretensiones. A menudo, los bebés imponen sus deseos en las relaciones con sus madres. Así, un bebé al que no le gusta que le toquen puede que logre que dejen de tocarle, y nadie podrá demostrar jamás dónde comenzó este tipo de interacción, y si fue causa o efecto de otras. Ya hemos dicho que las interacciones suceden a una gran velocidad, y los emisores y los receptores de señales intercambian sus papeles constantemente y sin ser conscientes de lo que crean. Por lo general, no analizamos cada acción ni los gestos que encierran mensajes. Ni siquiera so-

---

[91] «Esta burbuja sensorial de gestos, de sonrisas y de músicas verbales, envuelve al niño en un revestimiento de significantes. Así es como se materializa la parte perceptible de la historia paterna que se impregna en la memoria del niño». Cyrulnik, Boris: *El amor que nos cura*, Barcelona, Gedisa, 2005, p. 125.

mos conscientes de lo que comunicamos instante a instante vivido, pero conscientes o no, comunicamos, y creamos realidades, queriendo o sin querer.

La madre y las personas que cuidan a nuestra bebé saben que es una niña y de ese saber nace un trato diferenciado, que facilita un camino evolutivo y no otro. Cuando las personas nos dirigimos unas a otras, simultáneamente ponemos en común unos contenidos y proponemos un cierto tipo de relación[92]. Sin ser a menudo consciente de ello, alabamos o recriminamos unos comportamientos y no otros, modulando el comportamiento de las bebés, y ellas también lo hacen con los nuestros, aunque sea con un lenguaje no verbal. En toda interrelación tiene lugar la confirmación o no de uno por el otro, y lo social está ya ahí, antes de nosotros, y nos afecta con sus reglas y significados en uso, queramos o no. El aprendizaje de muchas cosas, de normas y de hábitos es anterior incluso a nuestra consciencia de ser, anterior al «yo pienso». El «yo pienso» es un logro evolutivo en nuestra existencia como sujetos en formación. Primero me relaciono con las cosas y con los otros, bebo de sus significados para poder ordenar lo que me rodea y darle nombres, y más tarde adquiero la consciencia de ser y la percepción interior de mí misma.

En este escrito queremos hablar sobre todo de las características y de las circunstancias de hacerse mujer, aunque a veces tratemos aspectos comunes que nos sirven de partida para comprender el hecho diferencial de los sexos. Así, en la primera etapa de la vida de los bebés, se da una fusión con la madre, y cuando nuestra bebé adquiere la consciencia de ser, de ser diferente a su madre, continúa en cercanía identitaria con ella por ser del mismo sexo, por ser una niña como su mamá. De ese modo, los procesos de identificación sexual de una niña son relacionales con su madre y oposicionales con su padre: «Soy como mamá y no como papá. Soy una chica y no un chico». Gracias a esa identificación con el sexo de la madre y la aceptación de su feminidad primaria, la identidad

---

[92]Strong, Stanley R. y Claiborn, Charles D.: *El cambio a través de la interacción*, Bilbao, Desclée De Brouwer, 1985, p. 48.

sexual de la mujer se ve fortalecida y se considera más sólidamente anclada que la masculina, ya que los chicos tienen que hacer un gran esfuerzo para negar sus tendencias protofemeninas[93].

Asimismo, cabe mencionar que las bebés experimentan un desarrollo diferenciado en algunos aspectos, pues este tiene lugar en un cuerpo-palabra sexuado en femenino. Parece que la maduración de las niñas es algo más rápida que la de los niños; su cerebro se desarrolla de distinta manera, madurando antes y más en las áreas relacionadas con el lenguaje. La aceleración en el crecimiento de las niñas se mantiene en la niñez y en la adolescencia, por eso las niñas parecen más maduras, tanto física como mentalmente, que los niños de su misma edad[94].

Desde muy pequeñas, las niñas tienen mayor habilidad verbal que los niños[95]. Su cerebro presenta una mayor plasticidad, pues los hemisferios cerebrales femeninos no están tan especializados como los masculinos, quizás por eso las niñas no sufren tantas alteraciones del desarrollo relacionadas con una disfunción del hemisferio izquierdo como las alteraciones del lenguaje[96]. Por lo general, las niñas hablan antes y con mayor fluidez que los niños, emplean más palabras, construyen frases más largas y cometen menos errores. Las chicas suelen tener cierta facilidad para aprender idiomas y son mejores en las pruebas de memoria y de rapidez perceptiva.

Las habilidades y los intereses de las niñas se diferencian de los de los niños y se desarrollan a distinto ritmo que los de ellos[97]. Así, a los pocos meses, parece que las niñas muestran más interés en las

---

[93]Badinter, Elizabeth: *XY. La identidad masculina*, Madrid, Alianza Editorial, 1993, pp. 68-69.

[94]«A los cinco años, la edad mental de la niña normal es superior en dos años a la edad mental del niño normal». Montagu, Ashley: *La mujer, sexo fuerte*, Madrid, Guadarrama, 1970, p. 155.

[95]Legato, Marianne J.: *Por qué los hombres nunca recuerdan y las mujeres nunca olvidan*, Barcelona, Urano, 2007, p. 107.

[96]Ya hemos hablado de esto en: Arnaiz Kompanietz, Anna: *Cuerpo-palabra mujer*, CreateSpace Independent Publishing Platform, 2016, pp. 61-64.

[97]Pinker, Susan: *La paradoja sexual*, Barcelona, Paidós, 2009, p. 57.

caras que los niños[98]. Es difícil afirmar que sea algo genético o, por contra, algo adquirido en el proceso del desarrollo, pero las mujeres, desde pequeñas, están más orientadas hacia lo relacional, lo afectivo, lo cercano, lo íntimo que los hombres. Se ha demostrado que la empatía y la consideración por el estado emocional propio y por los ajenos son más pronunciadas en las niñas que en los niños en todas las etapas de su crecimiento[99]. Desde muy pequeñas, las niñas suelen desarrollar más las habilidades interpersonales y comunicativas, prefieren el trato con las personas a las actividades puramente instrumentales, las de manipular las cosas e investigar cómo funcionan. A lo largo de su proceso de hacerse mujeres se reforzarán la empatía, la emotividad, la preocupación por los demás...

A las niñas se les permite e, incluso, se fomenta en ellas la expresión de emociones. Las mujeres podemos llorar, lo cual es una buena manera de aflojar la tensión, y mostrarnos débiles y necesitadas de ayuda. Poder llorar sin entrar en conflicto consigo misma es algo que ha sido envidiado por los hombres, porque a ellos se lo impide su aprendizaje social. Además, las niñas pueden manifestar sin mayores problemas el aburrimiento y pueden quejarse sin sentirse inútiles[100]. Sin embargo, no se favorece en ellas la expresión de rabia o de cólera, ni de libertad de acción independiente, ni de asertividad, ni de clara autoridad... Se considera que ser autoritaria no es «femenino» y tampoco lo es expresar emociones de forma violenta, ni pelearse con otros...

De este modo, cabe hablar de un dimorfismo sexual psicológico, porque los dos sexos divergen en su evolución emocional como sujetos existentes, sin que podamos separar claramente lo congénito de lo adquirido. A menudo, lo que se considera naturalmente

---

[98]Montagu, Ashley: *El tacto*, Barcelona, Paidós, 2004, p. 261.

[99]Pinker, Susan: ob.cit., p. 80.

[100]«Los hombres a los que entrevisté para mi estudio dijeron que lo que más envidiaban de las mujeres (si es que envidiaban algo) era el hecho de poder llorar y quejarse; las mujeres pueden decir que algo les aburre, pero si un hombre hace lo mismo, todo el mundo le dice que es un inútil». Hite, Shere: *Sexo y Negocios*, Madrid, Prentice Hall, 2000, p. 122.

«femenino» se implanta de manera subliminal en la primera infancia, sin que ninguno de los que interaccionan y se comunican sean conscientes de ello[101]. Lo que sí parece evidente es que las niñas son motivadas emocionalmente de modo diferente a los niños. A los dos sexos se los educa para dominar y expresar distintas clases de emociones.

Las niñas aprenden a agudizar sus sentidos para comprender a los demás, para relacionarse mejor con ellos. Comprender a los demás es una conducta femenina deseable, es noble, amorosa, generosa y muy humana; nadie lo discute. El problema aparece cuando se asocia con la tendencia de evitar la confrontación y el conflicto con los otros, circunstancia frecuente en las mujeres, pues nos gusta la armonía y las buenas relaciones. Sin embargo, pretender vivir en armonía con lo que nos rodea y con los otros no siempre es lo más conveniente, porque tendemos a consentir cosas que nadie debería consentir, como un trato injusto por ser una niña, la misoginia, ampliamente extendida en nuestras sociedades patriarcales, la cosificación o el maltrato y el abuso. Los desacuerdos con los otros se dan en la vida real y sirven para ponernos a prueba como sujetos existentes, para que podamos superarlos creando una situación mejor. Las mujeres no deberíamos evitarlos, ni intentar poner paz a toda costa mirando a otro lado y perdonando lo imperdonable mientras resistimos el dolor emocional. Todo esto pertenece a la mala educación que se nos da en nuestro proceso de hacernos mujeres. La rabia y la cólera son a veces muy positivas, y rebelarse contra un trato injusto es a lo que tendríamos que habituarnos todas las mujeres, a pesar de que no se suela alabar la rebelión femenina. Muchas niñas aprenden a adaptarse a lo que hay, y es lo natural, pues en las etapas tempranas de desarrollo del ser humano, la dependencia de otros y la adaptación al medio son inevitables, de lo contrario no podríamos sobrevivir.

La dependencia es una condición humana básica y su satisfacción es imprescindible para convertirse en un sujeto existen-

---

[101] Ehrhardt, Ute: *Las chicas buenas van al cielo y las malas a todas partes*, Barcelona, Debolsillo, 2003, p. 172.

te independiente. Necesitamos sentir que podemos depender de los adultos y desarrollarnos en un espacio de seguridad, en el que nuestras necesidades básicas se satisfagan. Los niños que reciben la atención necesaria y que se saben queridos crecen satisfaciendo sus necesidades de dependencia y adquieren una cierta seguridad en la interacción con el mundo. Por contra, sufren cuando sus demandas se ven frustradas una y otra vez, y sus expectativas son insatisfechas en el contacto con lo que les rodea, lo cual incide en su desarrollo. A sus ojos, el mundo puede adquirir un matiz conflictivo e, incluso, amenazador, circunstancia que puede debilitar al sujeto en formación y hacerle buscar siempre ese apoyo que le faltó en un momento clave de su desarrollo. Sin embargo, también puede obligarle a superar los conflictos, fortaleciéndole en esa acción, y acostumbrarle a contar consigo mismo para solucionar los problemas que se le presenten: nunca se sabe con las personas, pues reaccionamos de distinta manera a los mismos sucesos, porque todos somos diferentes y decidimos en concordancia con lo que somos. Sea como sea, nuestras experiencias tempranas se inscriben en la memoria del cuerpo-palabra que somos, y nos moldean.

En nuestras sociedades patriarcales, existe una tendencia a perpetuar la dependencia femenina, pues es inherente al orden social establecido y esencial para su preservación, y la educación de las niñas lo acusa. A las niñas se las educa en una dependencia mayor, se las vigila más, se las exige una mayor obediencia, se las suele sobreproteger más y, poco a poco, se las vuelve más desvalidas[102]. Los peligros las acechan por doquier. Las niñas aprenden a ser prudentes, a no arriesgarse porque les pueden hacer daño, y a tener miedo, lo cual no siempre es malo. Las cosas, en nuestras

---

[102] «Una educación encaminada a que una criatura sea una chica es casi equivalente a una educación para el desvalimiento. Desde muy temprano, las niñas aprenden que pueden hacer muy pocas cosas solas. Una mano caritativa les quita de en medio todos los obstáculos antes de que éstos sean reconocidos como tales». Ehrhardt, Ute: *Las chicas buenas van al cielo y las malas a todas partes*, Barcelona, Debolsillo, 2003, p. 170.

sociedades, están como están, y las mujeres seguimos siendo agredidas, violadas, usadas como si fuéramos objetos y asesinadas. El tener precaución y aprender a cuidarse es muy importante para sobrevivir. No obstante, el miedo se convierte en nocivo cuando restringe los movimientos y las actividades de las niñas, cuando coarta su curiosidad, dificulta el conocimiento y empobrece sus proyectos de vida.

En su proceso de socialización, las niñas acaban creyendo que la autoridad se halla fuera de ellas y para sobrevivir en ese mundo tienen que adaptarse, obedecer, ser sumisas, disimular sus sentimientos, ser agradables y colaboradoras, sonreír incluso cuando no les apetece hacerlo y no rebelarse, pues causarían disgustos y problemas a las personas que quieren. Las niñas suelen ser tranquilas y agradables, y alcanzan el éxito mediante la colaboración con otros[103]. Las niñas dicen «sí» para agradar y hacer felices a los demás, se sienten bien lográndolo. Desde pequeñas aprendemos que es gratificante agradar a otros y ser valoradas por ellos. Si el precio para no defraudarlos es no decir «no», nos habituamos a hacerlo. Las niñas aprenden que el comportamiento desvalido, dependiente y sumiso les aportará gratificaciones casi inmediatas: que alguien las ayude, que las cuide, que las haga caso, que las elija, que las proteja, que las quiera... En esas etapas tempranas de desarrollo no entienden que en un futuro ese tipo de comportamiento pueda resultar perjudicial para ellas.

Algunas niñas se vuelven quejicas para manipular a los que se relacionen con ellas. Con ello buscan consuelo y poder mediante la manipulación de otros. Por otra parte, en nuestras sociedades patriarcales, las niñas aprenden desde muy pequeñas que el gran poder de la mujer es la belleza; aprenden a ser coquetas y seductoras para modificar la conducta de los hombres y obtener lo que quieren de ellos. Cultivan, sin ser conscientes de ello, los rasgos que despiertan los instintos protectores y el interés masculino. Ni se dan cuenta de lo que sucede, porque a estas edades no se tiene la

---

[103] Pinker, Susan: *La paradoja sexual*, Barcelona, Paidós, 2009, p. 43.

capacidad de analizar el comportamiento propio, pero se van habituando a un modo de interacción con los otros, sobre todo si su conducta tiene éxito.

Además, al mismo tiempo que se educa a las niñas para la dependencia, se les inculca no manifestar sus necesidades emocionales reales: tienen que evitar dar problemas, tienen que ser agradables y colaborar en el cuidado de otros, tienen que ayudar a sus padres y ser unas mamás en miniatura... Se educa a las niñas para ser desvalidas para algunas cosas, a la vez que se espera de ellas que sean el apoyo emocional de otros, incluso de sus propias madres. Muchas niñas acaban adoptando el papel de madre con sus hermanos y también con sus mayores. Se enseña a las niñas a desarrollar su sensibilidad ante las necesidades emocionales de otros familiares, incluso adivinarlas cuando no son expresadas. A las niñas se las educa para estar pendientes de los demás y dar importancia a los estados emocionales y sentimientos ajenos. Sin embargo, no se las educa para dar la misma importancia a sus propios sentimientos ni necesidades emocionales, que pasan a ocupar un lugar secundario para las propias niñas. Desde edades muy tempranas a las niñas se las acostumbra a autoinhibirse. Se fomenta en ellas su «instinto maternal» y se las prepara para ser las eternas cuidadoras de otros, se las educa para dar afectivamente y a no esperar recibir afecto en igualdad de condiciones. Paulatinamente, las chicas aprenden que solo pueden contar con ellas mismas y que nadie las asistirá emocionalmente. Ellas dan mucho y se acostumbran a no recibir a cambio en la misma medida, se habitúan a recibir poco apoyo emocional[104]. Y el estilo afectivo que se adquiere en la infancia tiende a crear un modo de relacionarse en el futuro. Las chicas se vuelven unas hambrientas de comprensión y apoyo emocional, particula-

---

[104]«Las chicas aprenden muy pronto y en su sentido más auténtico que sólo podrán apoyarse en ellas mismas, y que no hay nadie que las pueda asistir emocionalmente. Simplemente, *no pueden* dar por sentado, como hace el hombre, que pueda haber alguien que esté a cargo de su vida emocional». Eichenbaum, E. L. y Orbach, S.: *¿Qué quieren las mujeres?*, Madrid, Talasa, 1995, p. 28.

ridad que, en mayor o menor medida, les sucede a la mayoría de las mujeres en las sociedades patriarcales.

La necesidad de atención y de satisfacción emocional nos acompañará durante toda la vida. Las personas necesitamos sentirnos aceptadas y comprendidas, confirmadas por otros en nuestro ser. Así nos sentimos más integradas en el mundo, más en armonía con el entorno relacional en el que existimos. El compromiso emocional de los otros con nosotras nos es muy necesario, nos nutre en nuestra viva hondura carnal. Si los otros no nos reconocen ni nos confirman en su mirar, ¿en quién nos convertimos? Los humanos somos emocionalmente vulnerables en nuestras relaciones, y las heridas en este campo pueden llegar a ser muy dolorosas. El miedo al rechazo y a la soledad es un gran motivador para adaptarse a lo que hay, a las expectativas y a los deseos de los demás. La tendencia a someterse tiene las raíces en ese miedo.

Por eso, en la niñez, las expectativas de los otros tienen mucho peso en nuestra evolución, nos modelamos en el mirar y en el juzgar de los otros. La educación que se nos da no solo nos instruye y nos enseña cómo son las cosas, también nos inculca unos hábitos de buena conducta, aceptados y fomentados en nuestra familia. El comportamiento de las niñas es modulado mediante diversos premios y castigos, alabanzas y recriminaciones. Un buen comportamiento se adquiere por querer agradar a nuestras figuras significativas y por temer disgustar a otros o causarles una mala impresión. Y la mayor parte del comportamiento no es consciente ni pensado o reflexionado. Nos habituamos a comportarnos de un modo y no reflexionamos sobre sus significados o sus mensajes ocultos, y menos en la niñez. Solo deseamos ser aceptadas y queridas por nuestros padres y también aspiramos a influir con nuestro comportamiento en ellos, en su comportamiento.

Poco a poco, aprendemos a autocensurarnos y esa autocensura es un recurso que aparece en algún momento de nuestra socialización, y puede servir para algo bueno, como para tener un cierto autocontrol, o malo, si el individuo se habitúa a una obediencia ciega y anula todo pensamiento independiente. Una buena educación nunca puede reducirse a la obediencia. Así, una buena niña no es aquella que obedece siempre, ni tampoco se puede calificar la rebeldía como «nociva» o «perversa». Es bueno adquirir un cierto autocontrol junto al hábito de reflexionar, cuestionar lo dado y actuar éticamente. No nacemos sabiendo hacerlo, es algo que aprendemos o no en nuestro proceso de hacernos personas. A las niñas se les dice que tienen que ser buenas, comportarse bien, no manchar sus vestidos, no alborotar, no despeinarse, no pelearse, no llamar excesivamente la atención... Se las entrena para ser amables, colaboradoras, conciliadoras, para saber adaptarse y limitarse a estar en un segundo plano, sobre todo si se relacionan con un varón. Las niñas aprenden a admirar a los hombres y a respetar su autoridad. No en vano, en su proceso de socialización, interiorizan la creencia en la inferioridad femenina con respecto al varón. Por eso las niñas tienen pronunciadas necesidades de aprobación y de valoración. Los aspectos activos, desenvueltos, arriesgados y triunfadores de la personalidad de las niñas son coartados en su desarrollo y sobreestimulados los «maternales» y los clásicamente «femeninos». Poco a poco, la niña animosa y atrevida deja de serlo o desaparece oculta en la profundidad de nuestra hondura carnal sin manifestarse habitualmente en relación con otros. Se comunica a las niñas una y otra vez que no tienen que aspirar a llegar a ser grandes figuras de la sociedad, tienen que ser «buenas» y eso implica obedecer y respetar las normas. En su proceso de socialización, las niñas, por lo general, aprenden a respetar las normas como nadie y a no burlar la autoridad, aunque no siempre sea así, y muchas niñas rebeldes siguen siéndolo de adultas.

La socialización del individuo depende de la comunicación con los otros, que se relacionan con él o ella. Esos otros le van indicando, queriendo o sin querer, cómo es el mundo y cómo tiene que comportarse en él para no ser rechazado y excluido. Los niños, además de aprender ávidos cómo son las cosas y poder orientarse en su realidad evitando un excesivo sufrimiento, quieren creer, porque les rebaja la angustia y la inseguridad; creer en la verdad de las cosas que les cuentan les aporta sentimientos agradables, salvo que sea algo totalmente inverosímil y chocante con la evidencia. De ese modo, las creencias falsas pueden sobrevivir durante mucho tiempo si no existe una clara evidencia en su contra y más si se actualizan continuamente en la repetición. De ahí la vigencia de la misoginia en nuestras sociedades patriarcales, que, en su repetición, adquiere diversas formas, a menudo apenas perceptibles y menos en las edades tempranas de nuestro desarrollo. Muchas creencias se nos inculcan antes de que seamos capaces de pensar y de cuestionar lo dado, y van organizando el mundo en que nos ubicamos. Las niñas adquieren una sorda sensación de estar presa, que se inscribe en la profundidad del cuerpo-palabra y acompaña a muchas mujeres a lo largo de toda su vida. La aceptación del sentimiento de estar presa inclina a las mujeres a someterse, a resignarse y a recurrir a la seducción de las figuras con poder para vivir a su sombra y gozar de su poder hacer. La seducción es un modo de relacionarse con los otros, atribuido desde la noche de los tiempos a las mujeres, les aporta poder, pero es un poder de los pobres. Mediante este comportamiento las mujeres burlan el poder masculino, sin embargo no deja de ser una interacción basada en la desigualdad jerárquica entre los sexos.

La familia es un eficaz instrumento de socialización, en ella empezamos a comprender cómo son las cosas y qué se espera de nosotras. Cada familia es un mundo de relaciones único y peculiar. No hay dos mundos familiares iguales. La niña aparece en una familia concreta, con su particular estructura, códigos, normas, mitos, expectativas..., que conforman un sistema de creencias y de escala de valores, que origina conceptos organizadores de la realidad. Algunos estímulos se subrayan y otros pasan casi imperceptibles, y los datos se procesan produciendo significados. Así, se crea un mundo basado en una continuada interacción repleta de significaciones, que demarcan diferencias[105]. Y una vez creado ese mundo, tiene una cierta tendencia a perpetuarse, porque actuar de acuerdo a los supuestos los confirman y actualizan. De esa sutil manera, se construye un sentido en el ser, que organiza los recuerdos, los cuales impregnan la memoria del cuerpo-palabra existente

---

[105]Ceberio, Marcelo y Watzlawick, Paul: *La construcción del Universo*, Barcelona, Herder, 2006, pp. 115-116.

que somos. Ese sentido persiste en nosotras y nos sitúa en la vida, influye en el relato que hacemos de lo que nos sucede, en el guión de nuestra existencia

La niña se vincula emocionalmente con las personas que la tratan y la cuidan. Y, para bien o para mal, también se apega al tipo de cuidado que recibe. Sus vivencias se graban en la profundidad del cuerpo-palabra que es, vivencias que en adelante le resultarán familiares, conocidas y cercanas. La niña ha vivido en esas experiencias y es su mundo, puede que sea precario y nocivo para ella, pero es el suyo y en él encuentra un modo de sobrevivir, y desarrolla una serie de mecanismos de defensa y estrategias de conducta. El cuerpo que es tiene un mandato de sobrevivir y se habitúa a una realidad que se graba en su memoria biográfica[106]. Los sentimientos que causan las vivencias se recuerdan por el cuerpo, que aprende a comportarse en sus circunstancias de vida y, en el futuro, tiende a reproducir esos comportamientos.

Si en la familia de la niña se recurre al castigo corporal como «método educativo», la niña recordará en su cuerpo las palizas y las asociará con la atención que la vuelve visible y con los sentimientos relacionados con su experiencia. Algunas niñas incluso llegarán a erotizar los castigos físicos y asociarán el amor que sienten por sus figuras significativas con el dolor corporal y el sometimiento[107]. De hecho, el objeto del castigo corporal es quebrantar la voluntad de la niña, la cual debe aprender a obedecer sin rechistar.

---

[106]«El anhelo de apego es fundamental en la existencia humana. Una niña se apega emocionalmente a la persona que la cuida, sin importarle lo que ésta haga. Y, para bien o para mal, la niña también se apega emocionalmente al tipo de cuidado que recibe. Cuando la niña maltratada crece y procura hacerse una nueva vida con nuevas posibilidades, no puede escapar del pasado. Inconscientemente, está convencida de que sólo puede sentirse segura y digna en una relación con un progenitor que la maltrate». Kaplan, Louise: *Perversiones femeninas*, Buenos Aires, Paidós, 1994, p. 269.

[107]«De acuerdo con la interpretación psicoanalítica del sadomasoquismo, el niño erotiza los castigos físicos: cuando las personas cariñosas que cuidan de él le infligen dolor físico, el niño confunde el amor con el dolor, de modo que ciertas clases de dolor físico pueden luego excitarle sexualmente». Leroy, Margaret: *El placer femenino*, Barcelona, Paidós, 1996, p. 258.

Si a la niña se la enseña a temer y a doblegarse se mina su energía y se la paraliza, se la prepara para callar y someterse adaptándose a lo que hay.

Otras niñas ocultan la agresión, el dolor y la confusión que sienten en la profundidad de la memoria corporal, los atrapan en un cuerpo herido, y luego se disocian de él, bloqueando esos sentimientos dolorosos, porque no quieren recordar. Ese bloqueo limita los movimientos de la niña, coarta su libertad en el ser, convierte su piel en una superficie predispuesta al dolor más que al placer. A partir de ese momento existirán estancias en su memoria que no visitará, pero no por ello dejarán de ejercer su influencia sobre ella. Los recuerdos de sus experiencias dolorosas permanecerán en la hondura de su cuerpo-palabra e influirán en sus decisiones.

No obstante, afirmar que lo aprendido en la familia se repite sin más en la edad adulta es una exageración, la novela familiar no siempre es el destino, ni mucho menos. A pesar de que solemos tender a lo que conocemos y nos resulta familiar, cada individuo puede decidir lo que realmente quiere lograr en su realidad y en cualquier momento puede comenzar a actuar en consecuencia para cambiar su mundo. Además, en nuestra existencia humana, se da una sorprendente variedad y las cosas que suponemos que van a suceder a veces no suceden, dando lugar a acontecimientos insospechables, que ni habíamos imaginado siquiera, acontecimientos que nos afectan y, a menudo, nos hacen reflexionar y replantearnos las cosas.

La familia en la que crecemos es un amalgama afectiva e histórica, con sus momentos biográficos claves, que pasan a formar parte de la narración común[108]. En ella, tienen lugar los ritos de paso o ceremonias de transición de una etapa de desarrollo a otra debido al cambio de edad, como pueden ser el bautizo, la escolari-

---

[108] «Los momentos importantes de la vida de nuestros padres entran a formar parte de los "mitos familiares", las opiniones sobre la vida, que se transmiten de generación en generación. La realidad de la madre se convierte en la fantasía de la hija, y la fantasía, a su vez, conforma la realidad de la hija». Leroy, Margaret: *El placer femenino*, Barcelona, Paidós, 1996, p. 73.

zación, la primera comunión o sus equivalentes en otras culturas... Los ritos familiares se inscriben en su historia y dejan huella en la memoria de la niña. La niña aprende a existir de una manera determinada, a seguir una serie de costumbres y a encontrarse con otros en unas circunstancias y no en otras.

Nuestras experiencias modelan lo que somos y derivan en expectativas. En el sistema familiar se comparte un mundo en constante comunicación. Esa comunicación siempre crea realidades, efectos imaginados y previstos o no. La comunicación no es unidireccional, es circular y simultánea, y comunicar algo influye en el comportamiento propio y en los ajenos. Cada miembro de la familia influye en el comportamiento de los demás y esa acción es simultánea y multidireccional. De ese modo, el nivel de afectividad y empatía de los padres y su estilo educativo influyen en el nivel de empatía de los hijos[109]. Representa una burbuja sensorial para la niña de gestos, palabras, estímulos, risas, lloros, gritos, caricias, golpes..., que moldean el cuerpo-palabra que es. La comunicación en el sistema familiar es tan fuerte que las pequeñas pueden adoptar los sentimientos de sus figuras importantes sin ser conscientes de ello y experimentarlos como propios. El afecto y los cuidados se graban en la carne que somos, en su memoria vivencial. El amor de nuestros familiares nos nutre y nos abre a los demás. De hecho, los pequeños que crecen en carencia de afecto lo suelen compensar con comportamientos autoconcentrados como balanceos, autoagresiones y masturbación, en combinación con una cierta indiferencia hacia lo externo.

El estilo de crianza puede alterar el desarrollo de las potencialidades de los niños, propiciando la expresión de algunas y entorpeciendo la de otras. Normalmente, las niñas que crecen en familias afectuosas, sintiéndose queridas, tienen más posibilidades de llegar a ser unas adultas felices, aunque no siempre se cumpla. Cada niña es un sujeto con su propio carácter y tendencia emocional. A veces sucede que a pesar de darles todo el amor del mundo, las peque-

---

[109]Pinker, Susan: *La paradoja sexual*, Barcelona, Paidós, 2009, p. 132.

ñas no se sienten amadas y se cuentan una historia inventada de «no querida» y actúan como si fuese así, viviendo con sufrimiento. Sin embargo, a pesar de que las cosas humanas no son sencillas, la familia puede modificar el sufrimiento de uno de sus miembros cambiando de actitud y de relato que le afecta, dándole un sentido diferente, por lo menos hay que intentarlo[110]. Para cambiar la situación, los padres deberían construir una nueva forma de comunicación con sus hijos, y no es algo fácil de lograr, requiere reflexión, acción, perseverancia, reconsideración...

En la familia operan una serie de leyes no dichas o mandatos impregnados de amor y lealtad, que vinculan a sus miembros en un espacio común de parentesco. Se da un velado equilibrio entre las ventajas de unos y las desventajas de otros, entre la felicidad de unos y la desdicha de otros... La necesidad sentida de unión, similitud y compensación es la que hace que un miembro de la familia tienda a la desdicha cuando los otros son desdichados. Esa necesidad inconsciente puede llegar a ser tan fuerte como para provocar la enfermedad e incluso la muerte cuando el otro enferma o muere. Los mandatos de «Yo te sigo» o «Mejor yo que él o ella» hacen su labor[111].

También la culpa opera en esta pequeña comunidad. La culpa sentida por la desdicha de otro miembro de la familia invita a la redención a través del sufrimiento. El deseo de expiar una supuesta culpa afecta a menudo a las pequeñas. Con la expiación, el sufrimiento familiar se multiplica, cada vez hay más perjudicados por el dolor, pues las desgracias nutren más desgracias y el daño sentido se propaga. En nuestra cultura, la expiación resulta más fácil que la reconciliación, porque en esta última se tiene que ela-

---

[110]Cyrulnik, Boris: *El amor que nos cura*, Barcelona, Gedisa, 2005, p. 113.

[111]«En el seno de esta comunidad tan estrechamente unida por el destino, el vínculo y la necesidad de compensación llevan a la participación y a la imitación de la culpa y de la enfermedad de otros, de su destino y de su muerte. Asimismo, se intenta pagar la salvación de otros con la desgracia propia; la curación de otros, con la propia enfermedad; la inocencia de otros, con la culpa o la expiación propia; y la vida de otros, con la propia muerte». Hellinger, Bert: *Órdenes del Amor*, Barcelona, Herder, 2001, p. 355.

borar el sentimiento, procesarlo y actuar en vez de solo sentir. Es más fácil claudicar que enfrentarse a lo doloroso y convertirlo en un comienzo de algo bueno. En la familia, para reducir su dolor, habría que sustituir la expiación por actos de reconciliación y reparación de daños, siempre que se pueda, claro está.

La familia puede ayudar a la niña en su desarrollo personal y puede frenarlo. Así, si se prepara a la niña para cumplir un papel social secundario, reducido al espacio del hogar, a eso tenderá, a ser una buena esposa, madre y ama de casa. Se sigue considerando que las niñas tienen que prepararse para ser en un futuro buenas madres. Se tiende a creer que si no llegan a ser madres no podrán sentirse realizadas ni ser felices[112]. Y los progenitores, que quieren que sus hijas sean felices en un futuro, de manera consciente o no, educan a sus hijas para que lleguen a ser unas buenas madres. El peso de esta creencia sobre la felicidad femenina todavía hoy es tan grande que la mayoría de las niñas no disfrutan de los mismos estímulos ni oportunidades para triunfar en cualquier espacio social que los niños. No olvidemos que en muchos países el acceso de las niñas a la educación está dificultado y en algunos, incluso impedido.

En nuestras sociedades se idealiza la maternidad, y esta idealización se extiende a la de la madre y del bebé. Por lo general, los bebés son amados por sus progenitores, que los cuidan y procuran satisfacer sus necesidades. A los padres y, más a las madres, se les exige y se les culpabiliza si sus bebés tienen problemas. Es como si todo dependiera de los cuidados maternos y no es así. Los cuidados son muy importantes, pero cada bebé es un individuo y tiene su personalidad, decide, elige, reacciona en y desde sí mismo. Cargar a las madres con toda culpa es injusto y es propio de sociedades sexistas. Las madres son importantes, pero los padres también lo son

---

[112] «Cualquier padre, a no ser los más autoritarios, exhortaba a los hijos a profundizar en el conocimiento del mundo. Decir de un hijo que se había dedicado a la familia no sonaba como un elogio, mientras que para una hija era despectivo decir cualquier otra cosa». Greer, Germaine: *La carrera de obstáculos*, Madrid, Bercimuel, 2005, p. 15.

y pueden intervenir en los cuidados de sus bebés, pueden y deben para el bien de la familia. Así, las madres no estarían tan cansadas y se sentirían mejor siendo madres. Todos somos importantes en esa intensa red de relaciones y emociones que es la familia.

Es conveniente entender no solo el porqué de nuestro comportamiento en un sistema de relaciones como puede ser la familia, sino también el para qué. ¿Para qué nos comportamos de un modo y no de otro? ¿Cuál es o era el asunto en nuestra familia de origen? ¿De qué agua hemos bebido y qué hemos aprendido en interacción con esos otros importantes? Es bueno tener en cuenta que la conducta persigue controlar el ambiente en que nos encontramos y no suele deberse al pensamiento reflexivo sino que acontece de manera intuitiva e inconsciente. La conducta se basa en nuestras experiencias previas y en el método de «ensayo y error». Seamos conscientes o no, desempeñamos un papel en el sistema familiar y este papel nuestro se integra en las fuerzas que sustentan el vulnerable equilibrio de nuestra familia, susceptible de cambiar en cualquier instante.

Las niñas dan mucha importancia a los vínculos afectivos, a amar y a ser amadas por las figuras significativas. Van construyendo una imagen de sí mismas en el reflejo de las miradas de sus otros importantes, en la continuada interacción y comunicación con ellos. Las actitudes conscientes o no de los padres, con sus ocultos mensajes, y las palabras dichas influyen en la manera en que la niña construye una imagen de sí misma dotada de narcisismo o de su ausencia, imagen referente también al sexo al que pertenece. La niña percibe el gusto o el disgusto que sienten su madre y su padre en el trato con ella y se moldea en su mirar, en su relación con ellos. Quiere gustar y quiere agradar. Quiere que la quieran... El narcisismo de las niñas se diferencia del de los niños; los otros valoran aspectos distintos en los dos sexos. Cuando la niña logra agradar a las personas más cercanas, el sentimiento de ser valorada por ellas impregna de forma inconsciente el cuerpo-palabra que es. La noción de su feminidad se conforma en la niña por medio de la introyección de valores simbólicos, positivos y negativos, que ha recibido del exterior en relación con los otros. Así aprehende nociones sobre ser una niña y no un niño, sobre su cuerpo, su aspecto, su comportamiento y su estar en este mundo[113].

Lo que observamos en las relaciones de nuestros padres entre sí y con nosotras se graba en nuestra memoria biográfica y nos comunica lo que podemos obtener del mundo[114]. Si se comunica a la niña que su poder radica en la belleza, en ser sumisa, lo más probable es que no sentirá que es importante estudiar y formarse profesionalmente; tenderá a recluirse en el hogar y aprenderá a depender de las figuras masculinas, y, asimismo, aprenderá las maneras de agradarles satisfaciendo sus demandas y, también, las estrategias para llamar su atención. Si la madre intenta lograr reconocimiento y visibilidad por medio de la queja, las niñas lo internalizan como una estrategia relacional con el sexo masculino. En esta interacción, aparentemente, hay uno que causa agravio al otro y uno que manifiesta ser agraviado. El sacrificio, la culpabilización y el desequilibrio de fuerzas son los que rigen ese tipo de interacción familiar[115].

En la familia, las niñas aprenden que existe una diferencia de poder entre los hombres y las mujeres, y que esa diferencia de poder se inscribe en la relación entre los sexos. Así, las niñas internalizan las relaciones de dependencia jerárquica de la madre con respecto al padre. No en vano, incluso la madre propia está con-

---

[113]Dolto, Françoise: *Sexualidad femenina*, Barcelona, Paidós, 2001, p. 170. Por su parte, Ute Ehrhardt afirma: «Lo que más adelante se considera naturalmente femenino o naturalmente masculino se implanta de manera subliminal en la primera infancia, incluso durante la lactancia, y más tarde se interpreta como algo congénito», Ehrhardt, Ute: *Las chicas buenas van al cielo y las malas a todas partes*, Barcelona, Debolsillo, 2003, p. 172.

[114]Eichenbaum, E. L. y Orbach, S.: *¿Qué quieren las mujeres?*, Madrid, Talasa, 1995, p. 25.

[115]«Así es como las hijas percibieron el rol maternal. Hay uno que se posterga y otro que causa postergación. El beneficiario es a la vez culpable del sacrificio del otro. Irremediablemente, el culpable queda en deuda moral. En este intercambio se pierde la idea de reciprocidad. Las características de la madre en este drama cotidiano parecen masoquistas, se supone que goza con su generoso altruismo, con la entera disposición al servicio de sus hijos». Alborch, Carmen: *Malas*, Madrid, Aguilar, 2002, pp. 94-95.

vencida de la superioridad del padre y se conduce como si ella fuese un individuo de segundo orden. En algún momento de su desarrollo, las niñas comienzan a envidiar los privilegios otorgados por la sociedad a los varones. La tan manida «envidia de pene» traduce los frustrados deseos femeninos de acceder a las ventajas sociales que se les brindan a los hombres por ser del sexo masculino y se les niegan a ellas por ser del sexo femenino[116]. Una vez más, el poder produce realidad con sus supuestas verdades y falsedades, y de ahí se obtienen creencias sobre lo que significa ser mujer y comportarse como tal, que se relacionan con ideales de felicidad y con las expectativas de desarrollo. Poco a poco, las creencias pasan a tornarse realidades integradas en carne existente en un medio social dado. Las niñas aprenden a tolerar la injusticia social que las afecta por ser del sexo femenino, a agachar la cabeza y callar consintiendo.

En la infancia, durante bastante tiempo, creemos que nuestros padres no pueden equivocarse, les idealizamos, nos identificamos con ellos y tendemos a imitarlos: «Quiero ser como mamá. Quiero ser como papá». Solo con el paso del tiempo aprendemos a ver sus limitaciones reales, debilidades y fallos. En nuestra temprana niñez, asociada a una gran dependencia, creemos en la omnipotencia de nuestros padres; son nuestros ejemplos, nos vinculamos a ellos y los imitamos, consciente o inconscientemente. La relación con cada uno de los progenitores nos va modelando instante a instante vivido y esa relación se conforma en el conocimiento de qué sexo es cada uno.

Las niñas se ganan a sus madres manifestando estar de acuerdo con ellas e imitándolas. Sin embargo, con su padre emplean principalmente otras estrategias: lloran, le hacen reír, se muestran cariñosas o desvalidas, se convierten en sus «princesitas»... Quieren conquistar al padre, pero se sienten culpables en el fondo por desear superar a la madre y desplazarla en el amor del padre. Frecuentemente, el conflicto entre las madres y las hijas se sitúa en el

---

[116]Fernández, Juan et al: *Varones y mujeres*, Madrid, Pirámide, 1996, p. 117.

desafío de las niñas a la autoridad materna y en su competición por ser la preferida del padre. En nuestras sociedades patriarcales, se propicia la rivalidad entre mujeres, y también entre madres e hijas, por ser la más bella y la más querida por el padre o varón; pero este conflicto suele manifestarse sobre todo cuando la hija llega a la adolescencia y la juventud, etapas en las cuales la rivalidad y la hostilidad con la madre se intensifican.

Las niñas no solo se vinculan con su madre sino que se identifican con ella. Poco a poco, se reconocen del mismo sexo que ella y, cuando les une un gran afecto, existe un importante nexo entre madres e hijas, que puede dificultar la separación de las niñas de sus madres, necesaria para su individuación[117]. Existen dos aspectos polares del arquetipo de la madre, que se forman en nosotras como respuesta a nuestra dependencia infantil: la Gran Madre, que nos cuida, nos nutre, nos protege y nos da la vida; y la Madre Terrible, que nos controla, nos exige, nos bloquea e, incluso, nos puede dar muerte. La niña tiende a rechazar a la Madre Terrible, se rebela contra ella pudiendo sentir impulsos destructivos contra su madre, la cual a menudo ni siquiera entiende los procesos internos que afectan a su hija, y se asusta por las reacciones de esta, se preocupa, la reprende y sufre al no sentirse querida.

La niña debe separarse de su madre para convertirse en un individuo, en un sujeto existente. Sin embargo, al separarse de su madre se siente culpable por dejarla. Con frecuencia, sus sentimientos son ambiguos e incluso contradictorios: quiere y no quiere, se atreve y teme, desea ser mejor que la madre y desea ser como ella sin pretender superarla... Sea como sea, hacia la edad de los cinco años la niña tiende a abandonar la fijación materna y se aventura en un mundo más individuado. Puede mostrarse más rebelde e incluso desafiante, resistiéndose a la autoridad externa. La rebeldía

---

[117] «Como ya hemos visto, el proceso de separación de las niñas de sus madres es complicado. La madre, porque comparte el mismo sexo, se relaciona con su hija como si ésta consistiera en una extensión de sí misma, y esto dificulta el que la hija pueda reconocerse como un ser separado de la madre». Eichenbaum, E. L. y Orbach, S.: *¿Qué quieren las mujeres?*, Madrid, Talasa, 1995, p. 146.

es necesaria para crecer, ayuda para madurar como individuo. Esa etapa puede persistir largo tiempo y extenderse más allá de la juventud. El «chicazo», como se designa peyorativamente a la niña rebelde, puede tener cualquier edad entre los cinco y los quince años o más[118]. Es una etapa en la que las niñas luchan por su independencia y disfrutan de cierta libertad personal, por lo menos la buscan tanto en la acción como en el aislamiento, comienzan a ser más autónomas. Esa niña animosa, atrevida, juguetona y satisfecha permanecerá en la memoria del cuerpo-palabra como posible camino a seguir o a bloquear reprimiendo esa energía de descubrimiento gozoso. Durante esta etapa, las niñas suelen tener una sana opinión de sí mismas, suelen disfrutar con la actividad física y el arrojo, y tener bastante autoestima. Es un tiempo muy interesante y enriquecedor. Las niñas disfrutan con sus experiencias y no se concentran tanto en gustar a los chicos.

Sin embargo, acercándose a la adolescencia, eso tiende a cambiar, y la niña se transforma tomando consciencia de lo que se espera de ella, adecuándose a las expectativas y normas imperantes en la sociedad respecto al sexo femenino. Quiere gustar a los chicos, quiere que se enamoren de ella y enamorarse ella. Si se la educa para asumir su papel preparándola al matrimonio, a la maternidad o para agradar a los hombres y conseguir éxito social a través de ellos, se entorpecerá la autonomía de la niña como individuo y se la dispondrá a ser la eterna subordinada de otros. Al llegar a la adolescencia, muchas niñas desconocen su potencial y ni siquiera emplean su energía en averiguarlo, porque lo que desean es gustar, gustar a los chicos y no asustarlos con sus maravillosas capacidades. Las chicas adoptan el papel de secundarias, consienten en ser sobre todo objetos de deseo de otros y aprenden a «ocultarse» en el interior de sí mismas. De hecho, ese saber ocultarse las acompañará durante el resto de su vida, y, también la sensación de extrañeza en el ser. Los silencios impuestos y la falta de palabras para nombrar aquello que nos ocurre a las mujeres restará fuerzas

---

[118]Greer, Germaine: *La mujer eunuco*, Barcelona, Kairós, 2004, p. 103.

a las niñas, disminuirá su poder personal. El miedo a no ser queridas, a quedarse solas, a ser invisibles tenderá a hacerlas callar. Pero siempre cabe rebelarse y decidir ser, trascender el miedo y avanzar en el crecimiento personal.

Gran parte del proceso de socialización de las niñas consiste en enseñarles lo que no deben pensar, sentir, soñar, decir y hacer. Existen cosas que tienen que permanecer ignoradas para que el orden social perdure. Las sociedades preparan a las pequeñas para ser miembros integrados en el orden, las disponen a desempeñar un papel social por medio de la inculcación de reglas que moldean los cuerpos-palabra que son[119]. Los prejuicios afianzan las relaciones de poder existentes en la sociedad, y las niñas aprenden unos patrones de comportamiento y maneras de comunicarse con otros, que confirman su ser de sexo femenino. Sin darnos cuenta de ello, a las pequeñas mujeres se las instruye en el mantenimiento de su subordinación e impotencia social[120]. No en vano, nuestras sociedades patriarcales se sustentan sobre una separación compleja y la falta de comprensión entre los dos sexos. Y ya hemos dicho que uno de los instrumentos más eficaces para perpetuar las relaciones desiguales de poder entre los sexos es la conformidad con los estereotipos sexuales tradicionales y los ideales de la feminidad y la masculinidad[121]. Así, la feminidad se asociaba con la pasividad,

---

[119] «Resulta del todo ilusorio creer que la violencia simbólica puede vencerse sólo con las armas de la conciencia y la voluntad: las condiciones de su eficacia están duraderamente inscritas en los cuerpos en forma de disposiciones que, particularmente en los casos de las relaciones de parentesco y otras relaciones sociales concebidas según este modelo, se expresan y se sienten en la lógica del sentimiento o el deber, a menudo confundidos en la experiencia del respeto, la devoción afectiva o el amor, y que pueden sobrevivir mucho tiempo después de la desaparición de sus condiciones sociales de producción». Bourdieu, Pierre: *Meditaciones pascalianas*, Barcelona, Anagrama, 1999, pp. 236-237.

[120] Ehrhardt, Ute: *Las chicas buenas van al cielo y las malas a todas partes*, Barcelona, Debolsillo, 2003, p. 179.

[121] «La identidad masculina se asocia al hecho de poseer, tomar, penetrar, dominar y afirmarse, usando la fuerza si es necesario. La identidad femenina, por su parte, se identifica con el ser poseído, dócil, pasivo, dado al sometimiento. "Normalidad" e identidad sexuales se inscriben en el contexto de la dominación

dependencia, autosacrificio..., y no con actitudes iniciadoras. En el orden patriarcal, estar subordinada a los hombres y ser dominada por ellos se convierte en «normal» y «natural» para la mujer.

La misoginia, imperante en nuestras sociedades patriarcales, se manifiesta por doquier; no deja de corresponder a la consideración del sexo femenino como inferior, y, poco a poco, las niñas lo interiorizan como lo «natural» y muchas se viven como inferiores y subordinadas a los hombres. Otras, por el contrario, se rebelan y luchan por una equivalencia en el trato, reparto de tareas y oportunidades. Una vez más, cabe recordar que nadie te puede hacer sentir inferior sin tu consentimiento. Eso ocurre cuando en el fondo uno se considera así consciente o inconscientemente. Sostener la dominación de las mujeres se vuelve más difícil cuando las dominadas dejan de contribuir a que las cosas sigan como están.

La sumisión se sigue inculcando a las niñas como algo atractivo y deseable en el sexo femenino. En las sociedades patriarcales, las niñas no deben mostrar determinación, ni dominio de sí mismas, no deben imponer su voluntad; tienen que aprender a ceder y a complacer; no deben parecer amenazantes para la «hombría» de sus compañeros masculinos, ni desafiar su autoridad. Se supone que las niñas deben aprender a sentirse realizadas y satisfechas en la opresión social, así serán futuros miembros adaptados en el orden social en que viven y podrán hallar su dosis de felicidad en él, sin aspirar a traspasar las fronteras que limitan sus palabras, sueños y acciones. Muchas niñas asumen su identidad sexual basándose en fantasías a menudo autodescalificantes, internalizadas desde el exterior; eligen la apariencia de la feminidad y la adaptación a lo que se espera de ellas por ser del sexo que son. De ese modo pretenden hallar reconocimiento y afecto de otros, posicionándose asimétricamente, por debajo del sexo masculino. Se enseña a las niñas a ser sombras y a sentirse mal si se destacan por sus logros, salvo cuando esos logros sean en belleza, obediencia y adaptación.

---

de la mujer por el hombre». Badinter, Elizabeth: XY. *La identidad masculina*, Madrid, Alianza Editorial, 1993, p. 123.

Cuanto más duro es el patriarcado menos se fomenta la autoestima de las niñas, excepto al asociarla al cumplimiento de su papel de cuidar, servir y hacer la vida más cómoda al varón. Se educa a las niñas para que asuman su papel de entregada cuidadora de otros. Poco a poco, tienen que aprender a priorizar «en femenino»: los demás primero y una misma en el último lugar. Además, progresivamente, las niñas conceden más importancia al parecer de los demás. Hasta hace poco no nos enseñaban el sentido de valía independiente, la valía del propio yo; ni hoy en día se da el mismo valor a nuestras creaciones cotidianas. Las niñas observan a sus madres, ocupadas en múltiples tareas, que aparentemente no aportan dinero ni se reconocen como muy importantes y, sin embargo, lo son. ¿Quién podría sobrevivir sin comer, sin tener sus necesidades básicas cubiertas, sin ser afectivamente atendido? Las madres por lo general son más pobres que los padres, pero son las que sustentan la familia con sus cuidados y tareas, aunque hay excepciones, claro está. No obstante, actualmente, el reparto de tareas en la pareja y de responsabilidades tiende a ser más igualitario en los jóvenes, lo cual va en contra del machismo y de la profunda injusticia social instaurados en las sociedades patriarcales. Muchas mujeres tienen profesiones y empleos que posibilitan su independencia económica y es algo que las sitúa de una manera distinta en su realidad.

Las niñas también aprenden a amar en su familia. Algunas se convierten en verdaderos seres de amor atendiendo las necesidades emocionales de los demás. ¡Qué riqueza! y, sin embargo, ¡qué poca importancia se le da a esa cualidad! Las niñas se preparan desde pequeñas para dar amor. Sin siquiera entenderlo ni ser conscientes de ello, se mutan en pilares afectivos que cohesionan a los seres humanos en su existencia, contribuyen a que la especie humana siga siéndolo. Las personas que aprenden a amar son más humanas, son las verdaderamente importantes para la Humanidad.

Las pequeñas juegan con sus muñecas, atienden a los hermanos e, incluso, a sus mayores; expresan lo que sienten y es algo que socialmente se les permite hacer. Pero cuando su amor es frustrado y obtienen rechazo, indiferencia o violencia en respuesta a su generosa entrega, el amor que sienten puede tornarse en odio y destructividad. No obstante, las niñas sueñan con el amor que algún día aparecerá en su vida, con ese «príncipe azul» que hará que sean felices y que las amará para siempre, como en los cuentos que tanto les gustan. Seguimos siendo educadas con unos ideales de amor romántico que asignan a las mujeres papeles de segundo orden. Los personajes verdaderamente importantes de las historias que les cuentan son casi siempre de sexo masculino: Ellos son los fuertes, los valientes, los sabios...; son los héroes que aprendemos a admirar y a desear. Las chicas aprenden a una edad muy temprana que la diferencia de poder es uno de los temas esenciales del romance[122].

Los mitos que internalizamos en nuestra cultura funcionan como una forma de prescripción y control social, no en vano el imaginario social se alimenta de procesos sociales, creencias, valores, hábitos e ideales de felicidad imperantes en cada sociedad[123]. La propagación de los ideales de felicidad acontece mediante la inculcación de los sentimientos adecuados durante la infancia y tiene lugar tanto en la familia como en el exterior de ella, en la sociedad. Así, desde pequeñas, aprendemos a idealizar no solo el amor romántico sino también la maternidad. La mayoría de las niñas sueñan con ser algún día madres y vivir esa felicidad. La letra pequeña del hecho de ser madre en nuestras sociedades suele permanecer ignorada; la niña fantasea con mucha ilusión y juega a ser mamá: viste a sus muñecas, las baña, las peina, les da de comer, las acuna, las lleva de paseo, las consuela... Las muñecas no dejan de ser objetos transicionales que pertenecen al reino de la ilusión y constituyen la base de iniciación de la experiencia infantil de futura maternidad.

El juego es una experiencia siempre creadora[124]. El juego es importante en el desarrollo infantil. Se da un *continuum* entre el juego con los objetos transicionales y el juego con otros o colectivo,

---

[122]Leroy, Margaret: *El placer femenino*, Barcelona, Paidós, 1996, p. 250.

[123]Alborch, Carmen: *Malas*, Madrid, Aguilar, 2002, pp. 97-98.

[124]Winnicott, D. W.: *Realidad y juego*, Barcelona, Gedisa, 1997, p. 75.

y de este, con las experiencias culturales y sociales que sustentan la comunidad. En el juego internalizamos reglas del comportamiento con otros, nos expresamos y mostramos lo que somos creando algo en común o no con otros, que a su vez contribuye a crearnos. El carácter se va formando en interacción y oposición con otros. Vamos aprendiendo a colaborar para conseguir un fin y a lograr un objetivo propio. Asimismo, el juego puede servir para procesar traumas e, incluso, para huir de la realidad y sumergirse en un mundo menos amenazante. A veces, en sus juegos, los niños se permiten representar aquello que les ha pasado y a contarlo como si no fuese con ellos. Gracias a la distancia que aporta el objeto transicional y el espacio de la fantasía, pueden manifestar lo que más les asusta y les hace daño.

Y ¿qué características tienen los juegos de las niñas? Generalmente, los juegos de las niñas en común suelen ser más de cooperación que de competición, aunque las pequeñas también aprenden a competir entre ellas; suelen buscar más conexiones transversales que basarse en un orden jerárquico, aunque también hay líderes entre ellas; suelen pretender compartir y comunicarse más que ganar sea como sea[125]. Las niñas no suelen jugar tanto a las guerras, tienden a desear armonía, y para ellas no es tan importante triunfar sobre otras como pasar un buen rato jugando en común. Las niñas procuran crear lazos afectivos, comparten secretos, se cuentan cosas... Lo importante para ellas es sentirse a gusto con las otras, sentirse reconocidas y aceptadas. Cuando las niñas se aburren, dejan de jugar sin darle tanto valor a ganar o a perder. Asimismo, las niñas no suelen buscar el riesgo en el juego, aunque en su etapa más independiente pueden hacerlo y, también, pelearse con los chicos, trepar a los árboles, desafiar a otros...; son más atrevidas y arrojadas.

---

[125] «Las niñas tienen que aprender a jugar, no para ganar. Han de ser educadas y siempre amables. Se las adiestra para crear armonía, se las educa para que sean conciliadoras». Ehrhardt, Ute: *Las chicas buenas van al cielo y las malas a todas partes*, Barcelona, Debolsillo, 2003, p. 171.

Las niñas no suelen organizarse en grandes pandillas jerárquicas como los niños, aunque sí llega un momento en que se separan para formar pequeños grupos entre ellas, buscando unión, colaboración y solidaridad. Aparece un sentimiento de pertenencia al grupo, un sentimiento de «nosotras», que las cohesiona. Las niñas no solo hacen cosas juntas sino que charlan para crear y reforzar los lazos afectivos del grupo y suelen tener una o dos «mejores amigas» con las que comparten secretos y hablan más que con otras[126].

Los grupos de niñas, como cualquier otro grupo de individuos, tiene sus reglas y sus normas de comportamiento. En esos grupos existen consensos sobre las cosas que se permiten y las que se prohíben. Las transgresiones se pagan. Aparecen los sentimientos de fidelidad al grupo y el miedo a ser marginada y expulsada. Las niñas tienden a parecerse a sus compañeras imitándolas en el vestir, pensar, sentir y comportarse, aceptando sus consejos y opiniones. Resulta agradable sentir que otras te admiten como amiga y que creen que eres «guay»; eso les da cierta seguridad. Es importante para la niña sentirse segura y aceptada. Antes lo buscaba en su hogar y, conforme va creciendo, lo procura obtener en el grupo de iguales. Ese grupo influye sobre ella y sobre su formación como individuo. El grupo de pares no deja de ser un sistema interaccional de constante realimentación, donde las conductas de unas influyen en las de otras. Poco a poco, en la interacción con otros, las pequeñas van aprendiendo a ser responsables.

Así que, la familia y el grupo de iguales son unos eficaces instrumentos socializadores de las niñas. También lo es la escuela. En algún momento de su infancia, las niñas son escolarizadas, y se les abre un nuevo mundo relacional, un mundo estructurado, con sus reglas y normas. Las niñas aprenden muchas cosas nuevas, aprenden a leer, a escribir, a hacer cálculos... Se les enseñan mitos culturales, hechos históricos y, por supuesto, normas de conducta, lími-

---

[126] «A las niñas les gusta hablar de a quién le gusta quién, quién está enfadado con quién, les encanta jugar en grupos reducidos y contarse secretos sobre otras para crear vínculos de unión». Pease, Allan y Barbara: *Por qué los hombres no escuchan y las mujeres no entienden los mapas*, Barcelona, Amat, 2000, p. 153.

tes, obediencia y modos de triunfar. La escuela no solo transmite conocimiento, también adiestra, vigila, recompensa y castiga, jerarquiza, inculca sueños, adoctrina... En la escuela no se aprenden solo contenidos, se aprende a obedecer y a comportarse adecuadamente, en concordancia con lo que se exige a una por ser quien es[127]. Mediante la imposición y la persuasión, se va logrando paulatinamente una considerable uniformidad en el comportamiento de los alumnos. El conocimiento trasciende cualquier uso que se haga de él, nos transforma y crea realidades en las que nos ubicamos.

Por lo general, en las escuelas se fomentan las cualidades que se valoran en la sociedad y no el desarrollo de las cualidades personales de cada alumno. Eso podría crear desorden en la clase y dificultar el manejo de los alumnos por parte del profesor, más si existe una cierta masificación en las aulas; la masificación se asocia con la despersonalización del alumnado. No se pretende que el alumno se autoexprese, sino que obedezca y no dé problemas. No se estimula la creatividad, ni el deseo de libertad, sino, más bien, la uniformidad en el pensar, en el sentir y comportarse[128]. El conformismo con «lo que hay», la docilidad y cierta rigidez acallan

---

[127] «Lejos de favorecer el pensamiento independiente, la escuela, a lo largo de la historia, no ha dejado de interpretar un papel institucional dentro de un sistema de control y coerción. Una vez que se te ha educado, se te ha socializado ya de una manera que respalda las estructuras de poder que, a su vez, te recompensan generosamente». Chomsky, Noam: *La (des)educación*, Barcelona, Austral, 2013, p. 9. Por su parte, Jerome Bruner sostiene: «Mi trabajo sobre las primeras etapas de la educación y las clases sociales, por ejemplo, me llevó a la convicción de que el sistema educativo era, en realidad, nuestro modo de mantener un sistema de clases, un grupo por debajo de los demás. Coartaba la capacidad potencial de los niños de bajo nivel socioeconómico de la población para participar en la sociedad con plenas facultades, y lo hacía en las primeras etapas y con suma eficacia». Bruner, Jerome: *La importancia de la educación*, Barcelona, Paidós, 1987, p. 11.

[128] «Lo primero que parece proponerse el educador convencional es aniquilar la imaginación de sus alumnos. La imaginación no reconoce leyes, es indisciplinada, individual y no es ni correcta ni incorrecta; por estos motivos se convierte en un inconveniente para el profesor, especialmente cuando la competencia

el deseo de libertad. Los sentimientos personales, el criterio propio, la libre elección, la individualidad, la originalidad en el crear tienen poca o ninguna cabida en el aula[129]. El aprendizaje se basa más en memorizar y no en razonar. Así, se entorpece la formación de un individuo libre y se obtienen sujetos más manejables y supuestamente previsibles. A veces parece que algunas escuelas tienen como meta evitar que las personas cuestionen lo dado, que se hagan preguntas verdaderamente importantes para ellas y para la existencia.

Además, se enseña a los alumnos a competir entre ellos y a tolerar la injusticia social como, por ejemplo, en la aceptación de la «ley del más fuerte». Los niños aprenden a convivir con el abuso del más fuerte sobre el débil o el diferente, lo normalizan. Y toda injusticia tolerada es mala, porque se asocia con los impulsos antisociales, ocultamiento de sentimientos destructivos hacia otros y hacia uno mismo, y una ética precaria. La responsabilidad para con los otros es algo que se aprende en las relaciones con los demás, no nacemos con ella. Si aprendemos desde pequeños a tratar bien a los otros y a nosotros mismos, contribuiremos a un mundo mejor.

Los niños no se desarrollan de manera apropiada si sus relaciones socioemocionales se ven perturbadas; nacen en ellos fuertes emociones antisociales, que suelen esconder en la profundidad de la conciencia[130]. Los niños salen dañados de las experiencias basadas en el abuso del más fuerte, devaluados en su propia consideración, con repercusión en su autoestima; y los agredidos, con el miedo, la inseguridad en las relaciones con otros, y con la rabia contenida y depositada en su interior. Es peligroso tratar de obtener una «buena» conducta infantil ignorando las emociones antisociales de los niños, que quedan reprimidas y ocultas, pero

---

exige que se establezca un riguroso orden de méritos». Russell, Bertrand: *La educación y el orden social*, Barcelona, Edhasa, 2004, p. 204.

[129] Rogers, Carl y Stevens, Barry: *Persona a persona*, Buenos Aires, Amorrortu, 2012, p. 70.

[130] Montagu, Ashley: *La mujer, sexo fuerte*, Madrid, Guadarrama, 1970, p. 199.

se albergan en el individuo, y operan desde su interior, provocando a menudo impulsos destructivos, indiferencia hacia el otro y crueldad. Una conducta correcta combinada con emociones insanas propicia la infelicidad humana[131].

En la educación es importante hacerse preguntas. Para formar a futuras personas habría que fomentar en los niños su curiosidad en el saber, su afán de descubrir la verdad, su creatividad y alegría de vivir, su pensamiento crítico y deseo de libertad, su compromiso consigo mismos desde el reconocimiento y respeto, desde la dignidad y honorabilidad[132]. Los niños deberían aprender a valorarse como individuos, como creadores de mundos; deberían aprender a elegir bien, cuidando su autoestima, sabiendo decir «sí» y decir «no»; también deberían aprender a tratar bien a los demás, con consideración y respeto, sean del sexo que sean. Se debería fomentar en los niños la aparición de emociones sociales que posibiliten unas sanas relaciones con otros, más humanas y solidarias. Los prejuicios contra el sexo femenino son un problema de relaciones humanas y una muestra de profunda ignorancia. La educación de los niños en las escuelas debería disponer a ambos sexos en favor del otro, con solidaridad y respeto. Las escuelas pueden

---

[131] Russell, Bertrand: *La educación y el orden social*, Barcelona, Edhasa, 2004, p. 75.

[132] «Así como enseñamos a los niños el modo de evitar que sean atropellados por los automóviles, así debemos enseñarles el modo de evitar que sean destruidos por los fanáticos crueles, y con este objeto debemos buscar el modo de producir la independencia mental, algo escéptica y completamente científica, y preservar en todo lo posible la alegría instintiva de la vida que es natural en los niños que gozan de buena salud. Ésa es la tarea de una educación liberal; dar el sentimiento del valor de las cosas que no son el dominio, ayudar a crear ciudadanos cultos en una comunidad libre y, por medio de la combinación de la ciudadanía con la libertad en la creación individual, capacitar a los hombres para dar a la vida humana ese esplendor que algunos pocos hombres han demostrado que se puede alcanzar». Russell, Bertrand: *El poder*, Barcelona, RBA, 2010, p. 285.

preparar a nuestros pequeños para ser individuos plenos, libres y creadores de mejores mundos para vivir en ellos junto a otros[133].

Y ¿qué peculiaridades cabría destacar de las niñas como alumnas? Las niñas suelen ser más disciplinadas que sus compañeros, suelen respetar más las normas y hacer mejor los deberes; por lo general, son más pacientes y cuidadosas. Las niñas suelen esforzarse en cumplir las demandas de sus profesores y se comprometen con el aprendizaje, son más regulares en el estudio. Incluso cuando se aburren siguen con los deberes en vez de abandonar, aunque no todas, claro está[134]. El rendimiento escolar de las niñas suele ser bueno y suelen obtener mejores notas que sus compañeros, aunque no siempre sea así. Para muchas niñas no es solo cuestión de ser «buenas», no dar disgustos a sus padre y demostrar su honorabilidad académica, es cuestión de metas a alcanzar y planes de futuro, de compromiso consigo mismas y con sus padres y maestros, que confían en ellas. El logro de objetivos académicos refuerza su autoestima y su autoconfianza. En la experiencia, ellas aprenden que son capaces, que pueden, que logran triunfar, que podrán ser independientes en un futuro, con un proyecto de vida propio...

Lo que aprendemos nos va modelando y va configurando nuestro cerebro con más conexiones neuronales; el aprendizaje es muy importante. A mayor estímulo intelectual y artístico, con buena música, buen arte, buenas lecturas, buenas ideas, buenas creaciones y buenas acciones, mayor riqueza del mundo en que se desarrolla la niña. También relacionarse con otras personas amplía nuestro mundo y nos modula en interacción con ellas. La ca-

---

[133] «Las claves están en el reconocimiento, en impulsar la educación emocional, en dar importancia a la solidaridad, en estimular la empatía, la asertividad, la autoestima, en empoderarnos, en construir un poder que se sustente en bases distintas y tener como referencia la sororidad..». Alborch, Carmen: *Malas*, Madrid, Aguilar, 2002, p. 200. Y añade: «Se trataría de educar en la igualdad (yo estoy bien, tú estás bien), la autonomía (elegir, en lugar de seguir los guiones que nos escriben), la autenticidad (en lugar de mentiras, secretos y juegos), la cooperación (en lugar de juegos de poder y competición), el amor (plenitud de caricias)», p. 310.

[134] Pinker, Susan: *La paradoja sexual*, Barcelona, Paidós, 2009, pp. 42-52.

ricia, el contacto físico, las palabras y los gestos moldean nuestra carne sintiente desde el nacimiento hasta la muerte. Su efecto no cesa mientras haya vida en nosotras. Necesitamos de los cuidados de otros para crecer, necesitamos sentir afecto, sentir que somos visibles, recibir caricias y abrazos, sin ellos nos apagaríamos. El cuerpo que somos necesita sentirse en relación con otros y recuerda los sentimientos vinculados a sus experiencias, que se graban en su memoria. Es importante aprender a relacionarse bien desde pequeñas, con asertividad y respeto hacia una misma, nos va posicionando en el mundo sin agachar la cabeza.

Por otra parte, el cuerpo que somos tiene sus propios mandatos de crecimiento y maduración. Es el cuerpo el que atraviesa sus procesos en el crecimiento. Lo comprendamos o no, el cuerpo sigue su propio ritmo, más allá de la consciencia o de nuestro conocimiento. No podemos detenerlo en su evolución. Las distintas etapas del crecimiento se organizan en torno a la aparición de capacidades y de logros madurativos. Las niñas van alcanzando objetivos y habilidades que las llevan a otros y esos, a otros. Dominar un objetivo posibilita que las personas sigan su proceso de maduración. Así vamos avanzando desde la inmadurez y completa dependencia de otros hacia la madurez y la progresiva independencia.

En cada etapa de su desarrollo, los niños cambian y también cambian sus formas de percibir el mundo, su estar en él, sus maneras de relacionarse con otros, sus pensamientos, emociones, deseos y sueños también van cambiando. En cada etapa emergen nuevos mundos y las niñas tienen que aprender a desenvolverse en ellos y seguir avanzando o no. Desde la fusión con la madre las pequeñas progresan hacia la diferenciación y autonomía, van construyendo su yo como diferentes de otros y es un yo de un sexo y no de otro. Las niñas necesitan poner orden en su mundo y reducir la confusión, y para eso recurren a la inteligencia, que va desarrollándose en el uso. Las niñas distinguen los dos sexos y clasifican a las personas en «hombres» y en «mujeres». En un momento dado de su evolución, las pequeñas se reconocen de sexo femenino, aunque todavía no entienden bien lo que significa[135]. Tienden a definir el ser por el hacer y por las apariencias.

Cuando las niñas aprenden a hablar componen un relato sobre las cosas que las afectan e interesan. Lo primero que relatan son las cosas y los sucesos exteriores a ellas, no los internos, salvo referentes a sus necesidades más inmediatas: hambre, sed, dolor, miedos... Para relatar lo que acontece en su interior, en su intimidad, deben haberse construido su «yo» y eso sucede más adelante. La capacidad de hablar de su mundo interior y comunicar sus sentimientos más íntimos y cada vez más complejos se adquiere aproximadamente a partir de los siete años, aunque hay excepciones, claro está. Pero comunicado o no por medio de las palabras dichas, lo que una persona siente, imagina, piensa y considera no desaparece, la va estructurando desde su hondura carnal de ser. Las vivencias de la niña se graban en su cuerpo-palabra y van conformando su sexualidad.

Las niñas tienen que adaptarse a las normas sociales y a lo que se espera de ellas por ser del sexo que son, y, para ello, pasan por un proceso de represión y autocensura. Aprenden a sentir vergüenza si se separan de las normas y actúan «mal», y en algún momento de su desarrollo aprenden lo que es el pudor. Muchas renuncian a sus impulsos instintivos en un proceso defensivo del yo contra los supuestos peligros internos y externos para su integridad[136]. Algunas se sienten monstruosas por lo que vivencian y entran en lucha consigo mismas, lo silencian y disimulan. Y en esa lucha con el «monstruo» interior aparece un yo más fuerte, aunque no siempre. Por otra parte, el «monstruo» interior también tiene buenas cualidades, es fuerte, se atreve y nos sirve para crecer.

---

[135]«Las categorías "macho" y "hembra" son categorías binarias fundamentalmente adquiridas mucho antes que las de "masculino" y "femenino", conjuntos vagos y relativos». Badinter, Elizabeth: *XY. La identidad masculina*, Madrid, Alianza Editorial, 1993, p.86.

[136]Freud, Anna: *El yo y los mecanismos de defensa*, Barcelona, Paidós, 1984, p. 191.

Las pequeñas quieren ser como mamá, aunque hay excepciones; internalizan a su madre tal como imaginan que es, la admiran y la imitan. Su madre internalizada es una persona imaginada e idealizada, no es la real. Su madre es buena, amorosa, pura, generosa y un tanto asexual, pero también puede que la imaginen de otra manera. Generalmente, las niñas sienten una continuidad identitaria con sus madres, vínculo emocional que a menudo persiste durante toda su vida. Sin embargo, esta apenas perceptible fusión con la madre es una fase y lo deseable es que dé paso a otras etapas, de mayor independencia e individuación.

La sexualidad es una fuerza subversiva en la familia y las niñas se alejan de sus madres a medida que maduran y aparecen los primeros tabúes sexuales entre ellas. En un momento dado, las niñas comienzan a creer que las madres tienen secretos que no les cuentan, que saben cosas sobre la sexualidad y las ocultan. Las niñas tienen la impresión de que se les engaña y se van apartando de sus madres[137]. Las pequeñas empiezan a experimentar emociones sexuales, pueden excitarse y también masturbarse. Algunas niñas se masturban desde muy pequeñas frotándose el clítoris, aunque no sepan qué es y cómo se llama esa parte de su anatomía. Pocos padres les hablan del clítoris, que, por otra parte, apenas es visible. Las niñas solo saben que tocándose ahí sienten mucho placer y algunas llegan al orgasmo. Desde luego, no se invita a la niña a explorar sus genitales ni se le pone nombre a las estructuras que los componen, entre otras cosas, porque, por lo general, ni siquiera las madres las conocen. Pocas madres saben cómo son sus genitales externos e internos. El clítoris sigue siendo un desconocido y se lo reduce a una especie de «botón» excitatorio. Las madres tampoco suelen conocer cómo funcionan sus propios genitales y menos los

---

[137] «A las hijas les da la impresión de que las madres saben mucho de sexualidad, pero no suelen compartir esa información con ellas. Las niñas consideran que la sexualidad es un privilegio y un secreto de las madres, algo sobre lo que no deben hacer demasiadas preguntas; no deben interrogar a su madre sobre sus sentimientos y sus experiencias sexuales». Hite, Shere: *El orgasmo femenino*, Barcelona, Ediciones B, 2002, pp. 193-194.

padres[138]. La ley del silencio impera en lo referente a la sexualidad de la niña. Seguimos transitando en un espacio de ignorancia sexual, fantasía, falsedades y falta de aprecio a lo que somos.

La masturbación infantil, y más la de las niñas, que se supone que no hacen eso, incomoda y preocupa a los padres. Muchos padres se escandalizan cuando descubren que sus hijas se masturban. Muchos de ellos siguen creyendo que la masturbación es «mala» y peligrosa, y riñen a sus hijas e incluso las castigan por hacerlo, generando perturbación y confusión en las niñas. A menudo, esos estados emocionales conducen a que las pequeñas se masturben más, lo cual cierra el círculo de actuación: mayor preocupación de todos, más ocultamiento, más frustración, mayor necesidad de obtener una compensación placentera inmediata[139]. Pocos padres saben cómo enfrentarlo y, por lo general, evaden la situación o la problematizan consultando a los médicos y psicólogos. Mientras tanto, las niñas se encuentran desorientadas, confusas y se sienten culpables por hacer algo «malo» y decepcionar a sus padres. Por una parte, disfrutan mucho tocándose ahí abajo, por otra, empiezan a entender que tienen que ocultarse para hacerlo, empiezan a temer que se las descubra mientras lo están haciendo, sienten vergüenza y culpa por ser «defectuosas» y «perversas». Sin embargo, la masturbación infantil es una experiencia normal del desarrollo del individuo, una preparación para su vida sexual adulta.

---

[138] Ya hemos hablado de ello y explicado cómo son los órganos sexuales femeninos en: Arnaiz Kompanietz, Anna: *Cuerpo-palabra mujer*, CreateSpace Independent Publishing Platform, 2016, pp. 104-120.

[139] «La masturbación excesiva es frecuentemente el resultado de su desaprobación por el padre y la madre. Es un deseo inmediato de obtener algo de cariño perdido, una protesta y la ejecución de un acto al que se ha dado una importancia emocional desproporcionada por el hecho de su desaprobación. Tal comportamiento hace que el niño se preocupe más, que se sienta más culpable y que cuanto más se preocupe, más se masturbe. Así, pues, la masturbación excesiva es frecuentemente un síntoma de que el niño está emocionalmente perturbado». Montagu, Ashley: *Hombre, sexo y sociedad*, Madrid, Guadiana, 1969, pp. 35-36.

Muchas niñas aprenden a relacionar el hecho de tocarse y el sexo en general con la sensación de vergüenza y de culpa[140]. Desde pequeñas sienten una inquietante ambivalencia hacia lo sexual: búsqueda y evitación, placer y peligro, deseo y temor, caricia y agresión... Adoptan las creencias y los sentimientos de otros, y los convierten en propios cuando todavía no tienen la madurez necesaria para cuestionarlos, para buscar una información veraz, reflexionar, aclararse consigo mismas y actuar en consecuencia. Las actitudes sexuales generadas en el seno de su familia influyen de manera importante en ellas, en su sexualidad. Y la actitud emocional de las niñas respecto al sexo en general y respecto a ellas mismas como seres sexuales en particular puede perdurar toda la vida. Las niñas aprenden a ocultarse, a silenciar su resentimiento por la incomprensión de los otros y la culpa por defraudarlos. Si la niña se convence que la masturbación es antinatural y perversa para ella, que no es apropiada para las chicas, que la sexualidad es un terreno plagado de amenazas y el placer femenino es peligroso y pecaminoso, le costará más llegar a vivir su sexualidad de adulta de manera sana y plena. No olvidemos que el autoconocimiento sexual y la autoafirmación sexual propician una sexualidad plena y una buena gestión de nosotras mismas.

Por otra parte, cuando la niña tiene un hecho traumático y desestructurante en su biografía, como pueden ser el abuso y la violación, le será difícil disociar la sexualidad de la amenaza, el placer del dolor, el amor del odio, el poder sobre otro del sexo, la despersonalización del encuentro íntimo con otro al ser usada e ignorada como sujeto. La violencia sexual sobre las niñas, vigente en nuestras sociedades patriarcales, problematiza su placer sexual y sus futuras relaciones. En esas experiencias, las niñas aprenden que el sexo se asocia con el poder del más fuerte y el abuso sobre el más débil, que el sexo es algo que hacen los hombres a las mujeres despreciando lo que desean estas, doblegando su voluntad y sin preocuparse de sus sentimientos. De ello se deduce que el placer

---

[140]Hite, Shere: *El orgasmo femenino*, Barcelona, Ediciones B, 2002, p. 222.

femenino no es importante a la hora de una experiencia sexual y que la autoafirmación sexual femenina no tiene sentido[141].

Por si eso fuera poco, las niñas abusadas o violadas pueden sentirse culpables de lo sucedido, como si ellas hubieran hecho algo «malo» para merecerlo. ¿Cómo es posible que una niña crea que algo en su comportamiento pueda inducir a un adulto a abusar de ella? Es injusto y atroz, pero ocurre. Las niñas se sienten culpables, se ocultan, silencian lo sucedido como algo de lo que se avergüenzan profundamente, y asocian el sexo con dolor, abuso y destrucción. Algunas llegan a sentir aversión a ser tocadas, aversión a los genitales masculinos, sentimientos que anulan todo deseo e impiden la excitación. La niña puede disociarse de sus sentimientos y de su cuerpo para evitar el dolor que siente en su hondura de ser y la turbación emocional que reina en su memoria biográfica corporal. Ahí quedan arraigadas definiciones horriblemente deformadas y confusas del amor y el odio, de la agresión y la intimidad, de la sumisión y el poder sobre otro, del miedo y el deseo, de la anulación y la visibilidad... No cabe duda de que nuestras historias vividas intervienen en la interpretación que damos a los sucesos presentes y futuros, que van trazando nuestro caminar influyendo en nuestras elecciones y acciones, aunque siempre es posible cambiar de rumbo en un «darse cuenta» o en un punto de inflexión biográfica. Todo nace en nosotras y el poema de nuestra vida se va componiendo pasaje a pasaje, vocablo a vocablo. Si cambiamos de actitud con respecto a lo que nos ha ocurrido la narración de nuestra vida cambia también. No es lo mismo considerarse como una víctima que como una superviviente, capaz de salir adelante de un hecho traumático e injusto, y caminar con la cabeza alta.

---

[141] Leroy, Margaret: *El placer femenino*, Barcelona, Paidós, 1996, p. 58. A su vez, Germaine Greer sostiene: «Los abusos sufridos en la infancia preparan a la mujer joven para toda una vida de abusos. De niña aprende a sucumbir ante la sexualidad masculina sin atender a sus propias apetencias o a su placer, al tiempo que aprende que su cuerpo tiene un significado especial que ella no puede comprender ni controlar. Su propio deseo o la ausencia del mismo parecen irrelevantes; el guión sexual se ha escrito en otro tiempo, en otro lugar». Greer, Germaine: *La mujer completa*, Barcelona, Kairós, 2000, pp. 341-342.

Después de un hecho traumático las niñas se esfuerzan en protegerse a sí mismas de los peligros sexuales, están más atentas a posibles amenazas y evitan situaciones de riesgo, como estar a solas con un adulto que no conocen o jugar solas en la calle. Las niñas aprenden a temer a los hombres en el terreno sexual y a desconfiar de ellos. Sin embargo, a menudo tampoco están a salvo en sus casas. Según las estadísticas, la mayor parte de abusos sexuales se producen en la familia y en contacto con los parientes y amigos de sus padres. Los incestos siguen siendo vigentes en nuestras sociedades y frecuentemente se silencian y se ocultan como secretos familiares. A veces, incluso las madres no defienden a sus hijas y no se enfrentan a su pareja, miran para otro lado abandonando a su suerte a las pequeñas, que sufrirán ese abandono y lo grabarán en su cuerpo-palabra[142].

Desde la primera infancia y salvo honrosas excepciones, se enseña a las niñas a no indagar sobre la sexualidad, a no preguntar sobre las cuestiones relacionadas con el sexo en general y con su sexo en particular. Pocas madres se sienten cómodas hablando con naturalidad sobre ello con sus hijas. Las niñas aprenden a no buscar su propia sexualidad, aprenden a negarla e ignorarla silenciándola, a no explorar sus genitales. Sin embargo, la tendencia natural de las niñas es examinar su cuerpo y disfrutar tocándose. Las niñas son curiosas y quieren saber, salvo si se las bloquea y se les impide su desarrollo en este terreno[143].

---

[142] «Las supervivientes de incestos que habían sido agredidas sexualmente por parientes masculinos, y los hijos adultos de alcohólicos, hablan del terrible dolor de ser abandonados por madres demasiado agobiadas o preocupadas por sí mismas como para proteger y cuidar a sus hijos. A lo largo de sus vidas estos niños continúan pidiendo a otros la atención, aprobación y definición de sí mismos que necesitaron recibir de una madre». Murdock, Maureen: *Ser Mujer: un viaje heroico*, Madrid, Gaia, 1991, p. 172.

[143] «El niño es la criatura más "curiosa" del mundo. Tiene que serlo. Para él la vida es una exploración, y entre sus primeras exploraciones se encuentra el descubrimiento de su propio cuerpo. En el curso de esta exploración encuentra que ciertas partes de su cuerpo le producen sensaciones agradables. De este modo descubre su boca, sus labios y sus genitales. Todo niño juega con sus genitales. Es completa y perfectamente normal que lo haga. Y descubrir que un niño lo

Una buena educación e información sexual adecuada a cada nivel de desarrollo son muy importantes para que las niñas sean felices en su piel, sexuada y sexual. De los adultos depende transmitirles mensajes facilitadores de bienestar, que ellas aprendan a disfrutar profundamente cada momento vivido, sin focalizar el placer en los genitales. Toda la piel siente, siente incluso el aire que la acaricia. Tenemos que aprender desde pequeñas a reconocer el valor del hondo placer de vivir corpóreas y siendo sujetos de nuestros actos. Las niñas pueden aprender desde una temprana edad a valorarse en la aventura de vivir, a asombrarse con los descubrimientos y entusiasmarse con el conocimiento. Habría que aprender a cuidar ese instante de placer existencial y conservar esta habilidad en las etapas sucesivas de la vida. La alegría de vivir, la belleza y la poesía existencial no deberían apagarse y menos en la niñez[144]. ¿Qué pasaría si a los niños les comunicásemos que la sexualidad es buena, es hermosa, mueve poderosamente nuestro ser, nos da energía para seguir viviendo y puede crear hechos hermosos y muy humanos? ¿Qué pasaría si las niñas aprendieran a sentirse orgullosas de su condición corpórea, sexuada y sexual? Sin duda, el mundo en que viviríamos todos sería más feliz y digno, un mundo mejor para vivir en él. Influir en la felicidad de las personas debería ser la base de la educación sexual y también de todas las relaciones humanas.

Las preguntas de las niñas sobre el sexo deberían de ser contestadas de forma clara y adecuada para su nivel de desarrollo, tanto en su familia como en la escuela. No obstante, tenemos que tener en cuenta que actualmente gran parte de la información que les

---

hace, no es más motivo de preocupación o de castigo que el acto de respirar». Montagu, Ashley: *Hombre, sexo y sociedad*, Madrid, Guadiana, 1969, p. 34.

[144] «La admiración es un precioso rasgo de la sensibilidad que debemos mantener. El asombro y el juego imaginativo existen juntos en la niñez y continúan existiendo juntos en la mente de los adultos creativos, que siguen sintiéndose fascinados y entusiasmados con sus nuevos descubrimientos, estímulo a su vez de innovadores ideas y arte. El asombro genuino hace de la vida en este planeta una aventura». Bolen, Jean Shinoda: *Sabia como un árbol*, Barcelona, Kairós, 2012, p. 54.

llega a los niños es a través del Internet; los niños pueden haber visto muchas cosas referentes al sexo antes de hablar con sus padres[145]. De todas formas, los niños no comprenden lo que ven de la misma manera que los adolescentes o los adultos; los significados que atribuyen a las cosas son distintos, propios de su nivel evolutivo. Ellos todavía no suelen tener las relaciones sexuales como un objetivo deseado, aunque haya excepciones. Los coitos no suelen ser lo que buscan, sí los tocamientos exploratorios y excitantes, la masturbación, los juegos de «médicos», los encuentros secretos y experimentos privados, incluso con otros. La curiosidad de las niñas es muy grande y más acercándose a la pubertad.

Sea como fuese, los niños y las niñas son criados con valores sexuales diferentes, que influyen en su deseo y en su expresión. Las niñas se inclinan por la comunicación emotiva, expresan sus emociones y sueñan historias ricas en sentimientos. Su imaginario se va poblando de historias amorosas, de príncipes azules y de bellas princesas, encantadas o no, pero deseosas de que ellos las besen y las desposen. Esas fantasías de deseo se vuelven sexualmente excitantes, las niñas se estremecen imaginando besos apasionados y palabras de amor; escenifican lo que imaginan con sus muñecas o representando distintos papeles con otros, sus amigas y compañeros. Sin embargo, a quien no quieren imaginar las niñas es a sus padres besándose apasionadamente o haciendo el amor, porque se sentirían excluidas de esa escena y, además, en su inmadura interpretación asocian el coito con el daño y la violencia. Para la mayo-

---

[145] «Historias indecentes y sucias, lenguaje y gestos obscenos, todo experimentado bajo el aura de lo prohibido, pero deseable, atrae insanamente la atención del niño sobre los aspectos lujuriosos y tabús del sexo. En tales condiciones, la sexualidad pronto se establece en la mente del niño como algo inmoral, indecente, sucio, pero muy deseable y grato». Montagu, Ashley: *Hombre, sexo y sociedad*, Madrid, Guadiana, 1969, p. 38. Y añade: «Uno de los más desafortunados y trágicos resultados de todo esto es que el individuo en desarrollo viene a considerar el sexo no sólo como algo prohibido y lujurioso, sino como algo sobre lo cual ha de pensarse en términos de autocomplacencia. La sexualidad se convierte en una cuestión de aliviar las propias tensiones mediante el objeto sexual», p. 39.

ría de las niñas, la relación física y sexual de sus padres permanece oculta y es objeto de fascinantes conjeturas[146].

Si casualmente la niña presencia una escena sexual, la considera insólita e inquietante, y no le atribuye el mismo significado que una adolescente o una mujer adulta. Los ruidos, los movimientos y los jadeos suelen asustarlas, aunque las niñas son curiosas y les gusta observar lo que ocurre a su alrededor. No comprenden por qué los mayores se ponen así ni por qué hacen eso... Por lo demás, las niñas disfrutan mirando y demuestran curiosidad sexual. Lo sexual atrae la atención de las pequeñas, les parece algo misterioso, prohibido y deseable. Las niñas disfrutan satisfaciendo su curiosidad. Desean conocer, comprender y saber hacer. Los humanos imitamos a otros y también disfrutamos al hacerlo. Deseamos parecernos a nuestros semejantes. Las niñas quieren ser como las demás niñas y suelen modelar su comportamiento ajustándose al de sus compañeras.

Las niñas no construyen sus fantasías sexuales de la nada, erotizan lo que conocen y lo que imaginan, lo que han visto y lo que les han contado los otros, lo que les ha sucedido a ellas o a sus amigas[147]. Las niñas pueden compartir sus fantasías sexuales con su mejor amiga e, incluso, representarlas con ella intercambiando papeles, ensayando besos y caricias, sin que esos actos correspondan a una orientación homosexual de su deseo: son representaciones y no se deben a un deseo hacia su amiga.

Algunas mujeres recuerdan haber tenido muchas fantasías sexuales de pequeñas, fantasías ricas y placenteras o no. Sin embargo, las niñas temen que las desaprueben por fantasear lo que fantasean y muchas terminan reprimiéndolo. Prefieren sacrificar sus fantasías a que no las quieran y rechacen por «malas». Si una niña se convence de que las buenas chicas no tienen fantasías sexuales, las

---

[146]Hite, Shere: *El orgasmo femenino*, Barcelona, Ediciones B, 2002, p. 236.

[147]«Nosotras no construimos nuestras fantasías sexuales a partir de cero, sino que erotizamos lo conocido, las imágenes y las escenas de nuestras propias historias vitales, y las pertenecientes al mundo público de las fantasías sexuales comunes». Leroy, Margaret: *El placer femenino*, Barcelona, Paidós, 1996, p. 277.

reprimirá y, aparentemente, se olvidará de ellas. No obstante, la represión, a menudo, da forma al deseo y perpetúa lo fantaseado oculto en la hondura carnal, operando silenciosamente desde ese incógnito lugar de nosotras mismas. No nos olvidemos que lo que expresamos es el resultado de incontables cosas que ocurren en nuestro ser, que permanecerán casi siempre inconscientes para la niña. Puede que la pequeña comience a tener deseos o fantasías de transformación en lo contrario, en una niña «buena» que no fantasea cosas que no debe. La niña se defiende contra sí misma, contra su lado más subversivo[148].

Además, generalmente, las niñas quieren ser como mamá y su mamá es «buena» y «pura». Las pequeñas internalizan a su madre y acallan sus deseos sexuales. A veces, las niñas aceptan los supuestos deseos de su madre como propios y sueñan sus sueños. Con frecuencia, las pequeñas desean lo que se desea en su familia, adoptan los sueños de sus familiares y ya no los viven como ajenos. Sea como fuera, es bueno que sepamos con qué fantaseábamos en nuestra etapa infantil. ¿Qué deseaba esa niña que fui yo? ¿Cuál era mi fantasía amorosa en aquella etapa? ¿Ya no lo es o sigue siendo mi fantasía amorosa oculta? ¿Qué esperaba yo del amor cuando era pequeña? Y ahora, ¿qué es lo que espero del amor? La niña que fuimos antaño sigue viviendo en algún recoveco de nuestra memoria, del cuerpo-palabra biográfico que lo almacena todo.

Y ¿qué características tienen los actos relacionados con el sexo en esta etapa infantil de la mujer? Son sobre todo formas de indagación y de descubrimiento respecto a una misma, a los otros, a nuestro estar en el mundo, a lo que somos en relación con otros

---

[148] «El designio del yo de alejar el objeto instintivo de lo verdaderamente sexual a fin de dirigirlo a un objeto socialmente estimado como más valioso, puede ejecutarse, por ejemplo, empleando meramente el *desplazamiento* de los procesos instintivos, o un mecanismo de *sublimación*. Al asegurar la represión mediante la *formación reactiva* el yo se vale de la capacidad del instinto para la *conversión en lo contrario*. Cabe conjeturar que la solidez de un proceso defensivo que cuente con este doble apoyo depende, por un lado, del yo, y por el otro, de la naturaleza del proceso instintivo». Freud, Anna: *El yo y los mecanismos de defensa*, Barcelona, Paidós, 1984, p. 192.

y a la relación en sí. Las niñas quieren saber y quieren ir desarrollando su competencia también en ese aspecto; son curiosas, observan, imitan, exploran, ensayan, juegan... Primero las niñas exploran su propio cuerpo. Descubren que hay partes de su cuerpo que les producen placer y otras no tanto. Aprenden a tocar de manera gratificante. Después, las niñas tocan y exploran los cuerpos de sus padres y hermanos, hasta donde se lo permitan estos. Las pequeñas toman la iniciativa y no lo hacen con la intención de excitar, sino de conocer cómo son los cuerpos de otros. No poseen los mismos significados que los adultos, pero aprenden a tocar, a acariciar y besar de una manera infantil.

En la infancia, los actos sexuales son predominantemente manuales, aunque también las niñas miran y observan. Sus sensaciones sexuales más tempranas se relacionan con las experiencias manuales que las excitan. Muchas niñas se tocan ahí abajo y descubren el clítoris, a pesar de no ponerle nombre, porque nadie les comunica qué es ni cómo se llama ese pequeño órgano que les da placer. Poder nombrar los genitales masculinos y no disponer de nombres para los femeninos equivale a darles más importancia a los primeros y quitarles valor a los genitales femeninos, que se convierten en lugares sin nombre, en silenciados e inexistentes. De esa manera se dificulta el autoconocimiento y la autoafirmación sexual femeninos, necesarios para una vida adulta feliz. La información que damos a las niñas respecto al sexo tiene sus consecuencias. La práctica del silencio de lo que se considera «sexual» se va gestando desde la infancia. Poco a poco, las niñas aprenden a no hablar del sexo, salvo con sus amigas y otras personas de confianza.

Muchas niñas se masturban y es una actividad normal en su desarrollo. Es conveniente que ellas comprendan la diferencia entre lo público y lo privado, que comprendan que hay actos que se hacen en privado, en la intimidad, y no por eso son «malos». Se trata de enseñarles a las niñas a comportarse en la realidad y transmitirles el mensaje de que la masturbación es una expresión más de la sexualidad humana y no algo pecaminoso ni sucio[149]. De todas formas, las chicas no suelen masturbarse en grupo, aunque pueden compartir su secreto con una amiga e, incluso, enseñarle cómo lo hacen ellas[150]. Generalmente, la masturbación se acompaña de orgasmos, que sorprenden a las niñas por su intenso placer. Algunas se asustan, muchas se sienten confusas y culpables, pero lo repiten buscando gratificación; el cuerpo se impone con sus mandatos existenciales.

Asimismo, en la infancia, pueden darse los primeros encuentros sexuales con otros, pero en ellos no se suelen buscar coitos sino más bien caricias, besos, tocamientos, masturbación mutua... Los encuentros secretos suelen ser muy excitantes y proporcionar a las niñas un gran placer y la sensación de poder, de ser ya mayores[151]. Sin embargo, por lo general, esas experiencias secretas de sus hijas asustan a los padres cuando se enteran de que su niña va a encontrarse con un chico y besarse, acariciarse y tocarse... Los padres no suelen comprender o aceptarlo, se escandalizan, se preocupan y procuran impedirlo con castigos, prohibiciones, reclusiones y alejamientos de los participantes. Muchos cuestionan la moralidad de sus hijas y las miran con recelo y con sospecha de una precoz «perversidad sexual». «¿Será mi niña una perdida?», piensan muchos padres. «¿A dónde se fue ese ángel que era mi hiji-

---

[149] Politzer, Patricia y Weinstein, Eugenia: *Mujeres: la sexualidad oculta*, Barcelona, Grijalbo, 2005, p. 274.

[150] «Cuando estos descubrimientos se ponen en práctica de forma conjunta, la experiencia es, por lo general, más paralela que recíproca. Estas niñas no llevan a cabo una relación sexual, sino que investigan juntas para descubrir qué es capaz de hacer el cuerpo. Aunque la experiencia puede ser sexualmente excitante, la relación entre las chicas es más amistosa que sexual, y la actividad puede ser un experimento compartido, parecido a ver quién salta más lejos, o una demostración guiada por un espíritu de generosidad, exhibicionismo u orgullo». Leroy, Margaret: *El placer femenino*, Barcelona, Paidós, 1996, p. 32.

[151] «Cuando las chicas piensan en sus primeras relaciones sexuales, hablan de un gran placer. Para muchas, las caricias y el afecto erótico son más agradables y excitantes que el coito. Es un erotismo que va acompañado de emociones y sentimientos especiales». Hite, Shere: *El orgasmo femenino*, Barcelona, Ediciones B, 2002, p. 219.

ta antes?». Mientras tanto la niña está viviendo de manera apasionada sus primeras experiencias sexuales con un otro. Para algunas, esas experiencias serán de gran carga emocional, de placer y entusiasmo, más al saltarse la prohibición de sus padres. No deja de sorprender cuánto miedo hay alrededor de las cuestiones sexuales y cuánto daño se puede hacer a las pequeñas a menudo con la mejor de las intenciones por parte de sus padres. Las niñas castigadas empezarán a asociar el sexo con el peligro y la culpa.

También las niñas que han sufrido abusos o violaciones asocian el sexo con el peligro. Los abusos a menores representan un abuso de poder y suelen problematizar el desarrollo infantil. Frecuentemente, los abusos se silencian porque las niñas se sienten culpables y «malas» por haberlos sufrido. «Algo habré hecho para merecer eso», piensan muchas. Tampoco es fácil contarles a sus padres lo que ha sucedido. Se sienten sucias, ya están «manchadas»...[152] Lo que les ha ocurrido suele enturbiar considerablemente su realidad, eso cuando no se les ha ocasionado un daño físico claro, que, a veces, deja sus secuelas para siempre. El sufrir abusos de pequeña puede dificultar en adelante la vida sexual de la mujer y su acceso al placer. La niña experimenta de una manera muy viva que el hombre es el que ejerce el poder en el sexo y hace lo que hace a pesar de que ella no quiere y le pida que no lo haga. Muchas acaban creyendo que los hombres son «malos» y peligrosos, que utilizan a las mujeres para su propio placer como si fuesen cosas, seres sin sentimientos ni alma. Las niñas aprenden a temer a los hombres y al sexo, y desoyen lo que quieren y les gusta a ellas mismas; creen que lo que ellas desean carece de importancia. Para ellas el sexo se asocia con el poder y la violencia del más fuerte sobre el débil.

Otra manifestación del hacer sexual en la infancia son los juegos sexuales, juegos de «médicos», que exploran, te dicen que te desnudes y te auscultan..., y de «enfermeras», que te ponen inyecciones, te cubren de vendas, te toman la temperatura... Las ni-

---

[152] «Puede enfurecernos la injusticia consistente en que una chica que ha sido violada se sienta tan culpable como una malhechora». Leroy, Margaret: ob. cit., p. 62.

ñas juegan con gusto intercambiando papeles del que manda y del que obedece, papeles activos y pasivos, de dominio y de sumisión. Las pequeñas disfrutan mucho actuando, mirando y también sintiendo que las miran. Se sienten poderosas representando distintas historias, con ese estremecimiento corporal como si mil mariposas volaran en el estómago.

A las niñas les encanta jugar, aunque tampoco sus juegos sexuales están exentos de culpa. Las pequeñas suelen ocultar esos juegos a sus padres y practicarlos en secreto. A veces sucede que la culpabilidad sentida potencia el placer al transgredir las normas impuestas. Los juegos sexuales suponen un gran abanico de sensaciones, emociones y sentimientos. Pueden ser tiernos e inocentes, agresivos y violentos, poéticos y soñadores, groseros y toscos, amorosos e, incluso, crueles... En ocasiones, en los juegos sexuales de las niñas se erotiza la violencia, y ella es la que domina y pega o la que sufre la agresión. Ya dijimos que las pequeñas representan diversos papeles en esas escenificaciones de la vida real.

Conforme las niñas se acercan a la pubertad, los juegos sexuales se relacionan más con las actividades sexuales adultas. Las niñas ensayan y prueban sus habilidades en el hacer sexual, aunque no suelen llegar a los coitos. Cuando eso ocurre, lo hacen más buscando cariño y cercanía con el otro, que el placer sexual, aunque las intenciones ocultas dependen de cada cual.

Asimismo, a menudo, en la infancia acontecen los primeros amores, que se graban en la memoria del cuerpo-palabra, y algunos duran toda la vida. La niña se enamora y entrega generosamente su corazón y sus pensamientos a ese otro. El amor que siente y la correspondencia o no de ese amor influyen en la formación de su propia imagen y, en adelante, modificarán su consideración de sí misma, grabándose de manera significativa en su bagaje de experiencias. Más que comprender las cosas la pequeña las siente y las vive con la autenticidad infantil. El primer amor es una oportunidad de aprender muchas cosas que resitúan a la niña en su mundo de un modo nuevo, la hace crecer y avanzar en las relaciones afectivas con otros. El primer amor supone una importante evolución afectiva de la niña, que descubre un nuevo mundo de intensas interacciones con un otro, sostenidas por el amor que siente, interacciones que la van transformando, que la hacen evolucionar y la abren de una manera insospechada a la influencia de otra persona. Más que comprender lo que le ocurre, la niña intuye que el amor transforma, que la relación amorosa la cambia.

La pequeña va adquiriendo un estilo que influirá en sus relaciones posteriores. Por lo general, el amor mejora el estilo afectivo de la persona, pero no siempre es así. Las malas relaciones también dejan huella, merman la autoestima y hacen sufrir. El primer amor puede suponer para la niña una fuente de fuerza y energía necesarias para resolver muchos vínculos ambivalentes con sus otros importantes, que, a veces, se clarifican y evolucionan hacia un mayor nivel de serenidad y seguridad[153]. En su mundo afectivo surge un nuevo interés, un amor que reorganiza los demás y prepara a la niña para una nueva etapa de desarrollo, la pubertad y la adolescencia.

3. La mujer en la adolescencia

Situemos la etapa de la adolescencia desde la pubertad hasta la juventud, desde los once años hasta los dieciocho aproximadamente, aunque pueda adelantarse o retrasarse en algunas mujeres. Todo lo que ya hemos dicho al respecto de las transformaciones que experimenta el sujeto existente en esta etapa de desarrollo sigue siendo válido para la mujer, como no podría ser de otro modo, y no lo vamos a repetir aquí[154]. Nos centraremos más en las particularidades de la evolución del sujeto existente mujer. Esta etapa está repleta de grandes cambios, necesarios para avanzar hacia la individuación y la autonomía del sujeto mujer, y de nuevas e insospechadas vivencias, que enriquecerán su bagaje existencial.

---

[153]Cyrulnik, Boris: *El amor que nos cura*, Barcelona, Gedisa, 2005, p. 109.

[154]Arnaiz Kompanietz, Anna: *El sujeto existente*, Madrid, Biblioteca Nueva, 2010, pp. 131-148.

En la adolescencia, las chicas se desarrollan antes y a una velocidad mayor que los chicos. Esta aceleración en el crecimiento físico también se acompaña de una aceleración emocional e intelectual, por eso las adolescentes suelen ser más «maduras» que los chicos en esta etapa. El «yo pienso» es reintegrado al «yo soy» y la conciencia adolescente a la existencia carnal del sujeto existente. La etapa anterior se queda grabada en el cuerpo-palabra, en su memoria biográfica carnal, y la niña que fue no desaparece en la nada, sino que se integra en la hondura de la conciencia hecha carne existente adolescente, y opera causando efectos desde ahí. Lo que hemos vivido existe en nosotras más allá de que seamos conscientes o no de su existencia. Lo que somos en cada instante de nuestra vida se ha construido sobre todos los instantes ya vividos por nosotras, no aparece de la nada, surge en nosotras. De todas formas, la adolescente puede reformular el sentido de sus experiencias pasadas porque su mirada ha cambiado y también sus interpretaciones de las experiencias vividas. La adolescente puede recomponer un relato alternativo de los sucesos, pues el procesamiento de datos es diferente y, por tanto, puede producir distintos resultados.

Durante este periodo de desarrollo, la mujer adquiere la consciencia de sí misma como sujeto sexuado y sexual que convive con otros en continuada interacción reglada. Ya es capaz de pensar y reflexionar sobre sí misma, sus propios pensamientos, emociones y sentimientos. Las chicas intentan comprender mejor lo que son y a sí mismas, a los demás y sus diversos medios sociales: la familia, el círculo de amigos, la escuela o el instituto, la comunidad en la que viven, la sociedad... Las adolescentes desean entender y empiezan a descubrir que son personas con ideas, pensamientos, preferencias, deseos y costumbres propios; se muestran inseguras en su nueva realidad, abundante en nuevos significados vivenciales. El mundo relacional de la adolescente se amplía considerablemente, volviéndose más rico y complejo. Las adolescentes se cuestionan en ese afán de adquirir una autoconsciencia como sujeto existente y, a menudo, entran en crisis identitarias. No en vano, aprehenden el mundo de una manera nueva, su mirada cambia porque ya no son niñas pequeñas, se han transformado en toda su integridad existente, también en el campo emocional y psíquico.

En este periodo, la conciencia de la adolescente se muta en racional y emerge una realidad transformada por unos ojos más lúcidos. La etapa anterior, de pensamiento mágico y mítico da lugar a un pensamiento formal operativo («formop»), de mayor aptitud abstractiva, flexibilidad y relativización. La adolescente recurre a la lógica, formula hipótesis, cuestiona, piensa, razona... Al entrar en la pubertad, las chicas se vuelven más calladas, observan y reflexionan sobre las sorprendentes transformaciones que experimenta su cuerpo. Surge un «yo» mental que observa el cuerpo cambiante a cierta distancia, con la mirada crítica, expectante y, a veces, disgustada. En la adolescencia se produce una cierta escisión entre la mente y el cuerpo, que puede perdurar toda la vida del sujeto existente mujer. La mente se convierte en una espectadora un tanto alejada de las trepidantes y perturbadoras transformaciones corporales de la pubertad.

Por otra parte, la mente de la adolescente empieza a trascender su propio egocentrismo y se pone más en el lugar del otro, la empatía femenina sigue desarrollándose más y más. El entorno renovado se transforma a la vez que la adolescente, ambos se intercrean y se moldean sincrónicamente. Poco a poco, la consciencia de la chica se vuelve más ecológica, comprendiendo las consecuencias de lo que se hace y se deja de hacer. La conciencia de ser se vuelve más responsable y, por ende, más soberana y autónoma.

Cada adolescente crea de nuevo un mundo particular, en el cual se relaciona con otros e influye modulando su comportamiento. A su vez, esos otros influyen en ella en una sincronía trepidante y dramática. Las adolescentes se relacionan de una manera más consciente con los otros y con los objetos de su entorno, aunque también es una etapa de mucha ensoñación y de ensimismamiento. Las chicas sueñan un mundo, pero todavía no se atreven mucho a realizar lo soñado, no completan sus sueños con la acción, aunque hay excepciones, claro está y algunas son muy activas y comprometidas en sus elecciones.

La etapa adolescente se caracteriza por constantes transformaciones que acontecen de modo acelerado en un tiempo bastante corto. Las chicas apenas pueden asimilar unas transformaciones y ya vienen otras. Las adolescentes se muestran inseguras en ese medio de intensos cambios corporales, vivenciales y relacionales. Las hormonas sexuales circulantes en la sangre van aumentando progresivamente y provocan la transformación corporal. Se van modulando las formas y las estructuras corporales de las chicas, dirigiéndolas a la maduración sexual. Esos cambios corporales sorprenden a las adolescentes y parece que acontecen sin que ellas tengan control sobre ellos. El cuerpo manda más allá de los deseos de las chicas. Esas vivencias perturban a las adolescentes, que experimentan emociones contradictorias al respecto: alegría y temor, orgullo y vergüenza, timidez y afán de protagonismo... La adolescente se da cuenta de que no puede prescindir del cuerpo, que es el que manda y no puede parar su transformación. El cuerpo está atravesando su propio proceso que ella ni conoce ni comprende, no sabe cómo lo hace, pero lo hace, sin tener en cuenta los deseos de ella o sus sentimientos. Aparece el sentimiento de estar presa en el propio cuerpo, que puede acompañar a la mujer en las etapas sucesivas, aunque los motivos de ese sentimiento pueden variar en otras etapas.

Las hormonas sexuales controlan la actividad de los genes de todas las células del cuerpo, los activan o no, y van modificando tejidos, la distribución de la grasa corporal, la complexión ósea, la pilosidad, la piel, la musculatura, el cerebro, los órganos sexuales... El proceso podador de neuronas se intensifica en la adolescencia. Las gónadas —los ovarios— se activan y secretan estrógenos y, en algún momento, esa secreción se vuelve cíclica dando lugar a la primera menstruación. La menstruación supone un punto de inflexión en la conciencia hecha carne existencial que es la adolescente. ¡Ya no es una niña, es una mujer! Todos lo dicen y ella lo vive así.

La menstruación se acompaña de una experiencia reorganizadora de la identidad psicológica femenina, que acontece en armonía con la gradual feminización física y emocional de su cuerpo.

El efecto psicológico que produce es una especie de shock, que desorienta a la niña y la introduce en una nueva situación conflictiva[155]. De repente, la adolescente se da cuenta de que tiene unos genitales y esos genitales sangran. Algunas aprenden sus nombres: vagina, útero, ovarios...; y también aprenden que a partir de ahora pueden quedarse embarazadas, lo cual es un peligro más. Las adolescentes saben que tienen que conducirse con más cuidado y ser precavidas para no complicarse la vida. Eso se lo explican muy bien. Lo que no les explican tan bien es su propia anatomía: el clítoris no se nombra y, por tanto, difícilmente lo pueden incorporar como entidad real en su anatomía. Los conceptos ordenan el conocimiento y nuestra realidad. La adolescente puede incorporar sus genitales internos y externos en el esquema corporal como no podía haberlo hecho en la niñez, pero reconocerles valor más allá de la reproducción es otro asunto. La menstruación atrae la atención de la niña sobre sus genitales y ya no podrá ignorar su existencia. Sin embargo, puede ignorar su clítoris si vive en una sociedad que silencia la riqueza de su vulva, convirtiéndola en un lugar vacío, un lugar de paso sin importancia ni valor por no ser imprescindible para la reproducción. Si no nombramos las estructuras ¿cómo las vamos a conocer?, ¿cómo las vamos a incorporar en nuestra realidad de vida? La consecuencia para la adolescente es un esquema corporal empobrecido y ablativo, que problematiza su acceso al placer sexual. No olvidemos que el clítoris es un órgano cuya función es la de transmisión del placer, una función exclusivamente de goce sexual.

Además, la adolescente aprende que tiene algo llamado himen y que es muy valorado en muchas sociedades. Pocos la informan bien sobre qué es: un pliegue membranoso que cierra parcialmente la entrada de la vagina en la vulva. El himen tiene generalmente forma de media luna, aunque puede variar de una mujer a otra no solo en la forma, sino también en el tamaño y la consistencia. El himen puede ser delgado o grueso, rígido o flexible, fácilmente

---

[155] Kaplan, Louise: *Perversiones femeninas*, Buenos Aires, Paidós, 1994, p. 213.

rasgable o muy resistente a romperse. En las sociedades patriarcales se le da tanta importancia porque se supone que demuestra que la chica es virgen y, por tanto, no ha tenido coitos con ningún varón. Esto significa que si en el coito se concibe un hijo, ese hijo será del hombre con el que tiene sus primeras relaciones, asegura la paternidad de ese otro. Sin embargo, el himen puede romperse accidentalmente por ejercicios gimnásticos, caídas, montando a caballo o en bicicleta, etcétera... A veces, el himen es tan elástico que no se rompe incluso después de repetidos coitos. Por otra parte, una mujer con el himen rasgado puede, si lo desea, hacerlo reparar quirúrgicamente, operación que se sigue practicando en algunas sociedades patriarcales.

Las primeras menstruaciones no siempre se acompañan de las ovulaciones y, por tanto, las adolescentes pueden tardar unos meses en llegar a ser fértiles. Es algo normal. No obstante, la adolescente se enfrenta todos los meses al misterioso abismo que es ella misma. Su cuerpo se ha mutado en un posible origen para otros cuerpos, mes a mes, quiera o no, se prepara para ser la fértil cuna para otro ser, un mar de vida que retiene líquidos y los elimina después[156]. Las hormonas sexuales, con su acción cíclica, influyen en todo el organismo de la mujer. Así, tienen lugar los inexplicables cambios de humor y de ánimo, variaciones en la sensibilidad al dolor, en las capacidades cognitivas...

Algunas muchachas sufren sus primeras experiencias del síndrome premenstrual, caracterizado por una combinación de desagradables síntomas emocionales, físicos y conductuales. Las chi-

---

[156] «El cuerpo femenino es una máquina ctónica, indiferente al espíritu que lo habita. Orgánicamente, tiene una misión, concebir, misión que podemos pasar la vida entera tratando de evitar. A la naturaleza sólo le importan las especies, no los individuos, y son las mujeres las que experimentan más directamente la humillante dimensión de este hecho biológico, razón por la cual, probablemente, son más realistas y más sabias que los hombres. El cuerpo femenino es un mar sobre el que actúa el movimiento de flujo y reflujo del mes lunar. Sus tejidos grasos, indolentes e inactivos, están repletos de agua, limpiándose de pronto en el momento de la marea alta hormonal». Paglia, Camille: *Sexual personae*, Madrid, Valdemar, 2006, p. 37.

cas experimentan cambios en sí mismas, que difícilmente pueden controlar, cambios debidos a la bajada de concentración de estrógenos justo antes de la menstruación. También disminuye en este síndrome la concentración de la serotonina, un neurotransmisor cerebral relacionado con el ánimo, provocando desánimo y tristeza. Asimismo, algunas adolescentes comienzan a sufrir jaquecas de forma cíclica, que suponen días enteros en la vida de la mujer en los cuales se encuentra mal, indispuesta para afrontar su ritmo habitual de actividades. Lo mismo les sucede a las mujeres que tienen menstruaciones muy dolorosas o demasiado abundantes. No deja de extrañar y dar rabia que muchos días de tu vida te sientas imposibilitada y enferma sin estarlo en realidad, solo por tener las reglas que tienes y que ni has deseado, ni pretendido. Nadie nos ha preguntado si queríamos menstruar mes a mes, pero es lo que sucede.

Por otra parte, las adolescentes son más propensas a padecer depresiones, que no solo se relacionan con la menor concentración del neurotransmisor serotonina en el sexo femenino, sino también con que empiezan a vivenciar un menor aprecio social por ser mujeres. Además, fisiológicamente, las chicas son más vulnerables al tabaco, al alcohol y a otras drogas. Sus efectos tóxicos son más fuertes en ellas y, según algunos autores, las mujeres somos más propensas a convertirnos en adictas[157]. En las chicas existe una importante relación entre la adicción al alcohol y otras drogas, y los trastornos alimentarios. La anorexia, la bulimia y los trastornos alimentarios por atracón comienzan generalmente en la adolescencia, en las épocas de grandes cambios corporales y psicológicos, y un mayor cuestionamiento del esquema corporal.

Las adolescentes, por su condición carnal y sexual, son más conscientes de ser cuerpo, pero empiezan a percibir que son consideradas sobre todo cuerpos para otros, cuerpos reproductores,

---

[157] «Las adolescentes y las mujeres jóvenes se vuelven adictas a las drogas y al alcohol con más facilidad que los varones y con unas dosis más bajas que las que toman sus homólogos». Legato, Marianne J.: *Por qué los hombres nunca recuerdan y las mujeres nunca olvidan*, Barcelona, Urano, 2007, p. 226.

eróticos y de goce para esos otros. «¿Para quién es mi cuerpo?», se preguntan a menudo. Las chicas descubren de una manera intuitiva, y algunas más conscientemente, que su cuerpo es objeto y blanco de poder de otros, que es manipulado e, incluso, explotado por otros. El cuerpo se moldea, se le educa para servir a, se le controla..., ¿con qué fines? El cuerpo y el conocimiento que se adquiere de él son productos de ese ámbito de poder social, el cual construye héroes y víctimas, líderes y subordinados, amos y siervos, sujetos con plenos derechos a ser o de subyugados sin esos derechos.

La socialización de las adolescentes les enseña poco a poco que su principal poder reside en la belleza de su cuerpo y en su sexualidad, pero en su sexualidad complementaria y complaciente con la del varón. La actitud hacia el cuerpo femenino en las sociedades patriarcales es la de deseo del cuerpo joven y bello, y de rechazo de los cuerpos que no se ajustan a ese modelo. Las chicas aprenden que su atractivo sexual les aporta poder, se esfuerzan en cultivarlo para tener éxito social y ser populares en su grupo de amigos y compañeros. Para poder ascender socialmente, las adolescentes pueden apostar por el ritual amoroso y su imagen visual, o por el ritual académico y profesional y su propio desarrollo como sujeto. Muchas adolescentes caen cautivadas por el aparente poder que ejercen en su entorno social siendo bellas y sexys, y procuran dejar de lado el desarrollo de su inteligencia, porque no quieren mostrarse más inteligentes que los chicos con los que se relacionan, sobre todo si existe atracción sexual por medio, ya que a ellos no les gusta sentirse inferiores. Por lo general, a los chicos no les atrae la inteligencia de las chicas sino su aspecto, aunque eso puede cambiar con el trato y el conocimiento de la persona. En el orden patriarcal, las adolescentes descubren las desventajas de ser inteligentes, porque los chicos las esquivan, por eso ellas disimulan sus capacidades intelectuales. Incluso sus cocientes de inteligencia bajan, pues las adolescentes no quieren ser impopulares. No deja de ser dramático que para gustar a los chicos las adolescentes sacrifican su propio desarrollo como sujetos de pleno derecho a *ser*, y, en adelante, tienden a ignorar su potencial como personas completas.

Supuestamente, los cuerpos de las adolescentes las dotan de poderes especiales sobre quienes las rodean, pero son poderes falsos, poderes de cuerpos objetos que seducen con su aspecto. La seducción sigue siendo el poder de los pobres, que logran predisponer a los poderosos en su favor. Las sociedades patriarcales empujan a las adolescentes a vivir a través de los demás en vez de apoyarlas en su propia realización como sujetos. Ellas quieren que las deseen y ese anhelo se entrelaza con el deseo de poder, de visibilidad y de control, poder que en el caso de las adolescentes empieza a no expresarse directamente, sino a través de los otros que las desean o las aman.

Las chicas son bombardeadas por doquier con imágenes de las jóvenes que despiertan un deseo incontrolable en el hombre, y que a partir de entonces son felices para siempre y viven bien. Las adolescentes procuran imitarlas en sus maneras, aficiones y modos de vivir. Se preocupan por su apariencia física y algunas se obsesionan con el peso, con sus pechos, piernas, labios, nalgas... Sin embargo, al aprender a ser un objeto bello, la adolescente se escinde en sí misma y siente una especie de aversión hacia su propia carne, lo cual la vuelve más débil como sujeto existente y más fácil de dominar socialmente. Sin darse cuenta, la adolescente va ocupando su secundario lugar en el entramado social, consiente su propia subordinación en la jerarquía social, vigente entre los sexos, y asume sumisa un segundo plano, que la coloca a la sombra del varón. Y la sujeción está siempre reforzada por la moralidad, de ahí la diferencia entre la moralidad para los chicos y para las chicas, que refleja y refuerza el poder superior de los hombres. A veces, la diferenciación social entre los sexos en el orden patriarcal conduce a una verdadera esclavitud psicológica de la mujer joven, que se intensifica en la adolescencia.

No obstante, cada vez más y más adolescentes apuestan por el ritual académico como instrumento para su ascenso social y también por su desarrollo como personas que son. Las chicas suelen ser mejores estudiantes, porque son disciplinadas y constantes en su propósito y porque se adaptan mejor a las normas pautadas por los profesores. El éxito académico permite a las adolescentes disponer de mejores oportunidades de ascenso social siendo sujetos, dueñas de sí mismas y de su propia narración vital, más libres e independientes en su existencia. Actualmente, en muchos países, las chicas tienen acceso a los estudios y lo aprovechan para tener una vida propia, cuestión radical en el planteamiento existencial de cada sujeto.

Los cuerpos recuerdan y se habitúan a una serie de cosas. Las adolescentes aprenden a demostrar de qué sexo son: aprenden a vestirse, a comportarse, a andar, hablar, mirar, sentarse, correr, gesticular, ocupar un espacio como una mujer, aunque algunas se esfuerzan en lo contrario, atravesando una especie de pretendida «masculinización». La condición de ser mujer está hondamente inscrita en los cuerpos-palabra en forma de disposiciones, en lo que se siente y se considera que se debe hacer. Lo social moldea los cuerpos de las adolescentes por medio de los condicionamientos, que se derivan del hecho de estar en ese entorno y ocupar un espacio en él. Esos condicionamientos se relacionan estrechamente con los significados y las explicaciones de sentido[158]. La socialización respalda las estructuras de poder vigentes en la sociedad, y las creencias y las atribuciones de sentido crean realidades concordantes con ellas, son determinantes de sus propios efectos. Lo social ya está ahí como solicitud antes de que lo conozcamos y lo internalicemos antes de que podamos cuestionarlo.

En nuestras sociedades patriarcales está instaurada la misoginia, que descalifica lo femenino y desaprueba a las mujeres. El sexo femenino sigue siendo considerado inferior y subordinado al masculino, lo cual internalizan las adolescentes. Las chicas conviven con ese prejuicio aceptándolo o rechazándolo, pero ordenan su mundo en esa realidad, en la realidad en la que este prejuicio existe. Los prejuicios refuerzan las relaciones de poder existentes y orientan a las chicas en su relación con otros. Con frecuencia, las adolescentes confirman sin querer su subordinación social, comportándose de forma no consciente como si su supuesta inferio-

---

[158]Bourdieu, Pierre: *Meditaciones pascalianas*, Barcelona, Anagrama, 1999, p. 240.

ridad como sujeto sexuado y sexual fuese una verdad. Los comportamientos no son algo congénito, sino que los aprendemos en nuestro proceso de socialización, y los comportamientos comunican mensajes ocultos, comunican verdades sobre cómo son las cosas en cada sociedad. Los prejuicios contra las mujeres representan un verdadero problema de relaciones entre las personas, sujetos existentes sexuados y sexuales.

El orden social imprime sus estructuras en los individuos gracias a la inculcación de los ideales de la feminidad y la masculinidad, no en vano la conformidad con el género es un poderoso y eficaz instrumento de socialización, perpetúa el orden establecido. La feminidad se identifica con la dulzura, amabilidad, complacencia, entrega, pasividad, modestia, generosidad, desvalimiento, dependencia, autosacrificio, sumisión, emotividad, vivir para los otros: padres, hermanos, marido, hijos... Las adolescentes pueden aceptar o no esta atribución de sentido de ser mujer, pero esa noción de feminidad sigue existiendo en nuestros medios sociales e influye en las actitudes de las chicas.

A las mujeres se nos permite e incluso se fomenta en nosotras la expresión de las emociones. Las adolescentes pueden llorar y mostrarse caprichosas, aburridas y desvalidas. Sin embargo, las expresiones de algunas emociones como, por ejemplo, la ira, la rebeldía o el inconformismo no forman parte tradicionalmente de lo «femenino»[159]. Tampoco está bien visto que las muchachas expresen sus emociones de manera violenta. La violencia y la agresividad siguen siendo cosas de los hombres. A las chicas rebeldes no se las suele respetar. Se les dice que así nunca las querrá ningún chico, que a ellos les gusta otra clase de chicas, chicas más dóciles y comprensivas, las que saben comportarse adecuadamente. Y ¿quién decide cuál es el comportamiento adecuado para una adolescente?

---

[159] «A las mujeres se las ha educado para que piensen que la ira en ellas es intolerable, que las "mujeres agradables" sonríen todo el tiempo. Eso es arrebatarles su dignidad». Hite, Shere: *El orgasmo femenino*, Barcelona, Ediciones B, 2002, p. 98.

En el proceso de socialización internalizamos las instrucciones sobre cómo hay que ver el mundo, y las adolescentes, ávidas de entrar en el mundo de los adultos dejando la niñez atrás, son como esponjas. Se les transmite la idea de que sus cualidades son las opuestas a las de los hombres, y no es así. Lo que sucede es que esas cualidades se expresan de un modo diferenciado que, a menudo, es ignorado o mal interpretado por la mirada masculina. Y así estamos: los hombres no pueden introducirse en la piel de una mujer y comprenderla mejor, y las mujeres no disponen de las palabras y del tiempo propio, centrado en ellas mismas, para comprenderse mejor y verbalizarlo venciendo el hábito de callar lo que verdaderamente vivencian. Además, se las programa cultural y socialmente para sintonizar con lo que se espera de ellas, con ser «buenas» y no defraudar a los que las quieren y desean; se las programa tan bien que a muchas se les olvida ser realmente.

La adolescente, todavía inmadura como sujeto, lucha para no ser un objeto, un objeto carnal de uso y disfrute, a pesar de que su proceso de socialización propicia su cosificación. En la adolescencia, muchas chicas internalizan la idea de que el poder femenino es ser un objeto de deseo de otros y lo mejor que te puede pasar es encontrar a un «príncipe azul» que te proteja del amenazante mundo y que te salve de todo mal, aunque en los países democráticos, las chicas cada vez más buscan un proyecto de vida propio. Sea como sea, las adolescentes son adiestradas de forma apenas perceptible en el cumplimiento de los papeles femeninos adjudicados para ellas en la sociedad en la que viven. Las chicas buenas y virtuosas tienen que atender a los demás a la vez que preservar su «honra».

El imaginario social se nutre de los eternos mitos referentes a los arquetipos femeninos: Virgen (Palas Atenea), Madre (Hera) y Puta o Bruja (Afrodita)[160]. Esta clasificación de las mujeres es internalizada por las adolescentes, que construyen las fronteras simbólicas en sus modos de comportarse para ascender en la sociedad

---

[160] Gil Calvo, Enrique: *Medias miradas*, Barcelona, Anagrama, 2000, p. 255.

y planificar su estilo de existencia. Las chicas que se identifican más con la Virgen, se esfuerzan en ser «buenas» y «honestas», y esa actitud incluye la «honra» académica. Son adolescentes formales, serias, responsables y estudiosas. Sus logros académicos son muestras de su buen juicio y pureza espiritual. Su estrategia de ascenso social se centra en ellas mismas como sujetos, con una profesión que les dé independencia económica.

Las adolescentes que se identifican con Hera se preparan para ser buenas esposas y madres. Su proyecto de vida se centra en esos papeles femeninos, y su profesión es colocada por ellas en un lugar secundario. Su estrategia de ascenso social se centra en el matrimonio. Esas adolescentes se aficionan a las manualidades, a coser, bordar, tejer, cocinar, decorar el hogar... Además, en nuestras sociedades, la maternidad sigue siendo idealizada y reconocida como la tarea más importante en la vida de una mujer. La Madre es buena, es pura y no es sexual; eso se creía equivocadamente. En la actualidad, poco a poco, se va instaurando la imagen de la madre sexual que aspira a una existencia plena y no dedicada solo al cuidado de los hijos, del marido y de su hogar.

Por otra parte, la Afrodita es seductora, sexy, juguetona y coqueta. Conquista a los hombres y los intenta gobernar gracias al hechizo de sus encantos. Es el Objeto de Deseo para muchos, y las adolescentes centradas en este arquetipo pretenden ascender socialmente gracias al ritual amoroso, gracias a los hombres que conquistan. Muchas se equivocan en su elección y algunas emprenden un camino de destrucción personal de sucesivos daños inflingidos por los otros y por ellas a sí mismas. A menudo, cuando las muchachas se dan cuenta de que se han equivocado en su proyecto de vida ya han aprendido e internalizado un patrón de desviación inútil de su energía vital. Por lo general, estos tres arquetipos se entremezclan con distintas fuerzas en cada adolescente. También las circunstancias de cada cual son importantes para que esos arquetipos se expresen en los proyectos de vida y acciones reales.

Sea como sea, a las mujeres se nos inculca identificarnos con el papel de entrega a los demás, con el papel de procurar su bienestar, servirles en sus propósitos y a no reconocernos como individuos autónomos, con vida propia e independientes, con plenos derechos a desarrollarnos como sujetos y a gozar en nuestra existencia en igualdad de condiciones que los hombres. Así, mientras a los chicos se les refuerza la asertividad, el dominio de sí mismos y la independencia, a las chicas se nos educa en la ocupación en las relaciones con los demás, en la preocupación por ellos y en el consentimiento al dominio de los otros. Tendemos a creer que la verdadera vida de las mujeres es la afectiva. Se nos refuerza la empatía y el interés por lo sentimental, la sensibilidad, la emotividad y la expresividad. Muchas adolescentes aprenden a priorizar mal, atendiendo en primer lugar las demandas y las necesidades de otros, y desoyendo las propias. Otras se rebelan, y algunas se vuelven «intratables»...

Las adolescentes siguen teniendo una mayor capacidad expresiva y son, en un principio, más diestras en las artes sociales de la conversación, en la empatía, en la comprensión de los afectos y en el trato íntimo. Se continúa programándolas para amar, sostener, ayudar y consolar a los demás. Se propicia que las chicas no reparen en desacuerdos, que perdonen las pequeñas y no tan pequeñas ofensas, que comprendan a los demás y consientan, que intenten poner paz a toda costa... Muchas adolescentes aprenden a no decir «no» para no perder el afecto de los demás. Sin embargo, otras muchas se vuelven unos auténticos torbellinos, con explosiones sentimentales y arrebatos incluso destructivos. Las adolescentes van comprobando su poder sobre otros, a menudo con un coste de sufrimiento de ellas mismas y de otros, con los que se relacionan.

La adolescencia es una etapa de desarrollo muy turbulenta, de rupturas de vínculos, dramáticos descubrimientos, ritos de paso, cuestionamientos identitarios y de rebeldías. Las chicas se debaten inmersas en contradicciones y ambigüedades, buscando su lugar en el mundo y una relación auténtica con los objetos de su entorno y con los otros. Las adolescentes están en medio de constantes desequilibrios que las obligan a redefinirse continuamente y a redefinir su papel en el mundo, su realidad e intenciones en él, sus relaciones con los otros. Y no cabe ninguna duda de que mientras corroboremos los prejuicios del papel femenino tradicional, queriendo o sin querer, seguiremos colaborando en nuestra propia subordinación como sexo.

De modo casi imperceptible, la socialización de las adolescentes suele provocar la ignorancia de su propio potencial, se las recompensa al autoinhibirse. La moral sacrificial se va imponiendo en ellas en contra de sus propósitos de ser en primera persona[161]. Las chicas interiorizan la creencia de que si son buenas tienen que convertirse en seres del amor, que amar es nuestro deber por ser mujeres. Algunas lo logran y otras no, pero esta idea influye en la construcción del sentido existencial femenino. Así, las mujeres y los hombres nos diferenciamos en la atribución del éxito existencial a distintos logros. Lo que conocemos como «triunfos» no son los mismos para los dos sexos y, además, las mujeres no opinamos igual que los hombres al respecto. Nos educan para desempeñar distintos papeles sociales, que conllevan cometidos existenciales y comportamientos diferenciados para cada sexo. En numerosas sociedades patriarcales se educa a las muchachas en la creencia de que conseguirán el éxito, el estatus social y su propia identidad a través de un hombre que las quiera y se case con ellas. Se las prepara para comprometerse con el papel de esposa y madre.

A las chicas se nos inculca la admiración por el hombre, admiramos sus cualidades. Las adolescentes aprenden un comportamiento deferente hacia los hombres. No solo aprenden a tenerlos en cuenta sino que se supone que tienen que manifestar su complacencia a su propia subsunción. En esta etapa de desarrollo, más centrada en las relaciones con los otros, la afectividad se entrelaza

---

[161] «La moral sacrificial es impuesta a las mujeres como una virtud de género. Sin embargo, puede tratarse de la correspondencia personal con la impotencia genérica (*no puedes*) y la disminución de las mujeres (*no mereces, no vales la pena*). Las mujeres capaces que no concluyen sus procesos y dejan inacabadas sus obras, o no arriban a sus metas por atender otros deberes, han sido educadas para ello o son obligadas de manera forzada a no lograr sus objetivos a partir de intereses de dominación de género, pues las mujeres virtuosas o adecuadas deben atender la satisfacción de necesidades e intereses de *los otros*». Lagarde y de los Ríos, Marcela: *Claves feministas para la autoestima de las mujeres*, Madrid, Horas y horas, 2000, p. 98.

con la opresión y con la lucha por la propia condición de sujeto. Muchas adolescentes aprenden a ser «sombras» de sus «novios» y otras, a convertir a ellos en sus «sombras». El poder sobre otro entra de pleno en las relaciones entre los sexos.

A las mujeres se nos educa para esperar: esperar que el otro nos comprenda, que nos respete, que nos trate bien, que nos ame, que esté a nuestro lado y nos permita desarrollarnos plenamente sin asustarse, sin sentirse en peligro por nuestras capacidades ni abandonarnos. Las adolescentes sueñan con todo esto y con mucho más, sueñan con vivir un amor y, con demasiada frecuencia, sacrifican lo que ellas son para conservar el amor del otro. Parece que creen que si no tienen un amor en su vida ésta no puede ser completa, porque les faltaría lo más importante para sentirse felices: el amor romántico. No deja de preocupar que a las chicas se las eduque para echar por la borda sus propios planes de vida al aparecer el amor en ella. Parece que amar y ser amada lo justifica casi todo y lo demás deja de ser importante. Sin embargo, de quien debemos esperar un auténtico amor es de nosotras mismas. Todas las adolescentes deberían ser educadas para aprender a ser las mejores amigas de sí mismas, las incondicionales amigas de sí mismas pase lo que pase y para siempre.

La biografía de las adolescentes es punteada de una manera significativa por sus amores. Las chicas siguen siendo idealistas en el amor, quieren amar y que las amen a la manera tradicional; no en vano, los mitos amorosos universales alimentan nuestro imaginario colectivo y a todas se nos educa en esta cultura. En esos mitos se nos asigna un papel diferenciado por ser mujeres, generalmente, secundario al masculino. Las chicas aprenden a sentirse conformes con la diferencia de poder entre los sexos en sus experiencias amorosas, aunque este es un tema más complejo del que hablaremos más adelante. Las manifestaciones de poder ocurren en distintos planos relacionales y lo que parece no siempre corresponde a lo que en realidad es. Los chicos tienen más poder social, pero las chicas lo tienen en el nivel emocional, emocionalmente suelen ser más poderosas que los chicos. Sin embargo, este hecho es acallado y no reconocido, porque el poder femenino sigue suscitando sospecha y miedo; no casa bien con la feminidad y, por tanto, no debe expresarse directamente. Las adolescentes aprenden a no manifestarlo, incluso, a disimularlo. Una vez más, este comportamiento no es congénito, lo aprendemos adaptándonos a los mandatos culturales y sociales del medio en que vivimos[162].

Sea como sea, el amor adolescente sentido supone un rito de pasaje hacia la juventud, un verdadero punto de inflexión existencial que puede hacer tambalear los cimientos afectivos infantiles y hace que las chicas se replanteen la imagen que tienen de sí mismas. Los ritos de pubertad procuran establecer en el sujeto en formación un sistema de sentimientos apropiados al orden social en el que se encuentra, de manera que dicho orden perdure, y el individuo permanezca integrado en él. Las personas vivimos en relación y damos forma a nuestra existencia a través de actos aprendidos de otros.

A veces el amor en esta etapa de desarrollo supone una auténtica transformación existencial, un renacimiento con una clara evolución afectiva. De ningún amor se sale igual que como se entra, para bien o para mal, son unas intensas experiencias transformadoras, que se graban en la memoria de nuestros cuerpos-palabra constantemente cambiantes, en continuada evolución, que acontece instante a instante vivido en relación con otros. A veces el amor nos da alas y nos hace crecer, y otras, nos daña y destruye. Con frecuencia, sobrevalorar el amor romántico no ayuda a construir una relación amorosa de igual a igual, respetuosa con el otro como persona completa que es. Y, generalmente, cuando hay una

---

[162] «No se puede pensar en la educación sin tener en cuenta cómo se transmite una cultura». Bruner, Jerome: *La importancia de la educación*, Barcelona, Paidós, 1987, p. 81. Por su parte, Joseph Campbell sostiene: «En todas las áreas de relación social humana existen procederes ritualizados que despersonalizan a los protagonistas y los apartan de sí mismos a fin de que su conducta ya no sea la propia, sino la de la especie, la sociedad, la casta o la profesión. Sin ese tipo de reglas no hay sociedad que pueda existir, ni ningún individuo tendría la más ligera idea de cómo comportarse». Campbell, Joseph: *Los mitos*, Barcelona, Kairós, 1994, pp. 71-72.

desigualdad entre los sexos, el sexo femenino suele llevar la peor parte.

Las adolescentes siguen siendo mejores cumpliendo normas, tanto en la familia como en el instituto, normas que cada vez son más complejas. ¿Qué duda cabe que el mundo adolescente se ha ampliado desde la niñez y se ha vuelto más rico y complicado? Asimismo, a menudo las adolescentes se rebelan y disfrutan vulnerando las normas. En la adolescencia acontece una lucha por la individuación, por el poder, por la separación de las figuras significativas de antes... Algunas chicas exhiben conductas de riesgo, en compañía de sus pares. El mensaje de «¡Ten cuidado!» de la niñez puede que sea burlado en la adolescencia. Las adolescentes quieren experimentar, quieren sentir, quieren vivir intensamente... No obstante, burlar las normas sin reflexionar sobre sus conveniencias y verdades desvía la energía vital de las muchachas de manera bastante inútil. La educación no debe ser una cuestión de obediencia ciega, pero tampoco es buena una rebeldía porque sí, sin reflexionar sobre lo que verdaderamente hace bien a una misma. Sin embargo, en la adolescencia, es frecuente rechazar los consejos e indicaciones de los padres por el simple hecho de provenir de estos, ignorando su conveniencia o acierto.

La educación debería servir para estimular la búsqueda de la verdad, del bienestar y el respeto a nosotras mismas, a reducir la credulidad infantil y el desvalimiento personal. Aunque las adolescentes pretendan el apoyo del grupo de los pares procurando parecerse a las demás, pensar, hablar, sentir y comportarse como sus compañeras y amigas, pueden empezar a cuestionar y pueden comprender y sobrellevar esa turbadora sensación de inadecuación y extrañeza cuando se aparten de las normas de su grupo de iguales. La adquisición de una cierta independencia mental es posible y debería trabajarse en esta etapa de desarrollo. La razón comienza a oponerse a los impulsos fuertemente emocionales. La facultad de razonar de las adolescentes es cada vez mayor y la emplean también para aclararse consigo mismas y controlar sus emociones insanas y antisociales. Las que aprendan a razonar con propiedad y no conducirse solo por sus emociones serán más independientes y no tan fáciles de manipular por los otros. De ahí que en las sociedades de mayor sometimiento de las mujeres no interese que estas aprendan a pensar y a cuestionar; se prefiere que sean sobre todo emotivas y sentimentales. Así se las gobierna mejor y ellas consienten su propia subordinación al aprender a sentir como deben sentir por ser del sexo femenino. En esas sociedades, el sujeto existente mujer se diluye en la generalidad.

Deberíamos educar a las adolescentes para que no queden atrapadas en las imágenes de las chicas deseadas por otros, para que no sacrifiquen sus deseos, necesidades reales y proyectos de vida para agradar a otros. Las mujeres tienen que definirse desde sí mismas y con sus valores, no en función de sus relaciones con otros. Así, las chicas se respetarían más y no se sacrificarían a sí mismas en aras de otros, no renunciarían a sí mismas; serían sujetos existentes con el mismo derecho a su propio desarrollo y vida en primera persona, en igualdad con sus compañeros de sexo masculino.

Las adolescentes deben encontrar su propio camino en la vida, y permanecer siendo sujetos en sus relaciones con otros. Ser sujetos implica diferenciarse de los demás, asumir el hecho de la propia singularidad y no pretender difuminarse en la generalidad. Las adolescentes tienen que construir sus límites personales frente a los otros y respetarlos. Es bueno que se empeñen en vivir como protagonistas de su historia y no a través de otros; que apuesten por su propio empoderamiento existencial y no teman la libertad de *ser*; que aprendan a tomar sus propias decisiones y se comprometan consigo mismas. La autenticidad en el ser a pesar de todos y de todo es un largo camino que puede torcerse en la adolescencia si una se miente a sí misma. La mayor valentía es ser la persona que una es a pesar de todo y de todos, les guste o no a los otros, que pretendan imponernos sus criterios; por supuesto, hablamos de una conducta ética. A veces, el precio es una soledad sentida junto a otros, pero la soledad sentida se relaciona hondamente con la individuación y la asunción de ser diferente; la soledad es inherente a ser sujeto existente real.

Es conveniente que las chicas aprendan en esta etapa de desarrollo a ser responsables de su bienestar, también del interior, y se preparen para ser independientes, lo cual incluye una independencia económica, pues tener dinero suficiente para vivir te permite decidir con mayor libertad que cuando dependes del otro para el sustento. La dependencia económica es una situación de riesgo para la mujer. Lograr convertirnos en sujetos existentes de primer orden se relaciona con la autonomía personal y la autonomía se va escribiendo en la biografía de cada cual. Se trata de elegir con propiedad, sabiendo lo que una quiere y pretende. Se trata de aprender a controlarnos y a saber decirnos a nosotras mismas «no» cuando es eso lo que nos conviene. Se trata de no conformarse con ser cuerpo para otros y tener claro que nuestro cuerpo nos pertenece solo a nosotras y debemos valorarlo: todo nace en él, somos cuerpos seamos conscientes de ello o no, lo aceptemos o no, lo comprendamos o no; eso no cambia el hecho de que *somos* carnales.

La educación que se nos da no solo instruye e informa sobre cómo es el mundo en que vivimos, sino que procura inculcar una buena conducta, conducta aceptada socialmente[163]. Esa educación se nos da en la familia, en la escuela y en la sociedad en general. En la adolescencia, poco a poco, la familia va quedando desplazada por la influencia de los compañeros, muy importante en esta etapa de desarrollo, y por la escuela. El espacio escolar no solo instruye, también controla, recompensa y jerarquiza. La escuela tiene un papel institucional en un orden social dado, que actualiza las estructuras de poder existentes en la sociedad.

El espacio escolar debería servir para estimular el conocimiento, para enseñar a pensar de forma independiente y fomentar la búsqueda de la verdad. La educación debería estimular el hacerse preguntas y no tanto responder a las preguntas de otros. Sin embargo, con demasiada frecuencia, la escuela promueve la obediencia, impone verdades oficiales y conductas estereotipadas. El desarrollo del pensamiento crítico e independiente, el fomento de

---

[163] «Entre las muchas maneras como se ha producido el gradual declive social de la mujer, una de las más importantes es la educación». Montagu, Ashley: *La mujer, sexo fuerte*, Madrid, Guadarrama, 1970, p. 47.

mejores emociones humanas para convivir bien unos con otros y el aprendizaje para relacionarse éticamente con los demás quedan olvidados en alguna parte, por lo general, no suelen ser objetivos educacionales claros. Lo que puede dar valor a la vida humana no siempre es tenido en cuenta para educar. Contribuir a crear ciudadanos cultos, con capacidad de cuestionar lo dado y con una cierta independencia de pensamiento sigue siendo una asignatura pendiente en nuestra educación escolar. Se continúa sin fomentar la imaginación, la originalidad y la creatividad. Con demasiada frecuencia se pretende lo contrario, recompensando el conformismo, la docilidad y la rigidez en el hacer. Se apuesta más por la disciplina y cierta uniformidad; se estimula la competitividad a la hora de alcanzar méritos académicos reglados, que jerarquizan a los alumnos y dan mayores oportunidades de ascenso social a los mejor adaptados al sistema. Los sentimientos personales, la libertad de elección y la individualidad tienen poca cabida en las aulas y dificultan el trabajo del profesorado[164].

Cabe preguntarse si en nuestro sistema educativo se recompensan la cooperación con los compañeros para conseguir un fin común, la fraternidad, la bondad, el buen trato, la solidaridad y la creatividad. No parece, salvo honrosas excepciones. Lo de formar a individuos libres continúa sin ser una realidad en el espacio escolar. La ignorancia, el memorizar datos sin comprender ni relacionarlos entre sí, sin preguntarse por qué ni para qué, tienen serias consecuencias para los adolescentes de ambos sexos, como también lo tiene el no educarlos en las relaciones humanas de igual a igual, en comprender mejor a ambos sexos y sus peculiaridades a la hora de percibir, interpretar las cosas y comunicarse. Ni siquiera los adultos las conocen, ¿cómo lo van a enseñar? Si los adolescentes no tienen en cuenta esas peculiaridades diferenciales en función de los sexos, lo más probable es que no se entenderán bien y tendrán más problemas en sus relaciones con otros.

---

[164]Rogers, Carl y Stevens, Barry: *Persona a persona*, Buenos Aires, Amorrortu, 2012, p. 70.

Se debería cambiar la educación humana para preparar a los adolescentes a relacionarse mejor, en igualdad de valor y respeto mutuo, procurando que sean más humanos y más felices en sus relaciones. La educación de los adolescentes debería disponer a cada sexo a favor del otro y no a convertirlos en opuestos y contrarios. Ambos sexos pueden colaborar en lograr un mundo relacional mejor para todos y pueden aprender uno del otro, pueden ser más solidarios en su realidad existencial y desarrollo como personas. Todos saldríamos ganando.

¿Y qué ocurre en esta etapa en la familia? La niña ya no es una niña y se va convirtiendo en una joven. Muchas adolescentes abandonan su papel de «buena hija» buscando su propia individualidad, se vuelven unas rebeldes, unas contestatarias con ideas propias y deseos de hallar su voz. Ya dicen «no» a sus padres, con fundamento o sin él, a veces por el simple propósito de oponerse a ellos, a separarse de ellos, lo cual es necesario para su individuación. A los padres les duele ese supuesto rechazo y alejamiento emocional, no suelen entender que es una evolución normal en la maduración del sujeto existente y nadie les ha preparado para afrontar esta etapa: los adolescentes tienen que separarse de sus padres y construir su propia identidad.

La familia sigue siendo un sistema de relaciones humanas muy importante para los adolescentes, que influye en su formación como personas; constituye el terreno psíquico y emocional en que nacemos como personas visibles, con rostro reconocible por otros. Muchas de las cualidades de los adolescentes son «sombras» de sus padres y hermanos, puesto que nos hacemos en relación con otros. Cada familia tiene su particular «asunto» o relato existencial, evidente u oculto, y los adolescentes intervienen en él de modo significativo. A veces se comportan para mantener a la familia unida y otras veces, se empeñan en destruirla, sin apenas darse cuenta de sus propias intenciones y de las consecuencias de sus acciones. El tipo de relaciones en la familia es un gran aprendizaje para los adolescentes, y las reproducirán o evitarán hacerlo. Algunos se fijarán mucho para no volverlas a vivir nunca más. Sea como sea, son sus experiencias vividas y conforman el suelo en el que se construye un sistema de creencias con una escala de valores que hacen nacer una historia personal e intransferible. La adolescente va constituyendo su propia estructura conceptual, que utilizará para percibir el mundo y darle sentido, y en ese mundo construirá sus realidades. A menudo, los adolescentes, sin ser conscientes de ello, adoptan los criterios, los sentimientos y los sueños de otros en un terreno intensamente afectivo.

Los adolescentes se vinculan con los miembros de su familia y se implican en su suerte. La transmisión de sentimientos y pareceres en la familia es inevitable, porque es imposible que no suceda en ese espacio de intensas relaciones basadas en el amor, el compromiso y la lealtad. La propagación de los mundos mentales de los miembros de la familia acontece por medio de los rituales de interacción entre ellos[165]. Y la calidad de las relaciones entre los familiares es la que influye en que esos rituales se graben más o menos en la memoria biográfica de los adolescentes.

Si en la familia existe una relación jerárquica entre los padres, las hijas la internalizarán, la aceptarán como «normal» o, por el contrario, lucharán oponiéndose a ella. Si se le dice a la adolescente que procure ser «buena» y que acepte su secundario lugar respecto al sexo masculino, este mensaje le influirá en su comportamiento. Si se le adjudica un papel de cuidadora de otros y se la predestina al espacio doméstico, se la predispondrá, en un principio, para realizarlo, salvo que ella se rebele contra su suerte y se empeñe en labrar su propio porvenir como una persona completa que puede llegar a *ser*.

De todas formas, en la lucha o en la aceptación de «verdades» familiares, existe un vínculo emocional con la familia de origen, una cierta lealtad y compromiso apenas conscientes con sus miembros. Si a alguien querido le va mal, la adolescente puede que intente compensarle cuidándole y protegiéndole con su amor o imitándole en su desgracia. A menudo y, sin entender por qué, las chicas se sienten culpables si alguien de su familia sufre, y sufren

---

[165] Cyrulnik, Boris: *El amor que nos cura*, Barcelona, Gedisa, 2005, p. 125.

a su vez[166]. En esta etapa del desarrollo, aún perdura el concepto mágico del mundo y más en el amor. La frase infantil «te sigo» se va completando con otra frase amorosa de sacrificio «mejor que sea yo que tú». No deja de corresponder a todavía confusas fronteras entre los adolescentes y las personas amadas de su sistema familiar[167]. No obstante, la familia puede modificar el sufrimiento de uno de sus miembros, puesto que es un sistema relacional activo, en constante evolución y cambio. Cada uno de sus integrantes se sirve de su experiencia personal para influir en otros e intentar controlar el medio en que vive.

Las adolescentes pueden reconocerse como sujetos separados de los demás y tomar la decisión de seguir su propio camino, aunque sea difícil y se sientan culpables por «fallarles» a sus seres queridos. Pueden darse cuenta de que su amor por ellos no borra la frontera entre ellas y los demás, y que su historia y suerte no son las de esos otros. Se trata de posicionarse frente a ellos y, a pesar del amor que sienten, no reproducir su destino, no expandir el sufrimiento familiar, ya que su sufrimiento causará otros sufrimientos y su desgracia nutrirá otras desgracias[168].

---

[166]«Así, pues, del vínculo, y del amor que este vínculo comporta, en la comunidad de la familia y de la red familiar nace la necesidad imperiosa de llegar a un equilibrio entre la ventaja de unos y la desventaja de otros, entre la inocencia y la felicidad de unos y la culpa y la desdicha de otros, entre la salud de unos y la enfermedad de otros, y entre la vida de unos y la muerte de otros. Es esta necesidad la que lleva a una persona a desear también la desdicha cuando otro miembro de su sistema fue desdichado. Cuando alguien cae enfermo o contrae una culpa, una persona sana o inocente también enferma o se hace culpable; y cuando una persona querida muere, otra persona próxima a ella desea morir también». Hellinger, Bert: *Órdenes del Amor*, Barcelona, Herder, 2001, pp. 354-355.

[167]Hellinger, Bert, ob. cit., pp. 362-363.

[168]«La expiación sacia nuestra necesidad de compensación. Pero si la compensación se busca a través de enfermedades, de accidentes o de la muerte, ¿qué se logra realmente? En lugar de un perjudicado hay dos, y en lugar de un muerto aun hay otro más. Aún peor: para las víctimas de la culpa, la expiación significa un doble daño y una doble desgracia, puesto que su desgracia nutre otra desgra-

La redención a través del sufrimiento y la expiación de culpas pertenecen a numerosas culturas y las aprendemos como soluciones a algunos problemas sin apenas ser conscientes de ello. Sin embargo, como instrumento reparador de culpas y agravios es mucho más constructiva la reconciliación, siempre que sea posible, claro está, porque es mucho más difícil de lograr, y requiere más esfuerzo por parte de todos los intervinientes. En la reconciliación, los individuos actúan tratando de reparar los daños en vez de sufrir y sufrir; pueden elegir realizar algo bueno por otros, algo que fomente la vida y la satisfacción existencial, algo por lo que puedan sentirse orgullosos al fin... Así, su amor les conduce a algo bueno, y lo pueden compartir con otros: es el arte de mutar lo malo en lo bueno y fomentar la felicidad de los que te rodean.

Al principio de esta etapa de desarrollo, los hijos creen todavía que los padres no pueden equivocarse, los idealizan y sobrevaloran sus fuerzas. Conforme va transcurriendo la adolescencia, esta imagen de los padres se problematiza, y los adolescentes empiezan a creer que los padres sí se equivocan y no lo pueden todo. Las adolescentes se alejan de sus padres, incluso a veces los rechazan y ridiculizan. Las fantasiosas creencias de su infancia han resultado ser falsas, los padres son personas imperfectas como todas las demás, tienen defectos y debilidades... Las adolescentes se sienten decepcionadas y confusas. Sus padres han perdido el brillo de héroes todopoderosos y se han vuelto más reales. Las adolescentes luchan por conservar un poco de seguridad en un mundo relacional cada vez más complejo, humano e incierto.

El sentido «fallo» de los padres y el rechazo de las adolescentes de sus figuras fantaseadas se viven con sufrimiento por ambas partes. Los padres ya no saben bien qué hacer con esa adolescente que ha sustituido a la hija de antes, una jovencita desconocida que amenaza el equilibrio familiar con sus decisiones, sus impulsos y sus explosiones emocionales. Hacen lo que pueden por procurar su bienestar, pero parece que no aciertan. Sus consejos e inter-

---

cia, su daño aun causa más daño, y su muerte trae la muerte a otras personas», Hellinger, Bert, ob. cit., pp. 365-366.

venciones ya no son bien recibidos, se cuestionan, se critican, se rechazan... Las hijas, por su parte, tampoco lo pasan bien en ese torbellino de sentimientos contradictorios: amor y odio, admiración y desprecio, obediencia y rebeldía, agradecimiento y rencor...

No obstante, uno de los cometidos de los padres es dejar que los hijos nos idealicen y luego permitir que descubran nuestras limitaciones e imperfecciones como personas reales que somos. Es un proceso doloroso para todos, pero es necesario para la maduración de los adolescentes y la conservación de buenas relaciones familiares. Los adolescentes tienen que reorganizar sus vínculos amorosos y dejar en un segundo plano los parentales para poder implicarse en otras relaciones afectivas, características de los individuos adultos, como son las amorosas y las sexuales. Es una etapa de riesgos, puesto que tienen que abandonar una base de seguridad para adentrarse en un mundo de intensas y desconocidas relaciones entre pares, que no se rigen por las mismas reglas que las paterno-filiales.

Las adolescentes toman a sus padres como ejemplos para imitarlos o para no parecerse a ellos. A veces les hacen caso y otras veces los ridiculizan. Pueden cambiar rápidamente de actitud y sus vivencias son intensas. Y cuando las adolescentes se dan cuenta de que sus padres están incómodos con sus transformaciones corporales y conductuales, esta percepción reaviva sus propios sentimientos al respecto, y puede que entren en conflicto consigo mismas y con los padres, y rechacen su cambiante cuerpo. Con la intervención de los padres o sin ella, en esta etapa son frecuentes los trastornos alimentarios como, por ejemplo, la anorexia, que procuran detener las transformaciones corporales y sirven a modo de autocastigo y autoinhibición. En los trastornos alimentarios tiene lugar una transferencia de muchas emociones a la comida, que se muta en un instrumento de control, que intenta compensar el descontrol de la cambiante realidad de las adolescentes, perdiendo su significado de alimento necesario para nutrir un organismo vivo.

Sea como sea, las adolescentes suelen presentar particularidades diferenciales en la relación con su madre y con su padre. La madre fue su primer mundo de amor y cuidados. Es la persona que les ha dado la vida... Las adolescentes se reconocen del mismo sexo que ella y comparten con su madre, aunque no siempre, intimidad emocional, conversaciones, experiencias, intereses, complicidad femenina... Hablan el mismo lenguaje femenino y perciben las cosas con una mirada de mujer... Muchas adolescentes conservan esta intimidad con su madre a pesar de su individuación. No temen disolverse en lo «femenino materno». A menudo, la madre y la hija adolescente forman una especie de par cómplice, que se apoya en todos los sentidos, también en el emocional. Esa estrecha relación propicia el desarrollo del instinto maternal en la hija y fomenta la búsqueda de amistad entre mujeres en la edad adulta. Uno de los grandes placeres femeninos es poder conversar desde las emociones y los sentimientos. Es importante para nosotras, nos da fuerza vital, y, generalmente, no podemos hacerlo con los hombres, ya que su lenguaje es otro; no suelen estar cómodos hablando de sus sentimientos y emociones.

Así, separarse de la madre suele ser más complicado para una chica que para un chico, puesto que la identidad sexual de ambas es la misma y muchos de sus intereses, cualidades y comportamientos son compartidos. A menudo, para lograrlo, las adolescentes crean una imagen distorsionada de su madre, sin ser conscientes de ello. De pronto, sienten que su madre se vuelve una persona hostil, una mujer posesiva, dominante, mandona y vengativa. Ellas la rechazan, y luchan contra su autoridad y sus mandatos. La madre real puede tener o no tener estas cualidades, pero la hija las interioriza como una imagen de su propia madre y su comportamiento con la madre real cambia[169].

Además, las adolescentes van teniendo sus propios logros como sujetos en formación, van completando sus estudios y adquieren

---

[169] «Existen dos polos de expresión del arquetipo de la madre: la Gran Madre, que encarna el alimento, el apoyo y la protección sin límites, y la Madre Terrible, que representa la asfixia, el estancamiento y la muerte. Estos modelos arquetípicos son elementos de la psique humana, que se forman como respuesta de la típica dependencia de los humanos durante su infancia». Murdock, Maureen: *Ser Mujer: un viaje heroico*, Madrid, Gaia, 1991, p. 33.

habilidades, que, quizás, sus madres no han logrado. A veces, a las madres les cuesta aceptar los éxitos de sus hijas, porque les hacen ver sus propias limitaciones y fracasos; les puede costar aceptar que sus hijas son personas completas, separadas de ellas, con sus propias vidas, y que son más capaces que ellas, que tendrán una vida más interesante. Se alegran generalmente por sus hijas, pero se lamentan por sí mismas y sus elecciones pasadas. Las hijas no lo comprenden y lo vivencian en conflicto consigo mismas y con sus madres. Por una parte quieren liberarse de ellas y, por otra, se sienten culpables por superarlas y dejarlas a un lado en su camino. También puede ocurrir todo lo contrario, que la adolescente se sienta apoyada por su madre y que comparta sus éxitos con ella como si fuesen logros de ambas.

El conflicto entre las hijas y las madres también se relaciona con la belleza y el atractivo sexual. Ambas mujeres rivalizan por el amor del padre de forma consciente o no. Las madres van cumpliendo años y las hijas van abriéndose a la vida como una flor. En nuestras sociedades se fomenta la rivalidad sexual entre las mujeres, que pretenden ganarse la atención y el amor de los hombres. Esto influye en la relación de madres e hijas, que compiten entre sí por el favor y el amor del hombre más importante para ellas[170].

---

[170] «Desde luego, en otro plano más sencillo, el conflicto entre madres e hijas está relacionado con la belleza y el atractivo sexual, las actitudes sobre la imagen de la mujer que discriminan por razones de edad. En nuestra cultura se fomenta la rivalidad sexual entre madres e hijas; las madres son las mujeres mayores, mientras que a sus hijas, en plenitud, se las llama "Lolitas" y "sexy", se las considera más divertidas y deseables. A las mujeres mayores no se las juzga hermosas, su poder se considera negativo y dominante, y su capacidad de expresión, "exigente"». Hite, Shere: *El orgasmo femenino*, Barcelona, Ediciones B, 2002, pp. 202-203. Y añade: «Los temas de la belleza y la edad son tabú entre casi todas las madres e hijas, porque las presiones sociales son muy intensas y dolorosas. Por suerte, está creándose un clima en el que las mujeres tienen más libertad para expresarse mutuamente la admiración por su belleza —joven o vieja, tradicional u original—, disfrutar de ella, en vez de considerarla una amenaza que implica competencia y rivalidad. No obstante, todavía hay demasiadas hijas que sienten una mezcla de vergüenza y orgullo porque las consideren más guapas que a su madre (mientras que las madres se sienten presionadas para

Las madres se quejan al padre y sienten una velada hostilidad hacia las hijas, hacia sí mismas y hacia la vida en general. Su malestar existencial, que no tiene nombre, aumenta y, aparentemente, su propia hija tiene en parte la culpa de ello.

El alejamiento de las adolescentes de sus madres se acrecienta con los tabúes sexuales entre ambas. Las hijas quieren saber, pero a menudo las madres no contestan a sus preguntas sobre la sexualidad, entre otras cosas porque igual ni conocen las respuestas, ni les gusta hablar de esas cosas tan íntimas y no siempre satisfactorias, ni han puesto palabras a sus vivencias y no han reflexionado sobre la sexualidad, ni sobre la suya en particular. Las adolescentes no lo entienden así y lo interpretan como si las madres les ocultasen una información valiosa para ellas, como si no quisieran ayudarles a aclararse. Otras piensan que sus madres son unas ignorantes y estúpidas, o unas hipócritas que interpretan un papel de «puras» y «asexuales», pero después tienen relaciones sexuales[171]. Tanto a las adolescentes como a sus madres les cuesta hablar del sexo, pero sería muy bueno para las chicas que haya una comunicación sincera y respetuosa en este tema con sus madres. Ya es hora de que vayamos cambiando de actitud respecto a nuestra sexualidad y amatoria. La solidaridad entre las mujeres podría comenzar en la solidaridad entre madres e hijas.

La relación de la adolescente con su padre es distinta. Por lo general, no suele haber tanta conexión emocional cómplice, ni suelen hablar de la misma manera. Sin embargo, puede haber mucho

---

ponerse menos guapas, "no hacerse las jóvenes", "no ser femeninas ni coquetas para que la gente no se ría de ellas", cortarse el pelo, llevar zapatos cómodos, etcétera), de forma que la situación va empeorando cada vez más: las jóvenes sienten vergüenza y resentimiento (por la situación inamovible) y las madres tienen celos de sus hijas y se irritan con ellas pero, al mismo tiempo, se sienten culpables por ello», pp. 203-204.

[171] «La mayoría de las madres ocultan su vida y crean un clima en el que es evidente que no cuentan con que sus hijas les hagan "preguntas personales": si se masturban, con cuánta frecuencia tienen relaciones sexuales, cómo alcanzan el orgasmo, etcétera. A la mayoría de las hijas se les da un libro y se les dice: "Pregúntame lo que no entiendas"». Hite, Shere: ob.cit., p. 195.

respeto y admiración de la chica hacia su padre, incluso una gran amistad y confianza entre ambos. A veces, sucede todo lo contrario y las adolescentes hablan más de sus cosas con sus padres que con sus madres, se sienten más identificadas con los intereses de ellos que con los de ellas; de todo puede ocurrir. Cuando el padre es un apoyo y un amigo es un tesoro existencial, pero algunos se convierten en los peores enemigos de sus hijas, en las personas que más daño les hacen en su todavía corta vida.

Cuando las niñas crecen y se van transformando en jóvenes, muchos padres se muestran más tensos con ellas, procuran guardar las distancias. Ya no se atreven a acariciarlas tanto, ni jugar con ellas de la misma manera que antes. Sus pequeñas se han convertido en jovencitas y ellos no pueden ignorar este hecho. El tabú sexual aparece en la escena para ser respetado o para ser transgredido por algunos. Hay padres que no lo viven mal y aceptan el tabú, pero otros se vuelven más distantes, irritables, enfadados sin saber por qué, e, incluso, bruscos y violentos. Las chicas no suelen entender esa transformación paterna y, a menudo se sienten culpables, creen que algo han hecho mal y han decepcionado a sus padres. De un modo o de otro, la relación entre las adolescentes y los padres cambia.

Evidente o no, la tensión sexual entre padres e hijas adolescentes existe. Algunas chicas, consciente o inconscientemente, utilizan su nuevo poder seductor para camelar a sus padres y obtener de ellos cosas y permisos que las madres no les darían. El modelo seductor entre los sexos, imperante en la sociedad, empieza a formar parte de las relaciones familiares, también los celos y la competición femenina por el afecto y las atenciones del hombre. La adolescente procura una alianza con el padre por medio de la seducción. Pero antes o después, en la vida afectiva de las adolescentes aparecen nuevas figuras amorosas, que se apoderan de su atención.

Generalmente, las chicas suelen obedecer más a su padre que los chicos y tratan de agradarle siendo «buenas», intentan complacerle y no defraudarle. Es importante para ellas sentirse queridas por su padre. No obstante, también se da todo lo contrario: la rebelión, el enfrentamiento y una conducta retadora que irrita al padre. Asimismo, en la pubertad y la adolescencia pueden darse abusos sexuales y violaciones de las hijas por parte de sus padres. Con frecuencia, las chicas sienten angustia de ser violadas por las figuras masculinas de su entorno: padres, hermanos, parientes cercanos, amigos de la familia... No en vano los abusos sexuales se cometen a menudo en el seno familiar[172]. Cada vez se descubren más y más casos, y ya se habla de ellos, no se silencian como antes, ni tampoco se consideran como algo casi normal, porque el padre tiene derecho y puede hacer lo que considere oportuno en su casa[173]. Las chicas, confusas, dañadas y sintiéndose culpables por algo que dudan si «han merecido» o «han provocado de alguna manera» entran en conflicto con los demás, con ellas mismas y con esa vida que resulta difícil y de sufrimiento. Eso cuando no se quedan embarazadas o con alguna enfermedad, lo cual complica todavía más su situación y compromete su futuro, pues si ya son madres, eso lo tendrán en su biografía siempre.

Esas experiencias de abusos sexuales y violaciones a menudo tienen graves consecuencias para las adolescentes en su existencia, obstaculizando que tengan una vida sexual plena en el futuro. Su confianza en las personas que supuestamente las quieren se problematiza. Si su propio padre les ha fallado y les ha hecho daño qué harán los demás... En nuestras sociedades patriarcales, es fre-

---

[172]«Pero es en el seno familiar donde se cometen muchos de los más atroces delitos sexuales, es decir, la violación de hijos e hijas. Son mucho más los hombres que cometen abusos contra niños de su propia familia, o contra niños que conocen bien, que los que lo hacen con niños extraños». Leroy, Margaret: *El placer femenino*, Barcelona, Paidós, 1996, p. 69.

[173]«En los últimos años ha quedado en evidencia que el abuso sexual a menores es más común de lo que se suponía y de lo que quisiéramos creer. Desde que los medios de comunicación empezaron a tratar con regularidad el tema de la violencia intrafamiliar, muchas personas comenzaron a reconocerse como víctimas. Hasta entonces, lo que les había ocurrido era un secreto imposible de mencionar, algo de lo cual no se podía hablar, algo que no se sabía claramente si era malo o no, algo innombrable. Literalmente un asunto que no tenía nombre». Politzer, Patricia y Weinstein, Eugenia: *Mujeres: la sexualidad oculta*, Barcelona, Grijalbo, 2005, p. 201.

cuente que las chicas violadas se consideren como una «mercancía defectuosa» y que crean que no merecen nada bueno ya; se desvalorizan y se condenan a sí mismas a una existencia con esa pena y ese episodio traumático siempre presente. Sin embargo, eso es un enorme error y una terrible injusticia. Las chicas que han sobrevivido a la violencia sexual tendrían que sentirse orgullosas de haberlo logrado, porque han sido fuertes y han podido superar una situación muy problemática. Y una vez que han conseguido sobrevivir, hay que conseguir no convertir el resto de la vida en una condena o penuria existencial. Las chicas no deben permitir que los abusos y las violaciones causen un daño irreparable en sus vidas. Ellas pueden pasar página y empeñarse en ser felices y en construir su vida de forma que estén a gusto y bien. La vida sigue, y ellas pueden lograr una existencia muy buena. ¿Por qué no? Las adolescentes no deben permitir que los indeseables que les hayan hecho daño además se apoderen del resto de sus vidas. Tienen que empeñarse en que eso no sea así, y construir conscientemente lo que de verdad desean para sí mismas. Es una buena ocasión para aprender a ser la mejor amiga que una pueda tener, para aprender a relacionarse bien consigo misma.

Pero para aprender a relacionarse bien con una misma es necesario comprender lo que somos, trascendiendo los estereotipos femeninos vigentes en la sociedad, y aceptarnos. Es un trabajo personal de búsqueda de lo que es cada una, de nuestra identidad como sujeto existente, y esa identidad es sexual, se inscribe en el hecho de que se es mujer. Es bueno tenerlo en cuenta para poder comprender lo que una es. La capacidad de reflexionar sobre sí misma, de tomar conciencia de sí misma, se desarrolla en la adolescencia. En esta etapa se observa y se cuestiona, se razona, se plantean hipótesis cuya validez se intenta comprobar. ¿Qué significa ser una mujer? ¿Qué mujer soy yo? ¿Cómo me gustaría ser? Paulatinamente, la conciencia mítica se muta en racional y nuestro mundo se transforma a la vez que los ojos que lo observan.

No nacemos sabiendo de qué sexo somos, nos identificamos de un sexo o de otro en algún momento de nuestro proceso de socialización, aproximadamente a la edad de un año y medio. En la adolescencia, entramos en diversas crisis identitarias, necesarias para posicionarnos como individuos, integrados o no en un «nosotras». Si una chica se aleja de las normas del grupo al que pertenece, se siente más insegura y entra en conflicto con lo que son supuestamente las otras. Sin embargo, lo que todavía no entiende es que no puede haber una construcción del sujeto, del «yo», si no aceptamos que somos diferentes a los otros, que separarse del grupo de iguales es necesario para ser individuos razonablemente autónomos e independientes. El nacimiento de un sujeto adulto se relaciona con la interiorización biográfica de la niña y la adolescente que fuimos en la profundidad de la conciencia hecha carne existente. Además, los otros siempre son imaginados por nosotros, suponemos cómo son porque es imposible vivir en su piel, pensar lo que piensan, soñar lo que sueñan, tener las intenciones que tienen... Podemos intentar adivinarlos, pero no podemos ser ellos; los otros siempre son misterios sin desvelar, aunque vivamos con ellos toda una vida.

Por lo general, las adolescentes son bastante inseguras, van descubriendo que son personas con ideas, pensamientos, deseos, sueños y costumbres propias. Ese descubrimiento es un proceso dificultado por el hecho de que, en nuestras sociedades patriarcales, la socialización de la mujer propicia la ignorancia de las jóvenes de sus propios potenciales como personas, suele desdibujar las peculiaridades individuales de las mujeres en un genérico común. Muchas adolescentes rechazan partes de sí mismas para no parecer diferentes de sus compañeras o por el miedo de no ser populares ni deseadas por los chicos. Sin embargo, con «éxito» social o sin él, cuando rechazamos importantes partes de nuestro potencial, nos solemos empobrecer como individuos, salvo si son partes antisociales y destructivas, en cuyo caso es necesario controlarlas. Al inhibir las capacidades que nos honran como personas completas que somos, nuestra autoestima se resiente, se empobrece.

Pero la autoestima, todavía hoy, no está ampliamente valorada en el sexo femenino[174]. La afirmación de la mujer como sujeto existente con todos los derechos al desarrollo propio y a una vida en igualdad de oportunidades sigue siendo una asignatura pendiente en la mayor parte de los países. Valorar los esfuerzos de las adolescentes para ser ellas mismas y desarrollar sus buenas potencialidades significa ayudarlas a adquirir la autoestima que necesitarán para caminar erguidas por la vida, razonablemente autónomas y libres. Es muy conveniente que también las chicas valoren la autoestima propia y aprendan a construirla y a cuidarla. La autoestima es un importante ingrediente para ser independiente y capaz de lograr las metas que una se pone, para vivir a gusto en su propia piel. No es bueno sobreproteger a las adolescentes ni acostumbrarlas a que los padres les solucionen sus problemas: una vez que la chica se crea incapaz es difícil convencerla de su valía. Es bueno ayudarles, estar a su lado, quererlas, apoyarlas, pero no es bueno tratarlas como si fuesen unas niñas desvalidas, incapaces de tomar sus propias decisiones. Es verdad que a los padres les cuesta mucho mantenerse respetuosos viendo que las elecciones de sus hijas las pueden perjudicar y hacerlas infelices, pero las adolescentes empiezan a independizarse como individuos, de sus padres y de los demás, y este proceso es necesario para adquirir la condición de sujeto adulto. Llega un momento cuando los padres ya no pueden decidir por sus hijas ni deben hacerlo.

No obstante, muchas adolescentes creen que la autoridad no está en ellas sino fuera: en los padres, en los profesores, en los hombres, en diversas instituciones, en la Iglesia, en los dioses... Y no les falta razón tal como están las cosas en nuestras sociedades, es lo que a menudo sigue ocurriendo en la realidad cotidiana

---

[174] «En la configuración tradicional de las mujeres, la construcción de la autoestima es enajenada, es mediada y siempre tiene a un otro de por medio. La autoestima de las mujeres se apoya profundamente en la estima de los otros y acaba siendo una reacción a la estima de los otros. Por eso la autoestima es tan endeble en muchas mujeres». Lagarde y de los Ríos, Marcela: *Para mis socias de la vida*, Madrid, Horas y horas, 2005, p. 81.

de las chicas. Todavía hoy, en el orden patriarcal, la autoridad y el poder femenino siguen considerados como impropios e insanos en la mujer[175]. No se le enseña a la adolescente la valía independiente, la valía del sujeto existente que es en sí misma. La cada vez mayor independencia de la muchacha se asienta sobre la base de su inevitable dependencia existencial infantil de antes. Ambas conviven en esta etapa de desarrollo y suele suceder que cuando se satisface la normal necesidad de dependencia infantil se llega a la independencia juvenil, aunque no siempre sea así, porque las adolescentes pueden aprender que cuando se comportan de forma dependiente, desvalida y sumisa les va aparentemente bien, los otros las ayudan y las protegen. Eso tampoco se cumple siempre y los otros pueden aprovecharse de su debilidad para controlarlas, mandarlas, maltratarlas y usarlas como si fuesen objetos.

De todas formas, la restricción del yo como método para evitar el sufrimiento en un orden social dado pertenece al proceso normal del desarrollo del yo. En el inmaduro y plástico yo adolescente alguna autoinhibición se compensa con un rendimiento mayor en otra esfera, y no es algo necesariamente positivo o negativo para el individuo; es así como vamos perfilando lo que somos[176]. Y lo sorprendente es que con frecuencia las elecciones de las adolescentes no corresponden a sus potencialidades en el ser, sino precisamente al empobrecimiento existencial y al deseo de evitarse problemas y sufrimiento. Por eso la libertad de decidir en la adolescencia puede asociarse con la voluntad de apocamiento, de sacrificar el pro-

---

[175]«Y esto porque, a pesar del feminismo, el poder femenino —la firmeza, el estatus, el mando, la influencia— no puede expresarse directamente en el hogar ni en el lugar de trabajo sin suscitar sospecha, confusión, miedo o terror. Tanto mujeres como hombres tienden todavía a vivir el poder femenino como algo exótico en el mejor de los casos y, en el peor, como algo peligroso y despreciable. Por carecer de guías claras para desarrollar nuestro poder directamente, aprendemos a ser indirectas al elaborar los compromisos emocionales basándolos en las necesidades y en los deseos de los demás y en cómo querríamos ser vistas». Young-Eisendrath, Polly: *La mujer y el deseo*, Barcelona, Kairós, 2000, p. 19.

[176]Freud, Anna: *El yo y los mecanismos de defensa*, Barcelona, Paidós, 1984, pp. 115-116.

pio potencial para agradar a otros y ser deseada. Así, a veces, las chicas con un cociente intelectual de superdotadas de repente se vuelven «normales» y olvidan sus anteriores intereses e inquietudes intelectuales en busca del amor; esconden su inteligencia para ser deseadas.

Como dijimos antes, la adolescencia es una etapa de desequilibrios y fuertes cambios individuales, con numerosos ritos de paso que transforman a las adolescentes y las conducen hacia la edad adulta aportando nuevos aprendizajes existenciales. Sin embargo, a las chicas se les permite más que a los chicos mostrarse infantiles y regresar de vez en cuanto a la niñez. En ellas no es sinónimo de debilidad o de inutilidad. La identidad femenina tiene un cierto carácter de continuidad, que atenúa las rupturas identitarias y refuerza la tendencia relacional de las mujeres. Las chicas valoran mucho las relaciones con los otros, la comunicación emocional, el afecto, el amor, la intimidad... Por lo general, las adolescentes consideran que el amor es muy importante para ser felices y, además, se desenvuelven con mayor soltura en el terreno emocional que los chicos. Entienden mejor sus propias emociones y las de los otros, las expresan mejor tanto con el lenguaje verbal como con el no verbal; lloran, lo cual es una manera de aflojar la tensión; se quejan, sin que su identidad se tambalee por ello; son más diestras con las palabras, y suelen tener mayor rapidez de percepción y mejor memoria. Habitualmente, las chicas se comunican mejor que los chicos, hablan más, emplean más palabras al hacerlo, aprenden lenguas extranjeras más fácilmente...

Aunque las adolescentes pueden aparentar mayor dependencia que sus compañeros masculinos, emocionalmente, suelen ser más independientes y tener las cosas más claras en cuanto a sus sentimientos y emociones. Suelen ser más pausadas y reflexivas, y suelen madurar emocionalmente antes que los chicos. En la adolescencia existe un desfase emocional entre los sexos, que propicia que las chicas manifiesten su capacidad de amar, apoyar, sostener, consolar y estar al lado de los que las necesitan[177].

También en esta etapa acontece un vuelco en la identificación corporal. De pronto el aspecto físico se vuelve muy importante para las chicas, no en vano quieren ser deseadas y admiradas por los otros y asocian la belleza con el poder femenino, puesto que es un gran ingrediente de atracción. La belleza atrae y más a los chicos. Una apariencia atractiva, en un principio, permite mayor control en las relaciones interpersonales, es un recurso de poder. El narcisismo de las chicas se relaciona estrechamente con su imagen corporal y esta conexión suele conservarse en la edad adulta. La imagen que tenemos de nosotras mismas es un valor que interviene en nuestras relaciones con los demás y en la relación más importante y determinante de nuestra existencia: la relación que establecemos con nosotras mismas.

La adolescente se mira en el espejo cuestionando su apariencia, calibrando su poder de atraer la mirada de los otros. Su imagen corporal va cambiando sorprendentemente y es imperfecta, según ella. Demasiadas adolescentes no están satisfechas con su aspecto físico: siempre encuentran algo que no se ajusta a su imagen ideal fantaseada. En la etapa infantil, su etapa anterior, las chicas solían tener una sana autoimagen y una autoestima que no se centraba en su apariencia física. Sin embargo, en la adolescencia, toman conciencia de lo que se espera de ellas en la sociedad, de lo que se considera una chica guapa y sexy. Se las bombardea por doquier con imágenes de jóvenes que triunfan en la sociedad gracias a su belleza. No se les enseña la gran cantidad de muchachas que se han visto perjudicadas en su vida por ser guapas. Tampoco se les enseña que no aceptar el aspecto físico de una misma y repudiar el propio cuerpo debilitan al individuo y se asocian con los sentimientos de inferioridad, inseguridad, poca autoestima, confusión... A menu-

---

[177] «Uno de los índices más claros de resistencia a la tensión emocional es el número de suicidios. En todas las edades, el número de suicidios es mucho más elevado entre los hombres que entre las mujeres». Montagu, Ashley: *La mujer, sexo fuerte*, Madrid, Guadarrama, 1970, p. 121.

do, esas chicas se sienten inadecuadas, tristes y patéticas. Creen que los demás las van a rechazar, que van a estar solas y nadie las va a querer con esos «defectos» que tienen.

Cuando surgen estos dolorosos sentimientos de inadecuación, tan frecuentes en la adolescencia, pueden aparecer los trastornos alimentarios como la anorexia, la bulimia y los de atracón. En la anorexia, las chicas dejan de comer y adelgazan hasta la enfermedad. Se afanan en controlar el cuerpo hambriento. Cuentan cada caloría que ingieren y procuran hacer ejercicio para gastarlas todas y alguna más. Su aspiración es controlar lo que no es posible controlar: la vida. Lo que ensayan sin cesar es el control. Por eso la anorexia se asocia frecuentemente con el Trastorno obsesivo-compulsivo.

En la bulimia y en el trastorno alimentario por atracón, que cursa sin los vómitos y sin el comportamiento purgativo de la bulimia, las chicas intentan llenar sus sentimientos de vacío y de soledad con la comida. Y es lo que pretenden comiendo más, su hambre es de afectos. Es una conducta regresiva. Sentirse alimentada es estar a gusto, saberse querida y atendida, protegida y acariciada, como cuando eran muy pequeñas, incluso, bebés. Al alimento se le transfiere el afecto y el amor, es lo que comen simbólicamente. La comida se vincula a las emociones y no al hambre o a la energía necesaria para estar sanas. Esos trastornos se asocian a veces con los Trastornos de personalidad.

Los trastornos alimentarios se acompañan a menudo con la adicción a sustancias, al alcohol y a las drogas, que no dejan de ser otros modos de anestesiar el profundo dolor existencial de no estar viva en su propia piel, de la falta de propósito vital; otro modo de destruir a una misma. Hoy en día, sigue siendo una asignatura pendiente hacer comprender a las adolescentes que somos cuerpo vivo, un maravilloso universo carnal de células, cuya profundidad y complejidad se nos escapan siempre. Las chicas actuales tienen un gran reto existencial: concebir el cuerpo de una manera nueva, aceptar el cuerpo propio, respetarlo y aprender a cuidarlo a modo de mejor amiga. Es bueno que las adolescentes introduzcan el ejercicio físico en su cotidianidad y procuren tener un peso adecuado a su estatura y complexión. No es una cuestión estética, es una cuestión de salud, de saber cuidarse. Las gorduras no son sanas y después, en la edad adulta, pueden ser más difíciles de combatir. No es fácil cambiar de hábitos y, además, el cuerpo tiene memoria y tiende a su equilibrio, incluso si ese equilibrio no es sano.

Los trastornos alimentarios pertenecen a la categoría de «prácticas perversas», destinadas a ayudar al sujeto a sobrevivir en su angustia existencial, a paliarla aunque sea por un tiempo corto. Es una estrategia psicológica casi siempre inconsciente[178]. La adolescente siente que hace algo «malo», que otros desaprueban; por eso lo hace en secreto, a escondidas. Ella se considera a sí misma como «malvada» y culpable, pero al mismo tiempo, triunfadora y poderosa. El placer que experimenta al hacerlo tiene que ver con el momentáneo alivio de su profunda y soterrada angustia existencial, y con burlar el poder de otros. A la vez, se «condena» a sí misma, se atormenta con la culpa y el «pecado» por sus transgresiones de la normalidad, lo cual también le aporta un «beneficio» colateral: la entretiene en un asunto mucho más liviano que tener que enfrentarse en serio a sí misma, a su vacío interior y desestructuración, a su concepción del mundo...

Sin embargo, esconderse a la verdad refuerza la angustia en el vivir, el miedo y la pobre autoestima. Así se perpetúa el círculo vicioso de las conductas «perversas» y el sujeto se instala en la falsedad existencial, en el vivir «como si» estuviese viviendo, sin desarrollar el pensamiento crítico e independiente, sin reflexionar

---

[178] «La actuación o práctica perversa está destinada a ayudar al sujeto a sobrevivir, y además, a sobrevivir con una sensación de triunfo sobre los traumas de su infancia. La estrategia perversa es inconsciente. El actor o protagonista sólo sabe que se siente compelido a realizar el acto perverso, y que cuando se le disuade de hacerlo se siente desesperadamente ansioso, angustiado, agitado, loco e incluso violento. El protagonista no sabe que la actuación está destinada a dominar "acontecimientos" que fueron demasiado excitantes, espantosos o humillantes para dominarlos en la niñez y que no puede o no se atreve a recordar. En cambio, consagra su vida a revivirlos, aunque de forma simbólica, disfrazada». Kaplan, Louise: *Perversiones femeninas*, Buenos Aires, Paidós, 1994, pp. 20-21.

sobre sí mismo. El rechazo de la verdad genera una ficción existencial. Vivir instaladas en el «como si» empobrece las vivencias propias, les quita luz vital. Poco a poco y sin darse cuenta de ello, esas adolescentes se precipitan en la anomia, en la falta de identidad y de propósito en la existencia, en la no implicación con el mundo que las rodea... Esas adolescentes, más que expresar lo que son, interpretan un papel, hacen lo que se supone que tienen que hacer por ser chicas, lo que hacen las demás; andan como presas en su propia piel[179]. Esconderse a la verdad conduce a la confusión, inseguridad, aislamiento, miedo, ansiedad y vergüenza.

Por otra parte, la angustia existencial de las adolescentes activa sus procesos defensivos para poder enfrentarse tanto a las supuestas amenazas externas como a las internas, y propicia el desarrollo de algunas capacidades como la capacidad intelectual, que se vuelven buenos instrumentos para paliar el descontrol que causan las nuevas y sorprendentes experiencias vitales de esta etapa. El «yo pienso» adolescente hace reintegrar la consciencia reflexiva al «yo soy» del sujeto existente, y posibilita el nacimiento de un mundo nuevo de significados, en el cual se ubica el individuo, trascendiendo a sí mismo.

La adolescencia es una etapa caracterizada por el despertar de nuevos deseos, impulsos instintivos y miedos. Conforme aumentan la intensidad y la urgencia de los instintos, las adolescentes desarrollan los recursos defensivos de su cambiante universo interno. Muchas chicas recelan de sus impulsos instintivos y creen que el goce que proporciona su satisfacción no compensa los problemas que pueden acarrear. El conflicto existencial que acontece entre sus impulsos instintivos y la reflexión sobre las posibles consecuencias de sus acciones estimula su inteligencia, que sirve para dominar los instintos potencialmente peligrosos. Poco a poco, muchas adolescentes se vuelven más prudentes y sensatas, desarrollan la templanza y la disciplina para evitar situaciones de riesgo existencial, como pueden ser los embarazos no deseados. No obstante,

---

[179]Friedan, Betty: *La mística de la feminidad*, Madrid, Cátedra, 2009, p. 343.

a mayor pasión en sus instintos más difícil es que las chicas apliquen su inteligencia para la reflexión y el control sobre sí mismas. Por otra parte, la capacidad intelectual de las adolescentes se matiza con su fuerte tendencia a soñar despiertas y querer creer en que las cosas son como a ellas les gustaría que fueran; la realidad percibida se confunde con la realidad soñada.

Sea como fuese, la adolescencia se asocia a la tendencia a reflexionar, meditar, discutir sobre temas abstractos, reforzar los ideales, que no necesariamente se concretan en las conductas de los individuos y, además, pueden cambiar con bastante facilidad. El pronunciado intelectualismo de la adolescencia es un esfuerzo por dominar los instintos gracias al desarrollo de la inteligencia y poner un poco de orden en su caótico mundo, repleto de nuevas experiencias. Muchas chicas suelen atravesar un periodo de ensimismamiento y, a menudo, de moralidad, religiosidad y cierto ascetismo. Ellas mismas se imponen prohibiciones y al «yo quiero» responden con «yo debo». Por medio de los mecanismos de defensa como el desplazamiento, la sublimación y las formaciones reactivas, las adolescentes sustituyen los modos prohibidos de satisfacción existencial por los permitidos y no peligrosos[180].

En esta etapa de desarrollo, la libertad existencial comienza a vincularse con el autocontrol y la responsabilidad, y las adolescentes transitan entre la rebelión y el sometimiento a las normas. Las chicas solemos atenernos más a las normas que los chicos, entre otras cosas porque nuestra posición social es más vulnerable y, con frecuencia, las consecuencias de sucumbir a los impulsos pueden perdurar toda la vida como, por ejemplo, la maternidad. En ese sentido, las chicas tienen mayor riesgo existencial si no dominan sus impulsos adolescentes y algunas lo comprueban en su experiencia vital. Además, la mayoría de las adolescentes quieren manifestar que son «buenas chicas» y no causar daño a sus seres queridos.

---

[180]Freud, Anna: *El yo y los mecanismos de defensa*, Barcelona, Paidós, 1984, p. 172.

A menudo, las adolescentes que se sienten culpables por algo pretenden expiar su culpa a través del sufrimiento y autocastigo. La enseñanza religiosa fomenta la creencia en la redención por medio del sufrimiento y la muerte, y, generalmente, las chicas que hayan recibido esa enseñanza no son conscientes del propósito que tienen al detenerse en el sufrir, y no se dan cuenta de que la expiación multiplica el sufrimiento de todos, incluido de sus seres queridos, que sufren al verlas padecer. Tampoco son conscientes de que los conceptos que ellas formulan e interiorizan conectan los sucesos de sus vidas y, si adaptan un guión de actuación, es lo que tenderán a vivenciar. No se vive igual considerándose una víctima del destino y de las circunstancias, que siendo una heroína en tu propia existencia, capaz de elegir; no es lo mismo vivir en primera persona que a través de otros o para otros. No olvidemos que actuar de acuerdo a los supuestos nos conduce a construir realidades que los confirman[181].

De todas formas, es muy necesario prestarle atención a la víctima que se alberga en nuestro interior, porque nadie se libra de las heridas existenciales, del miedo a volver a sufrir y del hecho de que las circunstancias que nos afectan frecuentemente son limitadoras de nuestro desarrollo como personas plenas en potencia. Es conveniente descubrir la tendencia a situarnos como víctimas en nuestro procesamiento de la realidad, pues propicia nuestro apocamiento en el *ser*[182]. Si una adolescente se vuelve consciente de su tendencia al victimismo quizás decida cambiar de actitud, lo cual transformará los sucesos de su vida, pasados, presentes y futuros.

Las adolescentes pueden reflexionar sobre sus vivencias y comprender mejor quiénes son y cómo pueden llegar a percibirse me-

---

[181] Ceberio, Marcelo y Watzlawick, Paul: *La construcción del Universo*, Barcelona, Herder, 2006, p. 112.

[182] «No hay actividad más íntima que la de la labor de construcción de sentido. Lo que ha quedado impregnado por el trauma real alimenta sin cesar una serie de representaciones de recuerdos, unos recuerdos que constituyen nuestra identidad íntima. Este sentido persiste en nosotros y da forma temática a nuestra vida». Cyrulnik, Boris: *El amor que nos cura*, Barcelona, Gedisa, 2005, p. 24.

jor, a sentirse mejor en su propia piel; pueden reorganizar la imagen que tienen de sí mismas y soñar un futuro mejor, y esa construcción de un nuevo orden influirá en sus elecciones. A menudo, lo que «profetizamos» para nosotras mismas nos inclina a una realidad existencial que podría ser otra. No podemos elegir lo que nos ocurre, pero podemos decidir sobre los significados existenciales que le atribuimos; nadie nos puede quitar esa libertad última del ser humano. El sentido de las cosas que nos suceden está connotado por nuestra biografía y por el fin que perseguimos, que siempre puede cambiar. No olvidemos que nuestra vida es un «proyecto», consciente o no, causa y efecto de nuestras elecciones, a pesar de que parezca espontánea e imprevisible. Huir de una misma no es una buena fórmula para ser feliz. Las adolescentes pueden elegir qué hacen con lo que les sucede, es una libertad personal del sujeto existente, hilvanada en la profundidad de su ser.

La adolescencia es una etapa difícil y es muy conveniente que las chicas aprendan a ser sus mejores amigas, que confíen en sí mismas, en sus propias capacidades para construir una vida buena para ellas. Es deseable que aprendan a pensar bien, a detenerse en los pensamientos que les ayuden en su desarrollo, y que no las atormenten inútilmente. Sería muy útil que empezaran a pensar sobre sus propios pensamientos, a hacerse preguntas como: «¿Eso que pienso me hace bien, me hace más fuerte o, por el contrario, me amedrenta?». Es necesario que no tengan excesivo miedo existencial. Asimismo es conveniente que no apuesten por su aspecto para «triunfar», que estudien para tener una profesión en un futuro, pues la independencia económica es una condición para su libertad de *ser*, posibilita que ellas decidan en el futuro de manera más independiente y no aguanten un mal trato porque las mantienen.

Es importante que las adolescentes conserven la alegría de vivir, la ilusión y el compromiso consigo mismas. Esas actitudes les ayudarán a convertir en realidad sus aspiraciones, a lograr sus objetivos. También es bueno que le den valor a hacer las cosas lo mejor que puedan, a ser creativas en su existencia, y eso equivale a crear pensamientos y emociones que fomenten su desarrollo como personas potencialmente plenas, humanas y comprometidas con sus vidas. No olvidemos que al crear algo nos creamos a nosotras mismas, es un proceso existencial continuo mientras estemos vivas. Ser creativas se relaciona con ser activas, con la implicación con nuestro mundo interno y externo. Si nos concentramos en el instante vivido, si lo sentimos y vivenciamos conscientes, lo mutamos en un momento creativo, nos conmueve y cambia con su «algo más» nuestro bagaje de experiencias vividas[183]. De esta forma, incluso las crisis de la adolescencia, que se viven con pasión, pueden ser oportunidades para cambiar de actitud y crear de una manera renovada.

Las chicas tienen que asumir que su vida es el asunto más importante para ellas, que la tienen que construir bien, y la relación que establezcan consigo mismas determinará su narración. Es necesario que se valoren, que manifiesten sus capacidades superando la timidez y el deseo de pasar desapercibidas. Si pretenden llegar a ser sujetos de su propia vida tendrán que comprometerse en ello para lograrlo, venciendo los obstáculos y las dificultades del día a día, eso sí, respetando sus propios límites, y perseverando sin perder el norte, trascendiendo el miedo a ser rechazadas o no comprendidas. Es importante que las adolescentes aprendan a amar no solo a los demás y al mundo en que viven, sino a sí mismas, con un respeto profundo a ese milagro carnal, real y único que son. Este es el amor incondicional que puede vivir la adolescente independientemente de otros, y que se convierte en crucial en su existencia, porque ese amor no depende de la suerte de encontrarlo en otros, lo cual está fuera de nuestro control, depende del trabajo personal, de crearlo nosotras en nosotras mismas. La incondicionalidad del amor de otros es un sueño que no ocurre frecuentemente

---

[183] «No me cansaré de repetir lo importante que es mantener nuestro cerebro bien alimentado con buena música, buen arte, buenas conversaciones y buenas ideas. Cuanto más rico sea el entorno en el que vives, más oportunidades tendrás de aumentar la cantidad de neuronas y las conexiones que existen entre ellas». Legato, Marianne J.: *Por qué los hombres nunca recuerdan y las mujeres nunca olvidan*, Barcelona, Urano, 2007, p. 253.

en la realidad. Sin embargo, sí podemos conseguir la incondicionalidad en la relación con nosotras mismas, convertirnos en nuestras mejores amigas, las que siempre te ayudan a salir adelante, las que te dicen palabras de ánimo en los momentos difíciles y te reconfortan con su afecto sincero. Nuestra actitud afectiva hacia nosotras mismas interviene en la significación que atribuimos a lo que percibimos y subrayamos al relacionarnos con lo que nos rodea y con los otros.

Sin embargo, a menudo, las chicas buscan la confianza y la seguridad en las relaciones con los otros y no en sí mismas, buscan su aprobación y su apoyo. La compañía de otros y la relación con ellos adquieren mucho valor en esta etapa de desarrollo, y perderlas da miedo y causa ansiedad. Además, los otros influyen en la formación del carácter de las adolescentes, los compañeros, amigos y enamorados dejan huella en ellas. Las adolescentes suelen imitar a sus compañeras; y las expectativas y los reflejos que aportan estas en la comunicación con ellas las afectan; siempre influimos unos en otros en un sistema de retroalimentación simultánea apenas consciente[184]. Las chicas suelen conceder importancia al parecer de los demás. «¿Me aceptará o no?», se preguntan e, incluso, cuestionan su propia imagen y la representación que han construido de sí mismas. Esta representación se somete a prueba en la percepción del reflejo que les ofrecen los otros[185]. Las adolescentes se muestran todavía inseguras y a menudo ceden a otros

---

[184] «Comportarse es siempre comunicar. Pero comunicar significa, de manera inevitable, influir en la conducta de los demás, o sea emitir mensajes a los cuales el interlocutor no puede no realimentar. Toda comunicación nos torna diferentes de lo que éramos antes, nos afecta a tomar posición. Hasta el "dejar pasar" es una respuesta a una comunicación (respuesta, por lo demás, bastante estructurada). Por ello es imposible no influir». Selvini Palazzoli, Mara: *El mago sin magia*, Barcelona, Paidós, 1990, p. 77.

[185] «Una relación íntima, amistosa o psicológica, puede hacer que la representación que una persona se hace de sí misma evolucione. Este trabajo de las representaciones verbales permite reorganizar, en ocasiones de forma íntegra, la imagen de uno mismo y el modo de implicación en la vida social y afectiva». Cyrulnik, Boris: *El amor que nos cura*, Barcelona, Gedisa, 2005, pp. 85-86.

la evaluación de sí mismas. Sus valores se tambalean en la mirada ajena, lo cual puede empujarlas a veces a ser más rígidas y aferradas a sus consideraciones. El procesamiento de la información que reciben suele acontecer de modo inconsciente. Solo algunos elementos se subrayan conscientemente y pueden pasar a ser relatados y descritos por ellas. Como resultado, los comportamientos de las adolescentes pueden cambiar sin que ellas sean conscientes de lo que ha pasado. En esta etapa, la conducta reflexiva y pensada todavía no es muy frecuente; aunque las adolescentes se esfuercen en comprender y analizar las cosas que las afectan tienden a ser impulsivas.

Las chicas han aprendido desde pequeñas que comprender a los demás es lo propio en ellas por ser mujeres, es una expresión de su bondad y de su humanidad. Las adolescentes tienden a abstraerse en pro de otros y a «disculpar» a los demás, a justificar sus conductas, a tolerar y a perdonar, aunque no siempre sea así. Con frecuencia, las adolescentes renuncian a sus consideraciones y criterios, ceden para conservar las relaciones y el amor. Para ellas las relaciones con los otros y el amor tienen mucha importancia. A veces, las relaciones con los otros se convierten en auténticos puntos de inflexión, que descubren nuevos mundos a las adolescentes y cambian sus miradas, porque las transforman a ellas mismas.

Además, a las chicas se las ha educado para responder emocionalmente a los demás, para acompañarlos, cuidarlos, apoyarlos y satisfacer sus necesidades afectivas. Progresivamente, muchas adolescentes se transforman en seres del amor, cuyo principal mandato, consciente o no, es amar a los otros, y las chicas tienden a amar demasiado. Ellas suelen invertir mucha energía en el amor, atienden a su enamorado, le ayudan y lo cuidan, también intentan cambiarlo y controlarlo, encauzando su camino a un objetivo que puedan compartir en un proyecto vital mutuo. Desde pequeñas han aprendido a influir en los demás haciendo cosas que agraden a esos otros. Y aunque puedan aparentar dependencia y sumisión no dudan tanto como los chicos en el terreno afectivo; en el fondo son más independientes que ellos, maduran antes y, por lo general, saben mejor lo que quieren.

A las chicas les gusta cultivar la intimidad y lo hacen con sus amigas. La amistad entre las adolescentes suele centrarse en conversaciones, confesiones compartidas y apoyo mutuo[186]. Ellas hablan de los chicos, de los sentimientos, de a quién le gusta quién, de la ropa, el peso, la moda, los estudios, las películas, los libros, de las amigas, de sus secretos, de su familia, de sus planes…, de todo lo que las afecta. Parece que las chicas pretenden que los otros les respondan en un lenguaje de emociones y afectos, en un registro de sentimientos, confesiones compartidas e intimidad emocional, lo cual sucede solo a veces: los hombres no suelen emplear este lenguaje en su comunicación con otros. De niñas, algunas disfrutaron de ese tipo de comunicación con su madre, y lo buscan en sus nuevas relaciones, pero los chicos no suelen transitar con comodidad por esas aguas. No obstante, al dejar a la propia madre atrás, las adolescentes pueden buscarla en una multitud de formas ocultas: personas, instituciones, pareja…

Las adolescentes aprenden que con los chicos no obtendrán ese tipo de relación, ellos no suelen ofrecerles mucho apoyo emocional; las chicas no podrán contar con los chicos para satisfacer sus necesidades emocionales. De manera consciente o no, aprehenden que en la comunicación con ellos no se utiliza el mismo lenguaje que con las chicas; comprueban que los chicos pocas veces adivinan lo que ellas quieren y necesitan. Paulatinamente, las adolescentes aprenden a ocultarse en sí mismas y a ser indirectas a la hora de expresar sus necesidades afectivas. Muchas aprenden a construir los compromisos emocionales con los chicos sobre las necesidades y los deseos de estos, no sobre los suyos propios. Las adolescentes se esfuerzan en ser atractivas para ellos, pues internalizan que la belleza les proporciona poderes en las distancias cortas sobre los que las rodean y les abre puertas. Esos otros las admiran y las desean. Sin darse cuenta, las chicas tienden a convertirse en

---

[186] «Casi todas las chicas, al hablar de la relación con su mejor amiga, dicen que, con ella, se sienten importantes, seguras y capaces de expresarse sin reservas, más que en cualquier otro momento». Hite, Shere: *El orgasmo femenino*, Barcelona, Ediciones B, 2002, p. 228.

cuerpos para otros. Así se refuerza la subsunción de las adolescentes en relación con los chicos, vigente en nuestras sociedades patriarcales. Se las inclina a creer que hallarán su felicidad en la relación con ellos, incluso olvidándose de realizarse como sujetos autónomos y libres que potencialmente son. No olvidemos que los seres humanos nos convertimos en sujetos en relación con otros y es un proceso que requiere esfuerzo y perseverancia, pues implica diferenciarse y separarnos de otros, respetarnos como sujetos y actuar en nuestra vida como tales.

Por otra parte, en la adolescencia se producen rivalidades, competiciones y envidias entre compañeras. Si una chica se destaca de manera notoria en algún sentido en su grupo de pares, puede convertirse en una líder o puede que se la persiga y se la maltrate, las demás pueden aislarla e insultarla. A menudo, en esta etapa no se respeta al diferente, y tampoco se entiende bien qué consecuencias puede tener una acción para otros. La responsabilidad, la solidaridad con otros y la ética en las acciones se van desarrollando poco a poco, no se nace siendo ético y responsable, se aprende a serlo. El maltrato entre las adolescentes está vigente y es una lacra social. En la adolescencia, algunas chicas se vuelven las peores enemigas para sus compañeras y es un problema de relaciones humanas, que se vincula con el machismo, imperante en la sociedad, internalizado también por ellas, ya que las chicas aprenden a competir entre ellas, a devaluarse y a perjudicarse para atraer a los chicos.

Las adolescentes podrían tomar una gran decisión: la de dejar de ser misóginas y comportarse en adelante de forma solidaria con otras. El buen trato entre las mujeres es un valor a cultivar. La sororidad es un tesoro existencial, pues nos ayuda a vivir mejor, y puede instaurarse en la adolescencia como un objetivo de conducta. Sería muy recomendable que las chicas aprendieran a relacionarse bien entre ellas, a tratar a las diferentes, que todas lo somos, con respeto, empatía y solidaridad. Aprender a relacionarse bien con otros nos ayuda a construir un entorno humano saludable y rico. Todos necesitamos de otros para sentirnos bien, para realizarnos como personas. La calidad del encuentro con el otro es lo que determina su influencia en nuestra vida, si nos hace bien o si nos hace mal, si propicia nuestro desarrollo o lo entorpece. Y no puede haber una buena relación sin el respeto mutuo, sin que las personas sientan que pueden ser ellas mismas y no estar aparentando continuamente ser lo que no son. Las adolescentes pueden decidir ser valientes y procurar expresarse desde sí mismas, trascendiendo el miedo de no agradar y ser rechazadas. Las chicas también pueden decidir exigir un buen trato en sus relaciones con otros y no estar dispuestas a vivir conflictos innecesarios. Esa decisión supone identificar posibles riesgos y evitarlos. Con eso se persigue no vivir experiencias que las puedan dañar, que puedan entorpecer su camino existencial. En la adolescencia cabe tomar la decisión de construir una existencia buena para una, una existencia que cuide su mundo interior, las incontables vivencias de su día a día. Y cuando hablamos de vivencias, hablamos de lo que experimentamos en nuestro interior, en el cuerpo existente que somos, cuerpo sexuado y sexual, es decir, hablamos también de la sexualidad.

Las adolescentes empiezan a comprender que su cuerpo no es controlable, que menstrúa mes a mes, que se queja y se embaraza, que se excita o no en el encuentro con otro cuerpo. Un abanico de nuevas sensaciones y emociones nacen en el cambiante cuerpo adolescente. Después de la primera menstruación las chicas saben que adquieren la capacidad reproductora y la amenaza de un posible embarazo no deseado aparece en su universo. Asimismo, aparece el cotidiano miedo de manchar la ropa y los asientos con la sangre menstrual, lo cual las obliga a estar pendientes de su flujo menstrual. Muchas cambian de comportamiento en esos días del mes, sienten vergüenza y se aíslan un poco[187]. Las nuevas vivencias sorprenden y turban a las adolescentes, y las conducen a la reflexión sobre sí mismas y sobre lo que deben o no deben hacer. Sus cuerpos poseen un significado especial que ellas no entienden del todo, sus cuerpos pueden embarazarse sin que ellas lo deseen, sus

---

[187] «La vergüenza aparece cada vez que no conseguimos hacer que se olvide nuestra desnudez. Tiene relación con todo lo que se querría ocultar y no se puede esconder». Levinas, Emmanuel: *De la evasión*, Madrid, Arena Libros, 2011, p. 70.

cuerpos sangran mes a mes a pesar de ellas mismas, no porque ellas lo quieran o lo elijan. Además, el carácter cíclico de los cambios que experimentan en sí mismas las perturban y, a veces, irritan. A menudo se viven mal los inexplicables cambios de humor, en la sensibilidad, en la emotividad, incluso, en la función cognitiva y la atención... ¡Y no digamos cuando las chicas sufren el síndrome premenstrual, las migrañas o dismenorreas, que las limitan en su actividad habitual[188].

La menstruación sigue siendo un tabú sexual, que, con frecuencia inclina a las chicas a no tener ningún contacto sexual en esos días del mes por múltiples motivos: higiene, dolor, incomodidad, vergüenza... El reto para las adolescentes es concebir el cuerpo femenino de un modo renovado, sin considerar la menstruación como algo «impuro», «sucio» y «vergonzoso», algo que se esconde y se disimula, y de lo que no se habla con los otros, sobre todo con los chicos.

La imposibilidad de prescindir del cuerpo que se es propicia una relación más consciente con una misma, con la propia carnalidad sentida. Muchas chicas ensayan una especie de pensamiento carnal, fundamentado en la escucha de lo que sienten e intuyen en el cuerpo propio en contacto con otros cuerpos; también comienzan a escuchar a otros cuerpos tocándolos y sintiéndolos. La necesidad de tocar y ser tocada es notoria en esta etapa de desarrollo. Representa la apertura relacional, la búsqueda de intimidad más allá de los padres, la búsqueda del otro significativo con quien se comparten experiencias de piel con piel, con quien se comunica en un espacio emocional... El tocar y ser tocadas en un clima de

---

[188] «Uno de los resultados de este perpetuo ciclo mensual es el síndrome premenstrual. Justo antes de la menstruación es cuando las concentraciones de estrógenos son más bajas, y el nivel de serotonina (el neurotransmisor implicado en el mantenimiento de ánimo) desciende en el cerebro. (Los bajos niveles de estrógeno y serotonina están relacionados con la depresión). Muchas mujeres (algunos estiman hasta un 75 por ciento) sufren en los días anteriores al periodo una combinación de síntomas emocionales, físicos y conductuales (¡y ninguno de ellos es agradable!)». Legato, Marianne J.: *Por qué los hombres nunca recuerdan y las mujeres nunca olvidan*, Barcelona, Urano, 2007, p. 217.

afecto, reconocimiento y respeto aporta significados importantes para las personas, como son saberse aceptadas, consoladas y reafirmadas; las refuerza en su vitalidad.

Aunque en la adolescencia se desarrollan mucho otros sentidos como el visual y el auditivo, el tacto es el sentido que vivifica la piel y nos sitúa en la realidad, pues lo que tocamos existe. A veces, para comprobar que algo es real tenemos que tocarlo, no solo verlo. De lo que apenas somos conscientes es que al tocar un cuerpo existente también vivenciamos que nosotras existimos, confirmamos que somos reales porque tocamos y somos tangibles. Esta necesidad es tan importante para el sujeto existente adolescente que se vincula con el placer en el tocar y con el sufrimiento o malestar cuando no podemos hacerlo. Así, numerosos trastornos cutáneos expresan inconscientemente la necesidad de contacto cutáneo continuado, de atención, cuidados y afecto[189].

En el tocar y ser tocadas, las adolescentes experimentan una cierta continuidad con las personas que quieren, y esa tendencia a la continuidad es propia de la sexualidad femenina, que se matiza por una sentida comunicación carnal y puede conducir a la fusión e, incluso, a la confusión con el otro amado[190]. Las mujeres suelen abrir su universo al otro y en el sentido tocar trascienden su propia piel, se vuelven comunión con otra piel.

Las vivencias de las adolescentes, que conforman su sexualidad, tienen lugar en sus cuerpos-palabra en un terreno particular de emociones, sentimientos, valores, expectativas, interpretacio-

---

[189]Montagu, Ashley: *El tacto*, Barcelona, Paidós, 2004, p. 305.

[190]«Nos encontramos frente a una diversa estructura temporal de los dos sexos. Hay una preferencia profunda de lo femenino por lo continuo y una preferencia profunda de lo masculino por lo discontinuo. (La explicación más razonable del fenómeno es la propuesta por Lillian Rubin, en *Intimate Strangers*, Nueva York, Harper Colophon, 1993. Rubin recuerda que la mujer, a diferencia del hombre, no se debe diferenciar de su objeto prioritario de amor y de identificación, que es la madre. Esta experiencia la lleva a experimentar, incluso después, una sensación de continuidad con las personas que ama. Tiende a la fusión, y a veces, a la confusión con el amado)». Alberoni, Francesco: *El erotismo*, Barcelona, Gedisa, 1998, p. 24.

nes, actitudes, deseos y realidad sentida. Los cuerpos se conmueven y se moldean en sus vivencias. Los acontecimientos cobran significado en las circunstancias vividas por cada cual. Así, los besos no significan siempre lo mismo: hay besos que no se olvidan jamás y besos que apenas se recuerdan pasando casi sin dejar huella. Lo mismo sucede con los coitos, aunque la primera vez suele grabarse en la memoria biográfica. No deja de ser una especie de rito de pasaje a otra etapa vivencial, una iniciación que descubre una realidad relacional nueva e intensa, carnalmente hablando. El primer coito puede resultar tierno y cariñoso o torpe e, incluso, grosero y violento; puede suponer placer o sufrimiento.

En el primer coito, las adolescentes suelen dudar si están haciendo lo correcto, y no tanto si lo están haciendo correctamente, como ocurre más a los chicos[191]. Muchas adolescentes no sufren dolor ni sangran al romperse el hímen durante su primer coito. La ausencia de sangrado no significa gran cosa en cuanto a la «virginidad»[192]. La llamada «virginidad» puede valorarse o no por las adolescentes. En algunas sociedades es muy importante y en otras, ya apenas lo es. Las adolescentes incluso pueden avergonzarse de ser «vírgenes», porque se sienten inmaduras, unas niñas inexpertas, y si algo fingen en esta etapa las chicas es ser mayores de lo que son. No quieren parecer unas niñas. Se comparan con sus compañeras que ya «lo han hecho» y se entretienen en sus confusos pensamientos. Por una parte desean los coitos y, por otra, los temen. La sexualidad femenina se desarrolla en un territorio matizado por el placer y el peligro, muy pronunciado en esta etapa de desarrollo.

Esas consideraciones turban a las chicas. Muchas tampoco hablan del sexo en cuanto al hacer con las personas que les podrían

---

[191] Masters, William H., Johnson, Virginia E., Kolodny, Robert C.: *Eros*, Barcelona, Grijalbo, 1996, p. 474.

[192] «Según mis estudios, sólo el 18 % de las mujeres sienten un desgarro doloroso o ven algo de sangre en su primer coito o en cualquier momento anterior. Esto querría decir que la convicción de que casi todas las chicas tienen el hímen es un mito, y un mito peligroso, sobre todo en culturas que castigan a las mujeres si no llegan vírgenes al matrimonio». Hite, Shere: *El orgasmo femenino*, Barcelona, Ediciones B, 2002, p. 221.

ayudar a aclararse. Con quien más hablan es con sus amigas, que tampoco suelen haber tenido una buena educación sexual, la cual sigue siendo una asignatura pendiente en nuestras sociedades. Para informarse sobre la sexualidad y los coitos muchas adolescentes recurren al Internet, pero sin tener un claro criterio para seleccionar una información veraz al respecto de sus dudas. Internet está plagado de falsedades y sexismo, y puede transmitir la idea de que el sexo es obsceno, perverso, falto de sentimientos y furtivo, pero siempre deseable, y no es cierto. No todo vale en el hacer. Desde luego en el Internet no se suele comunicar que el sexo es puro, elevado, bello y bueno, que proporciona deleite y alegría en el vivir, que puede acompañarse de grandes pasiones constructivas y de sentimientos profundos, que deja huella en los cuerpos, y crea siempre[193]. Cabe afirmar que el Internet no proporciona una buena educación sexual, ni siquiera una buena información para las adolescentes.

En los colegios se suele dar alguna información sobre el sexo, pero no se suele educar en la sexualidad, si acaso, maleducar[194]. Y no olvidemos que la información no es equiparable a la educación, no son lo mismo. La educación aporta herramientas del conocimiento y significados, modela nuestro raciocinio; es productora de conocimiento, y el conocimiento trasciende cualquier uso que se haga de él[195]. La ignorancia y la mala educación sexual tienen serias consecuencias en la vida de las personas. Es bueno que nos tomemos en serio la educación sexual y la información sexual que

---

[193]«La poesía, la alegría y la belleza quedan sofocadas por esta moral de la fealdad, y algo duro y rígido invade todas las relaciones humanas». Russell, Bertrand: *La educación y el orden social*, Barcelona, Edhasa, 2004, p. 164.

[194]«No será suficiente en los colegios delegar un profesor para que lea sobre el tema y luego de una charla inocua sobre la vida sexual, bien cubierta de frases indirectas con relación a los pájaros, abejas y a las flores. La instrucción de la educación sexual tiene que ser dada por profesorado especialmente preparado para enseñar la materia». Montagu, Ashley: *Hombre, sexo y sociedad*, Madrid, Guadiana, 1969, pp. 37-38.

[195]Bruner, Jerome: *La importancia de la educación*, Barcelona, Paidós, 1987, p. 13.

se dan a los adolescentes de ambos sexos, porque mejorarán sus relaciones y sus vidas, les ayudarán a convertirse en sujetos sexuales más plenos, y eso es importante y trascendente, ya que no es lo mismo ser sobre todo objeto de uso que sujeto de sus propios deseos y decisiones. El conocimiento, al ser internalizado por una persona, se vuelve carne existente que crea mundos, y ¡qué importante es que aprendamos a crear buenos mundos para vivir en ellos!

Por lo general, las adolescentes llegan a su primer coito ignorantes de su propia sexualidad, malinformadas y con muchas expectativas, que, a menudo, no se cumplen en la realidad. No suelen conocer bien su anatomía, sus genitales externos, ni tampoco su funcionamiento[196]; y ya hemos dicho que el autoconocimiento sexual, saber cómo funciona el propio cuerpo, se relaciona con la capacidad de autoafirmación sexual y es importante para alcanzar el bienestar personal y la felicidad sexual. Cuando nos excitamos, los genitales externos femeninos aumentan de volumen y de turgencia, porque los plexos venosos de la zona se dilatan y se llenan de sangre. El clítoris se vuelve más erecto y las chicas sienten un cierto calor en la vulva, acompañado a veces de secreción humoral, que humedece sus genitales externos. El placer crece y puede llegar al orgasmo, que es el punto de máximo gozo. Luego, la zona genital va recuperando su estado más habitual con la detumescencia de los tejidos y la detención del proceso de secreción humoral. La mujer se relaja, su cuerpo se distiende en el placer que experimenta[197].

El papel del clítoris en el placer femenino es muy importante. Sin embargo, el clítoris sigue siendo un desconocido para muchas adolescentes, aunque las que se masturban en esta etapa de desarrollo saben que esa parte de sus genitales externos les da placer,

---

[196]«No se invita a la niña a explorar sus genitales ni a identificar los tejidos que los componen, ni tampoco a comprender los mecanismos de la lubricación y la erección». Greer, Germaine: *La mujer eunuco*, Barcelona, Kairós, 2004, p. 54.

[197]Para mayor información: Arnaiz Kompanietz, Anna: *Cuerpo-palabra mujer*, CreateSpace Independent Publishing Platform, 2016, pp. 100-132.

pero tiene un halo perverso y secreto. El clítoris apenas se nombra y, desde luego, no se le reconoce el valor que tiene como un órgano de placer. Y las cosas a las que no se les da nombre ni se las reconoce acaban por no tener presencia en la realidad vivida del sujeto existente.

La masturbación adolescente es una parte normal del desarrollo sexual de las personas; supone una preparación para la vida sexual adulta. De hecho, las chicas que se han masturbado y han llegado al orgasmo haciéndolo, suelen llegar más fácilmente al orgasmo durante sus coitos. Muchas chicas se masturban durante esta etapa de su desarrollo y lo suelen hacer a solas, no en presencia de otros. Lo guardan como un secreto suyo y pueden albergar al respecto sentimientos contradictorios: culpa y vergüenza, y, al mismo tiempo, satisfacción, rebeldía y triunfo.

Aunque en la pubertad las chicas comiencen a menstruar y adquieran la capacidad de reproducción eso no significa lo mismo que un claro despertar sexual, que suele tardar. Por lo general, las mujeres maduran sexualmente de una manera diferente que los hombres, y las adolescentes no suelen centrar su sexualidad en los coitos, que no les proporcionan tanto placer como esperan. En su inexperiencia e inmadurez suelen sucumbir ante la sexualidad masculina, ampliamente instaurada en la sociedad como «normal», y no prestar atención a lo que ellas desean y necesitan. La autoafirmación sexual femenina no es frecuente en la adolescencia, las chicas se sienten confusas decidiendo si quieren o no, si les gusta o no, y si les gusta lo bastante como para correr riesgos... Se preguntan si son «normales», si son unas «frígidas» al no disfrutar «enormemente» durante los coitos, si será que no quieren al otro, o es que no son compatibles como pareja, o es que él es un «torpe» que no sabe cómo hacerlo... Muchas dudas y mucha ambivalencia al respecto, que conducen a algunas decisiones que podrían haber sido otras si sus interpretaciones de las experiencias fuesen diferentes, más acordes con la realidad.

La sexualidad humana bebe de la imaginación y de la fantasía. Las adolescentes están demasiado condicionadas en su inmadurez sexual; han internalizado imágenes que asocian con la excitación sexual y el intenso placer; las mismas imágenes que pueden despertar en ellas miedo y rechazo. Algunas ya tienen experiencias muy dolorosas en su haber biográfico, experiencias de abusos y violaciones, muy difíciles de procesar sin alejarse del cuerpo propio, sin acallar sus palabras, sin acabar rechazando su búsqueda del placer[198]. Muchas de estas adolescentes le ponen una coraza a su pobre cuerpo herido y dejan de escuchar su voz interior, porque si le prestan atención, puede que sientan de nuevo el dolor grabado en su piel y amordazado en la insondable profundidad carnal; de ese modo revivirían recuerdos que les hacen daño. Algunas adolescentes que han sido agredidas sexualmente o violadas se considerarán ya «unas perdidas», «unas manchadas para siempre»; creerán que «ya no merecen nada bueno» y que «qué más da ya lo que hagan», que «ya nadie las podrá querer o apreciar», «ya no podrán ser felices nunca»... Todos esos equivocados pensamientos actuarán en contra de ellas y dificultarán que tengan una vida sexual feliz. La represión del cuerpo-palabra emplea una energía que podría dirigirse a la expresión creativa y natural de lo que son. La negación de la propia sexualidad conduce a sentirse encarceladas en sí mismas, frustradas en el desarrollo propio, y a terminar siendo destructivas con una misma y también con los otros.

Además, la inmadura sexualidad de las adolescentes permanece en conflicto interno con la madre asimilada. Las chicas se debaten de manera inconsciente entre parecerse a su madre o alejarse de su ejemplo aunque les cueste conseguirlo. Quieran o no, tienen interiorizada la imagen de su madre y la imagen arquetípica de la Madre. Saben que ellas mismas pueden ser madres, y algunas se aventuran a tener un hijo demostrando a sí mismas y a otros que pueden, que son mujeres, que son como mamá...[199]

---

[198]«Los abusos a menores representan un abuso de poder: haber sufrido abusos durante la infancia enseña a las mujeres que los hombres ejercen el poder absoluto en el ámbito sexual. El legado de los abusos a menores es que la autoafirmación sexual deviene altamente problemática». Leroy, Margaret: *El placer femenino*, Barcelona, Paidós, 1996, p. 74.

[199]«Desde la existencia y la liberalización de los medios anticonceptivos, aparecen en las jóvenes dos sentimientos. El primero es el temor a ser ridículas

No todos los coitos se acompañan de orgasmos en la mujer, ni mucho menos. No obstante, las adolescentes pueden disfrutar con las caricias, con la cercanía y las muestras de afecto del otro. El primer orgasmo es la otra iniciación sexual y, para muchas mujeres, se recuerda incluso con mayor intensidad que el primer coito. Es frecuente que las primeras relaciones coitales, placenteras o no, no terminen en orgasmos femeninos, lo cual es toda una sorpresa para muchas adolescentes, que llegan a su primer coito con unas expectativas bastante irreales, producto de su mala educación sexual[200]. Numerosas mujeres refieren no haber llegado al orgasmo en su primer coito, algunas tardan décadas en conseguir experimentar un orgasmo en el coito y otras no lo logran nunca[201]. Es una gran lástima, porque si las chicas tuvieran una buena y veraz información sobre cómo llegar al orgasmo podríamos ahorrarnos muchos sufrimientos de ellas y de sus parejas. Nadie les ha dicho que sin la estimulación directa del clítoris es difícil llegar al orgasmo. Así, un simple gesto de dejar la mano sobre su clítoris o un par de dedos les proporcionaría un estímulo rítmico gracias a los movimientos coitales de la pelvis, que podría facilitarles el orgasmo. Es muy triste que haya mujeres que no han experimentado un or-

---

por no haberse acostado aún con un muchacho, aunque todavía no aman a ninguno, y el segundo, que preocupa a los ginecólogos, es que, después de algunos ensayos de insensibilidad sexual en las condiciones que he dicho, las jóvenes dejan de tomar la píldora por el deseo de tener un hijo, no para conservarlo y criarlo, sino porque piensan que son frígidas, para asegurarse de que son, por lo menos, mujeres y para que una concepción se lo demuestre». Dolto, Françoise: *Sexualidad femenina*, Barcelona, Paidós, 2001, p. 181.

[200] «La mayoría de las chicas, hoy en día, afrontan su primera experiencia del "acto sexual" con la idea de que deberían tener "más placer del que han tenido nunca", mucho más que con las caricias o la masturbación. Pero suelen estar acostumbradas a tener orgasmos durante esas actividades; les sorprende ver que no lo tienen tan fácil durante el coito y que sus sentimientos son muy distintos a los de esos orgasmos anteriores». Hite, Shere: *El orgasmo femenino*, Barcelona, Ediciones B, 2002, p. 220.

[201] «Para las mujeres, el primer coito y el primer orgasmo no sólo son sucesos diferenciados, sino que en la vida de algunas de ellas, están separados incluso por décadas». Leroy, Margaret: ob cit., p. 122.

gasmo en su vida y no es que sean «anormales» o «frígidas», es solo que ignoran cómo es su propio cuerpo y cómo funciona. Reconociendo el gran valor que tiene el clítoris para el placer femenino las mujeres podrían disfrutar mucho más en los coitos.

Queramos o no, los cuerpos adolescentes se debaten entre sus nuevos deseos y las censuras sociales internalizadas de forma consciente o no. Además, las chicas son educadas con una serie de valores sexuales, diferentes a los masculinos, que las inclinan a buscar una comunicación emotiva y de intimidad con el otro deseado[202]. Sin embargo eso va cambiando hoy en día y muchas adolescentes conciben los coitos como una manera de probar, de buscar el placer sin más ataduras sentimentales ni propósitos salvo el de pasar un rato placentero con un otro[203].

No obstante, las adolescentes sueñan con el amor y con encontrar a esa persona tan especial como para formar con ella una pareja, una relación amorosa íntima y de manera exclusiva. Por lo general, ellas no buscan variedad en sus encuentros amorosos, prefieren la continuidad de una relación con el otro deseado y más aún cuando se enamoran. Pero tenemos que tener en cuenta que los deseos nacen en los sujetos existentes y pueden cambiar en concordancia con los cambios de los cuerpos-palabra: los deseos son particulares de cada cual y pueden ser persistentes o efímeros. A menudo ni siquiera somos conscientes de lo que deseamos de verdad, menos aún en la adolescencia, etapa en la que el sujeto

---

[202] «Simplificando al máximo muchas variantes culturales sobre este tema, hombres y mujeres son criados con series diferentes de valores sexuales; los hombres hacia la experiencia variada y la gratificación física, y las mujeres hacia la intimidad y la comunicación emotiva». Tiefer, Leonore: *El sexo no es un acto natural y otros ensayos*, Madrid, Talasa, 1996, p.109.

[203] «En consecuencia, puede acabar haciendo el amor cuando no lo desee. A la inversa, si la condición para hacer el amor es "estar enamorada", puede que la adolescente, si quiere practicar el sexo, tenga que convencerse a sí misma de que está enamorada, de que ese chico es el "único", de que mantiene una relación profunda, valiosa y duradera, y de este modo comprometerse en una relación que le provocará poco placer». Leroy, Margaret: ob cit., p. 108.

existente mujer se está haciendo, va cambiando rápidamente, y es todavía inmaduro en su *ser*.

Las chicas sueñan e imaginan. Cada una de ellas lleva en su imaginación a seres que amará, también a los seres que ya amó. Las adolescentes suelen ser idealistas en el amor y muchas desean amar, y, sobre todo, ser deseadas y amadas por el otro. Ese «ser amadas» tiene una transcripción bastante tradicional, producto de la cultura internalizada por las chicas, repleta de historias, leyendas y cuentos que han nutrido sus fantasías e ideas sobre la felicidad. En esas historias los héroes suelen ser de sexo masculino y las jóvenes protagonistas se destacan en su papel de seres amorosos o no y de colaboradores o no. Las historias que se nos cuenta no suelen representar a míticas heroínas, independientes y valientes, capaces de grandes logros que transforman la realidad. Algunas hay, pero son pocas todavía, y no pueblan los sueños de las adolescentes. La rebeldía y la libertad no se asocian con la feminidad.

Las chicas aprenden a erotizar la diferencia de poder, vinculan el mayor poder masculino con lo deseable en una relación, con lo que las atrae y seduce en un varón. El erotismo de la diferencia de poder se instala en los deseos femeninos sin que apenas nos demos cuenta de ello. Además, las adolescentes construyen sus deseos y sus fantasías sexuales desde lo conocido, desde lo que perciben en su medio social; todos bebemos de nuestra cultura y de nuestras experiencias vividas, y buscamos lo que nos resulta familiar y más cómodo, generalmente de manera inconsciente.

La educación que se da a las chicas en nuestras sociedades sigue siendo sexista. No se estimula su independencia, ni su deseo de saber y de comprender. El estudio como una gran fuente de placer, hondo placer de comprender y desenvolverse desde la capacidad propia en la vida, no se fomentan tanto en las chicas como su inclinación a amar, cuidar y alcanzar el éxito y el estatus social a través de un hombre con quien se casen o se comprometan. De ese modo, las adolescentes desean mostrarse bellas y no inteligentes, porque los chicos no suelen desear que ellas sean muy inteligentes, sí bellas y sexys, por lo menos en un principio.

Es bueno que las chicas conozcan sus propias fantasías e ideales de felicidad, porque los sueños, los deseos y las expectativas crean realidades que vivimos. Un efecto imaginado engendra una causa concreta y esconde un para qué de nuestras decisiones y de nuestros gestos y conductas. La profecía del acontecimiento da lugar al acontecimiento en cuestión[204]. La esperanza es vital para el sujeto existente y las adolescentes esperan, sueñan su felicidad, confían en que si hacen las cosas de una manera determinada tendrán éxito en la vida, serán felices... Además, frecuentemente quieren creer, porque eso les aporta emociones agradables, y se adaptan a los mandatos imperantes en la sociedad, a los mandatos de otros; se moldean en su expresión y conducta para ser reconocidas y aceptadas. Puede ser algo bueno o no, pero desde luego es humano...

Así, las chicas viven apreciando y admirando atributos diferentes en las mujeres que en los hombres sin apenas darse cuenta de ello, no en vano todos hemos sido educados en un orden social que reserva al sexo femenino un papel secundario, un papel subordinado en su relación con el sexo masculino. Unos y otros se confirman en sus complementarios papeles sociales. Por si fuera poco, la sujeción femenina está reforzada por una moralidad diferenciada para ambos sexos; incluso, en algunas sociedades, por leyes que obligan a las mujeres a permanecer en su papel social de subordinadas. Las chicas aprenden a desear lo que se espera de ellas que deseen. Incluso las fantasías sexuales de las adolescentes sufren a veces una autocensura que proviene de su miedo a la desaprobación y al rechazo por parte de otros.

Es verdad que las adolescentes desean ser amadas, desean el amor, desean apasionarse y sentirse vivas, y desean ser deseadas, ser populares y atraer. Para lograrlo, las chicas cuidan su silueta y su aspecto, y agudizan sus sentidos para averiguar si obtienen la respuesta pretendida en los otros. Muchas se fabrican una imagen que corresponde a los deseos y a las expectativas de los demás y no a sus propias tendencias. Es su mudo lenguaje de sumisión, aun-

---

[204] Watzlawick, Paul: *La coleta del barón de Münchhausen*, Barcelona, Herder, 1992, p. 135.

que no son conscientes de ello. Las adolescentes, en su inmadurez sexual, internalizan los deseos que imperan en su orden social y se adaptan a los deseos de otros más poderosos que ellas, aunque, por supuesto, no siempre es así. Las chicas tienden a desear lo que se supone desean otras, lo que tienen que desear si son «normales», y, poco a poco, se habitúan a soñar los sueños de otros y a desear lo que desean los chicos, más lo que desean los chicos que les gustan.

Al convertirse sobre todo en objetos de deseo y no pretender ser sujetos de sus propios deseos, las chicas se vuelven desleales consigo mismas, devalúan el cuerpo-palabra que son reduciéndolo a una superficie, y tratan de encontrar la valorización en el exterior cuando las que tienen que valorarse son ellas mismas; su autoestima se empobrece y las hace posicionarse asimétricamente en relación con los otros, por debajo de ellos. Por otra parte, querer ser deseadas enmascara un deseo de poder y de control sobre el otro. Las adolescentes aprenden a responder a las expectativas de los otros, a agradarles y a satisfacer sus deseos, no los propios, pero a cambio obtienen un cierto poder sobre esos otros y aprenden a manejarlos para que satisfagan los deseos de ellas. Es un acceso indirecto a su deseo de valía personal y de poder. Las adolescentes aprenden que su gran poder puede ser el de la seducción, pues es el reconocido poder femenino desde la noche de los tiempos relatados.

En la adolescencia se sueña despierta y las fantasías sexuales cobran fuerza. A menudo esas imágenes mentales sorprenden e inquietan a las chicas, que no entienden cómo pueden excitarse con lo que fantasean. Les cuesta entender que las fantasías sexuales no siempre corresponden a lo que se desea; también pueden servir para procesar los miedos, las traumas y las carencias, y pueden nacer de las experiencias y de los sueños de las personas cercanas, ser sueños y fantasías adoptadas de otros. A veces las fantasías sexuales son producto de las inhibiciones y de la soledad.

Por lo general, las adolescentes no hablan de sus fantasías: son su jardín secreto; sí pueden contarlas a sus mejores amigas o a su enamorado. Las fantasías sexuales pueden acompañarse de masturbación o no, pueden ser tan excitantes como para desembocar en un orgasmo o simplemente excitar y proporcionar placer. También pueden hacer que las chicas se avergüencen de lo que fantaseen y se sientan culpables. Sin embargo, algunas veces, eso mismo propicia su repetición, la recurrencia de las fantasías sexuales «prohibidas» por considerarlas ellas mismas como «perversas». La represión de la libido es una represión libidinalmente cargada[205].

Los cuerpos de las adolescentes hablan incluso en su silencio y demandan su desarrollo. Pero las chicas no suelen saber escuchar su propia voz, ni invertir el esfuerzo necesario para comprender sus deseos, a menudo, contradictorios y ambiguos. En esta etapa se comienza a desear el contacto íntimo con otro cuerpo, conocerle y relacionarse con ese otro de un modo nuevo, de piel con piel. No obstante, en las chicas, este deseo no se corresponde con un súbito deseo de practicar el coito.

Las nuevas formas de deseo y de curiosidad se concretan en la orientación del deseo, y con frecuencia puede darse una atracción hacia su mismo sexo o hacia alguna chica en particular. Las adolescentes pueden tener experiencias sexuales con otras chicas, y se debaten entre la orientación homo y heterosexual de su deseo. En esta etapa puede haber vaivenes e indefiniciones en cuanto a la orientación del deseo, que se viven con preocupación y, a veces, con sufrimiento; y que no necesariamente desembocan en actos y conductas. Las adolescentes suelen reprimir sus atracciones homosexuales y ocultarlas mientras puedan. Generalmente, las dudas respecto a la orientación de su deseo son transitorias, y se clarifican al final de esta etapa evolutiva, aunque no siempre es así, y pueden perdurar en la edad adulta.

Asimismo, con la menstruación, las chicas empiezan a percibir fluctuaciones cíclicas en su libido. Algunas experimentan un

---

[205] «La represión de la libido debe verse siempre como una represión libidinalmente cargada. Por consiguiente, la libido no es del todo negada por la represión, sino que se convierte en el instrumento de su propio sometimiento. La ley represiva no es externa a la libido a la que reprime, sino que reprime en la medida en que la represión se convierte en actividad libidinal». Butler, Judith: *Mecanismos psíquicos del poder*, Madrid, Cátedra, 2011, p. 90.

aumento del deseo inmediatamente antes de y durante la menstruación, y en los días alrededor de la ovulación. Estos cambios les resultan extraños y turbadores, eso no les pasaba antes, antes no se sentían dominadas por su cuerpo. Poco a poco, las chicas se van descubriendo a sí mismas en el desear y van aprendiendo a controlarse. Ya hemos dicho que no siempre los deseos se corresponden con los actos. A veces deseamos una cosa y hacemos otra. Muchos de los actos de las adolescentes tienen su origen en las restricciones sociales impuestas a los deseos humanos, en su miedo, en su inseguridad y en las circunstancias personales de cada cual[206]. La tendencia a la sumisión sexual de las adolescentes tiene sus raíces en el miedo a ser rechazadas, en su mala educación sexual y en los mandatos vigentes en el orden patriarcal.

Por otra parte, mostrarse dependientes y sumisas en el hacer sexual les aporta ciertos beneficios, agrada al otro. El guion sexual vigente en la sociedad sitúa a los sujetos existentes en un escenario ya narrado y parece que las adolescentes estén determinadas a seguirlo. La autoafirmación sexual es poco frecuente en esta etapa de desarrollo, tampoco lo es el deseo de descubrir su propia sexualidad, porque se trata de sujetos inmaduros, con mucho desconocimiento de sí mismos y en la esfera sexual, deseosos de gustar a otro, de ensayar, de imitar, de aparentar ser adultos, de jugar a ser como..., de vivir nuevas experiencias con los otros.

A muchas adolescentes les cuesta decir «no», sobre todo si están enamoradas o creen estarlo. Temen perder al chico que les gusta y parecer unas «niñas» o unas «estrechas». Con frecuencia, consideran el coito como una muestra de su amor y como el medio

---

[206] «La situación está plagada de paradojas para las chicas. Con una mano, nuestra cultura sexual ofrece a la adolescente la promesa de la realización sexual —"Mantén relaciones sexuales ahora porque ésta es tu época dorada y nunca volverás a ser tan bella ni tan sexy"— y con la otra le arrebata la posibilidad de alcanzar esa misma satisfacción, al negar a las adolescentes las condiciones necesarias para realizar el acto fundamental de la autoafirmación sexual, es decir, poder preguntar: "¿Qué deseo de verdad?". Es una situación que augura el desastre sexual para la adolescente». Leroy, Margaret: *El placer femenino*, Barcelona, Paidós, 1996, p. 125.

para obtener el amor y consolidarlo. Esperan que conduzca a una continuidad en la relación, a un compromiso del otro con ellas. Así, las adolescentes pueden acabar haciendo el amor sin desearlo realmente. Y si asocian los coitos con estar enamoradas, pueden convencerse a sí mismas de que lo están al desear tener relaciones sexuales con un chico determinado, y de lo contrario, de no querer al chico si no desean acostarse con él. La adolescencia es una etapa de muchas dudas y confusiones, pero también de descubrimientos y aprendizajes.

En los coitos, las chicas se encuentran muy influenciadas por los deseos y apetencias del otro. Tanto como para no usar el preservativo si el chico no lo quiere, a pesar del riesgo de quedarse embarazadas o contraer una enfermedad seria, como el SIDA. Ellas temen que el chico las abandone si le dicen que «no»; algunas tienen miedo de ser insultadas o agredidas si insisten... Generalmente, las adolescentes aprenden en su experiencia vivida que el papel sexual protagonista en el coito es el masculino, que ellos son los que detentan el poder sexual, que ellos hacen y ellas dejan o no dejan hacer, que continuar el coito no es sinónimo de disfrutar, que los coitos no siempre acaban en orgasmos para ellas..., aunque todo eso va cambiando hoy en día. Además, no se suele hablar con la pareja sobre el sexo, sobre lo que han sentido. Sus emociones pueden ser demasiado confusas incluso para ellas mismas. De ese modo, en la adolescencia se va reforzando la práctica del silencio en torno al sexo. A menudo, las chicas, para no defraudar a sus parejas y para no parecer «anormales», fingen que han disfrutado, incluso fingen los orgasmos.

Las adolescentes van aprendiendo en el hacer sexual poco a poco. Demasiadas parten con ideas erróneas y falsas expectativas, que irán cuestionando por medio del ensayo y error en sus encuentros y desencuentros con otros. Sus conceptos relativos al sexo en cuanto hacer irán cambiando sus acciones, y ellas mismas, en consecuencia, también cambiarán. Y, simultáneamente, al transformarse ellas, se transformará su realidad relacional, crearán mundos relacionales diferentes. Un mundo mejor de relaciones entre los sexos es posible y todos somos importantes para conseguir crearlo; todo empieza en nosotros y unos vamos sirviendo de ejemplo a otros sin ser conscientes de ello; vamos moldeándonos en el mirar y en el tocar, en la comunicación continuada con los otros.

El sentido de lo que hacemos se vincula con los objetivos pretendidos, aunque puede suceder que, sorprendentemente, descubramos nuevos sentidos, que ni siquiera imaginábamos. A veces, nuestros actos nos trasladan a realidades nuevas e imprevisibles. Así de complejas son nuestras cosas humanas; el tiempo vivido nos sitúa en una constante evolución del cuerpo-palabra. El sentido de lo que hacemos suele vincularse a los objetivos ónticos de cada etapa de desarrollo del sujeto existente. Las adolescentes se acercan a los otros cuerpos de un modo renovado, todavía impregnado por la visión mágica del mundo, pero ya ubicado en la mítica, visión centrada en los héroes que superan dificultades y salen o no vencedores de los problemas.

Al acercarse al otro, las chicas se preguntan: «¿Se fijará en mí?», «¿Le gustaré?», «¿Me aceptará?»... Cuestionan su propia imagen y su manera de comportarse, y, sin darse cuenta, entran en un nuevo y desconocido para ellas mundo de a dos, dejando atrás su espacio afectivo de seguridad infantil. Los riesgos personales que asumen las adolescentes son grandes, pero tienen que evolucionar y proseguir con su proceso de desarrollo como sujetos existentes. El vínculo parental va siendo desplazado por los nuevos vínculos basados en sus relaciones afectivas con otros. Las adolescentes buscan afecto en otros y reorganizan sus vínculos emocionales. Las relaciones que establezcan las chicas con ellos son importantes, pues las van modelando. Si la presencia afectiva de esos otros es beneficiosa para ellas, incluso pueden modificar las representaciones negativas de sí mismas y resituarse con mayor fuerza en esta etapa. También ocurre lo contrario. A veces, las relaciones amorosas adolescentes se convierten en un auténtico punto de inflexión, que cambia el mundo de la chica. La adolescente aprende nuevas capacidades relacionales y se posiciona de forma diferente en su realidad. El desarrollo de la competencia relacional es importante y proporciona un hondo placer existencial.

Cuando la chica se vincula a un otro de modo significativo suele comprometerse afectivamente con esta persona. Su aprendizaje relacional prosigue en un medio de constantes interacciones con el otro, y crea a ambos en relación. Las experiencias van dejando huellas y suponen conocimiento. La calidad de la relación es la que influye en los aprendizajes, que pueden ser liberadores del ser o perjudiciales para el desarrollo personal de la adolescente. No obstante, se trata de un proceso de llegar a ser, que puede tener sus paradas y aparentes retrocesos, necesarios para que lleguen otros sucesos. Una buena relación interpersonal se acompaña de respeto mutuo y es algo que no sucede con mucha frecuencia en esta etapa evolutiva. Las adolescentes van aprendiendo, no nacen sabiendo relacionarse asertivamente con otros.

Además, para las chicas, que generalmente sueñan con el amor, es difícil marcar los límites y conservar su autonomía en la pareja. Tienden a fusionarse con el otro y creer que ese otro piensa, siente y sueña lo mismo que ellas, y no suele ser así. Todavía no conocen bien a los chicos y van descubriendo sus diferencias por medio de desencuentros y conflictos en su relación. Las adolescentes suelen creer que si el otro las quiere, adivinará lo que ellas sienten y desean, y no es así. En una pareja hay que hablar y comunicarse, y eso es difícil, más si el otro no está dispuesto por carecer del hábito de hablar sobre sus sentimientos y emociones. La comunicación entre los sexos es compleja y, a menudo, requiere un verdadero compromiso y esfuerzo por parte de los dos para lograrlo. Si se consigue, la relación gana en riqueza y profundidad existencial.

Las relaciones amorosas típicas en esta etapa de desarrollo son las breves y un tanto superficiales. Los amores adolescentes suelen ser apasionados y exclusivos mientras duren, pero suelen acabar y dar paso a otros. El enamorado decepciona frecuentemente, porque se le idealiza de partida. Las chicas, deseosas de amar, se enamoran de alguien que no existe en realidad, y cuando comprueban que el otro no es como ellas creían, se desencantan y lo dejan de lado sin muchas contemplaciones, y buscan en otra parte. Esa operación puede repetirse una y otra vez, y es consecuencia de la inconstancia amorosa en la pubertad y en la adolescencia, concordante con la inmadurez de los sujetos existentes[207].

A veces, el otro es convertido en un objeto sexual gracias al cual se alivian las propias tensiones, se adquiere experiencia en el hacer sexual y un cierto estatus entre los pares. Algunas adolescentes pueden iniciarse en actos «perversos» en sus relaciones con otros, actos que manipulan, humillan, despersonalizan, maltratan emocionalmente y dañan a esos otros. No obstante, es más frecuente que las chicas dirijan su agresividad a sí mismas, dejándose degradar y maltratar por el otro. Es algo que propicia el orden social en el que nos relacionamos con otros.

Nuestros actos son productos de diversas confluencias de deseos, miedos, impulsos, inseguridades, creencias y expectativas; la mayor parte, inconscientes. Ser conscientes en el hacer no es frecuente y menos en la adolescencia, pero tenemos que comprender que nuestros actos nos hacen a nosotras, siempre tienen consecuencias para nosotras mismas y para los demás. El mundo en el que vivimos es el resultado de lo que hacemos y de lo que no hacemos, queriendo o sin querer. Las chicas tienen que aprender a vivir, y vivir, siempre es vivir en relación con otros, por tanto es vital que las adolescentes aprendan a relacionarse bien con los otros y saber comprender qué relaciones les hacen bien y cuáles no, y elegir las que las ayuden a ser más ellas, crecer mejor como personas plenas.

Es bueno que las chicas aprendan a identificar los riesgos y a evitar las relaciones que las ponen en peligro. En la adolescencia, las mujeres pueden decidir evitar ser violentadas por los otros, aunque esos otros sean sus enamorados. El amor no justifica el mal trato. Las mujeres tenemos que apostar por las relaciones basadas

---

[207]«Aparte de esta extraordinaria deslealtad para con el objeto de amor, en las relaciones objetales durante la pubertad observamos otra particularidad: el adolescente no desea tanto la posesión del objeto en el sentido corporal u ordinario del término. Su fin parece ser la mayor asimilación posible de la persona amada en ese momento». Freud, Anna: *El yo y los mecanismos de defensa*, Barcelona, Paidós, 1984, p. 184.

en el respeto mutuo, relaciones libres de machismo, relaciones que nos ayuden a crecer como personas. Nadie nos puede hacer sentir inferiores sin nuestro consentimiento, sin que olvidemos que somos sujetos existentes de igual derecho a desarrollarnos como personas plenas y no objetos de uso de otros. Ya es hora de que las adolescentes se rebelen, y desarrollen su inteligencia y su conciencia social en vez de centrar su energía en conseguir un cuerpo de escaparate. Cabe preguntarse si las chicas serían tan vulnerables al desánimo, a la depresión y a las conductas de riesgo, incluidas las alimentarias, si la cultura que consumen se centrara más en su desarrollo como sujetos de igual valía que los chicos en lugar de pretender un vientre plano y pechos exuberantes[208].

Es importante que las adolescentes se comprometan con su propio desarrollo como personas, que se rodeen de otros que las hagan bien, de buenas relaciones, de estímulos que mantengan lúcido su cerebro, que lo alimenten con buen cine, buena lectura, buen teatro, arte, música... Nuestro entorno influye en nuestro desarrollo y puede fomentarlo o entorpecerlo. Hacer ejercicio también es importante para encontrarse bien, mejora el humor, nos mantiene más activas y ágiles, aumenta las endorfinas y mejora la salud. Las adolescentes deben aprender a cuidarse en todos los sentidos a pesar de que en nuestras sociedades consumistas e insanas en muchos aspectos no se las enseñe a tomar consciencia sobre ellas mismas, sí a consumir y a desear cosas que incluso las perjudican. Así, pueden aprender a comer alimentos sanos y a evitar hábitos no saludables, como comer mal, fumar, beber alcohol... El tabaco y el alcohol son tóxicos muy potentes y destructivos para el organismo. Además, el sexo femenino es muy vulnerable a sus efectos, nos hacen el doble de daño que a los hombres, y debemos evitar estos tóxicos. La adolescencia es la etapa en la que podemos decidir no usarlos, no dañar profundamente el cuerpo que somos, el delicado universo celular nuestro. De este modo nos evitaremos problemas y enfermedades en un futuro. La vida es pa-

---

[208] Legato, Marianne J.: *Por qué los hombres nunca recuerdan y las mujeres nunca olvidan*, Barcelona, Urano, 2007, pp. 224-225.

ra vivirla bien, para disfrutar con el viaje existencial y crear cosas y actos hermosos, de los que podamos estar orgullosas. Las adolescentes pueden aprender a cuidarse, a respetar ese irrepetible milagro carnal que son. El respeto hacia una misma y el inamovible compromiso consigo misma como sujeto existente de pleno derecho a ser es algo que se debe practicar en la adolescencia, así podrá convertirse en un hábito vivencial y ¡qué importante es! Nosotras mismas debemos ser nuestras propias incondicionales, las mejores amigas de sí mismas.

Las chicas pueden descubrir el profundo e inagotable placer de vivir conscientes, lúcidas, sensibles, cabales, válidas..., y una vez descubierto, cuidarlo y cultivarlo toda la vida[209]. El cultivo de sí es tarea de una misma. ¡Que nadie nos desvíe de nuestro camino! La alegría de vivir se asocia con sentirse orgullosa de sí misma, con la valentía de ser, con la curiosidad y la capacidad de asombro, con la esperanza y la creatividad, con la libertad en el ser en relación con otros; libertad que se vincula con la responsabilidad, los unos somos responsables no solo de nosotros mismos, sino también de los otros, puesto que nuestras decisiones y acciones influyen en otros, en sus vidas. Todos somos importantes para crear un mundo relacional mejor, porque el mundo en que vivimos es el que hacemos sin ni siquiera ser conscientes de ello.

Es conveniente que las adolescentes descubran el cuerpo sexuado y sexual que son, sepan cómo funciona, lo que le hace bien y lo que no, lo que le gusta y lo que no, que respeten sus límites y sus necesidades, que lo comprendan con amor hacia ese frágil milagro que son por ser reales y, por tanto, mortales. La vida puede cambiar en un instante y el tiempo de una es un precioso tesoro que hay que administrar bien: disfrutar, divertirse, jugar, relacionarse..., pero, sobre todo, formarse, estudiar, aprender a vivir bien,

---

[209] «Que hoy exista un mercado del placer, tan agresivo y voluminoso, puede impedir que ese placer gratuito, sorprendente y libre cuyo instinto anida en cada uno de nosotros, se desarrolle. Hay pues que cuidar ese instinto de placer y dejarle hablar en cada una de las edades de la vida». Leroy, Margaret: *El placer femenino*, Barcelona, Paidós, 1996, pp. 131-132.

aprender a decir «no» y a decir «sí» con propiedad, prepararse bien para la vida en relación con otros, y aprender a ser la mejor amiga de una misma. Sería un estupendo provecho de esta etapa de desarrollo del sujeto mujer, y una manera óptima para pasar a la siguiente, la etapa adulta.

4. LA MUJER EN LA EDAD ADULTA

Situemos esta etapa desde los dieciocho años en adelante. Es una etapa larga y se subdivide en períodos marcados por hitos existenciales, que se acompañan de importantes cambios en la vida de las personas, las cuales se van transformando, se va transformando su conciencia hecha carne, el cuerpo-palabra que es cada una de ellas; se modifican también sus emociones, su decir, su psiquismo, su desear, su hacer... Todo lo que hemos dicho referente al sujeto existente en esta etapa evolutiva es aplicable, como no podría ser de otro modo, al sujeto existente mujer[210]. El objetivo óntico en la edad adulta es el de la autorrealización, el de llegar a ser un sujeto autónomo, con el gobierno desde sí mismo viviendo en relación con otros, en una sociedad dada. La autorrealización supone desarrollar las potencialidades personales y ser responsable de sí misma; implica integrar los múltiples aspectos y facetas del sí-mismo carnal, sexuado y sexual. No es fácil lograr este objetivo, sobre todo siendo mujer en un orden patriarcal, que dificulta el desarrollo de las potencialidades del sujeto femenino y la integración de sus múltiples facetas como sujeto social de pleno derecho.

Una de las necesidades fundamentales del ser humano es precisamente convertirse en un ser humano, objetivo que no siempre se logra, puesto que en nuestras sociedades consumistas e insolidarias existe una fuerte tendencia a la deshumanización y a la alienación en el vivir. A menudo, las personas vivimos de manera automática, apenas consciente. Es necesario que reflexionemos sobre los valo-

---

[210]Arnaiz Kompanietz, Anna: *El sujeto existente*, Madrid, Biblioteca Nueva, 2010, pp. 148-168.

res y las definiciones de ser mujeres, que internalizamos casi sin cuestionarlos y que nos dificultan llegar a ser sujetos existentes de pleno derecho a ser, porque nos consideran inferiores a los hombres, no en vano la misoginia sigue vigente en nuestras sociedades. Las mujeres adultas corren el peligro de no llegar a vivir como sujetos, personas autónomas con la capacidad de decidir libremente y responsables de sí mismas. Eso es un logro que requiere un esfuerzo continuado a lo largo de toda la etapa.

En nuestras sociedades patriarcales, no se valoran ni se honran los esfuerzos de las mujeres para desarrollar sus potencialidades como sujetos existentes, y son esfuerzos importantes. Es más, todo indica que somos sujetos de segunda clase, con menos derechos y peores oportunidades para el pleno desarrollo. ¿Qué duda cabe que el sexo femenino está en desventaja social? No se nos educa para ser sujetos existentes de primer orden, ni se legisla protegiendo nuestro desarrollo o nuestras oportunidades para trabajar fuera de casa y combinarlo con la faceta de ser madres. La socialización de las mujeres valora más el éxito femenino en el espacio privado que en el público, el ámbito relacional y afectivo que el liderazgo o el dominio jerárquico, reservados más para el sexo masculino.

Por lo general, a las mujeres se nos educa para atender a los demás y priorizar anteponiendo sus necesidades a las nuestras. Es difícil desafiar esta fuerte inclinación a la hora de relacionarse con otros, sobre todo si son queridos y valorados. Atender, cuidar y nutrir en un sentido amplio a otros constituyen un tema oculto de la existencia femenina, concordante con el mandato que se les asigna a las mujeres en la cultura patriarcal. La sociedad facilita el desarrollo de las facetas maternales que ellas albergan en su interior como potencialidad; vivir para otros renunciando a su propio desarrollo se valora en la mujer.

Todavía hoy, las mujeres no son definidas ni se definen en función de su autonomía y de sus propios valores por ser sujetos carnales reales; continúan sufriendo la tendencia a ser definidas en función de sus relaciones con otros, sujetos existentes masculinos. Sus construcciones de valores, internalizados en su proceso de socialización, difieren de sus vivencias, lo cual crea una tensión permanente en los cuerpos-palabra de las mujeres, que dudan, que no encuentran las palabras necesarias para explicarse ni para explicar a otros[211]. La extrañeza en el ser es una sensación compartida por numerosas mujeres. También la sensación de una sutil inadecuación en un orden social y cultural que tiende a valorar las propiedades masculinas. La mujer adulta se encuentra en un constante desequilibrio en la relación con el mundo que la rodea, desequilibrio más pronunciado en la juventud. Con la edad, la mujer suele mostrarse más segura de sí misma, está «de vuelta» de muchas cosas que antes la desestabilizaban.

A las mujeres adultas les cuesta respetar su propio ser independiente, sin sacrificarse o difuminarse en relación con los hombres. No se nos ha enseñado el sentido de valía independiente. El orden social sigue favoreciendo que las mujeres vivan a través de los demás, en vez de pretender su propia realización como sujetos existentes de pleno derecho. La fuente de aprobación femenina se tambalea en la mirada ajena, puesto que las mujeres valoran mucho las relaciones con los otros, les importan sus opiniones, y ellas quieren gustar. Es un verdadero problema que las mujeres crean que el conocimiento y la autoridad se encuentran fuera de ellas: en los hombres, en la sociedad, en los dioses...[212] En nuestras sociedades patriarcales, los sujetos mujeres tienden a complacer a los otros en una encubierta dependencia relacional, aunque es algo que también les ocurre a los hombres, pero desde una posición social de mayor fuerza, de sexo privilegiado socialmente hablando. Al transferir la fuente de aprobación a otros, las mujeres se sienten más inseguras en su propia piel y fácilmente amenazadas en sus valores, su autoestima se debilita. Pero conforme vamos madurando, la fuente de aprobación vuelve al sí-mismo carnal. La propia

---

[211] «Las palabras tienen el poder de alumbrar conceptos que hacen que algunos fragmentos de la condición humana se vuelvan observables. Y una vez que uno sabe ver esos fragmentos, puede debatirlos, lo que súbitamente instala su existencia en los discursos sociales». Cyrulnik, Boris: *El amor que nos cura*, Barcelona, Gedisa, 2005, p. 153.
[212] Young-Eisendrath, Polly: *La mujer y el deseo*, Barcelona, Kairós, 2000, p. 20.

experiencia de la mujer madura es la que sirve de base para la reflexión sobre sus valores. Es frecuente que la autoestima femenina se fortalezca en la madurez a pesar de que la edad es un factor que, en nuestras sociedades, perjudique socialmente a las mujeres, las tiende a convertir en invisibles[213].

Las mujeres suelen ignorar sus propias potencialidades porque tienen miedo a los conflictos que puedan vivir al querer desarrollarlas, miedo al rechazo de los otros. Si emprenden un camino que afirme lo que son —un sujeto existente de primer orden—, y su independencia y autonomía existencial, se arriesgan a la soledad. No es fácil pensar por sí mismas lo que son y lo que quieren cuando se las socializa en la dependencia y el autosacrificio. La reflexión independiente es un gran logro existencial en ambos sexos, pero más para el femenino, puesto que a las mujeres se suele enseñar a no pensar como sujetos. Hay que tener mucho valor, autoestima y firmeza existencial para desafiar lo aprendido e internalizado desde la niñez. Y la autoestima femenina y el orgullo de ser mujer no se fomentan en nuestras sociedades.

Así que, la socialización de la mujer suele causar la ignorancia de su propio potencial, subrayando algunas facetas suyas, útiles para preservar el orden establecido, y silenciando otras facetas, que podrían cambiar las cosas y producir pasajeros desajustes en la relación entre los sexos. El sujeto mujer, de forma inconsciente

---

[213] «Resulta lógico suponer que semejante estigmatización de la edad de las mujeres tiene origen en su antigua especialización a tiempo completo en la actividad reproductora: dado que la etapa fecunda está limitada al lapso entre la pubertad y la menopausia, sólo se era *verdaderamente* mujer desde que se alcanzaba la fertilidad hasta que se terminaba de disponer de ella, pues en cuanto dejaban de ser fértiles, las mujeres sufrían tal devaluación de su papel que resultaban amortizadas en plena vida. Sin embargo, también parecería lógico esperar que esto ya no fuese así, pues ahora las mujeres ya no dedican a la actividad reproductora más que un pequeño lapso de su biografía, que además pueden hacer compatible con otras actividades independientes de su fecundidad. Y no obstante, continúa sacralizándose el lapso que abarca desde la pubertad a la menopausia: pero ahora ya no se justifica por la fertilidad sino por la belleza física y el atractivo sexual». Gil Calvo, Enrique: *Medias miradas*, Barcelona, Anagrama, 2000, p. 282.

y aparentemente voluntaria, rechaza partes de sí misma, y, como resultado, su desarrollo se vuelve parcelado e insuficiente como sujeto de pleno derecho a *ser* en primera persona. Es una situación de permanente desequilibrio existencial, en la cual las mujeres se esfuerzan en adaptarse a su posición, aunque esta no les guste. Muchas se sienten presas en sí-mismas, un sordo y doloroso sentimiento femenino, que las mujeres esconden en su interior sin apenas reconocerlo, ni ser conscientes de ello. Lo relacional y social se vuelve carne existente. Así que las mujeres adultas tienen que aprender a vivir a pesar de... Ser ellas mismas a pesar de la influencia de los otros suele lograrse ya en la edad madura; por lo general, en la juventud, las mujeres son más influenciables y moldeables.

Sea como sea, las expresiones del ser esperan manifestarse, aguardan nacer en relación con otros. Y esta necesidad, al no ser satisfecha, causa frustración existencial, un sordo malestar que no tiene nombre y que carcome el interior de las mujeres. La desolación sentida por no poder ser del todo se entrelaza con la esperanza de encontrar una ayuda desde el exterior, a un otro que comprenda y salve, cosa que rara vez sucede. Generalmente el otro no comprende, porque su realidad y su educación son distintas; él es un sujeto sexuado y sexual diferente, tiene sus propias dificultades de desarrollo e hitos existenciales. Es imposible meterse realmente en la piel del otro y vivir la vida desde el otro: uno vive en y desde sí-mismo.

Además, las mujeres adultas ya poseen una biografía, las vivencias acumuladas en su infancia y en su adolescencia, que han influido en lo que son. Nuestras historias privadas son intransferibles e inenarrables en palabras, anidan en nuestro interior, se vuelven carne existente, se vuelven piel. Y cuando se tiene una historia, todo lo que nos sucede es interpretado desde lo almacenado en nuestra experiencia de vivir. Los sucesos que se vivencian se almacenan en el sí-mismo carnal y reordenan nuestros pensamientos, consideraciones, expectativas, decisiones y acciones. Lo que hemos vivido vive en nosotras, sigue nutriéndonos con su «algo más». Es nuestra biografía, nuestra experiencia de vida, que se vuelve carne sexuada y sexual, que impregna nuestro mirar y nuestro actuar en el mundo. Lo que hacemos nos hace a su vez, queramos o no, seamos conscientes de ello o no. Asimismo, este tipo de memoria demarca una representación de sí, y esta representación es susceptible de cambiar a lo largo de la etapa adulta incluso varias veces.

Las personas nos servimos de nuestra experiencia para sobrevivir en una comunidad dada y crecer como seres vivos. Queremos comprender las cosas y los hechos que nos afectan, y vivir la vida de la mejor manera posible. Nuestro bagaje de experiencias es un capital personal, que nos sirve de orientación para actuar sobre nuestro entorno en un intento de controlarlo. Nuestro desarrollo afectivo e intelectual influye en la significación que atribuimos a las cosas, en lo percibido por destacarlo de lo que se queda sin percibir, y eso ocurre también de forma inconsciente; no somos conscientes al subrayar o destacar los estímulos que importan al sí-mismo carnal de todo el conjunto de los estímulos posibles[214]. Y sin embargo, esa operación de subrayado habla de cómo somos y nos desvela nuestra actitud existencial, dejando entrever el relato de nuestra existencia. Nuestro mirar al mundo habla sin palabras de nosotros mismos. El procesamiento de los datos produce significación, existiendo una estrecha relación entre la adjudicación de los significados, las experiencias y las expectativas del sujeto frente a los hechos. El sentido que atribuimos a las cosas y a los hechos que nos suceden se ve influenciado por nuestras historias personales y los objetivos existenciales, que van cambiando a lo largo de la edad adulta, no son los mismos en la juventud que en la vejez.

La acción que ejercemos para controlar el ambiente es personal e implica decidir y elegir, supone un relato que se ancla en la

---

[214]«Y así, en la *percepción*, aun cuando es "teórica", se descubre una "perspectiva", una referencia a un objetivo, a una cosa, a un "algo", a un término, a un *ente*. El ente pertenece a la concreción de la comprensión del ser. La percepción es aprehensión, apropiación, adquisición y promesa de satisfacción que se hace al hombre; así surge en el yo un sujeto interesado y activo». Levinas, Emmanuel: *Entre nosotros*, Valencia, Pre-textos, 2001, p. 210.

biografía de cada cual sin que seamos conscientes de dicho relato. La mayor parte del comportamiento es inconsciente. De hecho, la conducta reflexiva y pensada es la excepción, no es lo habitual[215]. Sin embargo, seamos conscientes de ello o no, siempre corresponde a un por qué y a un para qué. La construcción de sentido en la experiencia vivida no suele ser una operación consciente, pero da forma temática a nuestra vida. Nuestra vida siempre adopta la forma de un proyecto, que se materializa en un sinfín de elecciones; no es algo que sucede de modo espontáneo; conforma un relato existencial, seamos o no conscientes de ello, lo entendamos o no. Solo cuando las mujeres, generalmente ya en la edad madura, miran hacia atrás de sus vidas, pueden adivinar ese tema central de su biografía, lo que las movía en sus elecciones y decisiones. No obstante, hasta el final de la vida el sentido de la propia existencia se reorganiza en concordancia al relato que se hace de él. Si cambiamos de relato, puede cambiar también el sentido que atribuimos a nuestra experiencia vivida.

Ya hemos dicho que el tema existencial oculto de las mujeres es el de cuidar, nutrir, atender, ayudar, consolar y amar. Esta inclinación es tan fuerte que influye en las profesiones que las mujeres elegimos mayoritariamente: rama sanitaria, profesoras, trabajadoras sociales... Son profesiones que subrayan la importancia de las relaciones humanas y es algo afín al universo femenino, universo de relaciones y afectos, de comunicación y contacto entre personas, de vivir en relación con otros, haciendo cosas en común y creando sobre todo productos intangibles, buscando la armonía y no la victoria en un conflicto. A las mujeres se las socializa orientándolas hacia las personas. En general, las mujeres valoran las compensaciones intrínsecas en sus empleos, como cuando aportan algo bueno a los otros y al mundo real, cuidan el entorno, mejoran la situación existencial de otros, mejoran su calidad de vida y su salud... Para ellas eso puede ser más importante que el salario que ganan o el estatus profesional. Asimismo, al decidir sobre un em-

---

215Strong, Stanley R. y Claiborn, Charles D.: *El cambio a través de la interacción*, Bilbao, Desclée De Brouwer, 1985, p. 50.

pleo, las mujeres tienen en consideración los horarios y su posible conciliación familiar, priorizan este aspecto y no el salario que les ofrecen.

Las mujeres están más inclinadas a participar y no a ganar venciendo, no se centran tanto en las relaciones de dominio como los hombres; suelen valorar más los afectos que el dominio sobre el otro, aunque, por supuesto, no siempre es así, y, a veces, los afectos pueden transformarse en un medio para el dominio sobre el otro. Es importante para las mujeres crear buenas relaciones, crearlas y mantenerlas, por eso, normalmente son ellas las que se encargan de cuidar las redes familiares. Además, las mujeres desarrollan más la empatía, se colocan más fácilmente en el lugar del otro y responden emocionalmente a los otros: parejas, hijos, padres, amigos, compañeros de trabajo... Las mujeres muestran más consideración por el estado emocional tanto propio como ajeno, y suelen ayudar a los demás de manera natural, tanto que casi ni se dan cuenta de que lo hacen. Esta actitud de cuidado se acentúa con la posición social y cultural femenina de aparente subordinación y propicia el descuido de sí misma, muy frecuente en las mujeres adultas. Sin embargo, convertirse en un sujeto existente mujer se vincula con la experiencia de vivir la propia vida no como respuesta a las necesidades y los deseos de los demás, sino como un asunto personal e intransferible, el más importante de todos los que nos atañen. Las mujeres no debemos ser simplemente sumisas y conformarnos con nuestra suerte. Debemos cuestionar las verdades aprendidas en las etapas anteriores y reflexionar sobre lo que deseamos y pretendemos.

Otro tema oculto en la existencia de muchas mujeres es el de ser «buenas», y ser «buena» incluye ser «buena» en las relaciones con los otros. Las jóvenes son estimuladas para desarrollar las «virtudes femeninas»: amabilidad, bondad, dulzura, modestia, generosidad, entrega, autosacrificio, paciencia, honradez, decencia, docilidad, sumisión, dependencia, comprensión, solidaridad, misericordia... Las mujeres «buenas» suelen atenerse a las normas y seguir las reglas de juego. La autoestima de las mujeres tiene mucho que ver con esa consideración de ser «buena», con la total o parcial aceptación del estereotipo femenino, internalizado en las etapas anteriores del desarrollo y reforzado una y mil veces por la cultura patriarcal, no en vano la conformidad con el estereotipo es un instrumento poderoso para preservar lo establecido en la relación entre los sexos, el orden social patriarcal.

El estereotipo femenino delimita el desarrollo del sujeto mujer, propiciando algunas facetas y entorpeciendo otras; actúa sobre el cuerpo-palabra moldeándolo en su expresión. Así, los cuerpos femeninos no suelen mostrarse impositivos sino insinuantes, no alzan la voz ni miran directamente a los ojos, no se ríen a carcajadas ni se mueven con brusquedad despreocupada o desenvoltura irreverente. Las mujeres tienden a ocupar menos espacio que los hombres y no se violentan tanto como ellos al sentirse pequeñas en relación con otros. Es algo a lo que están acostumbradas desde la niñez. La mujer adulta puede llorar, mostrarse desvalida y quejarse, pero no debe manifestar cólera o rabia, pues no está bien visto. Las mujeres tienden a «tolerar» incluso lo intolerable sin rebelarse claramente.

La expresión de la cólera es un momento de poderío frente a..., y no solo es un derecho de una libertad existente hecha carne, sino, a veces, un deber moral, porque puede transformar lo dado[216]. No obstante, la imagen de una mujer «buena» no se vincula con la expresión de cólera, rabia o ira. La mujer «buena» aguanta y sonríe, es amable incluso con los que no la tratan bien. La rebeldía no se elogia en la mujer, aunque eso va cambiando poco a poco. Tampoco la expresión de autoridad se asocia con la feminidad, el poder directo no se acepta como una característica femenina. El poder femenino sigue considerándose sospechoso y abrumador en el or-

---

[216] «En su psique instintiva la mujer tiene la capacidad de enfurecerse en grado considerable cuando se la provoca y no cabe duda de que eso es un poder. La cólera es uno de los medios innatos que ella posee para poder desarrollar una actividad creativa y conservar los equilibrios que más aprecia, todo aquello que ama verdaderamente. No sólo es un derecho sino que, en determinados momentos y en ciertas circunstancias, constituye para ella un deber moral». Estés, Clarissa Pinkola: *Mujeres que corren con los lobos*, Madrid, Ediciones B, 2002, p. 586.

den patriarcal, salvo si se trata del poder seductor, de objeto de deseo de los hombres, y de poder como dispensadora de cuidados en su mundo, necesarios para que el orden persista. Pero, también eso va cambiando y cada vez más mujeres ocupan puestos de claro poder social, incluso de presidentes de gobierno de países importantes.

De todas formas, el poder femenino es sobre todo un poder interpersonal, un micropoder ejercido en las distancias cortas. En nuestras sociedades, el poder suprapersonal, el macropoder, sigue siendo el masculino[217]. El poder femenino se asocia con la apariencia corporal, con la belleza de la mujer y con su adecuación al ideal femenino vigente en la sociedad. Las jóvenes descubren que ser bellas, estar delgadas, tener un busto voluminoso y vestirse de forma «sexy» les abre puertas al deseado éxito social. Ser atractiva y despertar el deseo en los hombres les aporta un plus de poder, el escurridizo poder sobre otros. Revestirse con la imagen femenina, de mujer que acepta su posición social, que sabe estar en el lugar que le corresponde y que triunfa en el orden establecido, les confiere un cierto poder político, gusta a los demás y seduce con sus «promesas» ocultas de felicidad ampliamente aceptada en dicho orden social. Las jóvenes aprenden a utilizarlo para ascender socialmente y luego conservar su posición social. Algunas logran emanciparse gracias a su belleza; otras quedan atrapadas en las relaciones de uso y disfrute, relaciones basadas en el poder sobre otro.

Sea como sea, las mujeres invierten mucho tiempo y energía para conseguir una imagen corporal atractiva. Saben que, socialmente, la apariencia se valora en una mujer, que el aspecto influye a la hora de atraer la mirada de un hombre y elegir una pareja deseable. La imagen que ofrecemos a los demás interviene en los importantes acontecimientos de nuestra vida, en el amor y en las interrelaciones sociales. Así que esta estrategia, basada en el poder femenino como objeto de deseo, es muy utilizada por las jóvenes,

---

[217]Gil Calvo, Enrique: *Medias miradas*, Barcelona, Anagrama, 2000, p. 304.

de forma consciente o no, para ascender socialmente, tanto por medio de un matrimonio ventajoso como en el mercado laboral[218]. En nuestras sociedades patriarcales, la belleza femenina «vende», vende cosas y vende a seres humanos, que son cosificados en la adquisición. El hombre con poder compra, compra belleza femenina, y la exhibe como una muestra de su privilegiada posición de poder. Él es tan poderoso que puede «comprar» belleza femenina, un objeto deseado por otros, que lo quieren y no lo pueden tener. A veces, precisamente la belleza convierte a la mujer, que apuesta sobre todo por esta para ascender en la sociedad, en un juguete roto, usado y dejado de lado cuando ya no es tan bella ni tan joven; no en vano, en nuestras sociedades patriarcales, la belleza femenina se asocia con la juventud.

La gestión de la belleza y de la edad diferencia a los dos sexos. El temor de perder el atractivo corporal es sobre todo femenino, y se relaciona estrechamente con el miedo a envejecer. Las mujeres que atribuyen el poder femenino a la belleza temen envejecer, pues para ellas significa perder su poder. Las chicas jóvenes pueden querer aparentar más edad, pero las mujeres adultas se esfuerzan mucho en disimular su edad, en parecer más jóvenes: se tiñen las canas, usan cosméticos para tener menos arrugas, se visten con ropa juvenil, se muestran alegres y despreocupadas, se comportan de manera infantil...[219] Algunas optan por represen-

---

[218] «Si las jóvenes se ven impulsadas a invertir recursos en su propia imagen, hasta conseguir depurarla y manufacturarla a voluntad, es para poder mejorar sus oportunidades de emanciparse mediante su inserción en los mercados laborales y profesionales (y no sólo en el matrimonial), que están fuertemente condicionados por los prejuicios discriminatorios con que se evalúa a las mujeres reduciéndolas a su apariencia visual». Gil Calvo, Enrique: ob. cit., p. 242.

[219] «Por lo tanto, fingir que se tiene *mayor* edad es una forma ritual de reivindicar la elevación del propio estatus: es lo que revelan los ritos de transgresión juvenil, utilizados por chicos y chicas como ritual de resistencia para reivindicar mayor poder del que tienen haciéndose los mayores. Ahora bien, paradójicamente, las mujeres, en cuanto dejan de ser chicas y se convierten en adultas, hacen justo al revés: fingen que tienen *menor* edad como forma ritual de rebajar su propio estatus». Gil Calvo, Enrique: ob. cit., p. 286. A su vez, Marcela Lagarde y de los Ríos sostiene: «Tradicionalmente, a las mujeres se nos exige ser

tar el papel de eternas menores de edad, mostrándose caprichosas, emocionalmente descontroladas e irresponsables... No deja de ser una estrategia existencial, consciente o no, para conservar su lugar en el mundo de relaciones con otros. Sin embargo, envejecer bien es un objetivo existencial que deberíamos valorar en ambos sexos. Las mujeres tenemos derecho a envejecer bien, seguir siendo visibles y valoradas en la sociedad mostrando canas y arrugas, siendo más sabias y menos sumisas que las jóvenes, y a pesar de dejar de satisfacer las exigencias del orden patriarcal: la mujer madura ya no es fértil, ni virgen, ni es objeto de deseo... Eso sí, sigue pudiendo desempeñar su papel de eterna cuidadora y servidora de otros, papel femenino que se valora en toda la edad adulta de la mujer por ser necesario para sostener el orden patriarcal.

Sin embargo, en la edad madura la mujer puede liberarse de ese afán de ser eternamente joven y bella, dejar de atenerse a las expectativas ajenas y de ser aprisionada por estas. La mujer madura ya no se empeña en gustar a otros y puede descubrir la hermosura que existe en ella por ser real, por ser un cuerpo-palabra que crea en cada instante de su latir. A menudo, esa «invisibilidad» se torna beneficiosa y deseable. La mujer madura puede volverse rebelde, más libre, extravagante, original, más auténtica y creativa en lo que hace[220]. En la madurez, tienen lugar importantes descubrimientos de la vida y comprensiones profundas sobre la propia existencia; en la madurez descubrimos quiénes somos realmente. La anciana puede parecer extraña, sabia o no, ha vivido muchos años, y el cuerpo-palabra que es alberga infinitas vivencias grabadas en su interior, ha sido tejido en el vivir. La anciana recuerda

---

jóvenes eternas y por ello guardamos con anhelo una imagen fantástica juvenil de nosotras. Esto se traduce en que cuando nos miramos en el espejo, lo que vemos es una imagen atrasada de nosotras mismas. Por el tabú impuesto a las mujeres de envejecer, al mirarnos en el espejo evocamos nuestra autoimagen y generalmente tenemos una imagen de nosotras de años atrás». Lagarde y de los Ríos, Marcela: *Para mis socias de la vida*, Madrid, Horas y horas, 2005, pp. 63-64.

[220] «Jacobs cita nada menos que a Camus cuando dice que "en pleno invierno por fin descubrí que en mi interior latía un verano invencible"». Greer, Germaine: *El cambio*, Barcelona, Anagrama, 1993, p. 410.

y reescribe su relato de vida desde ese mirar más experimentado, más viejo. Rememora y reflexiona, y aprende a ver lo que le ha sucedido de modo diferente. En su mirada, los opuestos pueden convivir y las cosas ya no son clasificables en «buenas» o «malas», «beneficiosas» o «nocivas», pues la existencia real trasciende la dicotomía de los conceptos; la carne existente es mucho más que las palabras que podamos decir al respecto de ella, es otra dimensión[221].

Así que, las jóvenes apuestan para ascender socialmente por el ritual amoroso y por el ritual académico, laboral y profesional. Muchas optan por ambos rituales. Para ellas, el ser «buena» también se relaciona con ser buena en los estudios. Las jóvenes que eligen esta estrategia para ascender socialmente se esfuerzan en rendir en sus estudios e ingresan mayoritariamente en las universidades, cosa que hasta no hace tanto se impedía a las mujeres. Las muchachas suelen ser disciplinadas y constantes en el estudio, y acatan mejor las normas académicas que los chicos. Para ellas supone una nueva forma de «honra» y es un compromiso con su propio futuro. Por lo general, las chicas jóvenes que estudian están motivadas, confían en su esfuerzo y tienen un objetivo vital más definido que los chicos de su misma edad[222]. Sin embargo, muchas jóvenes descubren las aparentes desventajas de ser inteligentes, porque los chicos no suelen desear a las muy inteligentes. Por eso, a menudo, las jóvenes esconden su inteligencia y se van limitando en su desarrollo personal al perder interés por muchas cosas. Es tan notorio que incluso bajan sus cocientes intelectuales. Así, en medio de falsas creencias, engañosas expectativas e inciertas fantasías de felicidad, se va estableciendo el patrón femenino

---

[221] «La capacidad de vivir con verdades relativas, con preguntas para las que no hay respuesta, con la sabiduría de no saber nada y con las paradójicas incertidumbres de la existencia, todo esto puede ser la esencia de la madurez humana y de la consiguiente tolerancia frente a los demás». Watzlawick, Paul: *La coleta del barón de Münchhausen*, Barcelona, Herder, 1992, p. 122.
[222] Pinker, Susan: *La paradoja sexual*, Barcelona, Paidós, 2009, p. 47.

de desviación inútil de energía, que puede perdurar mucho tiempo en la edad adulta.

Mayoritariamente, a las mujeres no nos educan para ser sujetos sociales de pleno derecho, sino para que nos conformemos con nuestro papel de subordinadas sociales y nos sintamos realizadas y felices al desempeñarlo. Las chicas «buenas» son programadas para ser, en este orden, vírgenes, esposas y madres, anteponiéndolo a sus estudios, carreras y empleos[223]. De hecho, cuando sus carreras profesionales entran en conflicto con el desempeño de sus papeles como buenas esposas y madres, las mujeres suelen sacrificarlas con o sin dolor de su corazón; se sienten irreemplazables en estos papeles relacionados con el espacio privado. Además, crear un hogar y criar unos hijos forman parte de sus ideales de felicidad.

En nuestras sociedades patriarcales sigue existiendo una gran presión a favor del matrimonio y la maternidad como medidas de éxito social femenino, y ya se sabe que todo discurso social da pie a unas realidades y no a otras. Muchas mujeres que no se casan o que no son madres se sienten como fracasadas y extrañamente inútiles. El papel femenino tradicional se vincula con el espacio privado, de su hogar. Las mujeres «buenas» debían contentarse con este papel y aprender habilidades para ser buenas amas de casa: saber cocinar, coser, lavar, planchar, limpiar, cuidar la ropa, comprar los alimentos, cuidar la salud de todos... Tradicionalmente, a las jóvenes se las preparaba para gestionar bien el hogar y para renunciar a la ambición para sí mismas. Su gran objetivo era el matrimonio y la maternidad, después de eso, tenían que adoptar un papel conservador de su estatus conseguido y ser ambiciosas para sus maridos e hijos[224]. Todavía hoy, numerosas mujeres se contentan con ser

---

[223]Gil Calvo, Enrique: *El nuevo sexo débil*, Madrid, Temas de hoy, 1997, p. 16.

[224]«Luego, una vez casadas, las mujeres se dedicaban a jornada completa a la gestión de su hogar, reservando su tiempo libre a conservar intacta su imagen corporal para hacerla representativa del estatus alcanzado con su boda. Tales ritos conservadores del estatus eran sobre todo ritos de purificación, que pretendían restaurar la imagen de esposa virginal que una vez tuvo en el instante mismo del matrimonio. Pero en realidad purificarse no era tanto cuidar de sí misma como honrar al marido y a los hijos, reconociéndoles así plenos de-

esposas, amas de casa y madres; aunque eso va cambiando, sigue siendo un posible camino para que una mujer se sienta realizada y feliz, cosa bastante inconcebible para un hombre, que no suele contentarse con ser esposo, amo de casa y padre. Una vez más, el papel de «buena» no debe impedir el desarrollo personal y el avance de las mujeres en el ámbito laboral[225].

No debemos olvidar que la dependencia económica es una situación de riesgo para la mujer. Cuando la mujer es capaz de ganarse la vida por sí misma, puede marcharse si eso es lo que quiere; su exigencia de igualdad se vuelve más realizable en su día a día vivido[226]. Sin embargo, a muchas mujeres les cuesta manejarse con el dinero con tanta naturalidad como hacen los hombres, no se las ha educado para asumir que manejar el dinero que una gana es una de las responsabilidades del sujeto adulto. Las mujeres suelen administrar muy bien el dinero para el sustento de la familia. Son las que compran los alimentos, la ropa y todo lo necesario para el buen funcionamiento de la familia y del hogar[227]. Pero, frecuentemente, las mujeres tienen mala conciencia al gastar el dinero que ganan con su esfuerzo en sí mismas, porque les cuesta considerarlo como propio, es como si no les perteneciera en realidad, como si lo debieran a sus maridos e hijos. También se da lo contrario,

---

rechos sobre ella». Gil Calvo, Enrique: *Medias miradas*, Barcelona, Anagrama, 2000, p. 274.

[225] Hite, Shere: *Sexo y Negocios*, Madrid, Prentice Hall, 2000, p. 99.

[226] «Si una mujer no puede sostenerse económicamente a sí misma, no tiene la libertad de elegir la relación que la apoye emocionalmente, ya que para elegir la relación tiene que poder ser libre de salir de ella. A pesar de la influencia del feminismo, muchas niñas y mujeres todavía creen que tienen más poder a través de la apariencia, más libertad a través del poder de seducción y mayores posibilidades siendo deseables que siendo responsables de sus propias pretensiones materiales y de su bienestar. Sin embargo, la dependencia económica en la vida adulta es casi siempre peligrosa para la salud psicológica». Young-Eisendrath, Polly: *La mujer y el deseo*, Barcelona, Kairós, 2000, p. 134.

[227] «Las mujeres saben que es en torno a ella como se mantiene la familia y que la situación económica de la casa está determinada por el modo como la mujer la administra». Montagu, Ashley: *La mujer, sexo fuerte*, Madrid, Guadarrama, 1970, p. 140.

y muchas mujeres que no trabajan fuera de casa y no reciben una remuneración propia gastan el dinero de sus maridos o amantes sin demasiadas contemplaciones ni reparos. Lo viven como «normal» en una relación amorosa entre hombre y mujer: él paga y ella está con él, le da cariño, cuidados, un hogar, unos hijos, mantiene su estatus... Por otra parte, en el manejo del dinero por parte de las mujeres interviene de modo importante la clase social a la que pertenecen.

En el día a día, las tareas domésticas se suceden sin fin. Siempre hay algo que hacer. Cuando se termina hay que volver a empezar. Además, los resultados del trabajo del ama de casa no se valoran y son efímeros; si no se repiten y se repiten es difícil mantener el hogar limpio y en orden. Los alimentos tampoco se cocinan por sí solos... El sacrificio es el tema principal de gran parte de mujeres en sus relaciones matrimoniales. El trabajo de las mujeres en casa no se construye con límites que protejan su propio desarrollo como personas que son. Ellas son interpelables y demandadas en cualquier momento en que surja una necesidad de sus maridos o hijos. Tienen que dejar de hacer lo que estaban haciendo y atender sus necesidades o deseos. El ama de casa no tiene «cuarto propio»; su tiempo no le pertenece a ella. Cabe afirmar que es una trabajadora a tiempo total, no remunerada y sin vacaciones ni festivos. Su empleo es fijo y estable, pero sin ningún derecho laboral. Eso sí, a cambio de su trabajo obtiene los beneficios y la supuesta seguridad de un hogar, tiene una familia, una manera de vivir en relación constante con otros a los cuales quiere...

Se espera de la mujer casada que se realice en su cometido, que, por supuesto, no viva el matrimonio como una situación de riesgo para sí misma, y que no adopte medidas para proteger sus intereses y a sí misma. Sin embargo, todas sabemos que el hogar puede convertirse para una mujer en un espacio de amenazas, maltrato, abusos sexuales, violaciones y muerte; que muchas mujeres soportan auténticas torturas durante años y años. Algunas denuncian y otras lo ocultan por miedo al maltratador y por vergüenza, también por desesperanza y desprotección institucional. Las mujeres que pueden marcharse no lo hacen, entre otras cosas, por temor a que él las perseguirá y hará daño también a sus hijos, no solo a ellas. Por sus hijos aguantan lo que sea y él lo sabe[228].

Actualmente, cada vez menos mujeres quieren ser sobre todo «buenas», pretenden ser sujetos de pleno derecho, desarrollarse y *ser*. No obstante, a las mujeres nos cuesta mucho imponernos como sujetos y desechar lo aprendido en nuestra continuada socialización, nos cuesta no mirar a nuestro alrededor en busca de aprobación y concentrarnos en nosotras mismas. Si no atendemos las exigencias ajenas, las mujeres nos sentimos culpables, entramos en conflicto con nosotras mismas porque, sin que seamos conscientes de ello, la idea que tenemos sobre nosotras mismas se ve amenazada. No nos damos cuenta de que mientras nos atengamos a los prejuicios del papel femenino tradicional, seguiremos manteniéndolo y contribuyendo a nuestra impotencia social, a nuestra dependencia y subordinación existencial[229]. Esta conducta no es congénita, es consecuencia de nuestra socialización, en la cual hemos aprendido a tener en cuenta a los otros, a mirarnos sobre todo en los ojos de los demás y a atenderlos, a vivir a través de los otros en vez de ocuparnos de nuestra propia realización como sujetos existentes de pleno derecho.

Hoy en día la mujer adulta está tensionada entre las dos tendencias: la de ser ella misma en primera persona y la de ser sobre todo la cuidadora de otros y vivir a través de ellos. El querer ser ella misma se acompaña a menudo de un sordo sentimiento de culpabilidad. Las mujeres adultas suelen sentirse culpables al optar por ser en primera persona, protagonistas de su propia existencia. Aparentemente, la sociedad les promete el acceso a su propio desarrollo y, en teoría, cuida la igualdad de oportunidades entre los sexos. En la práctica sucede lo contrario: las mujeres tienen muchas dificultades para acoplar sus papeles en el espacio privado

---

[228] «El aspecto más siniestro de los enfrentamientos domésticos es el uso de los hijos como arma y como campo de batalla». Greer, Germaine: *La mujer eunuco*, Barcelona, Kairós, 2004, p. 380.

[229] Ehrhardt, Ute: *Las chicas buenas van al cielo y las malas a todas partes*, Barcelona, Debolsillo, 2003, p. 179.

y en el público, sobre todo si son madres. Apenas tienen tiempo para sí mismas y corren mucho para satisfacer las necesidades de sus seres queridos y para reconocerse como «buenas»[230]. El cuidar de otros se vincula con el papel tradicional de la mujer y desgraciadamente se asocia con el descuido de sí misma. Nuestros tiempos modernos reclaman el autocuidado en el individuo adulto, sujeto existente de pleno derecho; sin embargo, en las mujeres, en realidad, se propicia el autodescuido.

Las mujeres nos socializamos en un orden en el que perdura la misoginia, y de manera inconsciente nos habituamos a considerar lo «femenino» como secundario y de menor valor que lo «masculino». Lo «femenino» se descalifica, se acalla, se rechaza. Pero cabe recordar una vez más que lo que llamamos «masculino» y «femenino» son características comunes a ambos sexos, no son exclusivos de ninguno de ellos. Sin embargo, incluso las mujeres recurren a la medida patriarcal para calificar lo «femenino», no en vano lo han internalizado en su proceso de socialización, que no deja de ser un largo aprendizaje sobre cómo son las cosas del mundo en que vivimos. Así, no solo los hombres son misóginos, también lo son las mujeres, sin que se den cuenta de ello. La misoginia es uno de los componentes de la enemistad entre las mujeres y nos desune como grupo social, nos debilita y acalla nuestra voz[231]. Además, la mi-

---

[230] «Empiezo por esta *superwoman*, capaz de pasar como una apisonadora por la vida. Ha tenido una brillante etapa histórica reciente, hemos vivido bajo su máximo esplendor y se la ha entronizado como modelo. Parir, seducir, llevar la casa, trabajar, educar a los hijos, ser chófer, enfermera, cuidadora de los abuelitos, reposo del guerrero, ejecutiva brillante, triunfadora pública, poderoso icono o referencia mediática, cocinera, chica para todo, paño de lágrimas... Ser indefinido capaz de enamorar y enamorarse, mandar, dirigir, organizar, tener la nevera llena, estar al día, seguir la moda, apoyar al cónyuge, hacer de señora de, estar siempre bellísima, delgada, apetecible, sana, joven, feliz, sonriente... ¿Cuántos son los papeles simultáneos de la supermujer como para no pensar en su seguro desequilibrio mental y físico? Menudo equívoco creer que haciendo todo eso las mujeres podrían, al fin, amarse a sí mismas». Rivière, Margarita: *El placer de ser mujer*, Madrid, Síntesis, 1995, pp. 156-157.

[231] Lagarde y de los Ríos, Marcela: *Para mis socias de la vida*, Madrid, Horas y horas, 2005, p. 138.

soginia se entrelaza con el machismo: los hombres se consideran superiores a las mujeres y se muestran prepotentes en relación con ellas. Lo trágico es que también las mujeres se habitúan al machismo; muchas lo consienten cansadas de luchar y otras lo aceptan e internalizan como lo «normal» y «cierto». Por eso, las mujeres debemos revisar nuestras valoraciones de lo «femenino» y comprometernos a dejar de ser misóginas, dejar de competir entre nosotras para ganar la atención y el afecto de los otros. Las mujeres debemos de ser más solidarias entre nosotras, debemos tratarnos bien unas a otras y ayudarnos para ser en primera persona, no sombras de otros. Si queremos que los otros nos respeten y nos traten bien, nosotras tenemos que hacerlo, tenemos que aprender a valorar nuestras experiencias cotidianas y a respetarnos como sujetos existentes de pleno derecho a *ser*.

Por otra parte, las jóvenes han sido educadas en el respeto y la admiración hacia el sexo masculino, y su comportamiento es deferente hacia los hombres e, incluso, en apariencia dependiente. Sin embargo, entre los dos sexos existe una codependencia existencial o interdependencia real, que se construye en distintos niveles. A primera vista puede parecer que las mujeres son más dependientes que los hombres, pero en un nivel más profundo son ellas las que se encargan de apoyar emocionalmente a ellos, sin que a menudo reciban a cambio lo mismo. Muchas mujeres adultas saben que emocionalmente no pueden contar con los hombres, que nadan solas en esas aguas de expresión de afectos y emociones, que no deben esperar que los hombres de su vida compartan con ellas ese tipo de vivencias; ellas se ven privadas de un compromiso emocional de ellos. Así, el desarrollo de la psicología femenina muestra la sorda insatisfacción de la necesidad de las mujeres de ser comprendidas y escuchadas por los hombres, que suelen mantenerse en la distancia emocional. El tipo de compromiso emocional que busca cada uno de los sexos es diferente y está muy influenciado por la educación que han recibido.

Cabe afirmar que los dos sexos se diferencian en la esfera emocional: Las mujeres no temen expresar sus sentimientos; sin embargo, los hombres sí, porque este lenguaje está reservado más al sexo femenino y cuando ellos se muestran emotivos se sienten extrañamente «femeninos»; se les ha enseñado que expresar sus sentimientos es poco viril, que es cosa de mujeres. Los hombres no deben llorar, las mujeres sí; y llorar, a menudo, puede servir para aflojar la tensión emocional y procesar un sentimiento intenso. A su vez, a las mujeres les cuesta expresar la rabia y la autoridad. Si acaso, expresan rabia hacia sí mismas; se atormentan por las cosas que no acaban de salir como ellas quisieran y se culpabilizan por ello. Las mujeres tienden a atribuir los supuestos errores y fracasos a sí mismas, a su propia actuación: «o no han hecho lo bastante o han hecho demasiado»... Las mujeres no suelen justificarlos con las actuaciones de otros ni con las circunstancias, para eso sí se sienten protagonistas, y tienden a echarse la culpa a sí mismas, Por contra, suelen atribuir sus logros a la suerte o a la ayuda de otros, no a sí mismas.

El sexo femenino se caracteriza no solo por una mayor capacidad expresiva sino por un dominio superior de las emociones, por una mayor capacidad empática, mayor afectividad y mayor resistencia emocional. A los hombres les cuesta más desenvolverse con soltura en este terreno y suelen recurrir a la agresividad y a la violencia para resolver sus conflictos emocionales, mientras que las mujeres procuran generalmente dominarse y buscar una solución más razonada y consensuada. Así, el número de suicidios es menor en las mujeres adultas que en los hombres, y eso puede deberse a su mayor resistencia emocional y mayor aguante tanto del sufrimiento como de la frustración existencial, y también a que valoran la vida más que los hombres.

La desigualdad entre los sexos en la dispensación de cuidados emocionales es notoria: los hombres siguen teniendo una «madre» en sus mujeres, pero las mujeres no. Las jóvenes buscan la seguridad y la confianza en los otros, sobre todo en sus novios, maridos y amantes, pero con la edad suelen apostar más por ellas mismas. Convertirnos en sujetos implica comprender y aceptar que verdaderamente estamos solas, que vivimos en soledad a pesar de relacionarnos con otros. Así, dejaremos de esperar que los otros sean la solución a no vivirnos como sujetos de pleno derecho. A las mujeres se nos ha enseñado a esperar que alguien llegue a nuestra vida y la cambie, esperar que el otro se comporte mejor, esperar que nuestra entrega y amor ablande su corazón y le haga cambiar... En la madurez, muchas mujeres dejan de esperar y por fin se responsabilizan de sí mismas, de su propia vida, de su bienestar físico y emocional, y de su felicidad, a menudo a pesar de los otros con los que comparten su existencia[232]. Responsabilizarse de sí mismas se asocia con la confianza en sí mismas, con la autonomía en el ser en relación con otros.

Los dos sexos se diferencian también en la construcción de la autonomía personal. Ser autónomas en la existencia les cuesta más a las mujeres, sobre todo si son madres, porque les resulta difícil desvincularse de sus hijos: Ellos han sido parte de ellas y la fuerte conexión está grabada en el cuerpo-palabra de la mujer. Los hombres no lo pueden comprender bien, no tienen esas vivencias tan estructurantes, la experiencia de compartir su ser entero con otro ser que se gesta en tu interior, que bebe de tu sangre y es, en cierto modo, carne de tu carne. Son vivencias difíciles de describir en palabras y problematizan la autonomía de la mujer adulta: siempre la madre velará por sus hijos, vivirá sus sufrimientos y sus alegrías casi como si fueran propios y atenderá sus necesidades antes que las de ella, aunque hay excepciones, claro está. Pero la fuerte conexión entre las madres y los hijos se da en la realidad, y vuelve a la mujer adulta un tanto ilimitada en el ser, vivencia que también se escapa a una descripción en palabras dichas, y no es comunicable ni, a veces, entendible. Sin embargo, la construcción de la autonomía personal implica aceptar que somos diferentes a los otros, separadas de los demás en nuestro ser, aunque vivamos en relación con ellos. Las mujeres adultas luchan hasta consigo mismas construyendo sus límites personales frente a los otros. A las mujeres

---

[232] «Mientras no nos responsabilicemos por nuestra propia vida y nuestra propia felicidad, no seremos seres humanos totalmente maduros, sino que seguiremos siendo niños dependientes y asustados con cuerpos de adultos». Norwood, Robin: *Las mujeres que aman demasiado*, Buenos Aires, Javier Vergara Editor, 2003, p. 316.

nos cuesta mucho esfuerzo evitar ser «habitadas» por otros, sobre todo en la maternidad y en el amor.

Además, la mujer adulta tiene que enfrentarse a la «normalidad» de su subordinación social en sus relaciones con los hombres, subordinación de la que frecuentemente ni siquiera es consciente. Es difícil sobreponerse al orden establecido de las cosas y trascenderlo en una apuesta por la razón y por la justicia social. Requiere darse cuenta de lo que sucede y tomar una posición al respecto, decidir dejar de consentir, y, luego, persistir en el esfuerzo; es un proceso continuado en el ser día a día. Por otra parte, las mujeres que siguen las normas vigentes obtienen sus recompensas. El orden patriarcal aprueba la autonomía masculina, pero no así la femenina, es más, de manera clara o sutil, la problematiza, trata de impedirla. La educación de las mujeres les ha enseñado a obedecer, sobre todo a su padre, figura que pueden encontrar en cualquier hombre con autoridad. Han aprendido a decir «sí», a ser amables, complacientes, a adaptarse a lo que hay, a obtener «ganancias» por ser dependientes y sumisas. Las mujeres tienden a renunciar a sus propias posturas en los conflictos con otros, tienden a ceder. Muchas han comprendido que dominándose, sacrificándose y cediendo con una sonrisa no adelantan gran cosa, pero lo siguen haciendo incluso a su pesar. En su socialización, han aprendido que comprender a los demás es una gran virtud femenina, que es una expresión de bondad y de humanidad. Pero comprender a los demás no debería servir para tolerar la injusticia ni el mal trato, no debería ser un motivo para aguantar y perdonar[233].

Muchas mujeres adultas esconden su fortaleza y actúan de forma dependiente para reforzar el ego del hombre con el que se relacionan, porque una de las reglas tácitas de las relaciones entre las mujeres y los hombres en el orden patriarcal es que la mujer ha de ser débil para que el hombre se muestre fuerte. Ella renuncia a la expresión de su propia fortaleza para que el otro se sienta más

---

[233] Ehrhardt, Ute: *Las chicas buenas van al cielo y las malas a todas partes*, Barcelona, Debolsillo, 2003, p. 141.

fuerte y válido, para que no sufra en su «hombría»[234]. Una vez más, la subordinación femenina se apoya en el consentimiento tácito de las mujeres, consentimiento consciente o no. Nadie nos puede hacer sentirnos inferiores si decidimos no consentirlo, si dejamos de colaborar en que las cosas sigan como están.

Por otra parte, la sujeción está siempre reforzada por la moralidad[235], que se concreta en las consideraciones sociales, ampliamente instauradas en la sociedad, y en las leyes que rigen las relaciones entre los dos sexos. Existe una moralidad diferenciada para cada sexo, que muestra y refuerza el poder superior de los hombres en sus relaciones con las mujeres. Lo injusto, lo insolidario e, incluso, lo pernicioso y destructivo se legitima de modo apenas perceptible. De este modo, el hombre puede violentar a la mujer sin que tenga que rendir cuentas por ello ante la sociedad, porque el orden social lo permite, y, hasta hace poco, lo fomentaba. Y los empresarios pueden pagar menos a las mujeres en los mismos puestos que los hombres por ser mujeres, y eso sigue permitiéndose y sigue siendo «legal». ¡Inaudito! ¿De qué modo cabe justificar esta injusticia social?

Así, los dos sexos se habitúan a convivir en un terreno de permanente injusticia social; su relación se torna conflictiva, de lu-

---

[234] «Por debajo de la postura pasivo-dependiente de muchas mujeres, se encuentra la motivación inconsciente de apoyar y de proteger a otra persona, y también la convicción inconsciente de que una mujer debe permanecer en una posición de relativa debilidad para que sobreviva su relación principal. Incluso mujeres intelectualmente liberadas tienen miedo y se sienten culpables de "herir" a los demás, en especial a los hombres, cuando ejercen plenamente su capacidad de pensar y de actuar con independencia. De hecho, cuando una mujer empieza a definir con más claridad los términos de su propia vida, con frecuencia es acusada de menospreciar a los hombres, dañar a los hijos o ser de algún modo destructiva con los demás. Esta actitud de que "el otro" tiene preferencia, a menudo es interiorizada por la mujer como una promesa tácita, aun cuando el compañero no lo pretenda ni lo quiera. Se introduce en el inconsciente de una niña al observar la dinámica familiar: ve a su madre posponer sus propias necesidades y aprende a hacer lo mismo». Murdock, Maureen: *Ser Mujer: un viaje heroico*, Madrid, Gaia, 1991, pp. 70-71.

[235] Russell, Bertrand: *El poder*, Barcelona, RBA, 2010, p. 216.

cha perpetua por los derechos de cada cual, por el poder de uno sobre otro. La relación entre los dos sexos adolece de una defectuosa ética, y, demasiado a menudo, está poblada de incomprensión, frustración, resentimiento, rabia, distanciamiento emocional y sentimientos destructivos; en vez de bondad, solidaridad, asombro, admiración mutua, respeto, alegría y creatividad. Sin embargo, construir buenas relaciones entre los sexos se equipara con la creación de buenas relaciones humanas en la sociedad, y nos enriquece a todos. Se debería educar a los dos sexos para que eso fuera posible, es decir, disponer a cada uno de los sexos a favor del otro, fomentar el respeto mutuo, la fraternidad, la solidaridad, la comprensión y la humanidad.

Construir la autonomía de las mujeres implica transformar el orden establecido de las cosas, implica transformar también la autonomía de los hombres, y muchos no están por la labor, pues perderían sus privilegios por ser individuos de sexo masculino. Los dos sexos compiten por su estatus en el orden social. Aprenden los distintos rituales que cohesionan dicho orden y que los sitúan en relación, la cual suele confirmarlo y reforzarlo sin que seamos conscientes de ese efecto. Construir la autonomía de las mujeres es una ardua labor, que es necesaria para adquirir la condición de sujeto existente de pleno derecho a *ser*. Con frecuencia, supone un conflicto interno, porque hay que estar atenta para no deslizarse hacia la dependencia, obediencia, conformidad con lo dado, claudicación por cansancio y por la soterrada frustración en el existir real. Las mujeres adultas debemos resistir, resistir a dejarnos llevar por los deseos de otros, resistir a ser sobre todo para ellos, resistir a la dominación sobre el sexo femenino, dominación imperante en el orden patriarcal... Resistir es apostar por *ser*, es apostar por la autonomía y la libertad en el ser. La ayuda desde el exterior raramente llega. La mujer suele estar sola en esta tarea.

La autonomía implica la toma de decisiones y, a menudo, a las mujeres les cuesta tomar decisiones desde sí mismas, sin apoyarse en lo que los demás deciden por ellas. La autonomía personal a la hora de decidir requiere conocimiento, esfuerzo mantenido y un cierto hábito, una acción responsable y comprometida con la propia existencia. Dejar que los demás decidan por una misma es un signo de opresión, de inmadurez del sujeto existente. La toma de decisiones conduce a las elecciones en el vivir, escribe una biografía propia e intransferible como individuo real, y se vincula con la libertad en el ser. La posibilidad de decidir y elegir la propia actitud en todo momento en cualquier conjunto de circunstancias, nuestro propio camino a pesar de... es la última de las libertades del ser humano y la más importante. Frecuentemente lo olvidamos, pero somos creadores de nuestro caminar y somos responsables de lo que hacemos con lo que nos sucede, responsables de qué narración componemos con los acontecimientos de nuestra historia particular. No escribimos el mismo relato desde el papel de heroínas que desde el de víctimas, y las mujeres somos auténticas heroínas de las historias que vivimos, heroínas supervivientes que luchan por *ser*. A pesar de las heridas y las cicatrices que cada una tenga no es bueno identificarse con un arquetipo herido, con la víctima, porque nuestra tarea es caminar erguidas, no solo sobrevivir y seguir tirando. Podemos adivinar nuestras heridas, que las tenemos, por la cólera o la pérdida de estribos que experimentamos en algunas situaciones[236]. Pero los años van pasando y los peligros a los que se enfrentan las mujeres a lo largo de la etapa adulta cambian. Llega un momento en que una está a salvo para ser ella misma, a pesar de rememorar las cosas traumáticas de nuestro pasado y colocarlas en el presente aunque ya no estén en él, aunque pertenezcan a la bruma de lo vivido[237].

---

[236] «Prestar atención a la víctima puede enseñarnos a reconocer y a honrar el carácter ineludible de las limitaciones y heridas humanas». Downing, Christine (editora): *Espejos del yo*, Barcelona, Kairós, 1994, p. 270.

[237] «Algunas personas se permiten resentimientos de fuentes muy diversas durante un gran número de años. Muchos adultos arrastran esos sentimientos como consecuencia de experiencias de la infancia que recuerdan con gran detalle. Estos recuerdos pueden hacer referencia a una falta de cariño de los padres, a actos específicos de crueldad paterna o a innumerables experiencias dolorosas. Las personas que arrastran esos resentimientos, recrean el acontecimiento o acontecimientos dolorosos en sus cabezas. Pueden incluso durar hasta después de la muerte del ofensor. Al margen de que esos sentimientos fueran justifica-

A las mujeres, todavía hoy, no se las enseña a amar la libertad, es más, a muchas se las enseña a temerla. El orden patriarcal no quiere mujeres libres sino subyugadas y habituadas a consentir su propia subordinación. No obstante, cada una de nosotras somos una libertad existente, porque todas podemos decidir desde nosotras mismas. Incluso el no hacerlo es una decisión, aunque una no sea consciente de tomarla. Las mujeres jóvenes suelen ser más convencionales, aunque, por supuesto, no siempre es así, pero desean encontrar el amor y gustar al otro, y este deseo las sitúa en una serie de rituales relacionales, imperantes en nuestras sociedades. Muchas jóvenes, que todavía no se conocen bien, hacen lo que se supone que deben hacer, se comportan como creen que se comportan todas, piensan y desean lo que se supone que deben si son «normales». Muchas adolecen de un cierto sonambulismo, porque viven como si estuviesen vivas, instaladas en la interpretación que trata de disimular un vacío en su ser. En la madurez, sobre todo cuando ya no les importa tanto ser aprobadas, aceptadas y deseadas por otros, las mujeres tienden a volverse más rebeldes y autónomas, si la existencia no las vence. Aprender a ser libre es un largo proceso de superación, con muchos obstáculos en el camino.

Vamos escribiendo nuestra propia narración en ese continuado proceso de decidir y de elegir entre diferentes opciones. Nuestra realidad se construye por medio de nuestras acciones y omisiones, y, poco a poco, vamos componiendo nuestra biografía. En esta narración de vida cabe vincularse al miedo a *ser*, y también cabe trascenderlo y avanzar caminando paso a paso siendo una misma, auténtica en relación con otros. Las mujeres somos poderosas no solo para dar respuesta a las necesidades de otros, sino asimismo para satisfacer las nuestras. La impotencia existencial aprendida no es una buena compañera para vivir siendo sujeto, hay que des-

---

dos cuando la experiencia tuvo lugar, continuar llevándolos supone unos costes físicos y emocionales tremendos. Si abriga tales sentimientos conviene que reconozca que es usted —no la otra persona— la causa última de su propio estrés». Matthews-Simonton, Stephanie y Simonton, Carl y Creighton, James: *Recuperar la salud*, Madrid, Los Libros del Comienzo, 2007, p. 206.

aprenderla y confiar en nosotras mismas, en que podemos; confiar en nosotras mismas nos empodera. Implicarse en la vida y comprometerse consigo misma y con la propia existencia es un atributo del sujeto adulto, dueño de sí mismo y capitán de su navío. Convertirse en mujeres sujetos se entrelaza con vivir la vida propia no como permanente respuesta a las necesidades y deseos de otros, sino como una narración personal e intransferible, la más importante para nosotras mismas. De esta manera, paulatinamente, la autoestima va creciendo. La autoestima va de la mano de la autonomía en el ser, puesto que una pobre autoestima propicia la subordinación en el vivir[238]. Las mujeres con baja autoestima se posicionan por debajo de los otros con los que se relacionan, y procuran agradar y complacer a los más poderosos buscando su reconocimiento, afecto y protección. La autoestima es un gran capital personal en el ser y construirla es nuestra tarea. Hay que reconocer su gran valor para crear una existencia digna. Es fundamental que las mujeres la valoremos y trabajemos con y en nosotras mismas para conseguir estimarnos y respetarnos desde jovencitas y durante toda la etapa adulta, con frecuencia, a pesar de que el orden social en que nos desenvolvemos no lo propicie[239].

La autoestima de la mujer se va transformando a lo largo de la etapa adulta. La autoestima de las jóvenes suele alimentarse más de las opiniones de los otros, y la de las mujeres maduras se basa sobre todo en sus propias consideraciones; la fuente de aprobación reside en ellas mismas y no en los demás. La autoestima de las jóvenes se tambalea en la mirada ajena, la de las mujeres maduras es más resistente a la opinión de los otros. Las mujeres maduras ya no se empeñan tanto en gustar a los otros y en agradarles, sino que apuestan por vivir, vivir de verdad, aunque se trate de una exis-

---

[238]Lagarde y de los Ríos, Marcela: *Para mis socias de la vida*, Madrid, Horas y horas, 2005, p. 81.

[239]«Es un avance en el fortalecimiento personal apreciar la *autoestima directa* como un recurso y un capital propio. Construirla es un método de emancipación personal imprescindible para mejorar la calidad de vida personal y la calidad de las relaciones». Lagarde y de los Ríos, Marcela: *Claves feministas para la autoestima de las mujeres*, Madrid, Horas y horas, 2000, p. 91.

tencia con sus muchas limitaciones, pero ya no están dispuestas a salirse de su piel para complacer y ser consideradas «buenas».

Por otra parte, el miedo de muchas mujeres a la soledad dificulta la autonomía en el vivir. No obstante, la soledad es necesaria para ejercer nuestra condición de sujetos existentes, de vivirnos como tales y centrarnos en nosotras mismas, en nuestras experiencias sin miradas intermediarias. La soledad se convierte en un espacio-tiempo de desarrollo de pensamiento propio, de nuestra manera de estar, de legitimación de nuestras propias experiencias como mujeres, de creación de nosotras mismas. Y desde luego, mejor solas que mal acompañadas. Una relación nociva puede destruir a un ser humano y cambiarle la vida. Es necesario que las mujeres lo tengamos muy claro: el amor no lo justifica todo, nunca debe hacer tolerar el maltrato en cualquiera de sus formas. Además, las mujeres que viven muchos años van viendo partir de su vida a sus seres queridos. La vida y la muerte se los van llevando lejos de ellas. Muchas mujeres se quedan solas en su vejez, se vuelven más invisibles, quejicosas y vulnerables socialmente hablando. Algunas se convierten en un auténtico agente neurotizante para su entorno. Otras aceptan su soledad y su vejez, y aprovechan las pequeñas experiencias cotidianas para disfrutar y compartir el afecto que sienten por su gente, ayudándoles a su manera a superar los problemas y la soledad.

A las mujeres nos han enseñado a temer en exceso: temer la soledad, el abandono, la invisibilidad, la pérdida de amor, temer que nos hagan daño, temer a los hombres... Constantemente nos dicen que tenemos que tener cuidado, evitar las situaciones conflictivas, pues los peligros para las mujeres en el orden patriarcal son reales, no es algo que se invente. Se les aconseja a las jóvenes no arriesgarse, y, poco a poco, aprenden a no hacerlo. Sin embargo, como consecuencia, los movimientos y las acciones de las mujeres se limitan, nuestra experiencia de vida se empobrece. Muchas mujeres adultas no salen solas de noche y evitan los lugares solitarios para no ser violentadas. El miedo es un gran enemigo de las mujeres, porque sirve para paralizarnos, debilitarnos y desistir en nuestra sagrada pretensión de *ser* en igualdad de oportunidades con los hombres. El miedo hace enmudecer nuestro decir, nos torna más sumisas y nos limita en nuestras acciones, en nuestra creación; pero, al mismo tiempo, el miedo nos ayuda a sobrevivir en una sociedad llena de peligros reales para las mujeres. Las sociedades que aprueban algunas formas de violencia de los hombres sobre las mujeres se vuelven aun más peligrosas para ellas, que la sufrirán manifestada en diversos modos: agresión física, agresión sexual, insultos, castigos, explotación, cosificación.... De todas formas, las mujeres debemos tener en cuenta los peligros y no ponernos en riesgo innecesariamente. Hay que encontrar un equilibrio entre el riesgo y la prudencia.

Las jóvenes prosiguen con su desarrollo intelectual y emocional, necesario para poner orden en su mundo, cada vez más complejo y más amplio. Comienzan la etapa adulta siendo sujetos inmaduros, ávidos de conocer y lanzarse al mundo de los adultos, con mucha ilusión y curiosidad. El conocimiento que van adquiriendo y el dominio cognitivo van transformando poco a poco su mirada, su conciencia hecha carne existente. Pero el conocimiento no es puramente intelectual, se matiza por las emociones experimentadas, que influyen en las decisiones que tomamos. El propósito de evitar el excesivo sufrimiento motiva al sujeto a desarrollar distintos mecanismos de defensa como la represión, la negación, la regresión, el aislamiento, la sublimación, la proyección, la transformación en lo contrario, la introyección, las formaciones reactivas...[240] El sujeto que evita todo displacer, que es inevitable en el

---

[240] «La *represión* sirve para rechazar los derivados del instinto, así como la *negación* para apartar los estímulos externos displacientes. La *formación reactiva* sirve como garantía contra el retorno de lo reprimido desde adentro, y la *fantasía de transformación en lo contrario* como garantía de la negación contra las conmociones provocadas por el mundo externo. La *inhibición* frente al impulso instintivo corresponde a la *restricción del yo* a fin de evitar el displacer emanado de fuentes externas. La *intelectualización* de los procesos instintivos, como precaución contra el peligro interno, es análoga a la *vigilancia* constante del yo contra los peligros del mundo externo. Todos los otros procesos defensivos del tipo de la *conversión en lo contrario* o la *vuelta contra sí mismo* consisten en un cambio interno de los procesos instintivos mismos, cuyos equivalentes en el exterior son

proceso de vivir en relación con otros, se va limitando en su *ser*, se va reduciendo como persona, no en vano el trabajo intelectual del adulto se vincula estrechamente con la acción. Así, el aumento de la intensidad y la urgencia de los impulsos, característica de la juventud y potencialmente problemática para el individuo, no solo propicia el desarrollo del sujeto existente en su rica experiencia de vida, sino también el aumento de sus actividades defensivas. No obstante, los mecanismos de defensa ayudan al sujeto existente a sobrevivir en su mundo y seguir caminando hacia la realización personal.

Nuestros sentimientos y emociones de la etapa adulta dependen en gran medida de la educación recibida en las etapas anteriores del desarrollo. Dicha educación ha instruido a las mujeres para ver la vida de una manera y no de otra, les ha informado sobre los conceptos que estructuran su aprehensión del mundo y ha favorecido unos hábitos mentales y no otros, les ha acostumbrado a un estar existencial. La actitud emocional, conformada en la niñez y la adolescencia, perdura en la profundidad carnal del sujeto y, a veces, se manifiesta con toda su fuerza: a menor capacidad del individuo de razonar y de procesar lo sentido, menor autocontrol y más espontaneidad en la acción. Sin embargo, esas acciones impulsivas suelen ser previsibles y manipulables, por eso es más manejable una población que no reflexiona y se guía sobre todo por sus emociones. Para el mantenimiento del orden patriarcal tal como está no interesa que las mujeres piensen por sí mismas, lo que interesa es lograr que sientan lo que deberían sentir para que las cosas sigan como están, que se sientan satisfechas y realizadas en los cometidos que se les adjudican en la sociedad. A las mujeres les enseñan a ser sombras de otros y a sentirse contrariadas si resaltan y se colocan en primer lugar, salvo cuando es por ser buenas o bellas. De ahí que la educación de las mujeres se centre más en el desarrollo emocional y no tanto en su capacidad reflexiva. Las mujeres que piensan libremente suelen querer transformar su mundo

---

las tentativas del yo». Freud, Anna: *El yo y los mecanismos de defensa*, Barcelona, Paidós, 1984, p. 191.

y por eso son peligrosas para el orden patriarcal, no interesan al orden establecido.

La sociedad, con un discurso renovado sobre las relaciones entre los sexos, puede modificar el sufrimiento de los individuos que la integran[241]. Una socialización basada en los valores humanistas promovería el desarrollo de los sujetos de ambos sexos, favorecería las mejores emociones en las personas y una buena vida en relación, con justicia, respeto, solidaridad, ética y humanidad. Por contra, las relaciones que se basan en el dominio, la posesión y el poder de uno sobre el otro difuminan a los sujetos en una casi imperceptible cosificación, y problematizan su relación, la convierten en una sostenida lucha. Ya es hora de que nos demos cuenta de esto y tomemos la decisión de procurar vivir bien, en bondad, verdad y belleza relacionales, en la predisposición mutua, la admiración y la colaboración solidaria.

Las jóvenes se socializan en un mundo ampliado con respecto al de sus etapas anteriores, este ya no se reduce tanto a su familia y la escuela. Su grupo de relaciones y la clase social a la que pertenece cada una influirán en sus decisiones y marcarán las cosas que se les permite y las que se les prohíbe por ser del grupo social del que son. Los sucesivos ritos de paso, —ceremonias de transición a distintas etapas de la edad adulta—, como pueden ser las bodas, los bautismos de los hijos, la jubilación, abren un abanico relacional en el que se ven inmersas sin apenas sospechar qué implican para ellas las nuevas situaciones existenciales. Vamos descubriendo y aprendiendo en la experiencia de vivir. El pequeño grupo social de influencia de las anteriores etapas de desarrollo de la mujer adulta ha crecido y puede alcanzar a la sociedad entera, al mundo entero, que tiene cada vez menos fronteras en la comunicación, y que influye más sobre los individuos en esta etapa. Dicha influencia tiende a unificar la conducta de los individuos, su modo de pensar, de valorar y de sentir, sus fantasías de felicidad y sus sueños; no olvidemos que los seres humanos se imitan unos a otros y, de

---

[241] Cyrulnik, Boris: *El amor que nos cura*, Barcelona, Gedisa, 2005, p. 113.

forma consciente o no, obtienen placer al hacerlo. Todos influimos en todos en una realimentación simultánea y continuada; es imposible no transmitir mensajes al relacionarnos.

Las jóvenes intentan comprender y conocerse para afrontar mejor lo que les ocurre. Parten de una situación de cierto egocentrismo y narcisismo, propios de un sujeto inmaduro, y van narrando su historia. Poco a poco su mirada se dirige hacia el interior de sí mismas y su pensamiento formal se entremezcla con el intuitivo. La imagen que las jóvenes construyen de sí mismas se reevalúa muchas veces a lo largo de la etapa adulta y puede cambiar, aunque una vez constituida, suele ser resistente a hacerlo, porque las personas se construyen una narración biográfica y tienen una memoria selectiva, que tiende a confirmar lo que creen sobre sí mismas. Además, las cosas que confirman la verdad creada, las cosas esperadas, se perciben con mayor facilidad y se recuerdan más. Por contra, lo que contradice las propias creencias se percibe menos y se olvida antes[242]. Las expectativas son bastante tozudas y no desaparecen sin más. De modo que, si una mujer cree en su propia incapacidad es difícil convencerla de su valía, de que puede caminar por sí misma, porque actuar de acuerdo a las creencias conduce a construir realidades que las confirman; y la repetición en las experiencias crea permanencias, influye en la conservación de la autoimagen. No obstante, a pesar de la tendencia a conservar la imagen que tenemos de nosotras mismas, esta evoluciona con nuestra experiencia de vida. Una autoimagen poderosa permite desenvolverse en relación con otros con mayor soltura, pues es un factor protector de una misma. En la madurez, muchas mujeres aprenden a pensarse a sí mismas de manera más auténtica, sin pretender imitar los dictados estereotipados vigentes en la sociedad. Rememoran lo vivido y trabajan con los recuerdos, aprenden a verlos de manera diferente y comprenden que los sucesos son di-

---

[242] Ehrhardt, Ute: *Las chicas buenas van al cielo y las malas a todas partes*, Barcelona, Debolsillo, 2003, p. 90.

fíciles de clasificar en «blanco» y «negro», que lo «bueno» se mezcla con lo «malo» y la construcción se acompaña con la destrucción[243].

Por lo general, las mujeres tienden a exigirse más a sí mismas, se esfuerzan por mejorar sin negar su propia responsabilidad de lo que les ocurre, se atribuyen los «fallos» y «errores» propios e, incluso, los ajenos, y se muestran más inseguras que los hombres en sus cometidos. Por eso van con más tiento y comprueban, y retroceden si hace falta... Pero esa misma inseguridad les hace obtener resultados más meticulosos y cuidados. Las mujeres suelen creer que si valen, confían en sí mismas y trabajan duro lograrán prosperar en su profesión. No apuestan tanto por crear relaciones de apoyo mutuo y de complicidad femenina. Esto sigue siendo una asignatura pendiente en la relación profesional entre las mujeres.

Las personas vamos comprendiendo mejor nuestro mundo en una reflexión que siempre es selectiva, es decir, es una reflexión sobre las cosas que nos importan. Pero decirse a sí misma la verdad no es algo fácil y espontáneo, es un trabajo personal. En muchas mujeres, una parte interior de ellas mismas se encuentra escondida, rechazada, aislada, oculta a su mirada, lo cual también les ocurre a los hombres. A veces es doloroso reconocer que nos hemos equivocado en nuestras decisiones, que nos hemos hecho daño a nosotros mismos y huimos, negamos, nos contamos historias distorsionadas... La huida de la verdad crea ficción, que se acompaña de una actuación y del fingimiento, nos sitúa en una falsedad, que nos aprisiona en su mantenimiento, nos sumerge en soterrado miedo a fallar, en la ansiedad, en la vergüenza y en el disimulo. No parece una buena manera de vivir la vida.

----

[243] «Pero la nueva perspectiva debe redescubrirse una y otra vez antes de que pueda ser plenamente asimilada. Helen Luke ve tal re-evaluación de nuestro pasado como la clave de este recordar. Podemos descubrir, para nuestro horror, que mucho de lo que hemos hecho lo hicimos en realidad buscando reconocimiento, comodidad o méritos espirituales; que muchas cosas que nos parecieron virtuosas o amables en realidad dañaron a otros; y que en la mayoría de nuestras acciones había tanto mal como bien». Downing, Christine (editora): *Espejos del yo*, Barcelona, Kairós, 1994, p. 264.

Progresivamente, conforme cumplen años, las mujeres tienden a usar sus propias vivencias para construir sus valores y decidir sus acciones. Con los años, van comprendiendo mejor sus sentimientos y sus emociones, lo cual clarifica lo que les importa y lo que no. Sus valores pueden cambiar a lo largo de la etapa adulta. Se dice que las mujeres alcanzan su pico psicológico entre los cincuenta y los sesenta años, es cuando son más auténticas en su estar en el mundo, muestran más confianza en sí mismas y más determinación a ser incluso a pesar de...[244]

A los cuarenta y tantos, muchas mujeres se sienten algo liberadas de la crianza de sus hijos pequeños y empiezan a mirar fuera de su hogar, a ampliar sus intereses y pretender cumplir sus sueños como personas completas y no solo como madres y esposas. Pero ya desde antes las mujeres van tendiendo a la expresión de sus talentos, a vivir experiencias realizadoras fuera de su hogar y de sus importantes cometidos en el espacio privado. Las mujeres son creativas normalmente en tareas que requieren habilidad, como hacer punto, coser, en las manualidades, en la decoración, cerámica... Son creaciones relacionadas con el hogar y el espacio privado, en el cual suelen centrar su dedicación si son esposas y madres. En el momento de crear, las personas volcamos todo nuestro ser y lo creado nos crea a su vez; la creación nace en el cuerpo-palabra que somos y lo enriquece con su constante «algo más», lo transforma.

Sin embargo, no olvidemos que ser creativas no solo es crear objetos, sino también crear resultados intangibles con nuestras acciones, y las mujeres lo hemos hecho desde la noche de los tiempos. Las mujeres somos expertas en crear lo extraordinario con lo aparentemente ordinario, mutar los momentos en significativos y estructurantes de personas. Lo que tocamos cambia; creamos mundos y seres casi sin darle importancia ni valorarlo, y esa cualidad pasa desapercibida en nuestras sociedades, ni se nombra ni se percibe como tal, ni se aprecia. Al apoyar, cuidar, amar, sonreír, escuchar, acompañar, socorrer, curar... creas constantemente; creas

---

[244]Crenshaw, Theresa L.: *La alquimia del amor y del deseo*, Barcelona, Grijalbo, 1997, p. 49.

bondad, verdad, belleza, creas humanidad. No son producciones medibles o traducibles en dinero, pero son las que sostienen el mundo a pesar de los falsos y nocivos valores que lo gobiernan y destruyen[245]. Parece que en nuestras sociedades consumistas, capitalistas, competitivas e insolidarias lo que se valora es el dinero y la producción constante. Algunas mujeres también se suman a esta obsesiva necesidad de producir, de estar siempre ocupadas haciendo, de ser valoradas por las posesiones, pero eso suele pasar factura: apenas se tiene tiempo para mirarse dentro, para comprenderse y decidir con lucidez. El tener suplanta al ser[246]. Las mujeres no deberíamos dejar que el ruido exterior contamine nuestro sereno y rico silencio interior.

Las mujeres valoran mucho las relaciones interpersonales y son buenas en la empatía y en el uso del lenguaje para comunicarse, lenguaje verbal y no verbal. Las habilidades comunicativas les sirven para relacionarse con los otros en una esfera de emociones y afectos, les sirven para que sus relaciones sean enriquecedoras y significativas. Por otra parte, el bienestar de las mujeres y su felicidad están relacionadas con la sociabilidad. Para las mujeres, las relaciones humanas son muy importantes, sobre todo si en ellas pueden crear amor y ser amadas[247]. Encuentran placer en el conversar, en el confiar en el otro, en escuchar, en aceptar su influen-

---

[245] «Ella contiene lo que alimenta al mundo. Derramándolo libremente, la mujer sabia es guardiana del orden natural de la creación». Metz, Pamela K. y Tobin, Jacqueline L.: *El tao de las mujeres*, Madrid, Gaia, 1996, p. 23.

[246] «Nuestra heroína ha aprendido a actuar con eficacia, así que cuando siente una sensación de incomodidad, se lanza al siguiente desafío: un nuevo título académico, una posición de mayor prestigio, un desplazamiento geográfico, una aventura sexual, u otro hijo. Esta obsesiva necesidad de permanecer siempre ocupada y de ser productiva le protege de tener que experimentar la sensación de pérdida. Pero, ¿de qué pérdida se trata? Seguramente ha conseguido todo lo que se proponía, pero a cambio de un enorme sacrificio para su alma; se ha cortado de su relación con su propio mundo interno». Murdock, Maureen: *Ser Mujer: un viaje heroico*, Madrid, Gaia, 1991, p. 88.

[247] «En tanto en cuanto éste siga siendo el verdadero talento de la mujer, la humanidad estará a salvo». Montagu, Ashley: *La mujer, sexo fuerte*, Madrid, Guadarrama, 1970, p. 181.

cia, en aprender, compartir, estar al lado... De hecho, la amistad entre las mujeres se caracteriza por todo esto. Las amigas conversan, se confían secretos, comparten su mundo interior, se apoyan, cultivan la intimidad entre ellas. A las mujeres les gusta hablar con otras mujeres de todo: sus relaciones personales y de trabajo, su matrimonio, sus hijos, los amantes, la dieta, la salud, la ropa, la moda, las recetas culinarias... y de cualquier cosa que tenga que ver con la gente y sus asuntos[248].

En sus relaciones con los otros, las mujeres no suelen imponer su opinión abiertamente, tienden a ceder y buscar el acuerdo, ponen paz incluso acallando su descontento, esperan, resisten, perdonan, lo intentan de otra manera, más sutil e indirecta... Desde pequeñas han aprendido a decir «sí» para ganarse el afecto de sus figuras significativas, sobre todo el afecto de su padre, querido, admirado y temido. De esa manera procuran controlar el entorno y los sucesos que las afectan; esperan que los otros actúen como ellas desean, que adivinen lo que ellas quieren y necesitan sin que tengan que decirlo, cosa que rara vez sucede. Las mujeres, para comunicar lo que desean, dejan pistas y no suelen adoptar una postura clara, adaptan sus palabras y sus gestos con el objeto de conservar las relaciones[249]. No son conscientes de que esta manera de comportarse en la relación con otros es de sumisión, la cual se perpetúa en la repetición; ni tampoco son conscientes de que la

---

[248]Pease, Allan y Barbara: *Por qué los hombres no escuchan y las mujeres no entienden los mapas*, Barcelona, Amat, 2000, p. 153.

[249]«Temen que las posturas claras las comprometan; siempre creen que deben cumplir lo que han dicho. La explicación masculina de la inconsistencia y versatilidad —"¿Qué me importan a mí las tonterías que dije ayer?"— no es aplicable a las mujeres. Si cambian ostensiblemente de opinión, se las considera antojadizas. De ahí que tiendan a amortiguar la entonación y la elección de las palabras. Adornan el final de sus afirmaciones con preguntas, aunque estén seguras de lo que dicen: "¿Tú también lo crees así?", "¿Te parece que tengo razón?" Se fabrican una imagen de sí mismas que encaje con las ideas de su pareja, de sus amigos, de sus padres o de sus hijos. Renuncian a un lenguaje personal, a un modo de expresión que se corresponda con lo que ellas son. Desde muy pequeñas adquieren este lenguaje de sumisión». Ehrhardt, Ute: *Las chicas buenas van al cielo y las malas a todas partes*, Barcelona, Debolsillo, 2003, pp. 114-115.

oposición frente al otro forja el carácter; ni de que la verdadera alteridad acontece entre dos sujetos existentes, cada uno con su voz propia y palabras dichas. Así, los rasgos de nuestra personalidad, que desarrollamos y los que permanecen como potencialidades sin desarrollar, son influenciados por los otros con los que nos relacionamos y construimos mundos. Como ya dijimos, en toda relación tiene lugar el ofrecimiento, la aceptación o el rechazo de este y la posible reformulación del ofrecimiento. Estas sutiles operaciones construyen un mundo en comunión. El comportamiento en la relación siempre oculta un para qué, es decir, qué función tiene nuestra manera de conducirnos en relación con ese otro para que dicha relación pueda existir.

Con el tiempo, la mujer adulta aprende a decir «no» y procura hacer las cosas por ella misma, sin esperar o pretender que otros le consigan sus objetivos. Se centra más en ella misma y, poco a poco, aprende el cuidado de sí misma, hacer las cosas y actuar más libremente tanto en su hogar como fuera de él. Sea como fuera, a las mujeres nos resulta difícil compaginar la maternidad con el avance en nuestras carreras profesionales en el orden patriarcal, porque este orden nos reserva otro cometido, no favorece el progreso de las mujeres en sus carreras profesionales, no quiere que las mujeres circulen libremente en ambos espacios: el privado y el público. Sin embargo, las mujeres harán los mayores progresos haciéndose miembros activos de la sociedad, sin figuras masculinas intermedias.

Por otra parte, las mujeres tenemos tan internalizado el papel de cuidadoras de los demás que, sin apenas darnos cuenta, detectamos fácilmente las necesidades emocionales de nuestros compañeros o amigos, y solemos ayudarles a sobreponerse en los momentos problemáticos de su existencia. Las mujeres adultas suelen aceptar que para ellas es muy importante amar y ser amadas. Para muchas, la vida deja de tener sentido si no aman. El amor forma parte de nuestro ser, y muchas mujeres se van transfigurando en su vida en seres de amor, y desean mejorar la vida de los demás dejando su huella en el mundo, convirtiéndolo en un mundo mejor. Descubrir el amor hacia la vida, el amor que nos constituye como sujetos existentes reales es un verdadero punto de inflexión, que nos permite el aprendizaje de nuevas maneras de comportarnos en relación con otros y de estar en el mundo amando la vida. Algunas mujeres maduras descubren la grandeza humana, la misericordia y la solidaridad dejando atrás el narcisismo, el egocentrismo y la cortedad de miras de sus tiempos de juventud. Terminan por considerar que influir en la felicidad de los otros debe ser el propósito al relacionarse y se sienten responsables para con ellos. Esas mujeres saben que la fuerza transformadora que influirá en el otro para bien o para mal depende de la calidad de la relación existente entre ellos, y procuran cuidar la relación para que en esta surjan acontecimientos que merezcan la pena.

Las relaciones amorosas más significativas para las mujeres adultas son con sus parejas, con sus hijos y con sus propios padres. En estas relaciones vuelcan todo su ser y se afanan en el cuidado de otros como si fuera su gran deber por ser del sexo que son. Por lo general, las mujeres valoran los placeres referentes a la crianza de los hijos y a estar en el hogar. Suelen partir de una idealización de la maternidad, vigente en nuestras sociedades, e ignoran la letra pequeña de ser madres. Las jóvenes suelen soñar con lo maravilloso que debe ser tener un hijo, amarlo, nutrirlo y cuidarlo como jamás han hecho con nadie. De pequeñas han jugado a ser madres y han cuidado y querido a sus muñecas. Ahora lo podrán vivir de verdad. Su hijo es un pequeño ser, carne de su carne, vida de su vida, que las ama, que las necesita, que depende de ellas para sobrevivir; para él la madre es su primer mundo, el más sagrado que pueda haber..., para ella es una revelación que le trae un sinfín de nuevas vivencias. La sociedad comunica sin cesar a las jóvenes que la tarea más importante que pueda realizar una mujer es ser madre, pero el concepto de maternidad tal como lo conocemos hoy es bastante reciente, no en vano va cambiando a lo largo de los siglos de la historia de la Humanidad.

La maternidad se presenta en el imaginario social como algo natural, sin embargo, aprendemos lo que significa la maternidad en nuestros tiempos. En nuestra sociedad, se nos comunica lo que se espera de nosotras como madres, y las buenas chicas se esfuerzan en cumplir de la mejor manera su cometido, porque son buenas y procuran hacer bien lo que hacen[250]. Incluso estudian para ello, leen libros, van a los cursos para padres, al psicólogo…, harían lo que fuera para criar bien a sus hijos. Actualmente, la maternidad suele significar un compromiso emocional a tiempo casi completo. Se cree que las madres tienen que estar con sus hijos, que son insustituibles e importantísimas en su desarrollo, que las mujeres encuentran su verdadera identidad al ser madres y que se realizan en este cometido. Así, las mujeres que deciden no tener hijos son sospechosas, y su identidad sexual se ve debilitada. Además, las jóvenes creen que después de ser madres ya nunca estarán solas, siempre tendrán a sus amantes y agradecidos hijos, no en vano les han dado la vida, les han entregado una parte de su ser, se han sacrificado por ellos y han arriesgado su salud e, incluso, su vida al darlos a luz… A veces esas fantásticas expectativas se cumplen, pero otras muchas no, y los hijos ni te lo agradecen, ni te aman, ni están a tu lado salvo cuando sacan un beneficio para ellos mismos… Algunos se convierten en auténticos agentes destructivos de su entorno, que van minando tu salud en su falta de afecto y de respeto, utilizándote y castigándote cuando no les das lo que quieren.

La sociedad idealiza la maternidad y también a los hijos, y promete sutilmente que las mujeres que son madres ganarán en poder social, pero, en realidad, las madres no ven materializarse ese poder, se pasan la vida cuidando, nutriendo, atendiendo, velando… sin que la sociedad las recompense, sin que valore lo que hacen, sin que atienda el agotamiento de las mujeres, su frustración existencial y desencanto. Muchas madres se sienten traicionadas por

---

[250] «La imagen de la madre perfecta (entregada, incansable, generosa, inventiva y buena cocinera) es la pesadilla de la existencia de cualquier madre. Queriendo ser deseadas, las madres se esfuerzan a menudo por realizar este ideal hiriente de la generosidad perfecta. Sin atender a sus propios deseos y placeres, sin saber lo mucho que desean ser admiradas, las madres pueden volverse ansiosas, deprimirse e incluso disociarse de sí mismas, al llenarse de preocupación y de miedos sobre los detalles de las conductas de sus hijos y de su entorno». Young-Eisendrath, Polly: *La mujer y el deseo*, Barcelona, Kairós, 2000, p. 99.

su entorno y por el orden social que las explota, se decepcionan, se vacían y se amargan en esas tareas sin fin que acompañan a la maternidad[251]. Que sepamos, hoy en día los hombres no pueden quedarse embarazados, gestar a término un bebé en su interior y parir hijos, pero pueden hacer casi todo lo demás. Compartiendo las tareas de cuidado del bebé no condenarían a sus mujeres a una jornada laboral perpetua, sin descansos ni vacaciones, sin tiempo para ellas, para detenerse en ellas mismas y darse cuenta de que realmente viven. La crianza de los hijos es una tarea de ambos sexos, y, si se implican en ella de modo equitativo, todo irá mejor para la familia entera. Además, cuidar y educar a los hijos es la tarea humana más creativa que pueda haber, nos enriquece, nos transforma, nos crea a su vez. Por otra parte, las madres no son recursos para cubrir las necesidades de otros, no son objetos de uso, son sujetos existentes, son personas con todo el derecho a su propio desarrollo, a tener vida propia, un tiempo para sí mismas... Las mujeres que son madres tienen que tener cuidado para no perderse en este sagrado papel, para no olvidar que son personas reales con todo el derecho a ser como los demás.

Para las mujeres que quieren triunfar en sus carreras profesionales, la maternidad es una especie de lujo personal, que amenaza su avance profesional. A partir de ser madres tendrán que afanarse para conciliar sus tareas en ambos espacios, en el privado y en el público. ¡Difícil labor hoy por hoy! Toda mujer que se reincorpore a su trabajo después del permiso maternal se plantea el problema de con quién deja a su bebé para que lo cuiden y de cómo va a

---

[251] «Aunque el término "abnegación" ya no esté de moda, la realidad que designa es un dato imposible de evadir, que todas las madres conocen bien. Dar el pecho, alimentar, lavar, atender los primeros pasos, consolar, cuidar, tranquilizar de noche... son gestos de amor y de entrega, pero también son sacrificios que la madre realiza por su hijo. El tiempo y la energía que le entrega son una sustancia de la que ella se priva». Badinter, Elisabeth: *¿Existe el amor maternal?*, Barcelona, Paidós/Pomaire, 1981, p. 285. Y añade: «En realidad, unas y otras dicen que la maternidad es un monstruo de dos cabezas (procreación y asunción de cargas), y la estrategia patriarcal está interesada en mantener la confusión entre una y otra», pp. 300-301.

repercutir eso en el bienestar del pequeño, en su salud y felicidad. Su prioridad es cubrir las necesidades del cuidado de su bebé y tenderá a sacrificar su carrera profesional si cree que así sus hijos estarán mejor atendidos. Muchas mujeres, después de ser madres, llegan a considerar su trabajo como algo secundario en su vida, pues lo principal para ellas es sacar adelante a su familia; es el objetivo en que concentran la mayor parte de su energía vital. Las mujeres que no decidan esto, se sentirán culpables y responsables de los males que sufran sus pequeños, pero también eso mismo les sucederá a las que se queden en casa cuidando a sus retoños. Siempre pensarán que algo han hecho que no era lo correcto o lo más adecuado, que no han llegado en sus cuidados o se han pasado sobreprotegiendo a sus pequeños. ¿Dónde se encuentra la norma? En ninguna parte. En realidad, nadie enseña lo siempre «correcto» en el cometido materno, porque no existen tales fórmulas mágicas. Las mujeres hacen lo mejor que pueden en sus circunstancias personales[252]. No obstante, la sociedad y los expertos las atribuirán la culpa, porque se supone que si una madre es buena, sus hijos salen bien educados, buenas personas y exitosas en el orden social. Sin embargo, ¡qué injusto es! Los hijos son individuos carnales, vienen a este mundo con su propia carga genética, con su tendencia a ser y potenciales de desarrollo de una personalidad propia. Procuran controlar su entorno y a sus madres para desarrollarse como individuos siguiendo sus propias tendencias, y lo hacen en un terreno de amor materno y su fuerte inclinación a satisfacer las necesidades y los deseos de sus pequeños. Muchas mujeres aprenden que, en nuestras sociedades patriarcales, una de las funciones de ser madre es cargar con la culpa de lo que les sucede a sus hijos, porque los fallos, los errores de ellos e, incluso, las enfermedades, sobre

---

[252]«La mayoría de las mujeres van tirando un día tras otro, arrastrándose envueltas en una apática penumbra, con la esperanza de estar haciendo lo que deben y la vaga expectativa de recibir algún día una recompensa. La esposa trabajadora espera que sus hijos crezcan y les vaya bien en la vida, de modo que queden justificados sus esfuerzos, y los ve hacer lo que les viene en gana, marcharse de casa, adquirir costumbres raras y rechazar a sus padres». Greer, Germaine: *La mujer eunuco*, Barcelona, Kairós, 2004, p. 370.

todo las mentales, se las achacarán a ellas, al mal desempeño de su papel de madre o a sus propias taras[253]. Las madres siempre están bajo sospecha si las cosas no salen bien.

La sociedad ensalza el instinto maternal de la mujer y se supone que todas poseen este instinto por ser mujeres, y, por tanto, los hombres no. Por eso se piensa que son las mujeres las únicas que pueden atender bien a sus bebés, comprender lo que necesitan, lo cual es una creencia afín al orden patriarcal, pues lo perpetúa. Se considera que la madre y su bebé componen una sagrada unidad de dos que nadie puede reproducir. Así se legitima la exclusión del padre de los cuidados de su bebé y se carga toda la responsabilidad sobre la mujer, ya cansada después del embarazo y del parto, sin apenas tiempo para procesar las hondas transformaciones que ha sufrido, sin apenas poder aclararse con sus nuevas, intensas y turbadoras vivencias. El glorificado instinto maternal contribuye a perpetuar los papeles tradicionales de ambos sexos. Las mujeres que creen que no lo tienen desarrollado se sienten como si fuesen menos mujeres, culpables, defectuosas y avergonzadas. Una vez más, la sociedad puede contribuir a modificar el sufrimiento de los individuos de ambos sexos que la integran reconsiderando el significado del instinto maternal. El instinto maternal no es exclusivo de las mujeres. Los hombres también lo poseen como una potencialidad a desarrollar. Los hombres y las mujeres pueden y deben cuidar a sus bebés, y compartir estas vivencias realizadoras para los sujetos adultos. Todos saldríamos ganando.

Cuando nace el bebé, nace también la madre, el padre, los abuelos, los primos, los tíos y tías..., en definitiva, una nueva red de relaciones familiares. La mujer que existía antes desaparece transformada con un intenso y sostenido «algo más». Quizás, sea el acontecimiento más transformador de la mujer adulta, incluso más que formar parte de una pareja. El papel de madre es absolutamen-

---

[253] «Quiérase o no, durante mucho tiempo el psicoanálisis ha dado lugar a pensar que un niño afectivamente desdichado es hijo o hija de una mala madre, aun cuando aquí el término "mal" no tiene ninguna connotación moral». Badinter, Elisabeth: ob. cit., p. 248.

te nuevo para la mujer y es difícil de vivir, sobre todo al principio, cuando es de dedicación plena, exigente, dramático, porque el bebé puede morir en su extrema dependencia vital, invasivo y tan potente como para desdibujar los demás papeles. El cuerpo-palabra que es la mujer se ha transformado en el embarazo, el parto y la lactancia. La mujer lo redescubre perpleja en sus cambios y sus nuevas funciones. Puede gestar un ser vivo en su interior, puede darlo a luz, puede amamantar a su bebé, puede darle consuelo en sus brazos... Cuando la mujer gesta un nuevo ser en su interior, este se apodera de su cuerpo-casa y, en cierto modo, la despersonaliza en ese cometido de llevar a término su embarazo. La mujer se siente gobernada y como poseída por una misteriosa fuerza que impregna todo su ser. La revolución carnal de la maternidad acerca y aleja a la mujer de sí misma. Esas transformaciones la turban, su cuerpo ha cambiado, ella ha cambiado. La complejidad y la ambivalencia existenciales de ese periodo son sorprendentes.

Después del nacimiento, la madre cuida y nutre a su bebé, y, por lo general, disfruta profundamente al hacerlo, pero, al mismo tiempo, se siente presa, aturdida, violentada en su constante dedicación, que no le aporta certezas, salvo la de que ya nada puede ser como antes. Su mundo entero ha cambiado. La experiencia de la maternidad es la más profunda que hay y la que desarma más a la mujer en el terreno afectivo, también es la que la hace feliz. La mujer que fue ya nunca volverá, ha desaparecido, y esta de ahora ya apenas tiene tiempo para procesarlo y aceptarlo. En nuestras sociedades patriarcales, la maternidad es un importante factor para la depresión femenina, porque, aparte de lo puramente hormonal, que favorece la depresión posparto, la vida de las mujeres se complica mucho después de quedarse embarazadas y parir[254]. La sociedad es poco solidaria con las mujeres embarazadas y con

---

[254] «En las primeras semanas después del parto, el nivel de estrógeno cae de pronto en picado, y como el estrógeno regula los mecanismos de los neurotransmisores en el cerebro, puede provocar un súbito descenso en los que regulan el estado de ánimo (un estado que es exacerbado sin duda por la falta de sueño y la confusión general característica de este periodo)». Legato, Marianne J.: *Por qué*

las madres. Se cree que el embarazo es algo natural y no cuesta a la mujer, cuando supone un intenso y entregado trabajo de todo el organismo, concentrado en llevarlo a término, incluso si conlleva su propio perjuicio y, a veces, la muerte. Es asombroso, es retrógrado, pero la maternidad no se valora socialmente como un logro importante, ni se protege lo suficiente, a pesar de ser la tarea más importante que puede llevar a cabo una persona en beneficio de otra, a pesar de ser imprescindible para que siga existiendo la especie humana[255].

Tanto el embarazo como la maternidad revolucionan el cuerpo-palabra que es la mujer y hacen que reconsidere todas sus formas de amar, lo que repercute en su relación consigo misma, con sus padres y con su pareja. La relación consigo misma se torna ambivalente y la mujer descubre el verdadero significado de ser madre en su propia carne, en su tiempo vivido, que parece que ya no le pertenece. Por otra parte, la maternidad hace que rememoremos nuestras vivencias infantiles y nos da la oportunidad de procesarlas. La mujer recuerda lo que sentía de niña, lo que le gustaba y lo que no, lo que le daba miedo, sus sueños y sus pesadillas... Algunos de esos recuerdos pueden ser dolorosos, pero esta rememoración es un trabajo personal que proporciona una oportunidad para la mujer de verlos de modo diferente, desde ese nuevo conocimiento de lo que es ser madre, que le ayuda a comprender mejor a su propia madre y, a veces, a reconciliarse con ella. Sea como fuera, el modo en que la cuidaban a ella influye en cómo cuida a su bebé. En el interior de cada madre sigue existiendo la niña que antaño fue, una niña que busca amor, atención y apoyo.

Las mujeres adultas a menudo se sienten vinculadas a sus madres, como atadas a ellas por una especie de hilos invisibles que tiran de ellas, que influyen en sus vidas. Unas lo llevan bien y lo valoran positivamente, otras se contrarian e intentan rebelarse contra esa influencia. Existe un tira y afloja entre las necesidades de las

---

los hombres nunca recuerdan y las mujeres nunca olvidan, Barcelona, Urano, 2007, p. 219.

[255] Montagu, Ashley: *La mujer, sexo fuerte*, Madrid, Guadarrama, 1970, p. 186.

mujeres adultas hijas y las de sus madres. Muchas mujeres adultas se distancian de sus madres porque estas no aceptan que ellas son las que toman las decisiones en sus vidas, ni tampoco aceptan sus éxitos, pues las hacen ser más conscientes de sus propias decisiones y de sus consecuencias[256]. Al mismo tiempo, muchas mujeres adultas hacen de madres de sus propias madres, que van envejeciendo y comienzan a tener problemas de salud, y a necesitar ayuda. Es algo difícil de evitar; en algún momento de su etapa adulta, las hijas se convierten en cuidadoras de sus madres y desempeñan simultáneamente el doble y ambivalente papel de hijas y de madres de sus madres. Sin embargo, debemos recordar que por encima de los papeles que podamos desempeñar en la etapa adulta somos personas, individuos reales y carnales con sus propias historias de vida y deseo de realizarnos.

Las mujeres que se convierten en madres a menudo hacen las paces con sus propias madres, porque llegan a verse en ellas. Se dan cuenta de que su madre ha estado sometida a las mismas o parecidas tensiones que ellas, que tambięn se ha sentido sola y desamparada en ese dramático cometido materno, y empiezan a respetarlas más. Sus madres también han tenido que decidir desde el miedo y la incertidumbre que carcomen el corazón, desde el cansancio, frustración e, incluso, la desesperanza; también ellas les han entregado su tiempo, energía y amor. Así que las mujeres adultas madres puede que acepten mejor a sus madres. Sus propios «fracasos» las unen a sus madres, que se habían caído del pedestal en la adolescencia, hecho frecuente y normal en el proceso de individuación.

Las mujeres convertidas en madres suelen apoyarse en sus propias madres y aceptar la ayuda y los consejos que les brindan estas.

---

[256] «Desgraciadamente, éste es un tema universal. "Una madre que ha sido bloqueada en su propio crecimiento puede que ignore o minusvalore la competencia de su hija o, por el contrario, puede disfrutar de sus éxitos por delegación". Muchas madres envían mensajes contradictorios y ambivalentes a sus hijas, como por ejemplo, "no seas como yo, y sé como yo" o "ten éxito, pero no demasiado"». Murdock, Maureen: *Ser Mujer: un viaje heroico*, Madrid, Gaia, 1991, p. 37.

Ambas son madres e hijas a su vez de sus madres. En esa doble condición, las mujeres que son madres llegan a comprenderse mejor y, con frecuencia, a recuperar la intimidad de sus relaciones pasadas. No obstante, algunas mujeres se sienten desconcertadas en la reencontrada e intensa relación con sus madres, porque se sienten atadas a ellas de nuevo, demasiado influenciadas por ellas e, incluso, poseídas. La madre de su niñez vuelve a la escena en esa renovada relación de necesidad de la hija, en su momentáneo desvalimiento existencial y búsqueda de apoyo. De pronto, tanto la madre de la mujer como su suegra se meten en su vida, opinan, esperan que les hagan caso y controlan lo que hacen. Se supone que ellas saben y la recién estrenada madre no. Al mismo tiempo, las madres novatas no creen que sus madres las comprendan y, a veces, se sienten traicionadas y «abandonadas» por ellas en esos momentos tan delicados. Sus propias madres no las valoran lo suficiente y dudan de su capacidad de cuidar bien a su bebé, entonces qué pueden esperar de los demás... Las madres les envían mensajes contradictorios sobre cómo lo están haciendo en su papel de madres, mensajes que las atormentan.

Muchas mujeres sienten un fuerte deseo de liberarse de sus madres a pesar de necesitarlas tanto, y se sienten culpables por ello, unas desagradecidas, más aun si consideran que han llegado a superar a sus madres[257]. Esa turbadora mezcla entre la culpabilidad por querer separarse de sus madres y desear la intimidad de sentimientos con ellas, entre querer superarlas y querer ser como ellas, impregna las relaciones de las mujeres adultas con sus madres, aunque, por lo general, las mujeres no temen disolverse en sus madres, como les sucede a los hombres, pero sí tienen ciertas problemas en hallar la distancia emocional adecuada con ellas. A menudo, la rabia que sienten contra sí mismas la proyectan en sus madres, culpándolas a ellas de lo que les sucede o simplemen-

---

[257] «Las mujeres que superan a sus madres experimentan bastante culpabilidad y ansiedad. Viven su éxito como una traición a la relación madre/hija, por haber dejado atrás a sus madres». Murdock, Maureen: *Ser Mujer: un viaje heroico*, Madrid, Gaia, 1991, p. 73.

te tratándolas mal sin apreciarlas. Es algo que propicia el orden patriarcal en el que vivimos.

El bebé causa un auténtico y radical cambio en la vida de la pareja, consume su tiempo vivido, su atención, su energía. Por el simple hecho de existir, el bebé une a sus padres en el propósito de sacarlo adelante, en su amor por él, pero, al mismo tiempo, supone desunión y enfrentamientos, incomprensión de ambos en sus nuevos y diferenciados papeles y tareas. A veces, los padres utilizan a sus hijos como armas en sus enfrentamientos y disputas, sin darse cuenta del daño que les causan, porque los hijos no son unos instrumentos de uso, son individuos en formación. Sea como sea, la pareja procura hacer el esfuerzo para seguir juntos[258]. Y no digamos cuando el bebé viene con problemas de salud, que obligan a sus padres a trabajar codo con codo para superarlos, para que su bebé pueda sobrevivir y crecer.

En los primeros meses, la madre está cansada, preocupada y ocupada en los constantes cuidados del bebé. Apenas está para otras cosas. Además, en la estructura familiar tradicional, el arquetipo de la madre «buena» es de una mujer amorosa que se dedica a su hijo y no piensa en el sexo, la verdad es que tampoco tiene tiempo para eso. El arquetipo de la madre pura, amorosa y «asexual» sigue vigente en nuestras sociedades. Algunas madres llegan a creer que la pareja tan íntima y fuerte que forman con su bebé les basta y que ya no necesitan otras maneras de expresar lo que son, que no necesitan recuperar su vida de pareja para sentirse realizadas y felices; son madres, y el sexo ya no les interesa tanto como antes, su energía vital se dirige a otras vivencias. A veces, tener relaciones sexuales le supone a la mujer un considerable esfuerzo para desviar su interés y energía de sus nuevas vivencias,

---

[258] «Por el simple hecho de su venida al mundo, el niño impide la separación de los padres, o más bien les ordena que hagan un esfuerzo para permanecer juntos. Hace dos generaciones, las mujeres querían dar un hijo a sus maridos. Hoy quieren dar un padre a su hijo. Los valores familiares se ponen en marcha en torno al pequeño». Cyrulnik, Boris: *El amor que nos cura*, Barcelona, Gedisa, 2005, p. 71.

difícilmente postergables en pro de otras, que antes eran importantes para ella: si un bebé llora y demanda su atención, la madre lo atiende...[259]

En nuestras sociedades actuales, se idealiza a la madre abnegada y amorosa, y se idealiza también al bebé, sano, contento, adorable y necesitado; el amor que este despierta en sus padres es poderoso y transformador. La mujer da, da alimento, da amor, da su tiempo, sus desvelos... La fuerza de la madre en su constante entrega es inmensa. El continuo dar desequilibra la balanza de dar y recibir. La madre sabia aprende a decir «no» de vez en cuando a sus hijos. Así, los pequeños podrán aprender a hacer cosas por ellos mismos, y serán sus grandes logros del día a día, sus importantes descubrimientos.

El hacer de la madre puede ser más o menos consciente. La mujer puede situarse en esta tarea como sujeto consciente de sí mismo, sin olvidarse de que *es*, y reforzar su condición de sujeto con el poder en sí misma, con la capacidad de dar, con esa increíble energía vital de amar y crear, pero también, de destruir. En el arquetipo de la Todopoderosa Madre se encuentran esas dos posibilidades: la madre protectora, nutritiva, amorosa y capaz de dar vida; y la madre destructiva, asfixiante, castradora y capaz de dar muerte. Cuando la madre se ubica en la inconsciencia y automatismo, se enajena en su ser sujeto independiente. Entonces puede que crea que su bebé le pertenece, que es su posesión, la cual la empodera frente a otros. Incluso puede que deje de considerar a su pequeño como una persona que es, una persona real y separada de ella. A veces, el intenso amor materno distorsiona su percepción y el reconocimiento del bebé como individuo, y la conduce a la posesión. Además, al principio de la maternidad se da una cierta simbiosis entre la madre y el lactante, de profunda intimidad

---

[259]«La lactancia y el posparto son efectivamente períodos de bajo deseo sexual para la mayoría de las mujeres, y es indispensable ser consciente de ello ya que una cantidad considerable de problemas sexuales se ubica después del nacimiento del primer hijo». Politzer, Patricia y Weinstein, Eugenia: *Mujeres: la sexualidad oculta*, Barcelona, Grijalbo, 2005, p. 188.

carnal. Por otra parte, la voluntad inconsciente de poder en una madre puede influir en su relación con otros; incluso volviéndose destructiva con ellos y con sí misma. La madre está sometida a mucha tensión, que la puede conducir a un desequilibrio emocional y psíquico. La maternidad es difícil incluso para las mujeres con buena autoestima y satisfechas en su propia piel, y más cuando existen problemas previos. La conducta autodestructiva de la madre puede acabar en la violencia materna, en el mal trato del bebé.

El estilo de crianza repercute en el bebé, en cómo se desarrollan o no las potencialidades que encierra en su hondura carnal. Así, la empatía de los padres y su estilo educativo influyen en sus hijos de una manera u otra. Los padres y su bebé crean un mundo único e irrepetible en su constante e íntima comunicación. El lactante es una parte activa de ese mundo recién creado, pues los padres se adaptan a sus necesidades y demandas. Ese mundo de comunicación simultánea y circular conforma una envoltura de estímulos, de significados, que nutre al bebé y a sus padres, los transforma con su continuado «algo más»[260]. La influencia del comportamiento del bebé en sus padres es importante. Todos sabemos que cada uno de los pequeños es diferente y ejerce una acción significativa sobre el mundo de su alrededor. Resulta sorprendente que se siga ignorando este hecho, quizás sea debido a que no se consi-

---

[260]«Hoy ya no se discute que el estado de ánimo de los padres, su humor, su historia, que les vuelve alegres o tristes, y que atribuye un significado privado a cada objeto, a cada acontecimiento, estructura al mismo tiempo la imagen que un niño se hace de sí mismo. La intersubjetividad no es una transmisión de pensamiento y, sin embargo, las representaciones íntimas de uno de los miembros de la familia modifican el sentir del otro. Es el vínculo el que, a través de sus gestos, de su mímica en ocasiones minúsculas y de su estilo narrativo, vehicula la trasmisión y le confiere su potencia». Cyrulnik, Boris: *El amor que nos cura*, Barcelona, Gedisa, 2005, pp. 124-125. Y añade: «La propagación de los mundos mentales es vehiculada por los rituales de interacción existentes entre una madre y su hijo. De hecho, toda figura de vínculo posee esa capacidad: los padres, la fratría, los amigos y toda persona amada pueden modificar el estilo afectivo de base, reforzarlo o destruirlo, en función de la combinación de los estilos afectivos», p. 125.

dere al bebé como una persona con su propio carácter y universo interior. No es un recipiente hueco en el que sus padres depositan cosas e información sin más, y dependiendo con qué lo llenen, así será.

Ambos padres, cada uno a su manera, intentan que la vida de sus pequeños sea buena, mejor de la que ellos tuvieron. Procuran formar y educar a los hijos para que tengan cabida en la sociedad, para que les vaya bien. Ser padres supone un intenso y prolongado trabajo, que parece que no acaba nunca. Cada etapa es diferente y trae sus problemas de cuidados y de relación. A medida que los bebés crecen y se van fortaleciendo como individuos, la ocupación materna se vuelve menos agotadora. La mujer sigue sintiendo un fuerte vínculo con sus pequeños, incluso un vínculo físico, y la separación, normal en el proceso de individuación de los hijos, se vivencia como una pérdida y, a la vez, como una liberación. El mundo de la mujer madre vuelve a cambiar de nuevo[261]. Las mujeres que han sacrificado su carrera profesional para cuidar a sus hijos puede que vuelvan a retomarla. Algunas comprueban con amargura que nadie las espera ahí fuera, que la vida en el espacio público ha seguido indiferente a su condición de madres. Una vez más, tienen que esforzarse para retomar el tren de su vida y reencontrarse consigo mismas. La vida adulta se teje paso a paso.

La ruptura de los hijos con sus madres es necesaria para que ellos se encuentren en su condición de pequeños individuos, sujetos existentes. Esta ruptura implica la muerte simbólica de la madre infantil, todopoderosa, adorada y temida, y también de los hijos dependientes, que ya no lo son tanto, y se expresan cada vez más en su condición de personas completas con derecho a su propio desarrollo. En algún momento del proceso de individuación

---

[261] «Finalmente, por supuesto, los niños crecen y todo el asunto se vuelve menos agotador. La mujer deja de considerarse a sí misma un recipiente de felicidad generosamente entregada o ansiosamente arrebatada, y siente que se vuelven a trazar los límites de su cuerpo y de su psique. Pero a medida que esto ocurre también pierde algo, pierde aquella intensa intimidad física que sintió en los primeros meses y años». Leroy, Margaret: *El placer femenino*, Barcelona, Paidós, 1996, p. 172.

de los hijos, los padres pierden su capacidad de no equivocarse y cometen «errores». Los hijos tienden a cuestionarlos y a rechazarlos, porque es algo necesario para que puedan lograr separarse de ellos; pero los padres no lo comprenden así, y lo viven con dolor, desencanto y resentimiento. Los padres culpan a sus hijos por ser unos desagradecidos, egoístas e, incluso, crueles... Y los hijos culpan a sus padres por no comprenderlos, por «traicionarlos» y por no darles el apoyo y el amor que necesitan. Parece que hagan lo que hagan los padres, la historia del desencuentro con sus hijos es casi inevitable[262]. El rechazo de los hijos a sus padres y a los «fallos» de estos son trágicos, porque tanto los unos como los otros hacen lo que tienen que hacer. Los padres procuran sacar adelante a sus hijos y prepararlos para la vida, para que puedan convertirse en unos adultos integrados en la sociedad y vivir bien en ella, pero tienden a hacerlo definiendo a sus hijos a partir de sí mismos, de su propia imagen. Los hijos, a su vez, tienen que separarse de sus padres para convertirse en individuos, en sí mismos. También los hijos «traicionan» a sus padres, muchos los rechazan y se empeñan en no parecerse a ellos a pesar de amarlos y de valorarlos. Quizás, la comparación que hacen los hijos con sus padres y la sutil o no tan sutil competición con ellos les facilitan descubrir las flaquezas y los defectos de sus padres; y es cuando los decepcionados hijos deciden no ser como sus padres. Y el cometido de los padres es dejar que sus pequeños los idealicen y los idolatren, y luego, cuando

---

[262] «Los padres pronto pierden la capacidad de no equivocarse; más bien, a medida que los hijos dejan atrás la adolescencia, los padres no aciertan una. Los hijos tienden sistemáticamente a rechazar todos aquellos valores que ellos y sus padres tienen en común. Mientras para el padre este rechazo es inesperado, para el hijo el rechazo es inevitable. El hijo se siente traicionado. Aquellas desenfrenadas fantasías de la infancia no se han hecho realidad, y el hijo echa la culpa al padre». Escrito por T. Mark Ledbetter en Downing, Christine (editora): *Espejos del yo*, Barcelona, Kairós, 1994, p. 111. Y añade: «Los hijos regresan a sus padres cuando ven su propio reflejo en la cara del padre. Quizá el fracaso les una. El padre no consigue que la vida del hijo sea fácil. El hijo no consigue la vida aparentemente fantástica prometida por su padre. Ahí está el vínculo. Quizá no serán padres ambos, pero ambos son hijos», p. 114.

crezcan, dejarles descubrir que los padres no son ningunos dioses ni ideales andantes, que son personas como todas las demás, con sus defectos, errores y fracasos; sin embargo, como personas de carne y hueso están a su lado, apostando por ellos. Los padres, por lo general, procuran hacer bien las cosas, aunque eso no siempre sea así, y todos conocemos historias de padres egoístas, inmaduros y destructivos.

En las relaciones entre los padres y los hijos abundan los resentimientos, la culpa y los daños infligidos sin resolver. En esas relaciones, a veces se instala el deseo de expiar una culpa real o imaginaria, lo cual conduce al autocastigo y a la búsqueda de compensación por sufrimiento y sacrificio personal. Así, el daño se multiplica, afectando cada vez a más y a más personas de alrededor. Las desgracias de algún miembro de la familia nutren las desgracias de otros[263]. La búsqueda del perdón a través de la expiación es algo muy aceptado en nuestras culturas, es fomentada por la religión, por los mitos y los cuentos, y por las historias ejemplares que se narran en las novelas y las películas. Además, la búsqueda del perdón por medio de la reconciliación y no a través de la expiación es más difícil, puesto que tienes que contar con el otro, tienes que actuar en vez de sufrir en sí mismo, hacer algo bueno por el otro, tienes que construir en vez de destruir, vivir en vez de morir, y, si es posible, vivir avanzando en plenitud, en bondad y amor, cuidando y transformando la vida en algo especial, en una continuada celebración de la vida, aceptando sus momentos buenos y malos, felices y desgraciados... Pero mientras hay vida en nosotros hay esperanza; igual, en algún momento, las personas nos convirtamos en sabias y aprendamos a relacionarnos mejor y a cuidar el mundo en que vivimos.

Existe una gran diferencia en las relaciones de la madre con sus hijos en función del sexo del que son. Las experiencias de interacciones de madre-hija y de madre-hijo son distintas, porque la madre sabe de qué sexo son sus pequeños y los trata, consciente o

---

[263]Hellinger, Bert: *Órdenes del Amor*, Barcelona, Herder, 2001, pp. 365-366.

inconscientemente, de modo diferenciado, los prepara para la vida de manera diferente. La madre se identifica más con su hija, el hijo es del otro sexo que no es el suyo. Los canales de comunicación, incluso la comprensión de actitudes y de vivencias acusan esta distancia insalvable de lo otro más otro. Con su hija hay una cierta continuidad identitaria: la madre la comprende mejor y se ve más en ella. Aunque los hijos le suponen a la madre una especie de renacimiento en otros, ese sutil sentimiento es más fuerte, en un principio, con la hija. Las madres hablan de forma diferente con las hijas que con los hijos. Por lo general, entre la madre y la hija existe una mayor intimidad. Las hijas no buscan la separación con sus madres para construir su identidad sexual, no temen disolverse en lo femenino-materno. Sin embargo, para los chicos es vital separarse de sus madres para poder identificarse del sexo masculino; temen disolverse en lo femenino-materno. El hijo se aleja inevitablemente de su madre al identificarse de otro sexo que ella y sus relaciones se construyen en esta distancia, que, al mismo tiempo, evita que compita con la madre como les pasa a las hijas. A menudo, las madres adoptan una posición de mayor debilidad con sus hijos varones para fomentar en ellos los sentimientos de autovalía y de fuerza, que aumentan su hombría y les ayudan a identificarse como «hombres».

La relación de madre e hija se vuelve ambivalente en la tendencia a compararse y a competir de dos mujeres. La ambivalencia del amor materno hacia sus propias hijas nace de sus sentimientos hacia las mujeres en general, hacia la feminidad, y de la relación vigente en la sociedad entre las mujeres y de estas con los hombres. Nuestras sociedades patriarcales propician la pugna de las mujeres entre sí para ganarse la atención y el amor de un varón, en este caso, del padre. En algún momento, la cuestión de la belleza y del atractivo sexual entra en la escena del conflicto entre las madres y las hijas. Las mujeres, consciente o inconscientemente, rivalizan por ocupar el primer puesto en el amor del marido-padre. Hay madres que sienten celos de sus propias hijas, se irritan con ellas y consigo mismas por sentir lo que sienten, y se sienten culpa-

bles y «malas» en esa absurda, incómoda e indeseable rivalidad[264].
Intentan racionalizar sus tormentosos sentimientos y cambiar de
actitud. A veces lo logran y otras veces no. En todo caso, esos celos
estropean la relación de las madres con sus hijas.

Si la madre acepta la supuesta inferioridad del sexo femenino
y la jerarquía entre los sexos, creencias instauradas en nuestras sociedades patriarcales, sin querer, las confirmará en el trato diferenciado a sus hijos. Todavía hoy, muchas madres están convencidas
de que el padre es superior a ellas por ser hombre, y que ellas deben
desempeñar su papel de secundarias aceptándolo y resignándose a
ello, pues es lo que hay, y parece que no existe otro modo de relacionarse para que la familia prospere[265]. Las hijas lo ven y toman
nota para aceptarlo o para rechazar este tipo de relación.

Las madres suelen ser las cuidadoras de todos en la familia y
procuran cumplir bien su cometido. Posponen sus propios deseos
y necesidades en pro de los otros, dejan de hacer lo que estaban
haciendo para atender a ellos. Las madres pueden protestar y quejarse, pero hacen lo que tengan que hacer para que la familia esté
atendida. La queja materna puede convertirse en una de las maneras en que las madres intenten llamar la atención de otros y demandar su reconocimiento, manera que suele ser poco eficaz, porque no convence y sí molesta a esos otros. Las hijas se dan cuenta
de lo que hacen y dejan de hacer sus madres; y así, a menudo sin
pretenderlo, las madres las educan con su ejemplo.

Quizás ya ha llegado el momento de reconsiderar las relaciones intrafamiliares y tratar de dar otro ejemplo a nuestros hijos,
con un reparto de tareas entre los padres más equitativo, predispo-

---

[264]Eichenbaum, E. L. y Orbach, S.: *¿Qué quieren las mujeres?*, Madrid, Talasa,
1995, pp. 63-64.

[265]«Con otras palabras, corresponde a las que ocupan una posición subordinada preparar a la siguiente generación para el relevo. Se trata de algo irónico y
cruel, porque al dar a luz a las hijas, las madres quedan colocadas en una situación imposible. Al mismo tiempo que quieren y dan amor, deben preparar a sus
hijas para una vida en la que no podrán esperar una completa igualdad de derechos. Necesitan ayudarlas a asumir el rol femenino y a ajustar sus expectativas
al nivel requerido». Eichenbaum, E. L. y Orbach, S.: ob. cit., p. 64.

niendo a los pequeños unos en favor de otros, siendo respetuosos y solidarios con el otro sexo; de ese modo ellos podrán crear un mundo mejor en relación con otros. Las madres deberían intentar un trato equitativo a sus hijos de ambos sexos y educarlos para que puedan integrar en un futuro sus intereses profesionales y familiares, ayudándose para desarrollarse en ambas esferas, la pública y la privada. Las madres lo pueden lograr dando ejemplo al integrar ellas mismas sus papeles de madre y de profesional y, sin olvidar que, más allá de cualquier papel que desempeñemos en la vida, somos personas completas, con todo el derecho a nuestro propio desarrollo y vida propia[266].

La labor de educar a los hijos corresponde a los dos padres y es su responsabilidad compartida. Nadie nos enseña cómo hacerlo y es muy difícil desempeñarlo de la mejor manera posible. Lo más probable es que, hagamos lo que hagamos, nos equivocaremos algunas veces y, con frecuencia, pensaremos que hemos fallado o no hemos sabido acertar. Pero si los padres ofrecen a los hijos un buen ejemplo de relación entre ellos, quizás los pequeños puedan aprender de esa conducta e imitarla en sus futuras relaciones. Sus cuerpos-palabra albergarían ese ejemplo en su memoria, lo grabarían en la hondura carnal de su ser.

El cuerpo-palabra que somos es un vivo recordatorio de lo que aprendemos en el proceso de vivir. Desde que somos pequeños, vamos almacenando experiencias que nos van configurando. Así, las mujeres adultas ya han conformado su manera de estar en el mundo, su manera de mirar, de andar, de sentarse, de hablar, de sonreír... El cuerpo se va transformando en su experiencia de vivir, se va sexuando en la repetición performativa de gestos y de actos que lo moldean, y eso ocurre en los espacios sociales en los

---

[266] «Las mujeres deben ser educadas hacia una nueva integración de los roles. Cuanto más se fomente que diseñen este nuevo plan de vida —conciliando un compromiso serio y para toda la vida con la sociedad, con el matrimonio y la maternidad—, menos frustraciones y conflictos innecesarios sentirán como esposas y madres y menos elecciones equivocadas a falta de una imagen plena de la identidad de la mujer harán sus hijas». Friedan, Betty: *La mística de la feminidad*, Madrid, Cátedra, 2009, pp. 436-437.

que los cuerpos-palabra conviven con otros, a través de los condicionamientos de dichos espacios, que obligan a los cuerpos a un estar continuado en ellos, a una posición tanto física como psíquica en esos espacios de relación. Al aceptar los límites impuestos de esos espacios, los cuerpos-palabra contribuyen a la continuidad de su estar en ellos. Los cuerpos de los sujetos sociales son objetos y blancos de poder, el poder es ejercido sobre ellos. Como resultado, los cuerpos son influenciados, educados, manipulados y habituados a responder a lo que se espera de ellos. Si además se recurre al castigo, corporal o no, el cuerpo se somete más para evitar el dolor sentido.

Los cuerpos reales reaccionan a la información recibida y se emocionan en su viva carnalidad, lo cual se traduce en gestos, en palabras y actos. A menudo esas reacciones ocurren incluso contra el deseo, el raciocinio y las intenciones del sujeto. Nacen de lo que aprendemos en nuestro proceso de individuación. Los sentimientos se graban en los cuerpos, los cuerpos los recuerdan y los pueden evocar y revivir en cualquier instante, y eso puede suceder sin que el sujeto lo quiera. Así, las mujeres, sin querer ni decidirlo conscientemente, pueden contribuir a sus propias dominación y subordinación[267]. El comportamiento continuado y el hábito en su existencia del día a día moldean los cuerpos. Pero por eso mismo, los cuerpos siempre pueden moldearse en un renovado modo de vivir y de expresar lo que somos.

---

[267] «El reconocimiento práctico a través del cual los dominados contribuyen, a menudo sin saberlo y, a veces, contra su voluntad, a su propia dominación al aceptar tácitamente, por anticipado, los límites impuestos, adquiere a menudo la forma de la *emoción corporal* (vergüenza, timidez, ansiedad, culpabilidad), con frecuencia asociada a la impresión de *regresar* hacia relaciones arcaicas, las de la infancia y el universo familiar. Se revela en manifestaciones visibles, como el sonrojo, la turbación verbal, la torpeza, el temblor..., otras tantas maneras de someterse, incluso a pesar de uno mismo y *contra lo que le pide el cuerpo*, al juicio dominante, otras tantas maneras de experimentar, a veces en el conflicto interior y la "fractura del yo", la complicidad oculta que un cuerpo que se sustrae a las directrices de la conciencia y la voluntad mantiene con la violencia de las censuras inherentes a las estructuras sociales». Bourdieu, Pierre: *Meditaciones pascalianas*, Barcelona, Anagrama, 1999, pp. 223-224.

La actitud hacia el cuerpo femenino en un orden patriarcal es de deseo y de animadversión. Parece que los cuerpos de las mujeres no les pertenecen, que son cuerpos para otros, cuerpos para disfrutar de ellos, para gestar y nutrir a otros, cuerpos para servir a otros, para seducir a otros, decorar su vida, acompañarlos, cuidarlos...; cuerpos sustituibles y reducidos en su infinita profundidad carnal. El cuerpo que atrae es el bello y sexy cuerpo de la mujer joven, el cuerpo con capacidad de reproducirse. El cuerpo femenino viejo se rechaza y provoca repugnancia y mofa, ya no es útil desde la mirada patriarcal, salvo para servir[268].

Por otra parte, el cuerpo de la mujer se va transformando a lo largo de toda la etapa adulta, y su energía vital también. Nos parezca lo que nos parezca este hecho, no podemos salir del cuerpo que somos, aunque algunas crean lograrlo negando su propio cuerpo, ignorándolo y prescindiendo de su condición de existir como corpóreas y reales. No podemos salir del cuerpo que somos porque vivimos en y desde nosotras mismas. Somos corpóreas, cuerpos reales que envejecen, se arrugan, engordan o no, y enferman; cuerpos que sienten y piensan, que se mueven y deciden, que actúan y crean en cada instante vivido. Así, no se puede parar los cambios corporales relacionados con el tiempo vivido; el cuerpo envejece y se ve limitado en sus desempeños y acciones. Es el cuerpo que hace la transformación y no sabemos bien cómo lo hace. El cuerpo atraviesa un proceso de vida y no entendemos bien cómo, pero cambiamos en nuestra corporalidad, envejecemos y también morimos, sin saber realmente cómo acontece todo eso. Por sorprendente que pueda parecer, conforme cumplimos años nos vol-

---

[268] «En la actitud que adopta el patriarcado hacia el cuerpo femenino entran en pugna el deseo y la repugnancia. El lado oscuro de la fascinación que sienten los hombres por el cuerpo femenino es la repugnancia que inspira la mujer cuando ya no se ajusta al modelo de la perfección física. Las antiguas dicotomías aún gobiernan nuestra forma de pensar: así como el cuerpo de la mujer joven es "la carne" que fascina y deleita, el cuerpo de la mujer madura es el centro de todos nuestros miedos a la decadencia de la carne. El cuerpo de la mujer madura simboliza la degeneración para ambos sexos». Leroy, Margaret: *El placer femenino*, Barcelona, Paidós, 1996, p. 208.

vemos más conscientes de que *somos* cuerpos, porque los cuerpos viejos duelen, enferman con frecuencia y limitan nuestras acciones. Con el paso del tiempo, aquello que hacíamos antes sin ningún esfuerzo se convierte en logros que se valoran mucho: andar, vestirse, ducharse, subir las escaleras, comer, ver, oír... Las ancianas se vuelven más cuerpos conscientes o no de sí mismos, dependiendo de si conservan sus facultades mentales o no. Sin embargo, sus sentidos cuerpos se mutan en cuerpos invisibles para los demás, salvo para sus seres queridos. La vejez anuncia la muerte, que, hoy por hoy, es un acontecimiento inevitable en nuestros procesos de vida.

El cuerpo que somos tiene su propio lenguaje que no es verbal, el cuerpo se expresa sin las palabras dichas en una increíble fisiología interna. Así, sus dolencias nos hablan y nos inclinan a tomar decisiones y a un hacer diferente. El organismo posee su propia sabiduría y tiende a la supervivencia y a la curación. Nos envía mensajes que a menudo no comprendemos, ni nos paramos a escuchar. Esa peculiar manera del habla parte de la totalidad de nuestro ser, de la infinita hondura de la conciencia hecha carne que somos. El sujeto puede intuir, puede adivinar que algo que hace no le está haciendo bien a él; que si come eso, le duele la tripa después; que si se pone nervioso en exceso o rechaza algo, vomita o tiene diarrea... De este modo, algunos trastornos cutáneos expresan la necesidad de contacto con otra piel, la necesidad de afecto y de protección de un abrazo sentido...; o, por el contrario, pueden expresar una defensa contra un contacto no deseado y dañino. Sea como fuera, el estrés empeora los trastornos cutáneos, la viva piel nos habla sin palabras dichas.

Las mujeres adultas a menudo desoyen sus propios cuerpos, los fuerzan en un ritmo acelerado de vida cotidiana. Eso sí, procuran no engordar, porque la gordura está mal vista en nuestras sociedades, y se ponen a dieta, y hacen ejercicio... Frecuentemente, las mujeres adultas están descontentas con su apariencia corporal. Muchas dicen que les sobra o les falta de aquí o de allá, se observan con una mirada crítica e intentan ajustarse a los ideales de belleza vigentes en su sociedad. No obstante, hacer ejercicio es beneficioso para el cuerpo, activa su energía vital, lo mantiene ágil y en forma, mejora la salud y la autoestima, ayuda a eliminar el estrés, y provoca la secreción de las endorfinas, sustancias que hacen que nos sintamos más a gusto en nuestra piel; incluso puede mejorar nuestras relaciones sexuales y contribuir a sentirnos más vivos y felices en nuestro día a día.

Por si todo eso fuera poco, algunas investigaciones revelan que el ejercicio aeróbico puede proteger al cerebro de los deterioros relacionados con la edad[269]. Parece que nuestras experiencias, sobre todo las que repetimos una y otra vez, cambian la conectividad neuronal y la química cerebral, y van moldeando nuestro cerebro. Por eso es muy importante construir una cotidianidad saludable y rica en estímulos que ayuden a que crezcamos como personas que somos. Nuestros cerebros, que son los que ordenan nuestros gestos y acciones, se van configurando en las experiencias diarias y, si estas son enriquecedoras, aumentan la actividad y las conexiones neuronales.

En cuanto al cerebro de la mujer adulta, es menos asimétrico que el masculino, porque los dos hemisferios cerebrales femeninos no presentan tanta especialización funcional como los masculinos. El cerebro femenino es más plástico y más interconectado gracias a un cuerpo calloso y a una comisura anterior más desarrollados[270]. Por otra parte, la ventaja femenina en cuanto al vocabulario, memoria y fluidez verbales se refleja en el cerebro de las mujeres. Las mujeres adultas suelen manifestar esa ventaja en sus habilidades comunicativas e interpersonales, que se refuerzan con la práctica, porque a las mujeres nos gusta relacionarnos con otros, comuni-

---

[269] «Las nuevas investigaciones revelan que el ejercicio aeróbico puede proteger al cerebro de los estragos de la edad. En uno de los estudios, los adultos que estaban en forma conservaban más densidad cerebral –en concreto, en las regiones del aprendizaje y la memoria– que los sedentarios». Legato, Marianne J.: *Por qué los hombres nunca recuerdan y las mujeres nunca olvidan*, Barcelona, Urano, 2007, p. 254.

[270] Ya hemos hablado del dimorfismo sexual cerebral en: Arnaiz Kompanietz, Anna: *Cuerpo-palabra mujer*, CreateSpace Independent Publishing Platform, 2016, pp. 61-63.

carnos con ellos de un modo que los hombres, por lo general, no practican. Así, cabría afirmar que nuestros cerebros cambian en el proceso de vivir siendo mujeres, y que se van «sexuando» en la continuada experiencia de vida. El proceso podador de neuronas, dependiente del efecto de las hormonas sexuales como los estrógenos y la testosterona, programa la muerte de las neuronas que dejan de ser útiles para el organismo en la etapa en que se encuentre. Así, los cerebros de los ancianos de ambos sexos se van pareciendo más, porque ya no están tan sometidos a los efectos de las hormonas sexuales, que cada vez se secretan en menor cantidad[271].

También el cuerpo entero se va transformando en los distintos períodos de la etapa adulta, se va sexuando sometido al influjo hormonal. La menstruación, los embarazos, los partos, la lactancia, la menopausia van moldeando los cuerpos-palabra femeninos. Todos esos sucesos en la existencia de las mujeres acontecen en sus cuerpos y las vuelven más conscientes de que son cuerpos sexuados, diferentes a los cuerpos masculinos, que no experimentan esas vivencias, ni saben ni entienden lo que significan para un cuerpo vivo y real. Resulta muy difícil si no imposible comunicar con palabras lo que experimenta una mujer en esas experiencias femeninas.

La producción de las hormonas sexuales por los ovarios de las mujeres marca su período fértil. Durante este periodo las mujeres nos vemos influenciadas por mensuales ciclos regidos por las hormonas sexuales, que causan en los cuerpos sexuados y sexuales transformaciones rítmicas: acúmulo de líquidos, crecimiento de algunos tejidos y órganos como el útero, y su decrecimiento tras la caída hormonal, los cambios de ánimo, de sensibilidad al dolor y a otros estímulos, cambios en sus funciones y desempeños,

---

[271] «Lo más importante es que, con la edad, los hombres y las mujeres nos vamos pareciendo cada vez más en este sentido. A mí me gustaría creer que este mayor grado de compatibilidad aparece no sólo por los cambios fisiológicos que experimentamos con los años, sino además porque estamos toda la vida aprendiendo el uno del otro, y al hacerlo, nos vamos pareciendo más». Legato, Marianne J.: ob. cit., p. 115.

cambios en sus deseos...[272] Mensualmente, el cuerpo femenino se prepara para una posible fecundación y lo hace más allá del deseo o la voluntad de la mujer; es la naturaleza saliéndose con la suya y recordándonos una y otra vez que somos corpóreas y reales. Sin embargo, con los modernos anticonceptivos es posible burlar los mandatos de la naturaleza y decidir evitar los ciclos menstruales con sus molestos cambios mensuales y sus menstruaciones. Puede que sea antinatural, pero algunas mujeres optan por esta posibilidad brindada por la industria farmacéutica.

Por otra parte, la no aceptación de la menstruación y la elaboración negativa del ciclo menstrual pueden perjudicar a las mujeres y suelen problematizar las vivencias relacionadas con el ciclo menstrual. En nuestras sociedades patriarcales sigue habiendo tabús sobre la menstruación, que también nos afectan a las mujeres, pues los internalizamos en nuestro proceso de socialización. Muchas mujeres esconden en el silencio sus menstruaciones, se avergüenzan de ellas, y algunas temen la sangre menstrual por considerarla impura. Numerosas mujeres ignoran a qué corresponde esa sangre y por qué tiene lugar mes a mes[273].

Cuando las mujeres nos acercamos a la menopausia, la actividad secretora de los ovarios se vuelve más irregular, menos cíclica, y la proporción de las hormonas sexuales cambia: los estrógenos disminuyen, por lo cual, los efectos de la testosterona se notan algo más. Se trata de un período hormonal y fisiológico de transi-

---

[272] Ya hemos hablado del cuerpo-palabra sexuado en femenino y de sus cambios en: Arnaiz Kompanietz, Anna: *Cuerpo-palabra mujer*, CreateSpace Independent Publishing Platform, 2016, pp. 97-150.

[273] «Verdaderamente es asombroso la cantidad de mujeres adultas ignorantes de la fisiología elemental de la menstruación, que desconocen que sus cuerpos una vez al mes preparan la matriz para un posible embarazo mediante el engrosamiento de su revestimiento y enriqueciéndole con abundante suministro de sangre; y que si no se produce el embarazo las células que revisten la matriz se endurecen y mueren, se separan, y al hacerlo rompen las diminutas vesículas de sangre en la pared de la matriz, causando así nuevas hemorragias que duran varios días». Montagu, Ashley: *Hombre, sexo y sociedad*, Madrid, Guadiana, 1969, p. 135.

ción relativamente corto, mientras en los hombres es más largo en el tiempo, es más gradual. Muchas mujeres en este período sufren sofocos, sudores, sobre todo nocturnos, se vuelven más irritables, duermen peor, les cuesta concentrarse, se cansan más, tienden a engordar, cuestionan más su autoimagen, padecen de sequedad vaginal, que influye en sus relaciones sexuales, sufren de pequeñas incontinencias urinarias, se replantean su manera de vivir y se deprimen más... Otras pasan por ese transitorio período sin apenas enterarse de que existe como tal.

Una gran parte de mujeres procura pasar esta etapa de forma apresurada, ocultándola, disimulando sus signos, no en vano en las sociedades patriarcales la menopausia significa para la mujer la pérdida de su valor. Este período de transición abre camino a importantes cambios en ellas. La última regla marca un punto de inflexión en la vida de la mujer, que entra en su madurez fisiológica, hecho que anuncia la próxima vejez y gira de un modo especial en torno a la decadencia física y la muerte[274]. A pesar de que muchas mujeres se alegren de que desaparezcan de sus vidas la amenaza de embarazos no deseados y las molestias e incomodidades que acompañan las menstruaciones, y de que se sientan liberadas, de forma consciente o no, aceptada o no, la menopausia es un anuncio del declive corporal de la mujer, de un período nuevo que la conducirá en un futuro no muy lejano a la vejez y a la muerte.

Sin embargo, después de la última regla comienza una nueva etapa en la vida del cuerpo-palabra mujer, que puede ser muy larga, interesante, próspera y feliz. Desde luego, es el momento en que la mujer puede asumir mayor control de lo que le ocurre en sí misma, pues no está tan sometida a los constantes cambios hormonales mensuales. Los posibles problemas que se presenten se pueden afrontar procurando solucionarlos o aprendiendo a convivir de la mejor manera con ellos. Las mujeres maduras tienen mucho poder en sí mismas y pueden lograr que su vida del día a día sea buena y bastante feliz.

---

[274]Leroy, Margaret: *El placer femenino*, Barcelona, Paidós, 1996, p. 198.

No obstante, a las mujeres adultas nos siguen faltando palabras para definir nuestras experiencias femeninas y tampoco solemos conocer bien nuestras estructuras ginecológicas ni su función. Nuestra anatomía ginecológica es más oculta y menos notoria a simple vista, pero no por ello deja de existir, la ignoremos o no. Es muy importante que las mujeres adultas conozcan su propia anatomía y las funciones de las distintas estructuras que la componen[275]. Si no disponemos de los nombres que las designen, no existirán en los discursos ni sociales, ni culturales, ni científicos, ni políticos. Además, sin las denominaciones adecuadas no hay manera de aclararse. Tampoco la hay si desconocemos la rica sexualidad de la mujer adulta, que no es igual a la masculina, ampliamente aceptada como la «normal» en nuestras sociedades patriarcales. Cada mujer debería conocer su anatomía y las funciones de sus estructuras, debería saber lo que le gusta y lo que no, lo que la excita y lo que la desagrada. El autoconocimiento sexual es importante para alcanzar la felicidad sexual[276].

Muchas mujeres adultas desconocen las peculiaridades de la sexualidad femenina, no las valoran, las niegan e inhiben en el afán de adecuarse a la «normalidad», que ya hemos dicho que corresponde a la sexualidad masculina. Las sensaciones que acompañan a gran parte de mujeres adultas en el campo de la sexualidad son de inadecuación, de deficiencia, anormalidad, del miedo de ser descubiertas en la carencia o en el fallo, y la culpa por no sentir lo que deberían sentir y que las otras supuestamente sienten, porque los expertos y los medios de comunicación lo dicen. Las mujeres que no llegan a experimentar orgasmos en los coitos y sí en otras ocasiones se sienten culpables, defectuosas, anormales e, incluso, perversas o enfermas. Numerosas mujeres se sienten presas en sí mismas, ajenas en las relaciones que no las satisfacen; se distancian de sí mismas y de los otros que se supone que buscan su cercanía. En muchas mujeres, una parte de sí mismas se encuentra aislada,

---

[275]Ya hemos hablado de esto en: Arnaiz Kompanietz, Anna: *Cuerpo-palabra mujer*, CreateSpace Independent Publishing Platform, 2016.
[276]Leroy, Margaret: ob. cit., p. 74.

oculta, rechazada e inmadura[277]. Algunas llegan a «congelarse» para no sentir la persistente frustración en las relaciones sexuales, lo cual es un acto de evitación y a veces de cólera contenida. La cólera que sienten muchas mujeres adultas no solo responde a los hechos traumáticos de su biografía, sino también a la cultura y al orden social en los que viven en relación con otros.

En el orden patriarcal, la relación entre los dos sexos es jerárquica, ocupando el sexo femenino el lugar de sexo subordinado al otro. La socialización de la mujer y su experiencia cotidiana como sujeto existente son muy diferentes a las del hombre y refuerzan los mandatos que ella tiene que respetar para ser considerada «normal», «adaptada», «buena», «realizada», para tener éxito en el orden social en que se encuentra viviendo. Numerosas mujeres adultas han sido educadas para dejar sus sueños y echar por la borda sus planes de vida en el momento en que un hombre entre en su existencia, es decir, sus biografías se ven demasiado influenciadas por los otros queridos y deseados, dejan de ser reflejos de lo que ellas verdaderamente son. Las mujeres —personas completas—, se tornan las compañeras de vida de... Es la narración biográfica de tantas y tantas mujeres «habitadas» por otros. También los hombres enamorados se transforman en «habitados», pero esa condición de «habitados» les lleva a los sexos a conductas diferentes: a los hombres, a intentar conquistar el mundo para su amada, a ocupar en sus ojos un lugar de una especie de héroe; a las mujeres, a ser una esposa amorosa, una buena ama de casa y fabulosa madre de sus hijos, una compañera de vida que cualquier hombre desearía. Las mujeres no intentan conquistar el mundo para sus amados, se colocan generosamente a su sombra para no «dañar» su hombría y no hacerles de menos. Lo mismo hacen en las relaciones íntimas y sacrifican su sexualidad para evitar el desencuentro con el otro deseado.

El impulso a la sumisión de la mujer parte del miedo a ser dejada de lado, abandonada por el otro, y de la creencia de que si hace

---

[277]Eichenbaum, E. L. y Orbach, S.: *¿Qué quieren las mujeres?*, Madrid, Talasa, 1995, p. 15.

lo que «debe» le irá bien, y también de la esperanza de conseguir que la relación continúe. La autoinhibición sigue siendo recompensada en la mujer adulta. Sin embargo, autoinhibiéndose, las mujeres fracturan la relación con su propio mundo de vivencias, consigo mismas en el vivir corpóreas, se disocian en sí mismas y desconfían del placer sentido, por eso se imponen las prohibiciones más estrictas. Además, la negación de la propia sexualidad a menudo se asocia con el desarrollo de la llamada feminidad, ampliamente aceptada en el orden social en el que nos relacionamos con otros, o con la aparente asexuación, —cosa imposible en el ser humano, pues somos individuos sexuados y sexuales, lo aceptemos o no—. La negación de la propia sexualidad empobrece al sujeto existente mujer alejándolo de las relaciones con otros y le reprime en el vivir día a día, consumiendo parte de su energía, energía que podría emplear para vivir mejor, de manera más placentera, constructiva y feliz. Esa tendencia de la mujer a sacrificar su propia sexualidad y la culpabilidad por no sentir lo que «debería» sentir propician el olvido y la ignorancia de sí, de lo que *es* ella: un sujeto sexuado y sexual en femenino, con su propia sexualidad que no es la masculina, es diferente y magnífica en su riqueza y peculiaridades.

Las creencias sobre lo que es «normal» en la sexualidad son internalizadas por las mujeres en su proceso de socialización y crean expectativas que influyen en sus actitudes respecto a su propia sexualidad. Esas creencias y los prejuicios determinan comportamientos normalizados, difíciles de abandonar, y refuerzan las relaciones de poder vigentes en la sociedad. De ese modo, mientras las mujeres corroboren los prejuicios del papel tradicional femenino en sus relaciones con el otro sexo, seguirán contribuyendo a su supuesta deficiencia y apocamiento en el *ser*. Se termina reduciendo la sexualidad a los coitos y éstos, a la acción y las sensaciones centradas en los genitales. Sin embargo, las personas no somos genitales andantes. Las experiencias de *ser* mujer completa, —sujeto sexuado y sexual en cada latido de su ser—, esperan nacer, pues se albergan en algún lugar de nosotras mismas como una potencialidad a desarrollar, a emerger de lo no manifiesto del sí-mismo existente.

Hoy por hoy, la autoafirmación sexual de la mujer adulta sigue siendo una asignatura pendiente. Muchas mujeres adultas no aprecian su condición sexual, ignoran su cuerpo-palabra, sus funciones y peculiaridades, entre otras cosas, porque nadie les ha hablado de ello. Suelen equiparar ser «sexy» con ser «sexual» y no es lo mismo. Ser «sexy» es una actuación. Reconocerse como sexual es vivirse como tal, implica valorar la propia condición sexual, cosa que no sucede en nuestras culturas occidentales. El sexo sigue refiriéndose al hacer y no al ser, se sigue banalizándolo, reduciéndolo e, incluso, criminalizándolo. Se sigue transmitiendo la idea de que el sexo es obsceno y furtivo, que es perverso cuando aporta mucho placer, y más refiriéndose a la mujer[278].

Así, la sexualidad femenina se convierte en un asunto de servir al otro para aliviar sus tensiones. La mujer se reduce en su inmensa profundidad carnal tornándose un objeto sexual necesario en la escena sexual para que el otro goce y se relaje. La intimidación de la mujer para que sea un servil complemento de su compañero varón sigue inscrita en el contrato sexual vigente en nuestras sociedades patriarcales. Cabe afirmar que mientra las mujeres continuemos asumiendo nuestra impuesta dependencia sexual, no nos expresaremos como sujetos sexuales de iguales derechos que los hombres. Y no olvidemos que la independencia del sujeto existente mujer se vincula no solo con la independencia de pensamiento, sino también con la económica. La dependencia económica es una situación de riesgo para la mujer adulta.

Por otra parte, muchas mujeres que se consideran «liberadas» y sexualmente activas adoptan los tradicionales patrones masculi-

---

[278] «La concepción del sexo como materia de natural deleite capaz de inspirar poesía, alegría y regocijo y, a veces, pasiones de trágica profundidad, queda fuera del campo de visión de los pedagogos moralistas, para quienes la sexualidad es perversa cuando se combina con el deleite y virtuosa sólo cuando es aburrida y habitual. La poesía, la alegría y la belleza quedan sofocadas por esta moral de la fealdad, y algo duro y rígido invade todas las relaciones humanas». Russell, Bertrand: *La educación y el orden social*, Barcelona, Edhasa, 2004, p. 164.

nos de desapego emocional, de múltiples experiencias sin apenas improntas biográficas de cada una de ellas, porque carecen de significados más allá del contacto con otros y de búsqueda del placer sin ataduras, sin que el otro importe gran cosa ni adquiera un rostro concreto. Pero el placer no solo se obtiene en los coitos, la sexualidad femenina no es tan coitocentrista como la masculina. La sexualidad femenina forma parte de y deriva de *ser* mujer existente, viva y real, no solo pertenece al contexto de una relación coital. Además, cada mujer es un sujeto existente peculiar, con sus propias vivencias que parten y se inscriben en la inmensa profundidad de su universo carnal interno, singular y desconocido incluso para ella misma. Nadie puede determinar el porqué de lo que percibe destacándolo del resto de los estímulos, el porqué interpreta y lo vivencia de la forma como lo hace, porqué elige sin darse cuenta de ello una narración existencial y no otra, también posible. Somos un vivo misterio para nosotras mismas y conviene tenerlo en cuenta y respetar nuestras vivencias, a pesar de que se opongan a las expectativas que pudiéramos tener.

La sexualidad humana se impregna de asociaciones, de imágenes, recuerdos de experiencias vividas, de imaginación, creencias y fantasía, que hacen que algunas cosas nos exciten y otras no. El tipo de educación que recibimos influye en nuestras actitudes y necesidades respecto al sexo y a lo que significa. Aprendemos a responder a ciertos estímulos o imágenes porque se asocian en la sociedad con la excitación sexual y también aprendemos a asociar impulsos potencialmente sexuales con sensaciones desagradables[279]. Es decir, aprendemos a sentirnos de un modo y no de otro con el hacer sexual dependiendo de las consideraciones vigentes en nuestras sociedades al respecto y a nuestras experiencias vividas. Nuestras emociones se impregnan de las influencias de los otros en las innumerables interacciones con ellos, y, poco a poco, construimos un sentido en el ser, una identidad propia y una autoimagen. La repetición de las acciones crea una continuidad, una permanencia

---

[279]Leroy, Margaret: *El placer femenino*, Barcelona, Paidós, 1996, p. 310.

de lo que se hace y de lo que se es. Además, el desarrollo afectivo de cada individuo influye en sus percepciones y en sus interpretaciones de lo percibido. En las mujeres, cuyo desarrollo afectivo suele ser mayor que en los hombres, las emociones y los afectos tiñen sus interpretaciones y sus consideraciones; lo cognitivo, para bien o para mal, se entrelaza con lo afectivo-sentimental, y puede representar una ventaja o una desventaja existencial.

De ese modo, una fuente de malestar sexual es el hecho de haber sufrido experiencias traumáticas en las etapas anteriores. El abuso sexual, el incesto y la violación se graban en los cuerpos-palabra de las mujeres y causan confusión, resentimiento, rabia, sufrimiento, sentimientos de culpa, de no haber sido querida y protegida por sus mayores, de desvalimiento, incluso de desesperanza por estar «manchada» para siempre. Muchas de estas mujeres se disocian de sus cuerpos para no sentir el sordo dolor interior que les causa escuchar su cuerpo herido. Sienten vergüenza por lo que les ha sucedido y quieren ocultarlo incluso a sí mismas, no recordarlo, no hablar de ello, olvidarlo en el desván de su conciencia. Algunas tendrán problemas con el sexo como actividad durante toda su vida adulta, sin terminar de elaborar sus traumas, sin darse cuenta de que han cerrado un oscuro pacto con sus agresores y torturadores, que asegura la continuidad de su sufrimiento. Sus agresores ya no están físicamente en sus vidas, pero perviven en su interior prosiguiendo con su dañina acción. Es muy injusto que las víctimas se muten en sus propios verdugos. Unas pocas sufrirán vaginismo, que cursa con la contracción brusca y dolorosa de las paredes de la vagina ante cualquier estímulación mecánica, imposibilitando la penetración. Los coitos se convierten en una tortura y la relación de la pareja se vuelve problemática. Sin embargo, otras muchas mujeres podrán sobreponerse a sus traumas intentando comprender su dolor, aceptarlo y aprender a convivir de la mejor manera con su trauma inscrito en su biografía carnal. Comprender la herida y recordarla con la mirada adulta nos libera de su efecto opresor, nos hace crecer.

Las mujeres que han sufrido abusos y violaciones no deben contentarse con sobrevivir, y tienen que estar atentas a los actos destructivos y de autosabotaje que nacen de la rabia contenida, del resentimiento y de la frustración. Esas manifestaciones destructivas pueden ser dolencias, enfermedades, dependencias a sustancias tóxicas, conductas alimentarias alteradas, embarazos no deseados, accidentes, fracasos y relaciones rotas o peligrosas... Hay muchas maneras de castigarse a una misma. Es muy recomendable trabajar con el material biográfico que nos ha hecho como somos y aprender a pensarnos a nosotras mismas de una manera nueva, con respeto, complicidad, compasión y amor de mejor amiga.

No obstante, no es correcto atribuir por sistema los problemas sexuales en la etapa adulta a los hechos traumáticos de nuestras biografías. También pueden deberse a algunas maneras de ser y de ver el mundo que nos rodea, a los tabúes internalizados, a las prohibiciones sociales, a la mala educación sexual que se nos da y que no solo no nos forma como personas sexuales, sino ni siquiera nos informa bien, ni nos prepara para una buena y digna vida en relación con otros[280]. Asimismo los problemas sexuales pueden asociarse con otras fobias, miedos y restricciones, y formar parte de un cuadro de problemas de personalidad más graves. Sea como sea, la demonización del sexo con sus perniciosos acompañantes como es el «pecado» y la «culpa» dificultan la expresión de la sexualidad femenina en toda su riqueza, la reduce a un pálido reflejo de lo que podría llegar a ser sin tantas restricciones, negaciones e ignorancia.

---

[280]«La ignorancia, falta de información y la gran falta de sentido que caracteriza a lo que es llamado casi eufemísticamente educación sexual constituye un oscuro desajuste que tiene serias consecuencias para demasiados seres humanos. La carga de sentimientos de culpabilidad que la mayoría de la gente soporta como consecuencia de esta ignorancia, los desafortunados efectos depresivos que tales sentimientos de culpabilidad ejercen sobre su personalidad, la incapacidad de tantas mujeres de experimentar el orgasmo, la torpeza sexual y falta de comprensión y todo lo que implica por parte de tantos varones, las tragedias maritales y familiares, el desgaste humano, social y económico, suman un coste terrorífico innecesario y de ninguna manera deseable». Montagu, Ashley: *Hombre, sexo y sociedad*, Madrid, Guadiana, 1969, p. 33.

Las mujeres nos acercamos al sexo como actividad con una actitud ambigua, de deseo y de miedo, de esperanza y de desencanto, de placer y de peligro... Muchas mujeres no buscan tanto el placer físico como la sensación de sentirse queridas, deseadas, acompañadas, cuidadas y protegidas... El placer sentido gracias a esas sensaciones, a los significados que les damos a los actos, las nutre existencialmente tanto o más que el placer excitatorio, que a menudo falta en sus vidas. Así, numerosas mujeres se comprometen con las relaciones que no les aportan placer físico. Es algo frecuente en el orden patriarcal, en el cual al placer femenino no se le da la misma importancia que al masculino, y las mujeres se conforman con lo que hay. El sexo se impregna del poder, de la jerarquía sexual, en la que un sexo ejerce su poder sobre el otro. De ese modo, muchas mujeres adultas todavía creen que el sexo es algo que los hombres hacen a las mujeres y que estas tienen que conformarse con eso, aguantar y callar, creen que es algo que «deben» hacer por ser buenas esposas o amantes.

Las mujeres deberíamos recurrir a nuestras propias vivencias para conocernos mejor, para aceptar nuestras experiencias y legitimarlas, para valorarlas mejor y elaborar nuevos conceptos en la experiencia vivida siendo mujer, no olvidemos: sujeto existente de igual valor que su compañero el hombre, y con todo el derecho a su propio desarrollo como individuo real, sexuado y sexual. Nos hace falta componer conceptos que guíen mejor nuestros actos y organicen mejor el mundo en que convivimos con otros, de modo que lo que suceda en ese nuevo mundo de convivencia con otros se fundamente en la ética, la justicia y la dignidad humana. La belleza, la verdad y la bondad se encuentran en algún lugar del cuerpo-palabra sexuado y sexual que somos, y podemos rescatarlas de lo no manifiesto, podemos disfrutar hondamente siendo mujeres y descubriendo nuestra propia sexualidad.

Sentir placer en su existencia del día a día es una acción de rebeldía de la mujer frente a su apocamiento impuesto desde fuera e internalizado en el proceso de vivir. Si la mujer logra situarse en ese hondo placer de *ser* mujer, transformará su mundo, creará uno nuevo alrededor de sí, más humano, bello, bueno y verdadero. Todas las mujeres, tengan la edad que tengan y sean como sean, pueden sentir placer en su piel, un placer gratuito, hondo, libre, constructor... Por eso tenemos que darle valor y aprender a cuidar nuestros placeres, que se agrupan en el profundo placer de *ser* mujeres, sujetos existentes de igual valor que los hombres y creadores en cada instante vivido. Esa libertad individual de elección de placeres es una potencialidad a desarrollar.

A las mujeres nos gusta mucho sentir con el tacto, el gusto, el olfato, con las palabras dichas y con las silenciadas e intuidas, con los colores, la música, la conversación con otros, con el baile... ¡Cuántos placeres! El tacto es el sentido más íntimamente asociado a la piel, muy sensible en la mujer adulta. Las mujeres intuimos las emociones del otro cuando lo tocamos, lo conocemos en el sentir, incluso tocamos el tocar, descubrimos la relación con ese otro. Nuestras caricias despiertan a otras pieles, a veces les dan la vida. El tocar se relaciona con la cercanía, la continuidad, el interés; nos proporciona sensación de realidad —lo que es tangible existe—, y, cuando es grato, de seguridad y de afecto. El tacto es contacto con una misma y con las cosas y los seres. Los cuerpos femeninos al relacionarse tocan y son tocados, tocamos constantemente. No obstante, los estímulos táctiles más intensos se producen durante los coitos, pues además de la piel también son de los labios, la lengua, la boca... en un tiempo compartido de vivas sensaciones y emociones[281]. Cabe afirmar que la naturaleza afectiva del placer se entrelaza con la expresión del sujeto en su ser carnal, real y existente.

Por otra parte, el placer se relaciona de un modo profundo con el comer y con el amor, tanto que, a menudo, se busca la comida como sustituto del amor, y la obesidad puede ser una consecuencia de la falta de amor sentido. Así, la necesidad de comer sin que se tenga hambre es un signo de malestar interno, de cierto sufrimiento existencial; y satisfaciendo dicha necesidad, el individuo

---

[281]Montagu, Ashley: *El tacto*, Barcelona, Paidós, 2004, pp. 137-138.

siente placer, generalmente transitorio y corto en el tiempo, por lo que en breve repite su conducta.

La necesidad de afecto y de satisfacción emocional es muy humana, inherente a la persona sexual hombre o mujer. Sin embargo, el tipo de compromiso que buscamos los hombres y las mujeres es diferente. Por lo general, la sexualidad femenina presenta un matiz de continuidad y de cercanía con el otro deseado, tiende a una cierta fusión con el amado, que se prolonga también fuera de los coitos. Las mujeres suelen vincularse más a sus otros amados y establecer con ellos una comunicación impregnada de emociones. Nos hiere sentir la ausencia del compromiso emocional tal como lo entendemos nosotras. Los hombres no suelen manejar ese concepto, muchos no entienden el significado de compromiso emocional y lo equiparan con la fidelidad y el cumplimiento del papel de marido y padre. La educación que recibimos los dos sexos tiene mucho que ver con esa conducta diferencial en la esfera emocional.

Existen otras notorias diferencias en la sexualidad de los dos sexos, aunque muchas de las cualidades «femeninas» y «masculinas» son compartidas por ambos sexos. Podríamos mencionar el carácter cíclico mensual de las secreciones de las hormonas sexuales femeninas en la etapa fértil de la mujer adulta, que influyen en su sexualidad; también sucesos existenciales tan importantes como el embarazo, el parto, la lactancia; asimismo, las distintas pautas de maduración y envejecimiento sexuales del hombre y de la mujer; el hecho de que el coito no se acompañe con la misma frecuencia del orgasmo en ambos sexos; y que el orgasmo femenino no da término a la excitación, sino que, a menudo, la hace aumentar. La mujer está más preparada fisiológicamente para experimentar un orgasmo múltiple[282].

La excitación sentida por la mujer activa su región genital, muy vascularizada e inervada. Los vasos se llenan de sangre, los tejidos aumentan de tamaño y de turgencia. La mujer siente más calor en sus genitales externos, que se humedecen con la secreción hu-

---

[282] Leroy, Margaret: *El placer femenino*, Barcelona, Paidós, 1996, pp. 21-22.

moral, a veces tan importante como para parecerse a una especie de eyaculación femenina. Los genitales externos se movilizan en la fase excitatoria para mayor estimulación y es algo fisiológico, involuntario e inconsciente; los labios mayores y menores de la vulva se agrandan y se entreabren; el clítoris se torna más erecto y duro. Toda esa acción fisiológica la hace el cuerpo y puede corresponder al deseo de la mujer o disociarse de este, porque el cuerpo femenino, como cualquier organismo vivo, está provisto de mecanismos de defensa para evitar el daño de tejidos y de estructuras, pues el mandato de supervivencia está inscrito en toda la profundidad celular de nuestro ser. Así que el humedecimiento genital de la mujer puede tener lugar incluso en una relación no deseada. El no conocer esta reacción fisiológica confunde a las mujeres violadas y contribuye a que se sientan culpables, humilladas y «malas». Es muy importante que las mujeres conozcamos nuestra fisiología sexual, nos aclararía dudas y evitaría las falsas interpretaciones que tanto daño pueden ocasionar.

Cuando la excitación llega al clímax, a instantes de máximo placer, desemboca en un orgasmo. Luego, la sensibilidad de excitación decrece de una manera más pausada que en el varón, los tejidos se relajan, baja su vascularización y estos vuelven poco a poco a su tamaño normal. La mujer experimenta la distensión corporal general, relajamiento que puede acompañarse de sueño o, por el contrario, de mayor vitalidad, alegría y lucidez. Pero el orgasmo femenino también puede prolongarse en un período de mayor excitabilidad, en una especie de meseta excitatoria, que posibilita varios picos, los cuales se traducen en orgasmos múltiples.

Sea como sea, el primer orgasmo en una relación sexual es una auténtica iniciación existencial para la mujer, le abre puertas a un nuevo placer sentido en relación con otra persona. El primer orgasmo de la mujer no siempre coincide con el coito. De hecho, en la biografía de muchas mujeres adultas son sucesos que pueden estar separados por años de relaciones coitales. Y no es de extrañar con tanta ignorancia generalizada sobre la sexualidad femenina. Lo que no se tiene en cuenta es que la excitación de la mujer depende mucho de la estimulación directa o indirecta del clítoris, que no siempre se produce con la penetración. La estimulación del clítoris provoca un orgasmo en un tiempo bastante corto, por eso la mujer llega más fácilmente al orgasmo con la masturbación que con el coito. Se ha observado que las mujeres que tienen la masturbación en su haber biográfico experimentan con más frecuencia el orgasmo durante el coito.

La masturbación, como una fuente para obtener placer, no desaparece en la etapa adulta de la mujer. Puede cambiar de frecuencia y combinarse o no con las relaciones coitales. Puede practicarse o no, pero ya no se considera como una práctica anormal en un sujeto adulto, y se sabe que no desaparece del todo cuando se vive en pareja. La masturbación solo se juzga como expresión de un trastorno cuando se practica de forma compulsiva y sustituye a otras maneras de gratificación sexual, como son las relaciones sexuales con otros deseados.

El primer coito, una especie de iniciación para la mujer, puede ser doloroso o no y el desgarro del hímen puede acompañarse de una pequeña hemorragia o no. Un hímen conservado no es sinónimo de «virginidad», tan valorada en muchas sociedades patriarcales. Algunas de esas sociedades castigan a las mujeres si no llegan «vírgenes» al matrimonio[283]. Parece mentira que acciones tan retrógradas, repugnantes e inhumanas sigan ocurriendo hoy en día.

Los cambios sexuales en la mujer adulta nacen en el cuerpo-palabra que es, el cual se transforma constantemente en su tiempo vivido, y no entendemos bien cómo lo hace, pero lo hace. El cuerpo vivo atraviesa un proceso que sólo él dirige, madura, envejece y se enferma o no... Así que, conforme se transforma el cuerpo, también van cambiando sus funciones, sus apetencias y deseos, sus creencias y consideraciones. Cada mujer no solo evoluciona físicamente en su etapa adulta, sino también psíquica y emocio-

---

[283] «La importancia que se ha dado a la castidad prematrimonial tiene en gran parte su origen en la inseguridad del varón más que en su preocupación por el bienestar de la mujer». Montagu, Ashley: *La mujer, sexo fuerte*, Madrid, Guadarrama, 1970, p. 74.

nalmente. En ningún momento deja de ser sexual. Sin embargo, sorprende que al hablar de la sexualidad femenina se suele referir sobre todo a la mujer joven, sin hijos y sexualmente activa. Esta estigmatización femenina en función de la edad se relaciona con la sacralización de la mujer joven, bella, sexualmente atractiva y fértil. No obstante, las relaciones sexuales no desaparecen con la edad; pueden evolucionar y, a menudo, incluso mejoran en su calidad.

La mujer madura sexualmente despacio. Se considera que alcanza su pico fisiológico entre los treinta y los cincuenta años, y el psicológico, entre los cincuenta y los sesenta[284]. Se cree que el período de máxima receptividad de la mujer se sitúa en su juventud, en la década de los veinte hasta los treinta. Las jóvenes disfrutan mucho al sentirse deseadas y quieren dar placer al otro mostrándose complacientes y, al mismo tiempo, activas. Procuran expresar que el sexo como actividad les gusta, lo han descubierto y están interesadas y entusiastas de practicarlo. Sin embargo, todavía no saben bien lo que les gusta y lo que no; lo irán descubriendo poco a poco en sus experiencias, o no, si se centran sobre todo en complacer al otro olvidándose de sí mismas.

A partir de los treinta años se abre un período de máxima respuesta en la mujer, porque ya se ocupa más de su propia satisfacción y, en consecuencia, su respuesta sexual mejora. Las treintañeras ya van sabiendo lo que les gusta y lo que no, lo que desean y lo que no toleran en sus encuentros íntimos. Muchas han superado algunas inhibiciones, miedos y reservas; se han informado mejor, unas cuantas han leído libros de autoayuda... El sexo como actividad ya no les asusta y, en general, las satisface más que antes[285].

---

[284]Crenshaw, Theresa L.: *La alquimia del amor y del deseo*, Barcelona, Grijalbo, 1997, p. 49.

[285] «Si los veinte son un periodo de máxima receptividad, los treinta en la mujer lo son de máxima respuesta. Las veinteañeras quieren dar placer a su hombre y se contentan con las migajas. A partir de los treinta, a las mujeres les preocupa su propia satisfacción y en consecuencia su respuesta sexual es mejor. Ahora el sexo les gusta más, conocen mejor su cuerpo y sus necesidades. Están más seguras de sí mismas, más confiadas y son mucho más exigentes en la cama. Si

En esos tramos de edad muchas mujeres toman anticonceptivos que, por una parte las liberan parcialmente del miedo a los embarazos no deseados y, por otra, inciden en su sexualidad y en la libido, pudiendo mejorarlas o empeorarlas. Cada mujer reacciona de manera particular a la acción hormonal del anticonceptivo que toma. Algunas no toleran sus efectos secundarios y deciden no tomarlos, y recurrir a otros métodos. Otras deciden tener un hijo, a veces, para demostrar a sí mismas y a los demás que son mujeres y que pueden ser madres. La maternidad se vincula poderosamente con la identidad sexual femenina. Sea como sea, la posibilidad de un embarazo está muy presente en el período fértil de la mujer e influye en su sexualidad, en su deseo y amatoria.

Muchas mujeres desean ser madres, pero otras no. Algunas abortan queriendo o sin querer, y se sentirán culpables por ello, aunque lo silencien. Por injusto e irracional que nos parezca, incluso los abortos espontáneos causan sentimientos de culpabilidad. Las mujeres creen que no han sido capaces de proteger al feto; «algo he hecho mal», piensan a pesar de que se les diga lo contrario. Los abortos son hechos traumáticos en la biografía de la mujer, y los inducidos, además, son situaciones de serio riesgo para la salud. Todavía hoy muchas mujeres mueren a consecuencia de abortos clandestinos o practicados en malas condiciones sanitarias, o quedan con secuelas para siempre.

También el embarazo es una situación de riesgo para la salud femenina. A menudo, llevarlo a término es una verdadera hazaña y un regalo generoso a ese nuevo ser, pues la mujer se transforma tras ser madre y, a veces, lo paga con su vida. Durante el embarazo la sexualidad de la mujer cambia en cada trimestre, pasando por fases de mayor y de menor sensibilidad y deseo. Esos cambios son particulares de cada mujer, no son fijos ni predecibles. La fisiología corporal, con los cambios hormonales y crecimiento del útero, está orientada a preservar la gestación, y la mujer se convierte en una especie de casa-cuna de un nuevo ser. Cambian sus sensacio-

---

antes no eran multiorgásmicas, es muy probable que ahora lo sean». Crenshaw, Theresa L.: ob. cit., p. 71.

nes, sus emociones, sus valores, percepciones, prioridades, deseos, actitudes, acciones...[286] Las creencias y los miedos de perder o dañar al bebé también influyen en la sexualidad, deseo y amatoria de la mujer. Todo eso la sorprende, pues no se siente ella misma, no se reconoce del todo en su nuevo ser. Cuando el embarazo es deseado, tanto desequilibrio personal se sobrelleva más o menos bien, a pesar de que a veces resulte complicado. Pero cuando el embarazo no es deseado, puede convertirse en una auténtica tortura para la mujer, tortura que dura nueve meses. Esa situación la puede conducir a un grave problema psicológico e, incluso, al suicidio.

La mujer, generalmente, se vuelca en cuidar y criar a su bebé incluso antes de que nazca. Desde que se quede embarazada, habrá una poderosa y apenas consciente lucha en ella: seguir siendo una persona con sus propias necesidades y proyecto de vida, y ser madre por encima de todo. De hecho, la sexualidad de la mujer adulta permanece en constante conflicto con la figura de la madre, la que es ella misma y la madre interiorizada en sus etapas anteriores[287].

La sexualidad de la mujer adulta sufre cambios con el embarazo, la lactancia y la crianza de sus hijos pequeños. Las mujeres, por lo general, priorizamos el cuidado de nuestros hijos a todo lo demás, aunque no todas, por supuesto. Por otra parte, cada vez más, las mujeres que son madres también le dan importancia a seguir siendo sujetos activos sexualmente hablando. Lo que suce-

---

[286]«Las hormonas tienen sin duda un papel en la depresión durante el embarazo, una conclusión corroborada por el hecho de que el primer y el último trimestre son los periodos más vulnerables y la época en que los niveles hormonales son más inestables». Legato, Marianne J.: *Por qué los hombres nunca recuerdan y las mujeres nunca olvidan*, Barcelona, Urano, 2007, p. 218.

[287]«Es común que la maternidad sea una de las etapas que despiertan viejos tabúes y bloquea la libido. En ese período, muchas mujeres reviven la idea —grabada durante la infancia— de que la madre no tiene sexo. Viejos mensajes como ése, que se han mantenido inertes, brotan con inusitada potencia, impidiendo una sexualidad satisfactoria como la que se tenía hasta ese momento». Politzer, Patricia y Weinstein, Eugenia: *Mujeres: la sexualidad oculta*, Barcelona, Grijalbo, 2005, p. 231.

de es que no siempre lo pueden lograr en su cotidianidad, porque si no tienen tiempo libre para sentirse como personas y no sobre todo madres, si no tienen disposición de ánimo para encuentros placenteros porque apenas pueden respirar y están tan cansadas que solo desean irse a la cama para dormir y recuperarse, ya que al día siguiente tienen que proseguir con sus numerosas y agotadoras tareas de madre y esposa, ¿cómo van a concentrarse en el sexo y disfrutar? No se suele decir a las mujeres jóvenes que a partir de que tengan un hijo su vida se transformará totalmente y priorizarán colocando las necesidades de sus hijos en primer lugar[288]. Es frecuente que en este período de su tiempo vivido las mujeres se olviden de sí. Muchas tratan desesperadamente de cumplir con todos: con sus hijos, sus parejas, sus padres, sus amigas, sus jefes... Lo consigan o no, tenderán a considerarse culpables o defectuosas por no sentir lo que se supone que tiene que sentir una mujer sexualmente madura cuando su amado la toca. Algunas de esas mujeres se quedan dormidas en pleno coito por el agotamiento físico y psíquico que experimentan en su lucha diaria para que las cosas vayan bien en su familia y trabajo. Muchas se refieren a las relaciones coitales tras ser madres como una tarea más de su vida de casada, que las supone esfuerzo e, incluso, sacrificio. Algunas de ellas, sobre todo si no suelen llegar al orgasmo en los coitos, pueden decidir que el esfuerzo no merece la pena[289].

---

[288] «Todos sabemos que la llegada de un hijo causa una revolución en el cuerpo de la mujer, que la aleja de la sexualidad. Por motivos fisiológicos y psicológicos. Los primeros se borran con el tiempo, los segundos a veces con mayor dificultad. El hijo opera también un verdadero cambio radical en la vida de la pareja. En efecto, nada es más antitético a una pareja de enamorados que una de padres». Badinter, Elisabeth: *La mujer y la madre*, Madrid, La Esfera de los Libros, 2011, p. 130.

[289] «Sobre todo en los casos en los que, ya antes del parto, el sexo sólo era una limitada fuente de placer —pues la mujer no alcanzaba el orgasmo de forma fiable—, ésta puede decidir, después del parto, que el esfuerzo simplemente no merece la pena. En muchas cosas que las mujeres dicen sobre el sexo tras el parto, subyace la profunda convicción de que aquél —como actividad renovadora, como relajación, o simplemente como un placer sin complicaciones— es

Además, por lo frecuente que es, cabe mencionar la depresión posparto, que se asocia con los cambios hormonales que sufren las mujeres después del parto. No obstante, la depresión posparto se debe a múltiples factores: a la inesperada y dramática transformación de vida y del cuerpo, que, después del parto, no vuelve a ser como antes; a la subida de la leche y a los posibles problemas del bebé y de la lactancia, que no todas las mujeres sobrellevan bien; a los miedos, dolores, heridas, desamparo, falta de comprensión por parte de los otros; a una inmensa responsabilidad que pesa como una losa sobre los hombros de la mujer; al permanente cansancio y a la falta de sueño; al olvido de sí... Las mujeres somos increíbles, porque a pesar de todas esas dificultades la gran mayoría no cambiaría el hecho de haber tenido un hijo por nada del mundo, y muchas repiten deseándolo de veras.

A medida que las mujeres van madurando, su capacidad sexual no decrece. Las mujeres de cuarenta, cincuenta y sesenta años se vuelven más conscientes de que su sexualidad es una parte inherente de su ser y estar en el mundo, de que la sexualidad no se reduce solo a los coitos, ni se refiere a una relación concreta con el otro. Algunas aceptan ser profundamente sexuales, lo cual puede acompañarse de relaciones íntimas con otros o no. Muchas disfrutan más con el sexo en general y con el coital en particular, se centran más en sus sensaciones genitales y se fijan más en el aspecto lúdico del sexo y beneficioso para el bienestar personal e, incluso, para la salud. Es algo que sucede de forma natural, porque las mujeres maduras se atreven más a ser ellas mismas en sus relaciones con otros, suelen ser más auténticas y mostrar más confianza en sí mismas; ellas intentan que esas relaciones sean gratas y significativas para ellas y para otros, construyen con más propósito y cuidado.

Por otra parte, conforme las mujeres van cumpliendo años manifiestan características tradicionalmente consideradas como «masculinas», como la capacidad de decisión, de seguridad en sí

en realidad para los hombres». Leroy, Margaret: *El placer femenino*, Barcelona, Paidós, 1996, p. 170.

mismas, de independencia y el valor que se le da a los atributos físicos de la persona deseada, y al aspecto físico de las relaciones sin ataduras emocionales. Eso podría corresponder, entre otras cosas, al efecto hormonal, al progresivo descenso de estrógenos y, como consecuencia, a la mayor proporción de testosterona, pero también a que unos aprendemos de otros, y, quizás, las mujeres adopten conductas típicamente consideradas como masculinas, porque las han aprendido en sus relaciones con los hombres. Además, muchas se han decepcionado de las relaciones con los hombres y ya no pretenden encontrar en ellos comprensión, solidaridad y compromiso emocional; desean quedarse con algo bueno de «lo que hay».

Sin embargo, otras muchas mujeres maduras se disocian de sus cuerpos, se olvidan de ellos y pierden toda curiosidad sexual; adoptan el papel de persona «asexual», cosa imposible en un ser humano, profundamente sexuado en su universo celular y preparado para sentir en cualquiera de sus acciones, en cada instante vivido. Sea como sea, una buena capacidad sexual de la mujer madura no se corresponde siempre con los actos. A menudo, ella se ve privada de relaciones con otros, porque esos otros no la buscan como objetos de deseo, prefieren a las jóvenes, ampliamente reconocidas como sexualmente atractivas[290].

Hablemos de la menopausia, ya que es una etapa importante en la vida de la mujer, un período de muchos cambios y cierta inestabilidad emocional. Los ovarios de la mujer dejan de secretar cíclicamente las hormonas sexuales. Los estrógenos descienden en el cuerpo femenino y la fisiología corporal cambia. El descenso del estrógeno se asocia con la disminución de las sensaciones en el clítoris, la vagina y el periné. Poco a poco, se tiende a la atrofia de las mucosas, sobre todo si no se practica el sexo a menudo, y

---

[290] «Una mujer que se encuentra al final de la madurez puede ser capaz de disfrutar mucho más del sexo que una mujer núbil de veintidós años. La capacidad sexual de una mujer de cuarenta, cincuenta y sesenta años contrasta fuertemente con las privaciones sexuales que puede que le toque vivir». Leroy, Margaret: *El placer femenino*, Barcelona, Paidós, 1996, p. 212.

a la «sequedad vaginal, que puede provocar molestias y dolor durante el coito, pero que es fácil de diagnosticar y de tratar en la actualidad. Las estructuras genitales van perdiendo su elasticidad y vitalidad, se van envejeciendo. En la menopausia, las mujeres experimentan cambios corporales, tienden a engordar, se cansan antes, se cuestionan en su atractivo: se ven demasiado gordas o demasiado delgadas, con las canas, arrugas y flaccideces... Muchas lo pasan francamente mal con los sudores, calores y sofocos. Algunas se deprimen o sufren de ansiedad vital.

No obstante, después de la menopausia, la mujer entra en otra etapa de su vida, en la que ya no sufre de constantes y cíclicos cambios hormonales, ni teme los embarazos no deseados; se ve más libre y, por lo general, más estable emocionalmente hablando. Además, se ha desligado de sus agotadoras responsabilidades como madre y todavía no tiene nietos: dispone de más tiempo libre. En ese período, numerosas mujeres se sienten más dispuestas a practicar sexo, y su placer sexual puede incluso intensificarse.

Conforme vamos envejeciendo, la salud incide de manera importante en la sexualidad, también lo hace nuestra experiencia sexual previa. Sin embargo, nunca es tarde para encontrar el placer en el vivir, placer que incluye también el sexual: todas podemos corregir los malos hábitos, las creencias equivocadas que nos perjudican y algún que otro problema pendiente. La edad no impide disfrutar con el sexo y muchas ancianas son sexualmente activas, experimentan sus orgasmos y algunas se masturban y tienen sueños eróticos. Otras sienten que se han vuelto «invisibles» y ya no atraen a los hombres, se quejan de su soledad, se frustran, y recuerdan y recuerdan sus tiempos pasados. Pero para algunas, esta «invisibilidad» es liberadora y deseable[291].

Y ¿qué sucede con el deseo de la mujer a lo largo de su etapa adulta? Nuestro desear se va matizando con la experiencia vivida, unos deseos van naciendo de otros en concordancia con nuestro

---

[291] «Es absolutamente imposible explicar a las mujeres más jóvenes que esta nueva invisibilidad, igual que el reposo y la indiferencia, es un estado deseable». Greer, Germaine: *El cambio*, Barcelona, Anagrama, 1993, p. 408.

estar en el mundo; el desear se transforma y se manifiesta de formas distintas en cada período. En el deseo femenino se combinan querer ser deseadas y querer desear. Las jóvenes desean sobre todo ser deseadas, y las mujeres maduras, desear. La mayoría de mujeres adultas desea vivir un gran amor, pero ese amor sigue muy influenciado por los mitos tradicionales, historias universales de amor romántico, que nutren nuestros sueños. Es muy conveniente que las mujeres nos demos cuenta de qué fantaseamos en el amor, con qué tipo de pareja soñamos. Esas imágenes de compañeros de vida soñados van cambiando con la edad y con nuestras experiencias; nos hablan de nosotras mismas en las distintas etapas de nuestras vidas. Así, en el deseo de las mujeres jóvenes no solo influye el hecho de que les interese el sexo como actividad, sino también la elección de ese otro comprometido y posible padre de sus hijos. Muchas eligen a un futuro buen padre para sus pequeños, a ese otro con el que puedan compartir un proyecto de vida en común: formar un hogar o correr mil aventuras interesantes...

Las mujeres desean que se las ame y desean amar. También desean ser madres, unas buenas madres, y tener una profesión o un buen empleo, una buena pareja y ser buenas esposas; desean una buena vida en definitiva... Algunas desean por encima de todo la libertad y la independencia personal, supeditando los demás sueños de felicidad a este propósito. Muchas mujeres desean tener una vida con sentido, se vuelcan en ayudar a los demás, a los más vulnerables y necesitados. También las hay que quieren tener, tener objetos de lujo, como joyas, abrigos de piel, casas, propiedades..., tener un estatus social elevado como esposas de..., o amantes de...: El tener suplanta al *ser*, el ser se supedita al tener.

Otras desean seguir las normas establecidas en su sociedad, desean ser «buenas» y que se las reconozca en ese papel. Muchas de ellas sacrifican sus otros deseos para ser vistas como la madre perfecta, la esposa modélica, la amante seductora y amena, la amiga ideal, el cuerpo esbelto, bello y sexy, la vecina amable, la profesional competente y eficiente... Esa sensación de «adecuación» a las supuestas normas de éxito femenino, que las mujeres internalizan de manera «natural», sin ser conscientes de sus consecuencias ni de sus significados en el tiempo vivido, les proporciona placer; pero, a la vez, seguir esas normas las sitúa en una constante tensión, atrapándolas en los espejismos que desplazan a otras opciones, a lo que verdaderamente son en su sentida piel, a lo que desean en el fondo de su ser[292]. Las mujeres suelen adaptarse a los ideales vigentes referentes a ellas, porque los hombres suelen escoger como objetos de su deseo a las que lo hacen. Así, la mujer procura estar atenta a la impresión que produce en otros, porque cree que gran parte de su bienestar al relacionarse con ellos depende de la imagen que ofrece a su mirada. Desde siempre, las mujeres han sido recompensadas cuando se autoinhibían para agradar a otros. Por eso, algunas jóvenes y mujeres no tan jóvenes intentan disimular su inteligencia y sus muchas capacidades para no «asustar» a los hombres que las miran[293].

Por medio de la continuada educación, que recibimos al vivir en un orden social dado e intentar «triunfar» en él, las mujeres aprendemos a desear lo que se supone que tenemos que desear por ser mujeres. Además, las personas solemos desear lo que nos permitimos soñar o lo que conocemos, lo que nos resulta familiar, cómodo y grato. Así, un efecto observado o imaginado provoca una actuación y no otra. La esperanza de ser felices nos guía, nos mueve hacia unos objetivos y no otros. Las personas esperan y confían, porque les agrada creer que si hacen tal cosa sucederá tal otra, puesto que esas creencias se acompañan de sentimientos agradables, les aportan una cierta paz, una aparente certidumbre y seguridad; y, de ese modo, aprenden a desear algunas cosas y no otras. Esas creencias se vinculan con la adaptación de las perso-

---

[292]«La compulsión de ser deseadas y deseables socava la propia dirección, la autoconfianza y la autodeterminación en las mujeres desde la adolescencia hasta la vejez, en todos nuestros roles, de hija y madre, de amante y esposa, de estudiante y trabajadora o dirigente, con independencia de que el mal sea o no consciente». Young-Eisendrath, Polly: *La mujer y el deseo*, Barcelona, Kairós, 2000, p. 18.

[293]«El narcisismo de los hombres y el de las mujeres es muy diferente, tanto en su elaboración en el curso de su vida como en su mantenimiento en su vida adulta». Dolto, Françoise: *Sexualidad femenina*, Barcelona, Paidós, 2001, p. 210.

nas a su medio socio-cultural y, en caso de las mujeres, a su sumisión en el orden patriarcal. Ese impulso a la sumisión se relaciona también con el miedo real de las mujeres en un orden de cosas que les es adverso y, a menudo, hostil. Sea como sea, gran parte de mujeres desea mejorar la vida de sus seres queridos y de los demás. Conforme las mujeres van madurando, desean dejar una huella beneficiosa de su paso por la vida, aunque no hagan nada extraordinario y memorable para la sociedad. La mayor parte de mujeres anónimas son unas verdaderas creadoras del bienestar en sus pequeños-grandes ámbitos de acción.

La mujer sueña con una vida feliz. El imaginario de las mujeres es un rico jardín, que les aporta sustento, las nutre con las ensoñaciones que colorean su cotidianidad. Es un paraje secreto y tanto más visitado por ellas cuanto más frustradas estén en su día a día, porque les ayuda a seguir, a sobrevivir a pesar de su descontento vital. Las jóvenes sueñan que aparecerá esa especie de príncipe azul, que las salvará de todo mal, incluso de su sentimiento de desolación existencial. Las mujeres maduras ya no sueñan tanto con él, sueñan con un verdadero compañero, están de vuelta de muchas cosas y ya saben que los príncipes azules habitan en los cuentos de hadas, no se los suele encontrar en la realidad. Las mujeres maduras desean vivir en paz, comprender y conocer, ser visibles, tener voz, expresar sus talentos...; desean vivir experiencias enriquecedoras fuera de sus hogares y las que se habían quedado en sus casas empiezan a dirigir sus miradas al exterior.

Las mujeres, como los hombres, también desean triunfar en la vida, pero los «triunfos» femeninos no se corresponden totalmente con los masculinos. Para las mujeres, son grandes triunfos cumplir bien los papeles que se les atribuyen en el orden social en que viven y llegar a combinar sus cometidos personales con los profesionales, un logro difícil, tal como están las cosas. Las mujeres se interesan por las relaciones humanas, sobre todo por las relaciones en las que pueden expresar el amor y recibirlo, y, por lo general, desean relacionarse con los demás. Además de sacar adelante a sus hijos y familia, en el mundo femenino, son triunfos el llegar a expresarse en primera persona, situarse como un sujeto en su propia existencia, aprender a decir «no» sin sentirse culpable por ello, hacer lo que verdaderamente se desea hacer, desprenderse del machismo internalizado y de tantas y tantas falsedades aprendidas en nuestro proceso de socialización, tener tiempo y espacio propios...

Otro deseo típicamente femenino es el de ser bella y atractiva; aunque también los hombres desean ser bellos y atraer, en la mujer este deseo es intenso. Las mujeres se relacionan de forma dramática con la belleza, porque siguen desempeñando de manera pronunciada el papel de objetos de deseo de otros; aceptan que la belleza le da poder a la mujer en el orden social en que vivimos en relación con otros. Este mensaje se les da de mil formas diferentes y se repite por doquier. Las jóvenes aprenden a subrayar y a esgrimir sus encantos físicos para mejorar sus oportunidades de éxito social. Como consecuencia, las mujeres que desean capturar la mirada de otros aprenden también a competir con otras mujeres, sus posibles rivales para atraer a esos otros poderosos[294].

Por el mismo motivo, las mujeres se esfuerzan en disimular su edad, porque el Objeto de Deseo de los hombres sigue siendo joven, además de bella y «sexy». Las mujeres saben que la madurez tiende a volverlas «invisibles», se asocia con la pérdida de la capacidad de gustar y de atraer, aunque eso va cambiando poco a poco. En la actualidad, cada vez más mujeres maduras tienen como pareja a hombres más jóvenes que ellas, y no pasa nada.

El deseo de ser deseadas se vincula con el deseo de ser visibles para otros y con el deseo de poder y de control. El poder femenino directo se rechaza en el orden patriarcal, porque va contra sus premisas de partida en el reparto de poder entre los dos sexos, lo podría desestructurar. En este orden, la mujer, por ser del sexo que es, se somete al hombre. Por eso, la mujer recurre a desarrollar

---

[294]«Si las jóvenes se ven impulsadas a invertir recursos en su propia imagen, hasta conseguir depurarla y manufacturarla a voluntad, es para poder mejorar sus oportunidades de emanciparse mediante su inserción en los mercados laborales y profesionales (y no sólo en el matrimonial), que están fuertemente condicionados por los prejuicios discriminatorios con que se evalúa a las mujeres reduciéndolas a su apariencia visual». Gil Calvo, Enrique: *Medias miradas*, Barcelona, Anagrama, 2000, p. 242.

un poder indirecto por medio de la belleza y de su capacidad de seducir y dominar al otro que la desea: el poder del subyugado, el poder de los pobres, que encandilan al otro poderoso e intentan dominar al dominador. Es el reconocido poder femenino desde la noche de los tiempos. Así nace el mito universal de la terrible y peligrosa mujer que seduce y domina al varón.

Y ¿qué suelen manifestar las mujeres con su estar en el mundo, además de su atractivo? ¿Qué otros gestos atraen normalmente a los hombres? No olvidemos que los gestos encierran mensajes y promesas de comportamiento en la relación con otros; nos mostramos y comunicamos a estos, sin ser conscientes de ello, lo que pueden esperar de nosotras. Nuestro latido se detiene en la duda: «¿Me aceptará?». El encuentro entre dos se produce cuando tiene lugar la confirmación de uno por el otro, es como si bailáramos acompasados en una conversación sin palabras de los cuerpos que se desean y se estremecen en la esperanza de gustar. A menudo, lo esencial de nosotros mismos lo comunicamos sin darnos cuenta con el lenguaje corporal, sin palabras dichas, aunque no expresemos todo lo que somos ni lo que ocurre dentro de nosotros: eso sería imposible. Cada gesto esconde confluencias de muchos matices que coinciden en un suspiro existencial, en una expresión.

Los gestos de las mujeres son, por lo general, breves e insinuantes, no suelen ser bruscos ni rotundos, salvo cuando estas se enfaden. Las mujeres tienden a ocupar menos espacio que los hombres al sentarse, dan pasos más cortos, sonríen más y no alzan la voz; es como si se encogiesen de forma «natural». Al hablar, las mujeres no suelen adoptar posturas claras en sus afirmaciones, dejan varias posibilidades en sus formulaciones buscando un posible consenso. Es el lenguaje de la sumisión, internalizado en su experiencia de vida en un orden patriarcal. La mujer le comunica al varón que no es ninguna amenaza ni para él, ni para su hombría[295]. Eso atrae

---

[295] En todos los planos de su lenguaje corporal, las mujeres expresan lo siguiente: «Soy pequeña y desvalida. No supongo ninguna amenaza para ti». Ehrhardt, Ute: *Las chicas buenas van al cielo y las malas a todas partes*, Barcelona, Debolsillo, 2003, p. 102.

normalmente a los hombres. Por otra parte, las mujeres expresan mejor sus sentimientos con los gestos o con las palabras. En su educación no se les ha dicho que es poco femenino hacerlo, todo lo contrario, se les ha permitido llorar, mostrar su aburrimiento o su desvalimiento.

Las mujeres jóvenes desean atraer y, a menudo, se contentan con dar cuerpo a las fantasías sexuales masculinas. Sin embargo, sí tienen sus propias fantasías sexuales, generalmente relacionadas con esos otros que las hacen despertarse de su mudez carnal o las hacen sentirse muy deseadas, únicas e insustituibles. A veces, las mujeres tienen fantasías que las turban e inquietan, pero las fantasías, fantasías son: no siempre soñamos lo que deseamos en la vida real. Frecuentemente, las fantasías sirven para procesar traumas y diversos miedos. Se suele erotizar lo conocido, las experiencias propias y las que circulan en el imaginario colectivo del orden social en el que la mujer convive con otros. Si en ese orden se erotiza la violencia sexual, esta aparecerá probablemente en las fantasías sexuales de las mujeres. A menudo, las mujeres reprimen sus fantasías por la desaprobación de otros interiorizados o de ellas mismas, que entran en conflicto interior por fantasear algunas cosas que en realidad rechazan. La ambivalencia que causa lo sexual se inscribe también en las fantasías femeninas. Así, lo que se prohíbe se manifiesta en lo que se fantasea, incluso puede orientar el deseo.

En cuanto a la orientación del deseo de la mujer, puede cambiar a lo largo de su vida adulta. Tanto si la mujer es homo como heterosexual puede que cambie de orientación cuando encuentre a ese otro especial que haga que su vida sea más interesante o más feliz. De ese modo, a partir de los cuarenta-cincuenta años, algunas mujeres heterosexuales emprenden relaciones satisfactorias con otras mujeres, relaciones basadas en el apoyo mutuo y autenticidad en el hacer amatorio. Esas relaciones no suelen ser de una noche, suelen perdurar en el tiempo.

En la edad adulta, el deseo femenino se vincula con la secreción de las hormonas sexuales; de ahí que durante el período fértil de la mujer tenga un cierto carácter cíclico. Antes de la menopausia, el deseo suele aumentar en la mujer en los días en que es fértil, coincidentes con la ovulación, y antes de la menstruación, aunque no siempre sea así[296].

En el embarazo, la libido experimenta cambios en cada trimestre, que dependen en gran parte de las creencias de la mujer y de su miedo a dañar al feto que lleva dentro. En el posparto y en la lactancia, la libido suele bajar en la mayoría de las mujeres. Luego viene una larga temporada de crianza, en la cual la mujer está entregada al cuidado de los pequeños, corre mucho para abarcarlo todo y se cansa en su día a día. El permanente cansancio y la desvinculación de sus propios deseos y necesidades son causas de la pérdida de interés sexual[297]. Así que cuando los niños ya no suponen una intensa dedicación de cuidados, las mujeres suelen recuperar el deseo sexual.

Tras la menopausia, a menudo, el deseo sexual aumenta[298]. Sin embargo, en nuestras sociedades, todavía hoy, persiste la desvalorización de la mujer postmenopáusica. La imagen de la mujer madura no suele coincidir con la del objeto de deseo masculino, pues

---

[296]«Lo habitual es que inmediatamente, antes y durante la menstruación se produzca un aumento de la libido, y que lo mismo ocurra en medio del período de la ovulación. Sin embargo, en muchas mujeres las ganas de tener sexo no aumentan y las razones son múltiples: creen que es malo hacer el amor durante la menstruación, están preocupadas por la higiene o sufren de una incómoda tensión premenstrual y se resisten a ser tocadas porque sus sensaciones se acercan más al dolor que al placer. No hay que olvidar que la menstruación es uno de los grandes tabúes sexuales y, por lo tanto, el deseo puede estar inhibido simplemente por la idea de que no debe existir. Pero también hay mujeres que, sin tener ninguna inhibición, sencillamente no tienen estas fluctuaciones periódicas de la libido». Politzer, Patricia y Weinstein, Eugenia: *Mujeres: la sexualidad oculta*, Barcelona, Grijalbo, 2005, p. 189.

[297]«Decir que nos desentendemos del sexo porque estamos cansadas plantea la cuestión de por qué un número tan elevado de mujeres considera que el sexo sólo es una exigencia más, y no una forma de reponer energías o una actividad relajante». Leroy, Margaret: *El placer femenino*, Barcelona, Paidós, 1996, p. 161.

[298]«Ya no hay duda de que a las mujeres les sigue gustando el sexo después de la menopausia: tienen orgasmos, fantasías, les gusta vestir ropa seductora, besar y coquetear». Hite, Shere: *El orgasmo femenino*, Barcelona, Ediciones B, 2002, pp. 257-258.

no se corresponde con los atractivos sexuales femeninos ampliamente reconocidos como tales[299]. Quizás por eso, la frecuencia de los sueños orgásmicos tiende a aumentar en la mujer que envejece.

Y ¿cómo nos conducimos las mujeres adultas en el amor y en el sexo? ¿Nuestra conducta cambia en los distintos períodos de la etapa adulta? Pues algunas cosas sí cambian con la edad y otras permanecen casi inalterables, salvo cuando reflexionamos y tomamos la decisión de trabajar para cambiar, porque lo que nos sale de manera «natural» ya no nos convence. Nuestros modos de conducta no nacen de la nada, se van adquiriendo en las etapas anteriores, en nuestra educación y aprendizaje de las normas sociales. Sin embargo, no solo nosotras cambiamos con los años, también cambian los hombres y las relaciones con ellos.

Hoy en día, las relaciones sexuales y las amorosas se dan a lo largo de toda la edad adulta y en todas ellas acontece un ofrecimiento, aceptación o rechazo, reconsideración y reformulación del encuentro entre dos[300]. En nuestros modos de conducta se oculta un para qué, nos moldeamos en la comunicación con otros y más si estos son deseados o amados. Cuando se produce un verdadero encuentro entre dos, tiene lugar el reconocimiento y la confirmación de uno por el otro. La comunicación entre dos es simultánea y circular, todos influimos en otros. Al comunicarse dos personas, de modo consciente o no, ambas simultáneamente están ofreciendo una información seleccionada sobre sí mismas y propo-

---

[299] «En esta situación reside una triste ironía para la mujer. En el preciso momento en que se rechaza a la mujer como ser sexualizado porque deja de ajustarse a la definición masculina del atractivo sexual, su libido puede haber alcanzado el punto de mayor intensidad, y su goce potencial del sexo su punto más alto». Leroy, Margaret: ob. cit., p. 203. Y añade: «Si resulta inapropiado que las mujeres maduras actúen bajo los dictados del deseo, incluso sentir deseo puede ser motivo de bochorno o vergüenza», p. 213.

[300] «Los amores de la gente mayor son igual de violentos y apasionados y tienen las mismas dudas exquisitas sobre si la otra persona "me quiere de verdad", los celos, el miedo, el orgullo: todo». Hite, Shere: *El orgasmo femenino*, Barcelona, Ediciones B, 2002, pp. 256-257.

niendo un cierto tipo de relación[301]. Además, esta comunicación se modifica continuamente en retroalimentación mutua por el deseo de preservar el encuentro entre ambas, aunque tendamos a reproducir las pautas de interacción con otros, que hemos aprendido en nuestras relaciones anteriores. Así, es frecuente que las personas elijan de forma inconsciente a los que presenten pautas de interacción que les resulten conocidas y familiares. Por eso, a menudo, repetimos historias parecidas con personas aparentemente distintas.

Por otra parte, la definición de la relación es causante de funciones y disfunciones que se derivan de los contactos entre dos. El encuentro amoroso permite el aprendizaje de capacidades relacionales a un nivel íntimo y muy humano. Cada relación amorosa nos transforma en la experiencia y hace que evolucionemos afectivamente, que vayamos conformando nuestro estilo relacional con otros, que es susceptible de cambiar en cualquier período de nuestra vida. No salimos de una relación igual que entramos, vamos aprendiendo en la experiencia de vivir.

En la mayoría de los casos, el amor hace que mejore nuestro estilo afectivo, sobre todo cuando es un amor correspondido: aprendemos a colaborar, compartir, conversar, confiar en el otro, preocuparnos por él o ella, aceptar que es diferente y a admirarlo a pesar de sus flaquezas... Gozamos en estar juntos, en el desarrollo de un proyecto común de vida, soñamos, nos sobreponemos

---

[301] «La mayor parte de los procesos de interpretación, comparación de la definición y predicción no son conscientes. Hay una diferencia abismal entre comportarse y ser consciente del comportamiento. La conducta reflexiva y pensada es la excepción, no la regla. La conducta persigue la finalidad de controlar el ambiente y suele tener lugar sin el concurso del pensamiento reflexivo». Strong, Stanley R. y Claiborn, Charles D.: *El cambio a través de la interacción*, Bilbao, Desclée De Brouwer, 1985, p. 50. A su vez, Boris Cyrulnik afirma: «Lo que yo percibo del otro despierta las huellas de mi pasado y provoca mi necesidad de volver a hallarlas. Me implico en la pareja que he constituido llevando como bagaje mis sueños de futuro y mis cuentas pendientes. Con este capital de recuerdos, de emociones y de deseos firmamos el contrato implícito que constituirá el tema de nuestra vida familiar». Cyrulnik, Boris: *El amor que nos cura*, Barcelona, Gedisa, 2005, pp. 105-106.

a las dificultades que se producen, nos ayudamos... Es imposible amarse y relacionarse sin aprender uno del otro, sin comunicar ni compartir un mundo que se va creando entre dos.

Sin embargo, por eso mismo, cuando la relación sexual o amorosa es tóxica o destructiva, su efecto puede ser demoledor, pues nos impide ser nosotras mismas. Así que cabe afirmar que lo más importante de una relación entre dos es su calidad, y para ser de calidad tiene que haber en ella respeto mutuo. Las mujeres tenemos que tener mucho cuidado al elegir a los otros con quienes nos relacionamos, pues nos jugamos demasiado en esto, incluso podemos perder la vida. Las personas que nos convienen son las que nos ayudan a realizarnos como sujetos de pleno derecho a *ser*; nuestras expresiones de ser mujer esperan nacer, y es más probable que eso suceda en un orden de cosas que no nos sea adverso. Por contra, los otros que nos demandan ser unos pálidos reflejos de nosotras mismas no nos convienen y menos si se permiten cualquier tipo de violencia física, psicológica o social en su relación con nosotras. Tenemos que huir de esas relaciones por muy enamoradas que estemos, pues nos va la vida en ello. Las mujeres no estamos en este mundo para servir a los hombres, somos sujetos existentes y no objetos de uso y de disfrute para otros. Tenemos que cuidar nuestra seguridad y no ponernos en riesgo, ni en nombre del amor, ni en el del deseo, ni en la de la bondad y sacrificio. No tenemos que expiar ninguna culpa por ser mujeres.

Las mujeres adultas siguen temiendo a los hombres, su violencia y su falta de consideración y de respeto. Demasiadas mujeres creen que los hombres son sus enemigos, porque les han hecho daño, porque han abusado de ellas y las han tratado mal. De hecho, la relación de pareja sirve a algunos hombres para maltratar impúnemente a sus mujeres, a abusar de ellas y a violarlas cada vez que quieran; y eso ocurre en la intimidad de sus hogares, y demasiado a menudo pasa sin ningún castigo, es acallado y ocultado hasta que sea tan evidente como para terminar en muerte o visible mutilación. A veces, la casa propia es el lugar de mayor peligro para la mujer.

Todavía hoy, numerosas mujeres creen que el sexo como actividad es algo que los hombres hacen a las mujeres, y lo creen basándose en sus experiencias, en las cuales son ignoradas y desoídas. Todavía hoy, el sexo gira en torno al poder masculino y a veces es tan patente que cualquier autoafirmación sexual femenina se vuelve imposible. Cosas tan concretas como el uso del preservativo pueden desencadenar conflictos, incluso violentos. La mujer a menudo es obligada a correr riesgos de contraer una enfermedad de transmisión sexual o a enfrentarse a un embarazo no deseado por no provocar el enfado del varón o su violencia sobre ella o sobre sus hijos[302]. Por otra parte, a las mujeres nos cuesta decir que «no», no solo por el miedo a la violencia o al abandono, sino porque nos han educado para ser amables, complacientes, agradables, obedientes y sumisas[303]. Buscamos afecto y reconocimiento, y con frecuencia nos contentamos con estar en un segundo plano.

Las mujeres adultas suelen tender a complacer a sus amados o deseados, a no contradecirles defendiendo su propio criterio. Las mujeres procuran poner paz a toda costa, esperan pacientes que el otro se dé cuenta, que cambie, que adivine lo que sienten y quieren... Aceptan la mala comunicación verbal con los hombres, su huida de los sentimientos, de las caricias sin pretender nada más que acariciar y de los abrazos cotidianos. Las mujeres resisten el dolor y la frustración, siguen y sueñan que algún día conocerán

---

[302] «Tras el advenimiento del sida, no mostrarse firme y enérgica se ha convertido en una estrategia de alto riesgo. Demostrar con éxito seguridad sexual en sí misma se ha convertido en un asunto de vida o muerte para la mujer». Leroy, Margaret: *El placer femenino*, Barcelona, Paidós, 1996, p. 146.

[303] «La esclavitud psicológica de la mujer ha tomado luego varias ramificaciones en casi todas las sociedades humanas y constituye otro de los efectos de la diferenciación social entre los sexos». Montagu, Ashley: *La mujer, sexo fuerte*, Madrid, Guadarrama, 1970, pp. 46-47. Por su parte, Maureen Murdock sostiene: «A las mujeres les cuesta decir que no porque es tan agradable resultar elegida, especialmente por el rey. Nos gusta complacer a papá, a nuestro jefe, a nuestros compañeros, a nuestro amante. No queremos defraudar a los demás; invertimos gran parte de nuestra autoestima en hacer felices a otros. La niña pequeña que llevamos dentro no quiere que la excluyan o la dejen atrás». Murdock, Maureen: *Ser Mujer: un viaje heroico*, Madrid, Gaia, 1991, p. 110.

otra realidad de las cosas, en la que podrán expresarse sin temor a la incomprensión, al rechazo, a la burla y a la violencia. Todavía en nuestros tiempos, la mayor parte de las mujeres temen manifestarse como poderosas en el sexo, disimulan, fingen, se autoinhiben...; creen que las «buenas» chicas no lo hacen.

No obstante, eso va cambiando poco a poco, y las mujeres adultas ya no se contentan con ser «buenas» y sonreír dominándose y renunciando a expresarse; desean disfrutar en el sexo, desean saber, desean mostrarse activas y tomar iniciativa, desean vivir felizmente su vida[304]. Comprender al otro y tener en cuenta sus deseos y necesidades no equivale a olvidarse de sí misma, a tolerar y a perdonar las ofensas y un mal trato. Las mujeres hemos aprendido a lo largo de los siglos de historia del patriarcado a adaptarnos a lo que hay e internalizar la excesiva dependencia de la mujer al hombre, simplemente por ser de sexo femenino. Muchas mujeres adultas aprenden que un comportamiento dependiente y sumiso en el sexo es el que les permitirá obtener la satisfacción del varón y la continuidad de la relación entre ambos. «Naturalmente» aceptan que el otro tiene preferencia y sus deseos y necesidades se tornan prioridades a satisfacer. Lo que sucede es que en este terreno no siempre lo que creemos que desea el otro es lo que este desea de verdad. A menudo, lo que suponemos pertenece a la imaginación sobre lo que es deseable, y como no se suele hablar con libertad del sexo en la pareja, seguimos en el tanteo, la fantasía y el silencio compartido; no suele haber buena comunicación en las cuestiones referentes al sexo, no se suele hablar con naturalidad de ello, ni se dicen las cosas sinceramente.

Además, las mujeres creen con frecuencia que si el otro las quiere de verdad, adivinará lo que ellas desean y no se atreven a decir; para ellas es una especie de «prueba de amor», que mu-

---

[304]«Hoy en día, las mujeres ya no quieren ser sólo buenas. La idea que tienen de sí mismas ha cambiado. Sin embargo, la nueva mujer todavía está llena de contradicciones. Sabe imponerse, pero a menudo con mala conciencia». Ehrhardt, Ute: *Las chicas buenas van al cielo y las malas a todas partes*, Barcelona, Debolsillo, 2003, p. 13.

chas veces termina en decepción, porque el otro es otro y no está en su piel ni en su mente; puede que ni sospeche lo que piensan ellas, ni se sienta con ánimo de averiguarlo, ni maneje esos significados ocultos. Puede que él capte señales de descontento de ella y se pregunte qué le sucede, y cuando eso empiece a incomodarlo, introduzca en su relación alguna muestra extra de su interés por ella, ampliamente aceptada como tal: un regalo, flores, bombones, una salida al cine o al teatro, algún paseo, una escapada romántica... Quizás lo último que considere es hablar más con ella. Los hombres suelen desconocer el placer de una conversación íntima de dos, no suelen recurrir a eso como una forma de fortalecer los lazos en una pareja.

Es frecuente que las parejas entren en crisis por mala comunicación, por la incomprensión entre dos y consiguiente alejamiento. No es fácil explicar con palabras qué siente cada uno y echa en falta. A veces no lo entiende ni uno mismo. Ni los hombres ni las mujeres logran expresarse bien en el terreno íntimo. A las mujeres les cuesta comunicar lo que quieren y desean, y los hombres dan demasiadas cosas por sobreentendidas. En ocasiones, las mujeres adultas se sorprenden prácticamente mendigando muestras de afecto y terminan por pensar que a sus parejas no les interesa lo que sienten ellas, ni lo que piensan, ni lo que desean o necesitan. A pesar de eso, las mujeres tienden a culparse a sí mismas de los «fracasos» de sus relaciones, porque la creencia generalizada en nuestro orden social es que la vida de la pareja depende sobre todo de ellas; ellas intentan hacerlo mejor hasta que se cansan y se van.

Las mujeres adultas buscan la unión con ese otro amado, buscan confianza, seguridad, fidelidad, compromiso... Ellas, por lo general, valoran mucho el hecho de formar una pareja, tener una relación íntima con otra persona de forma exclusiva. Sin embargo, las mujeres que se sienten infelices con su pareja comienzan a mirar en el exterior, y tengan o no un sustituto, tienden a romper e irse, siempre que se lo puedan permitir económicamente[305].

---

[305] «Las mujeres inician aventuras extramatrimoniales por una serie de razones, por supuesto. Pero la inmensa mayoría las explican como un encontrarse

Por eso es tan necesario que las mujeres adultas sean capaces de mantenerse económicamente: la dependencia económica es una situación de riesgo existencial para la mujer[306].

Sin embargo, es complicado para las mujeres ser independientes y formar parte de una pareja, les pesa mucho la tendencia fusional con el amado, la de realizarse en el cuidado del otro a todos los niveles, y también los ideales de siempre del amor romántico. Además, la educación de las mujeres en el orden patriarcal tiende a predisponerlas a la inhibición de su independencia y a fomentar los rasgos que despiertan los instintos protectores del varón. Tanto es así, que numerosas mujeres viven como «normal» depender del varón y ser cuerpo para otros, aunque no se den cuenta de ello, lo cual se inscribe en sus encuentros sexuales. Demasiadas mujeres siguen creyendo que su gran poder es convertirse en un ideal objeto de deseo de los hombres, y sacrifican su propio desarrollo como personas sexuadas y sexuales que son, sujetos en su desear y en su actuar. Así, los deseos y las necesidades de él se viven como propios, y muchas mujeres se contentan con poco, con que haya paz y concordia en la relación; acallan su insatisfacción, echan de menos más contacto físico en forma de caricias, besos y abrazos, y más conversación íntima y palabras bonitas, que te alienten a seguir, que te digan que te valoran, que te quieren y que desean de verdad estar a tu lado[307]. Los coitos, incluso los que acaben en

---

emocionalmente insatisfechas con sus esposos». Masters, William H., Johnson, Virginia E., Kolodny, Robert C.: *Eros*, Barcelona, Grijalbo, 1996, p. 530.

[306] «Ser independiente económicamente es una forma de estar en el mundo, una forma de vida. Los amores en los que hay menos deudas son los mejores. Estás con esa persona porque la quieres, y no porque dependes de ella, porque le debes o porque te apoyó en un momento. Mientras menos ruido económico le metamos al amor, más amor puede ser». Lagarde y de los Ríos, Marcela: *Para mis socias de la vida*, Madrid, Horas y horas, 2005, pp.457-458. A su vez, Shere Hite afirma: «La auténtica libertad sexual o libre expresión sexual de las mujeres sólo llegará con la independencia económica. Sin ella, lo normal es que haya intimidación de una u otra forma». Hite, Shere: *El orgasmo femenino*, Barcelona, Ediciones B, 2002, p. 26.

[307] «Es hora de que nos demos cuenta de que la mejora que tiene que lograr en su vida sexual no se efectuará a través de una mejor "educación sexual", sino por

orgasmos femeninos no lo solucionan todo en la relación de dos; tiene que haber comunicación y ayuda mutua, tiene que haber respeto y trabajo compartido para cuidar la relación y mejorarla con la experiencia y el aprendizaje del buen vivir.

¿La actuación de las mujeres en los encuentros sexuales refleja lo que son o se acomoda a lo dado, a lo «normal» vigente? ¿Las mujeres hemos internalizado el guión falocrático y coitocentrista en nuestra amatoria? ¿Hemos perdido nuestra curiosidad e interés por conocer y comprender? Si las mujeres prescindimos del afán de autoconocimiento sexual tampoco podremos autoafirmarnos como sujetos en el sexo, expresando lo que somos y haciendo con autenticidad existencial. Y esa autoafirmación tan placentera y necesaria puede acontecer en cualquier momento de nuestra etapa adulta. A veces, solo hay que darse cuenta y poner atención en el instante vivido por una misma, tornar la mirada hacia lo que se siente, lo que se piensa de verdad, lo que se sueña y desea, y ser sincera y auténtica con una misma.

Las jóvenes suelen ser curiosas, deseosas de descubrir el sexo y complacer a sus amantes. Quieren que las deseen y las amen, y sacrifican para eso incluso su propio decir; sueñan con una vida feliz junto a ese otro amado y se esfuerzan por lograrlo. Las jóvenes apuestan mucho por el amor, confiando que el amor lo puede todo, también transformar al otro. Algunas son tímidas y más receptivas que activas; otras son más entusiastas en el sexo y se muestran más protagonistas... Puede que las jóvenes tengan muchas parejas sucesivas en su búsqueda de ese otro con el que consoliden una relación más estable; puede que eso las satisfaga o no; y puede que lo dejen y pasen por períodos de abstinencia al darse cuenta de que eso no es lo que desean.

En nuestros tiempos, todas las posibilidades están a disposición también de las mujeres, por lo menos en una parte del mundo. El

---

medio de una mejor educación en las relaciones humanas, ya que la conducta sexual es meramente un aspecto de las relaciones humanas, de las actitudes personales de unos seres humanos hacia otros». Montagu, Ashley: *Hombre, sexo y sociedad*, Madrid, Guadiana, 1969, pp. 101-102.

Internet ha venido para ensanchar todavía más el universo de las relaciones y, a menudo, para complicar más las cosas con una ostensible libertad, que no siempre se corresponde con la libertad de un sujeto mujer consciente de lo que realmente quiere y desea[308]. Sea como sea, la juventud se asocia, en un principio, con un cuerpo sano, flexible, dinámico y vital, y eso se inscribe en los encuentros sexuales de las jóvenes.

Conforme van pasando los años y vamos aprendiendo en el hacer, nos vamos conociendo más a nosotras mismas. Ya vamos sabiendo lo que nos gusta y lo que no, y nos preocupa más nuestra propia satisfacción. El sexo como hacer puede que nos guste más o puede que nos haya decepcionado después de unas relaciones insatisfactorias. Las mujeres de treinta años en adelante están más seguras de sí mismas que las jóvenes y, por lo general, son más exigentes en el hacer amatorio, aunque también persiste la conformidad con lo dado y el silencio con el otro e, incluso, consigo mismas. Vivimos y aprendemos unos de otros, y, con los años, nos vamos pareciendo más: las mujeres valoran los coitos y los hombres, las caricias y el contacto de piel con piel; algunos incluso descubren el placer de conversar con la mujer que tienen al lado.

Cabe afirmar que las personas que se autorrealizan como tales, logran mejorar su hacer en el encuentro sexual, saben mejor lo que quieren y buscan, y están más en paz consigo mismas. Sus relaciones suelen ser más auténticas, significativas y profundas. Esas mujeres están cómodas en el dar y en el recibir, en ser aparentemente pasivas y también cuando se muestran más activas; no temen disolverse en la entrega al otro, sino que salen fortalecidas de ella. Las mujeres sujeto están seguras de su feminidad y no pretenden adoptar conductas típicamente masculinas para ganar en poder frente al otro. Pueden ser amantes activas y pasivas, besar

---

[308] «También hay entre las y los jóvenes una nueva característica: andan como presas de un vacío sonambulismo o interpretando un papel, de modo que hacen lo que se supone que tienen que hacer, lo que hacen otros jóvenes, pero al hacerlo no parecen ni vivos ni reales». Friedan, Betty: *La mística de la feminidad*, Madrid, Cátedra, 2009, p. 343.

y ser besadas, estar encima o debajo, tomar la iniciativa o aceptar que la tome el otro, perder la noción del tiempo en el abrazo del otro y hacer que ese otro la pierda.

A partir de la menopausia, el encuentro sexual ya no tiene un matiz reproductivo sino el del gozo de vivir, de afecto y expresión, de reafirmación de la vida compartida, de alimento para los sujetos existentes, profundamente sexuados y sexuales. Ahora ya se sabe que el buen sexo en la edad madura mejora la salud y nos hace sentirnos más a gusto en ese mundo en que nos toca vivir, con frecuencia inhóspito e indiferente hacia el individuo. Sin embargo, si nuestra biografía sexual no se ha escrito con experiencias gratas, puede que en la madurez y en la vejez elijamos cerrar ese capítulo de nuestra vida y nos ubiquemos en la abstinencia[309]. No obstante, después de la menopausia, muchas mujeres se descubren más dispuestas a las experiencias sexuales y a mejorar sus habilidades en el hacer. Nunca es tarde para mejorar la calidad de vida y abandonar los malos hábitos o resolver alguna dificultad o problema.

Algunas mujeres maduras, muchas de ellas divorciadas o viudas, entablan relaciones con otras mujeres, relaciones con coitos o sin ellos, pero sí con una buena comunicación e intimidad que las satisfaga, y con un proyecto de vida común. Además, las mujeres maduras se permiten con mayor frecuencia no atenerse a las normas en uso y se muestran un tanto excéntricas en sus cosas, lo cual afecta también a sus encuentros sexuales. Ellas no se empeñan en demostrar nada a nadie, ni siquiera que son «buenas»; apuestan por vivir, ser ellas mismas en el tiempo que les resta, disfrutar en su

---

[309] «Cualquiera a quien el sexo le haya resultado desagradable o carente de atractivo durante la juventud o la mediana edad será propenso a adoptar el manto de asexuada vejez como una forma cómoda de evitar una actividad que no desea. Además, las personas que toleraban el sexo como una parte de sus responsabilidades matrimoniales pero obtenían poco placer de él, recurrirán con contento a la abstinencia. (En algunos casos, esta actitud va ligada a la visión de que el sexo tiene principalmente un propósito reproductivo, pero en muchos otros no es más que retirarse de una tarea que ya no es considerada necesaria, apropiada o ni siquiera digna)». Masters, William H., Johnson, Virginia E., Kolodny, Robert C.: *Eros*, Barcelona, Grijalbo, 1996, p. 507.

día a día con las pequeñas y grandes cosas, relacionándose de modo auténtico con su mundo; se centran más en el «aquí y ahora», aunque sigan viajando por el tiempo, soñando y recordando.

Las mujeres maduras se responsabilizan más de sí mismas y valoran los intercambios cordiales con los demás; actos poco importantes en un principio, como preparar unas galletas, se convierten en actos de amor, que les proporcionan alegría y calor muy humano. El amor, no lo olvidemos, es una manera de relacionarnos con lo que nos rodea, con los otros y con nosotras mismas. Los lazos afectivos con sus otros queridos ayudan a las mujeres a vivir a pesar de los sinsabores, frustraciones y dificultades, les aportan sentido existencial, porque las mujeres valoramos mucho las relaciones.

Es importante que las mujeres adultas busquemos la alegría en el vivir, pues la alegría de vivir y el amor a la vida mejoran nuestra existencia. Sería bueno recuperar a esa «niña interior», curiosa, atrevida, animosa y juguetona, que gran parte de mujeres ocultan en su hondura biográfica. Es bueno recuperar la capacidad de asombro, de maravillarnos con los descubrimientos existenciales que efectuamos en nuestro día a día. La vida puede convertirse en una aventura apasionante de creación continua, que puede dar como fruto un mundo mejor en que vivir. Es importante hacer las cosas con amor y cuidado, procurar hacerlas bien para que podamos sentirnos orgullosas de nosotras mismas y de nuestros actos. Es importante que aprendamos a ser las mejores amigas de sí mismas, amigas que te dicen la verdad, que te apoyan, te acompañan y te cuidan, amigas que te quieren, que te hablan con auténtica confianza y compasión, en intimidad y conocimiento. Esta experiencia de hondo amor hacia una misma es un verdadero tesoro que nos puede enriquecer durante toda la vida, es clave para ser razonablemente felices en la existencia real. Una misma puede amarse a sí misma con el amor auténtico, incondicional, responsable, comprometido, bueno y constructivo.

También es importante que las mujeres adultas elijan bien las relaciones que les convienen, que elijan bien a las personas con las que se relacionan, pues estas deben colaborar con ellas en su realización y no serle contrarias. Así, la mujer adulta debe aprender a resistir frente a la tendencia de otros de dominarla y cosificarla. Rebelarse contra el guión social escrito para ella y resistir son muestras de la libertad existente que ella es, es un camino que se hace paso a paso, es un proceso de *ser* sujeto mujer. Ser una misma a pesar de las imposiciones es una expresión de valentía de *ser*, de coraje existencial. También tenemos que aprender a detectar las situaciones de riesgo y evitarlas, puesto que la vida puede cambiar en un instante, en una mala decisión. El amor no lo justifica todo; debemos huir de las relaciones que nos perjudican y de las situaciones que nos ponen en riesgo, como, por ejemplo, tolerar un trato injusto, o un mal trato, o las faltas de respeto, aderezadas con un supuesto afecto o deseo. Otras situaciones de riesgo para la mujer son la dependencia económica y el abandono de la trayectoria profesional después de casarse o de ser madre. No olvidemos que es necesario que las mujeres sean miembros activos de la sociedad para que consigan progresos para su sexo y para la sociedad entera, pues un orden social que tiende a ignorar a la mitad de la población no puede ser ni bueno, ni bello, ni verdadero para vivir en él. Las mujeres tenemos que tener voz y hacernos oír en el espacio público; tenemos que dejar atrás la tendencia a la invisibilidad que nos han inculcado en el proceso de socialización. Las mujeres no somos sombras de otros. Nuestras experiencias de mujeres tienen mucho valor y hay que reclamar su legitimidad. No debemos contentarnos con imitar las experiencias de los hombres, reconocidas como «normales» y valoradas como «lo que debe hacer un ser humano». Implicarse en la vida propia y comprometerse con ella es un objetivo propio de la madurez. Las mujeres que lo logran ganan en poder, en autoconfianza y autoestima, se vuelven creadoras de sí mismas.

No obstante, no es beneficioso darle vueltas y vueltas al pasado, sobre todo si nos distrae del presente, que creamos siendo conscientes o no de lo que hacemos. Tenemos que aprender a no complicar demasiado las cosas y vivir cada momento presente con interés y atención: de él nacerán nuestros momentos futuros. Las mujeres tenemos que aprender a no sentirnos culpables por las cosas que no dependen solo de nosotras, y si somos culpables de algo, no intentar arreglarlo con la expiación, que suele multiplicar el dolor y el sufrimiento, sino con la reconciliación y buenas acciones, que intenten reparar el daño producido. Las personas vamos aprendiendo a ser responsables de lo que hacemos en el proceso de vivir siendo adultas, pero esa responsabilidad hay que situarla en su justa medida: no somos responsables de las decisiones y acciones de los otros adultos.

No se puede borrar el pasado, pero se puede mirarlo con otros ojos, con los ojos de un adulto capaz de enfrentarse a las dificultades y de resolver las situaciones para mejorar la existencia, para que esta tenga más sentido. La posibilidad de elegir la propia actitud frente a las cosas que nos suceden es una expresión de la libertad humana y es inherente a *ser* persona. Podemos elegir entre hacernos daño o trascender lo vivenciado y seguir adelante de manera constructiva y creadora de algo mejor. Podemos centrar la atención en lo que sentimos, pensamos y valoramos aquí y ahora, y reconsiderar el presente para que de él arranque un futuro mejor, con nuevas acciones, aprendizajes y relaciones. Las buenas relaciones son importantes para crear un mundo más humano, más justo y mejor. Los dos sexos tendrían que aprender a relacionarse bien, en respeto y colaboración mutua, de igual a igual. Podríamos trascender lo aprendido y no tratarnos como contrarios, oponiéndonos unos a otros.

Las mujeres no debemos tener miedo a la hora de actuar, tenemos que aprender a ser razonablemente libres a pesar de las imposiciones diarias. Ser sujeto se vincula con elegir las propias acciones y decidir responsabilizarse de lo que una hace. La vida suele tener temporadas difíciles en las que hacemos lo que podemos y no lo que quisiéramos, pero, con confianza en una misma y esfuerzo, cabe superarlas y salir incluso fortalecidas, conociéndose más y sabiendo que podemos, que valemos y mucho. Vivir como sujeto mujer implica esfuerzo y perseverancia, implica aceptar el riesgo de equivocarnos en nuestras decisiones y acciones, pero es un proceso de existencia razonablemente libre, y la narración de vida continúa, y vendrán otras decisiones y otras acciones, que podrán trazar caminos nuevos para andar. En la madurez, solemos comprender que en realidad no sabemos muchas cosas, ni las entendemos en toda su dimensión, ni podemos prever todas las consecuencias de nuestros actos. En la madurez aprendemos a convivir con ello; quizás, a ser más humildes y misericordiosas[310].

Asimismo, en la madurez, solemos asumir que estamos solas en nuestra existencia como individuos reales, a pesar de que nos relacionemos o convivamos con otros. La soledad es inherente al individuo real y es necesaria para oír nuestra voz interior y diferenciarla de tanto ruido externo, que tiende a acallarla; la soledad es necesaria para aclararnos con nosotras mismas. Las mujeres necesitamos un tiempo propio y una «habitación» propia donde encontrar momentos de paz y de creación, y eso se asocia con la construcción de unos límites que protejan nuestro espacio-tiempo creador[311]. Convertirse en un sujeto mujer se vincula con vivir la propia vida en primera persona y no contentarse con dar respuesta a los deseos y las necesidades de los demás. Aunque las mujeres queramos mejorar sus vidas y nos importe el bienestar de los otros, no debemos olvidar que nuestra vida es nuestro asunto más importante, es nuestra tarea y nuestra creación.

---

[310] «La madurez es un descubrimiento de los secretos y realidades profundas de la vida». Rivière, Margarita: *El placer de ser mujer*, Madrid, Síntesis, 1995, p. 109. Por su parte, Germaine Greer afirma: «Pero también las mujeres que no profesan un credo concreto se encontrarán inmersas en una "experiencia oceánica" en el último tercio de sus vidas, cuando empiezan a descubrir la grandeza y la misericordia de la vida humana. A medida que vayan rompiéndose una tras otra las insignificantes cuerdas que lo mantienen atado a una actitud egoísta y corta de miras, el espíritu comenzará a elevarse cada vez más alto, hasta que ceda la última atadura, dejándole flotar libremente al fin». Greer, Germaine: *El cambio*, Barcelona, Anagrama, 1993, p. 409.

[311] «Como ya saben desde hace tiempo las mujeres que trabajan en casa, si no construimos unos límites sólidos que protejan nuestro propio tiempo, los demás dan por sentado que pueden entrometerse en nuestra vida priorizando sus necesidades. Cuando nos jubilamos, la habilidad de mantener intactos nuestros límites es absolutamente necesaria». Bolen, Jean Shinoda: *Las brujas no se quejan*, Barcelona, Kairós, 2008, p. 31.

Las mujeres sabias aprenden a decir «no» sin sentirse culpables; aprenden a respetar sus propios límites sin forzarse a permanecer en las experiencias que las trastornan. Las mujeres sabias no existen para dar cuerpo a las fantasías sexuales masculinas, ni esperan que un hombre les dote de identidad o de estatus social; no se sienten obligadas a mostrarse bellas y jóvenes para «triunfar» en la sociedad[312]. Las mujeres sabias se atreven a expresarse como inteligentes y fuertes, como asertivas y con autoridad en sus pequeñas-grandes decisiones de vida.

Las mujeres debemos tener derecho a envejecer con legitimidad, con dignidad humana, y no debemos aparentar que somos eternamente jóvenes, porque es un imposible, una actuación que intenta esconder el inevitable peso del tiempo vivido[313]. Las personas maduras más felices son aquellas que adaptan sus objetivos teniendo en cuenta la realidad, sus circunstancias personales con sus limitaciones. Envejecer bien es un objetivo existencial importante también para las mujeres.

Las mujeres tenemos que aprender a cuidar el placer de ser mujer, el placer de nuestras experiencias, aunque sea un propósito un tanto insólito[314]. El placer de ser mujer está oculto como una posibilidad en todas nosotras, es inagotable, gratuito y libre, nadie externo nos lo puede quitar. Es un placer femenino que nos acompaña a lo largo de toda nuestra vida, y es posible descubrirlo en cualquier momento a cualquier edad. Cada mujer puede elegir

---

[312]Greer, Germaine: *La mujer completa*, Barcelona, Kairós, 2000, p. 14.

[313]«Un derecho de la autonomía de las mujeres es el derecho a envejecer: con legitimidad, a tiempo, sin precocidad pero sin tardanza. Hacer esto sería una revolución pues la mujer se percibe a sí misma como la que fue y no como la que es. Además, se anula a sí misma porque ya no tiene las cualidades de la juventud, tan valoradas en la sociedad juvenilista, infantilista, adultista, pero en la que las mujeres nunca tenemos la edad exacta o correcta». Lagarde y de los Ríos, Marcela: *Para mis socias de la vida*, Madrid, Horas y horas, 2005, p. 64.

[314]«El placer de ser mujer aparece, pues, como una idea y una acción de rebeldía en toda regla. Si ser mujer es un placer, habrá que concluir que el mundo puede ser de otra manera». Rivière, Margarita: *El placer de ser mujer*, Madrid, Síntesis, 1995, p. 18.

sus placeres y colorear su cotidianidad con una maestra elección de experiencias gozosas, creativas de una misma: escuchar música, leer, estudiar, cocinar, bailar, pintar, tejer, pasear, hacer ejercicio, conversar, crear... El mundo que creamos alrededor de nosotras puede ser bueno, bello y verdadero, rico en estímulos beneficiosos para nosotras y para los otros con los que nos relacionamos, e influimos en ellos y en sus vidas queriendo o sin querer[315].

Además, es muy conveniente introducir el ejercicio en nuestra cotidianidad, pues el ejercicio, sobre todo el aeróbico, protege la salud y la salud es crucial para poder ser felices. El ejercicio se asocia con la secreción de las endorfinas, que hacen que nos sintamos más a gusto en nuestra piel, y rebaja el estrés, mejora la autoestima y activa nuestra energía vital, que nos predispone a disfrutar más en lo que hacemos, también en el sexo. Incluso puede proteger el cerebro del deterioro relacionado con la edad[316].

Como decía Madame du Châtelet, para ser felices, debemos deshacernos de nuestros prejuicios, gozar de buena salud, tener inclinaciones y pasiones, ser propensas a la ilusión, pues debemos la mayor parte de nuestros placeres a la ilusión...[317] Ella insistía mucho en el estudio como una inagotable fuente de placer, en aprender para conocer y comprender[318]. Creemos que el amor al

---

[315] «Los estímulos intelectuales, aunque sean importantes, no son lo único que hay que tener en cuenta. Relacionarte con otras personas también forma parte de un entorno saludable. ¡Y no te olvides de la importancia del contacto físico! Nosotros, al igual que los bebés, necesitamos recibir caricias y abrazos; sin ellos nos marchitaríamos». Legato, Marianne J.: *Por qué los hombres nunca recuerdan y las mujeres nunca olvidan*, Barcelona, Urano, 2007, p. 254.

[316] «Las nuevas investigaciones revelan que el ejercicio aeróbico puede proteger al cerebro de los estragos de la edad. En uno de los estudios, los adultos que estaban en forma conservaban más densidad cerebral —en concreto, en las regiones del aprendizaje y la memoria... que los sedentarios». Legato, Marianne J.: ob. cit., p. 254.

[317] Du Châtelet, Madame: *Discurso sobre la felicidad*, Madrid, Cátedra, 2009, p. 96.

[318] «En fin, pensemos en cultivar la inclinación hacia el estudio, una inclinación que hace que nuestra felicidad dependa únicamente de nosotros mismos. Preservémonos de la ambición y, sobre todo, sepamos bien lo que queremos ser;

estudio se vincula con el noble motivo de entender la vida, el mundo y lo que sucede en él, a nosotras mismas y a los otros; se vincula con el deseo de vivir felizmente la propia vida, sin olvidarse de los demás, de nuestro compromiso ético con los otros, de aportar lo mejor de nosotras al mundo que nos rodea. Influir en la felicidad de los demás debería formar parte de la base de todas las relaciones humanas. Así que, sería bueno para todos que en las relaciones humanas hubiera más espíritu maternal y menos competitividad y rechazo del diferente. El mundo necesita más a personas que aman y cuidan, y menos a las que odian y destruyen; más a personas que piensan y razonan, comprenden y respetan, y crean en bondad, belleza y verdad.

Es importante que las mujeres sigan conquistando el saber y se relacionen bien con los hombres y también con otras mujeres, que dejemos de ser misóginas, aunque lo hayamos aprendido en nuestro proceso de socialización. Es bueno que las mujeres nos mostremos solidarias con otras mujeres, que nos comprometamos en ello y nos empeñemos en ayudarnos en la construcción de la sororidad, en cuestionar lo aprendido. Tenemos una ardua tarea: desaprender muchas de las cosas que hemos aprendido y que nos impiden ser en libertad, realizarnos como personas completas que somos y convivir con los hombres de igual a igual, en mutua condición de sujetos existentes y con justicia social.

---

decidamos el camino que queremos tomar para pasar nuestra vida y tratemos de sembrarlo de flores». Du Châtelet, Madame: ob. cit., p. 118.

Susurros al viento

Haciéndose mujer

1. ALGUNAS CONSIDERACIONES RESPECTO AL HACERSE MUJER

Las mujeres no solo nacemos como tales sino que aprendemos a serlo en un prolongado proceso de maduración, que incluye también la vertiente social y cultural. Lo social y lo cultural se torna carnal existente.

La identidad sexual estructura al individuo desde la hondura de su ser existencial. Necesitamos definirnos de un sexo y no de otro.

Las mujeres aprendemos a ser mujeres en continuada interacción con otras mujeres y con los hombres en un orden social dado. Lo social y lo cultural está ya ahí cuando lo conocemos, nos condiciona.

Nacemos en la dependencia de otros. Precisamos de un tiempo vivido para hacernos sujetos. No hay autonomía sin biografía.

La interdependencia es una condición de *ser* humano. Todos influimos en otros porque nos comunicamos, interaccionamos unos con otros.

No hay dos mujeres iguales. Cada individuo es único e irrepetible, con su personal e intransferible biografía; crea mundos únicos e irrepetibles.

Todos crecemos con un sentido de lo que es ser mujer u hombre. Las niñas aprenden a ser mujeres en una continuada interacción con otros, beben de los valores simbólicos que reciben y que les indican su lugar en el mundo relacional, qué se espera de ellas, cómo deben comportarse... Las niñas procuran adaptarse y sobrevivir en su medio.

El proceso de socialización es un proceso creador del individuo. El estar en el mundo no es un simple estar, sino un estar en relación con otros, que modulan las conductas del individuo en formación por medio de las palabras y las reprobaciones verbales, del lenguaje de gestos, miradas, caricias y abrazos en un terreno de máxima necesidad de amor y cuidados.

Las experiencias vividas forman parte de nosotras e influyen en nuestra narración existente. Lo aprendido es reforzado gracias a la repetición que conduce al dominio de la práctica y al hábito en el estar. La sumisión y el dominio son simultáneos en el sujeto existente.

Nos sometemos al poder de otros en un terreno de afectos, necesidades, miedo y esperanza; y, al mismo tiempo, les sometemos a ellos.

La vinculación afectiva y la alianza amorosa comprenden un contrato implícito con otros, que modela al sujeto existente. El amor nos crea y se recuerda con el cuerpo que somos. La caricia sentida nos da la vida, nos nutre.

Se aprende algo que abre paso a más aprendizajes. En cada etapa de desarrollo, el sujeto llega a alcanzar una serie de metas evolutivas y va avanzando en su maduración. Sus mundos son cada vez más complejos y personales. Sus pensamientos, emociones, deseos y acciones cambian también.

Un bebé hace nacer a la madre en la mujer que le ha dado a luz, y a toda una nueva red relacional de abuelos, tíos, primos... Nuevas interacciones, intereses y experiencias. El bebé no solo se somete a sus otros importantes, también les somete a ellos.

El sometimiento es mutuo y simultáneo entre los sujetos en relación, que crean un mundo relacional entre dos, único e irrepetible, que moldea a cada uno de ellos. Nos vamos haciendo en relación con otros. En las cualidades manifiestas del individuo se esconde la sombra de las personas que han intervenido en su desarrollo.

Los sujetos existentes creamos nuestro mundo relacional sin ser conscientes de ello, sin saber cómo lo hacemos, ni sentirnos responsables de nuestras creaciones. Lo creado nos crea a su vez.

Nuestra narración existencial esconde una elección, forma parte de un proyecto de vida, seamos conscientes de ello o no.

A menudo, no podemos elegir lo que nos sucede, pero siempre podemos decidir qué hacemos con ello, en qué lo convertimos en nuestra biografía.

Sea como sea, al pensar y al sentir desde y en nosotros mismos expresamos lo que somos en cada momento en relación con los otros y con el mundo que nos rodea y nos incluye. Las distinciones que efectuamos creando nuestro propio mundo revelan lo que somos. Transformamos constantemente el mundo al cuestionarlo, comprenderlo o no e intervenir en él.

El mundo que creamos es el resultado de una trepidante idiosincrasia del observador y lo observado, sin que seamos conscientes de ello. El error de suponer que nuestro mundo existe independientemente de nosotros y es el mismo que el mundo de otros. Nuestro mundo cambia a la vez que cambiamos nosotros en la experiencia vivida.

El sujeto procura controlar su mundo. La intención, el poder, la capacidad de decisión y de acción residen en la persona, no en el mundo. Somos una libertad existente, capaz de intervenir en nuestro medio.

Es necesario aprender a pensar y a cuestionar lo dado para no habituarnos a vivir sin razón, sin justicia y sin ética. Aprender a ser conscientes en el vivir, pues la conducta reflexiva y pensada es la excepción, no la regla.

Inconsciencia. Vaciamiento del sujeto. Una vida no recompensante al servicio de metas que nos idiotizan y que elegimos sin reflexionar.

Mujeres que piensan. ¡Qué diferencia de vida! Maravillosamente vivas, conscientes en el vivir. Mujeres sujetos en su narración existencial, dueñas de sí mismas.

Nuestras elecciones y decisiones. Nuestros actos. Tendemos a reproducir aquello que hemos aprendido, salvo que nos posicionemos conscientes y decidamos vivir de otra manera, más satisfactoria y justa. Crear una realidad nueva, más hermosa y digna para vivir en ella.

En su socialización, las mujeres internalizan mensajes referentes a lo que se espera de ellas en el orden social en el que viven. La diferencia sexual se entrelaza con la desigualdad social en el orden patriarcal. La diferenciada distribución del poder social entre los sexos se graba en los sujetos existentes y los modela carnalmente. Nos convertimos, sin querer ni ser conscientes de ello, en vivos recordatorios de las verdades internalizadas. Comunicamos información con nuestro comportamiento al relacionarnos con otros. No existe un no comportamiento y tampoco la no comunicación en una interrelación.

La socialización depende de la comunicación continuada entre los individuos inmersos en una realidad relacional, que aporta instrucciones sobre cómo comportarse siendo mujer y cómo hay que ver el mundo. Actuar de acuerdo a los supuestos aprendidos lleva a construir realidades que los confirman.

La manera en que se nos socializa en un orden dado respalda las estructuras de poder de dicho orden. El proceso de socialización posee un aspecto de adoctrinamiento del individuo. Es algo que sucede por la inercia de lo que hay, que nos ubica en un medio relacional concreto.

La interacción entre los sujetos es una creación comunicativa de estos. Simultaneidad creativa entre el sometimiento y el poder sobre otro. Retroalimentación sincrónica en ambas direcciones. Cada uno de los participantes procura un cierto control sobre su medio, sobre la relación y sobre el otro.

Nuestras sociedades son complejas redes de relaciones afectivas, económicas, culturales, políticas... En ellas, el poder y el sometimiento se distribuyen de manera diferencial para cada sexo. Conexión inconsciente entre el poder y la afectividad: cada persona se siente de una manera ejerciendo su particular poder. Esas emociones pueden deberse al aprendizaje a sentir de un modo determinado al hacer o no hacer, grabados en el cuerpo existente que somos: los individuos sienten lo que sienten, a veces, muy a su pesar.

A los individuos se les controla socialmente gracias al acondicionamiento sentimental, despertando en ellos emociones que los conduzcan a comportamientos deseados para preservar el orden social.

Si a las mujeres se les inculca desde pequeñas que el poder femenino es insano y aberrante, no lo pretenderán en su comportamiento. Prejuicios. Expectativas. Patrones de conducta preservando las relaciones de poder existentes.

Sociedades patriarcales: jerarquía entre los sexos. La impuesta subsunción de las mujeres es profunda, se graba en sus identidades sexuales, performa sus cuerpos existentes. Misoginia funcional al machismo, al androcentrismo. Todas las personas somos misóginas en mayor o menor grado. Obstáculo en el empoderamiento existencial de las mujeres.

Es difícil hacer sentir inferior a una persona sin su consentimiento consciente o no. Rebeldía femenina. Mujeres decidiendo no sentirse inferiores por ser mujeres. Transformación de la realidad relacional.

El prejuicio contra las mujeres es un verdadero problema relacional entre los sexos, un problema de relaciones humanas, que se vincula a un orden social injusto. Continuada lucha por el poder de un sexo sobre otro. Distorsionados desarrollos de los sujetos existentes.

En el proceso de socialización, a las mujeres se las estimula menos a imponerse en el espacio público, subrayando su realización personal en el privado. Éxito femenino basado en las relaciones con otros, en su cuidado y apoyo. Sentido existencial fundamentado en las relaciones afectivas con otros, reforzado por el afán de cuidarlos atendiendo sus necesidades y deseos. Las mujeres aprendemos a priorizar poniendo en primer lugar a otros y no a nosotras.

A menudo, la tradicional ética femenina del cuidado de los otros se entrelaza con el autodescuido de las mujeres, más si son madres o esposas.

Las mujeres aprenden a sentirse bien cuidando a otros, y desean hacerlo incluso olvidándose de sí mismas. No en vano, se las ha educado tradicionalmente en la entrega, en el sacrificio y la abnegación, que dificultan su autonomía como sujetos existentes reales. Las mujeres cooperan en su propia sujeción social desde el convencimiento de su noble papel y la conformidad con las normas sociales vigentes.

La sujeción está siempre reforzada por la moralidad, moralidad diferenciada para los sexos, que en el orden patriarcal confirma el poder superior de los hombres sobre las mujeres.

Las «virtudes» femeninas internalizadas en nuestro proceso de socialización nos ubican en modos de relacionarnos con otros. Poco a poco, introyectamos formas de vida, costumbres, hábitos, creencias, expectativas..., que conforman códigos culturales que rigen la interacción entre los sexos e influyen en nuestro desarrollo.

Las «verdades» de las que partimos en nuestra existencia son piezas de un complejo sistema simbólico de bienes, prácticas y maneras de comportarse; constituyen auténticos signos distintivos que utilizamos para crear nuestra realidad y desenvolvernos en ella.

En un orden patriarcal, la «verdad» de partida es la desigualdad valorativa de los sexos, de un sexo femenino supuestamente inferior y un sexo masculino supuestamente superior. Descalificaciones. Negaciones. Represiones. Falsas informaciones. Lo femenino se rechaza y se reprueba salvo cuando es útil para mantener el orden establecido. Ensalzamiento de la mujer-objeto, de las musas de los hombres, de las mujeres que sirven a...

Los papeles que se fomentan para las mujeres: objeto de deseo, sujeto reproductor, trabajadora sobre todo doméstica, dispensadora de cuidados, de amor y de sexo. Se alaba a la madre, a la buena esposa, a la amada o amante. Y la mujer como persona, dueña de sí misma y protagonista de su narración existente, ¿dónde está? ¿Qué mitos exaltan este ideal? ¿De qué sexo son los héroes de las historias que se nos cuentan?

La vida real está repleta de heroínas valientes, lúcidas, perseverantes, nobles, generosas, inteligentes y solidarias: mujeres que transforman el mundo para que sea mejor. Mujeres anónimas casi siempre.

Los mitos sustentan lo visible y lo invisible del orden social, prescriben acciones: sutil modo de control social. La cultura produce conocimiento, crea mundos, programa lo que aprehendemos, soñamos, deseamos y perseguimos como metas en nuestra existencia.

Una vez construido un modelo de comportamiento deseado para cada sexo, es imitado por los individuos de manera consciente o no, pues las personas desean ser comprendidas y deseadas en su relación con otros.

¿Qué tipo de comportamientos femeninos se prescriben en nuestra cultura? ¿Por qué a las niñas se las sigue alentando a gustar y a ser deseadas, y no se refuerza su condición de sujeto que desea ser dueño de sí misma e independiente? ¿Por qué sigue vigente en nuestras sociedades modernas el mensaje de que el poder femenino es la belleza? ¿Para qué sirve? Poco a poco el sexo femenino internaliza su subordinación existencial.

El arquetipo complementario del héroe es el de la víctima. Las mujeres tienden a identificarse con este arquetipo y eso propicia su alejamiento del poder y su subordinación existencial. El miedo al hombre coarta la libertad de movimientos de las mujeres.

El contrato social femenino es sacrificial. Las mujeres suelen aguantar el sufrimiento. Conformidad con estar en desventaja social: por ser del sexo femenino «naturalmente» ocupamos una posición inferior al sexo masculino. Se nos educa para adaptarnos a un orden social injusto y asumir resignadas el papel social de sexo perdedor, de sexo con menos derechos y oportunidades reales para su desarrollo.

La independencia existencial y la autovalía no son las claves de nuestra educación. Se nos educa para mirar el efecto que obtenemos en el sexo poderoso, en los hombres. Profunda subordinación de las mujeres en el orden patriarcal. Triunfo de una educación eficaz para preservar el orden establecido, que rige una «normal» desigualdad de oportunidades entre los sexos.

Se enseña a las mujeres a tener miedo a la libertad, miedo a decidir desde nosotras mismas, miedo a actuar como protagonistas, miedo al rechazo, a la soledad, a la violencia sobre nosotras. Numerosos miedos que dificultan que seamos sujetos en nuestras existencias. El miedo es un instrumento eficaz para cohibir al individuo y encauzar sus acciones. El miedo sirve para controlar y dominar. Temer al hombre. Obedecerle como a un superior.

Las mujeres aprendemos a sentirnos culpables: culpables por no llegar, culpables por pasarnos, por no hacer lo suficiente o por hacer demasiado, culpables por emocionarnos, culpables por querer y por no querer, culpables… La culpa nos aprisiona y nos debilita. Buena herramienta para mantenernos subordinadas y ubicarnos en el servir.

El estilo afectivo que adquirimos en la infancia representa una tendencia que enmarca nuestras relaciones posteriores. Y eso sucede cuando apenas tenemos desarrollado el sentido crítico que permita cuestionar la realidad.

No nacemos sabiendo cómo se comporta una mujer, lo aprendemos gracias a una continuada educación para ser miembros adaptados en un medio social dado. Familia. Escuela. Sociedad.

A las mujeres se nos educa para satisfacer las necesidades afectivas de los demás. Papel de entrega a los otros. Gran sensibilidad para detectar señales de necesidades afectivas de los demás. Tendencia a ser erróneamente ilimitadas. Las mujeres ni debemos ni podemos vivir a través de la vida de otros, tenemos nuestra vida propia.

Podemos responsabilizarnos de nosotras mismas, pero no de lo que sienten y hacen los demás: los demás son los demás, sienten en sí mismos y viven en un mundo propio de interpretaciones y pretensiones particulares. Los demás son los responsables de sus acciones.

Se propicia el desarrollo del aspecto «natural» del cuidado de otros. ¿El sentido de ser de la mujer es ser para los demás? ¿Su deber es vivir para ellos? Mujeres sombras de otros, invisibles socialmente hablando, invisibles como protagonistas de historias narrables. Estimular el pensamiento crítico. Decidir desde la libertad en el ser. Libertad como un gran valor.

El hábito de no pensar se convierte en aliado de la injusticia y la servidumbre. ¡Qué importante es acostumbrarse a pensar! Es decisivo ser razonablemente libre, un sujeto social, una libertad existente capaz de decidir su caminar vital.

Mujeres participando activamente en el espacio privado y público. Desarrollo pleno de sus capacidades como sujetos sociales activos y de pleno derecho.

Lo interiorizado en la niñez: un bagaje que permanece en nosotras toda la vida y causa efectos sin que a menudo seamos conscientes de ello. Imitación de otros para cohesionarnos en un «nosotros». Sensación de seguridad. Fuerza al ser aceptado por el grupo.

Toda comunicación, verbal o no verbal, nos aporta información: contenido del mensaje, información sobre nosotros mismos, sobre el otro, sobre la relación con ese otro y sobre el grupo social al que pertenecemos.

En la comunicación se nos aportan instrucciones sobre cómo tenemos que ver el mundo, cómo tenemos que comportarnos para no ser rechazados y sobre el lugar que ocupamos en él. Ese sistema de significados describe, prescribe y preserva lo dado. Actuar según los supuestos lleva a construir realidades que los confirman.

No renunciamos fácilmente a lo asimilado. Las creencias permanecen por los sentimientos agradables que se asocian con creer que si hacemos tal cosa obtendremos un resultado deseado y buscado. Si cambiamos nuestras interpretaciones y significaciones la realidad cambiará también.

Todos los seres humanos creamos de nuevo el mundo sin que seamos conscientes de ello ni entendamos cómo lo hacemos. Todos existimos en un mundo propio, muy particular, y suponemos erróneamente que es igual al mundo de otros.

¿Cómo se generan las opiniones compartidas por un colectivo? Esas opiniones se forman basándose en la evidencia del hecho, en el deseo de que sea cierto y en la repetición. Una opinión ampliamente aceptada es el producto de la combinación de estos tres elementos en distintas proporciones. De ese modo, si se pretende fabricar una opinión en masa, que no corresponde a la evidencia, se recurre a la repetición y a la promesa de felicidad o bienestar si haces caso a dicha «verdad» y te atienes a ella en tu existencia.

Nos habituamos a sentirnos de un modo haciendo lo que hacemos, influenciados por el grupo social en el que crecemos y nos desarrollamos.

Toda comunicación influye en la conducta de los demás y todo comportamiento siempre comunica verdades. Los mensajes retroalimentan a los participantes en una sincronía trepidante, nos tornamos diferentes. No es posible relacionarse sin transmitir, sin comunicar.

Cuando una persona se dirige a otra le transmite un contenido y le propone un cierto modelo de relación. Cada uno procura dirigir la interacción para realizar sus objetivos e intenta manejar a los demás en la promesa velada de la relación deseada por el otro. Todos influimos en otros.

No somos conscientes de la forma en que nos relacionamos ni de cómo influimos en otros con nuestras acciones y palabras.

La iniciativa y el poder de la acción residen en el sujeto existente. Esperanza de que elijamos la mejor opción y decidamos actuar para mejorar el mundo en el que convivimos con otros. Cooperar y prosperar todos. Respetar la maravilla errante que es el ser humano. Justicia social. Igualdad valorativa de los dos sexos.

La injusticia tolerada y normalizada es nefasta para todos, pues se asocia con una mala educación de los individuos, que propicia actitudes destructivas y comportamientos insolidarios, basados en la ceguera existencial y la sinrazón.

La responsabilidad personal por aquello que depositamos en este mundo. La responsabilidad con el otro. Se aprenden, no se nace con ellas. El estilo competitivo y el afán de enriquecerse a toda costa, explotando a otros en nuestro mundo industrial y capitalista, ahogan la humanidad de los individuos.

La infravaloración de las mujeres y los prejuicios contra el sexo femenino son un verdadero problema de relaciones humanas. La desigualdad sexual es injusta y perjudicial para todos. Cuestionar. Reflexionar. Crear con propósito de *ser*, ser en respeto y solidaridad entre los sexos. Ser en un mundo mejor para ambos sexos, en cooperación y entendimiento, y crear en hermosura.

Las buenas relaciones entre los sexos se entrelazan con las buenas relaciones humanas.

Se nos prepara para desempeñar los papeles que se nos reserva en la sociedad: A los hombres se les impide el desarrollo de su potencial emocional, de su vertiente maternal; y a las mujeres se les obstaculiza su potencial de autoridad y de asertividad. En muchas sociedades a las mujeres se les dificulta el acceso al conocimiento y a la cultura, se las educa para servir procurando el bienestar de otros: estatus de ciudadanos de segundo orden.

Contrato social femenino sacrificial: nos entrenan para ser pacientes, amables, tolerantes con la frustración y la injusticia hacia nosotras. Se nos educa para ser dependientes y esperar; esperar ser deseadas, reconocidas, aceptadas, queridas… ¿Y si la espera se vuelve infinita? ¿Y si lo que esperamos nunca sucede? ¿Nos resignamos?

El poder social superior de los hombres tiende a relegar a las mujeres a las tareas relacionadas con el gobierno del hogar. Desarrollo de las virtudes clásicamente femeninas. Lugar en el mundo. Cometidos. No aspirar a destinos impropios para nuestro sexo.

La conformidad con el género es uno de los instrumentos más eficaces y poderosos de la socialización. Enseñanza de estereotipos. Ideales de feminidad y la masculinidad. Perpetuación del orden.

El sentimiento de «nosotros», de pertenencia a un grupo y no a otro. Cierta confianza y seguridad. El grupo influye sobre el individuo. En la sostenida interacción aprendemos códigos culturales, reglas, normas…, que conforman la invisible estructura social en la que nos movemos.

Educando a los sexos en oposición de uno frente al otro. Sexos contrarios. Desencuentro y mal entendimiento. Una cosa son los conceptos y otra cosa muy diferente son los seres humanos. Lo femenino y lo masculino son cualidades que pertenecen tanto a los hombres como a las mujeres.

Ambos sexos pueden cuidar a otros. Vivir la maternidad y la paternidad de manera activa, dispensando cuidados amorosos a los hijos, estando con ellos, jugando con ellos, animándoles y enseñándoles.

La educación de las mujeres suele tener carácter sobreprotector. A las mujeres no se nos educa para el liderazgo social.

La mujer tiene que cuidar, nutrir, apoyar, sostener emocionalmente, amar...; tiene que ser amable, flexible, paciente, abnegada, aparentemente sumisa y dependiente; conformarse con su lugar de secundaria social, callar, sonreír pase lo que pase, disimular y colaborar en su propia subordinación; encontrar su felicidad en la subsunción existencial siendo para otros.

¿La belleza es el gran poder femenino? ¿El poder femenino basado en la inteligencia y las propias capacidades desarrolladas es insano y perturbador? Se continúa preparando a las niñas para ser sobre todo objetos de deseo de los hombres y no tanto sujetos de deseos propios.

El honorable cometido de las mujeres de amar sostiene al mundo. ¿Qué pasaría si las mujeres dejáramos de amar y de cuidar a otros? Las mujeres dan vida a otros gracias a nutrir, cuidar, hacer crecer, sostener... En nuestras sociedades apenas se valora este tipo de creación. La autoestima de las mujeres se resiente.

¿Para qué fomentar la autoestima en la mujer? ¿Para que el orden social se desordene? Mientras las mujeres crean en su insuficiencia, en que la autoridad y el conocimiento les son ajenos, serán sumisas y colaborarán en su subordinación. La baja autoestima femenina es muy útil para mantener el orden patriarcal.

La autoestima femenina suele fundamentarse en la estima de los otros. En nuestras sociedades patriarcales no se estima a la mujer. Se cierra el maléfico círculo. Baja autoestima de la mujer. Dependencia. Perpetuación del orden patriarcal.

Poder en el *ser*. Nadie puede hacernos sentir inferiores sin nuestro consentimiento consciente o no. Desechar las falsedades sexistas interiorizadas en el proceso de hacernos mujeres. Somos sujetos. Conscientes en el *ser*. Fortalecimiento personal. El empoderamiento femenino repercute positivamente en la autoestima de las mujeres. La autoestima fundada en la propia opinión, en la autoconfianza, en la fuerza y la valía propias: capital personal intransferible, un tesoro existencial.

La mujer sigue fuertemente orientada hacia las relaciones, hacia lo emocional, lo afectivo, lo íntimo. Su poder acontece sobre todo en las distancias cortas. Satisfacer las necesidades afectivas de los demás. Aceptación de nuestra dependencia relacional de otros: Fortaleza y, paradójicamente, independencia emocional.

Mujeres como seres de amor. El imaginario de las mujeres está poblado de sus seres de amor. El amor empapa los cuerpos-palabra de las mujeres en su experiencia de vida. La capacidad dadora de la mujer propicia su entrega a los demás.

La esperanza de sobrevivir de la especie humana se relaciona con el amor como energía creadora. Todo sujeto existente se vincula a otros por medio de lazos afectivos, y ese proceso es necesario para que sobreviva y se forme como sujeto existente, de otra manera seguramente moriría. En nuestras sociedades todavía no se le da importancia al amor como la fuerza creativa por excelencia. La más apremiante necesidad de un ser humano es convertirse en un ser humano, y eso es imposible sin el amor, sin amar.

A las mujeres se nos estimula más para amar y para poder expresarlo con mayor libertad. Las mujeres estamos más interesadas en las relaciones en las cuales podemos amar y ser amadas. Aprender a amar es muy importante para preservar la vida: apenas se valora en nuestras sociedades patriarcales.

Las mujeres tendemos a crear mundos impregnados de amor y cada uno de ellos es único, irrepetible y frágil, porque igual que nace puede morir.

La faceta de cuidar a otros no debe asociarse con el autodescuido. Cuidar al cuidador. Aprender a ser nuestras mejores amigas, de una misma y de las demás. Fortalecimiento en el ser.

Los sentimientos acontecen en los cuerpos existentes que somos, se vuelven carne sintiente, y se recuerdan carnalmente. Sentimos una emoción y apenas somos conscientes de dónde nace. Lo que sentimos se manifiesta en gestos: el cuerpo tiembla, se sonroja, se mueve o se paraliza, tartamudea o ríe... A menudo el cuerpo reacciona a pesar de nosotras mismas y en contra de la razón y del deseo, se expresa desde lo interiorizado en la experiencia de vivir en una sociedad dada. El cuerpo ha internalizado una lógica de sentimientos y deberes entremezclados con el amor a los otros, el respeto y la devoción. Y no podemos salirnos de nuestro cuerpo y vivir fuera de él.

Poco a poco aprendemos a sentirnos de un modo actuando de una manera concreta. Sentimos vergüenza sin entender bien por qué cuando actuamos de forma «anormal». Y es el cuerpo el que produce esa emoción y ni siquiera sabemos por qué lo hace y para qué, pero lo hace. El cuerpo que somos atraviesa un proceso que permanece desconocido para el sujeto existente.

El cuerpo-palabra es un vivo recordatorio biográfico. Aprendemos a ser mujeres a lo largo de nuestro proceso de socialización en una sociedad dada. Comportamiento: el cuerpo se moldea en sus acciones. Valores simbólicos y los conceptos internalizados. Estructuras simbólicas estructurantes de un orden social y cultural en el que nos ubicamos.

Los conceptos organizan nuestro mundo cognitivo y afectivo. Las palabras se vuelven carne en relación con otros. El lenguaje verbal y no verbal performa el cuerpo que somos con sus diferencias simbólicas referentes a los sexos.

Continuada expresión y comunicación con otros. Mensajes verbales y no verbales. El cuerpo habla siempre, incluso en su aparente silencio. Es imposible no transmitir mensajes entre los cuerpos en comunicación.

En toda sociedad humana los cuerpos son objetos y blancos de poder. En el orden patriarcal el mayor sometimiento de los cuerpos se ejerce sobre los cuerpos de las mujeres. Cuerpos para otros: cuerpos que nutren y cuidan, cuerpos que paren hijos, cuerpos estéticos, cuerpos eróticos que proporcionan placer a esos otros.

Los cuerpos femeninos que se valoran: bellos, jóvenes (fértiles), sexys (sexualmente dispuestos). Los otros cuerpos femeninos no se valoran. Marginación e invisibilidad del cuerpo. Seguimiento de las normas.

El cuerpo que somos es un cuerpo sexuado y sexual. La formulación de conceptos referentes a nuestra condición sexual ordena nuestro mundo relacional y conecta los sucesos que caben en él. Reivindicar el acceso al conocimiento del cuerpo y de su funcionamiento sin falsas infravaloraciones. El conocimiento trasciende cualquier uso que se haga de él, crea mundos en los que nos desenvolvemos en relación con otros.

Las palabras pueden ser tan eficaces como el bisturí para hacer desaparecer estructuras que no se quiera nombrar.

El cuerpo sexuado y sexual, la carne sintiente y pensante que somos, se transforma en su tiempo vivido. Mundos de aprehensión y de acción cada vez más amplios, ricos y complejos. No sabemos cómo lo hace el cuerpo, pero lo hace, más allá de nuestro deseo o voluntad. Abismo carnal, vivo misterio.

Nuestra educación modela nuestro camino existencial. Desarrollo o no de personas completas, sujetos existentes que piensan y deciden con propósito de *ser* personas. Nuestra educación no suele propiciar el desarrollo íntegro del individuo. Parcelación falaz del cuerpo sexuado y sexual: Todo nuestro ser es profundamente sexuado y sexual, conectado y existente.

Si no comprendemos lo que somos no nos relacionaremos bien. Nuestra educación no propicia una sexualidad constructiva y sana. Papel sexual secundario y subordinado para el sexo femenino. Falsedades en el conocimiento.

Consecuencias graves en nuestro vivir. Si se nos enseña que la sexualidad es algo perverso, sucio, temible…, así tenderemos a vivirla. Lo asimilado da forma temática a nuestra narración existente.

La sexualidad humana acontece en una comunión entre lo biológico, social y cultural; cambia en función del conocimiento. En cada etapa de desarrollo del individuo se adquiere una serie de aptitudes. Cambio permanente. La sexualidad va cambiando en cada etapa existencial. El mundo vivencial de las niñas no es el mismo que el de las jóvenes, ni el de las mujeres maduras.

Hablar de nuestra propia experiencia de vida, de nuestras vivencias siendo mujeres, reclamar su legitimidad. Es hora de clarificar. Es hora de *ser*. Si no, ¿cuándo?

A las mujeres se nos reprime en nuestra sexualidad. Particularidades ignoradas. Frustración. Falta de palabras. Distanciamiento del cuerpo real que somos. Conflicto. Tensión. Confusión. La ignorancia no elimina aquello que se ignora. Los individuos somos sexuales en nuestra totalidad carnal existente.

El conocimiento y la autoafirmación como seres sexuales liberan. Tendríamos que empezar por esto. Las vivencias de los cuerpos-palabra se enriquecen en verdad, bondad y belleza cuando reconocemos nuestra condición sexual y le damos valor. Gran valor que supone ser existente real. Reivindicar nuestra profunda y hermosa humanidad.

Se permite a las mujeres emocionarse y manifestar sus sentimientos, llorar y mostrarse necesitadas de ayuda; pero no se les permite expresar fortaleza e independencia, como mujeres sabias y poderosas.

El acceso al placer continúa siendo obstaculizado para las mujeres. Terreno conflictivo entre el placer y el abuso. Placer: excitaciones y orgasmos, pero también el gran placer de estar a gusto en nuestra piel, *ser* una persona completa, dueña de sí misma, placer duradero que facilita muchos otros placeres.

Las mujeres nos avergonzamos demasiado de ser cuerpos reales y no unos ideales incorpóreos, fantaseados en una huida de lo real existente. Valorar lo majestuoso de *ser* carnal, de estar viva y crear mundos, únicos e irrepetibles en cada instante vivido.

La educación sexual que se nos da a todos, hombres y mujeres, suele ser precaria. La ignorancia, la falta de información veraz, la desvalorización de la condición carnal y sexual, la reducción del sentido y el conflicto caracterizan nuestra educación sexual. La ignorancia se entrelaza con el miedo. Vivencias turbadoras. Culpa. Deseo y temor. Insatisfacción. No orgasmos.

La falta de una buena educación sexual supone un coste humano terrible: problemas, desencuentros, sufrimiento, frustración, depresión, enfermedad, no realización… La falsedad, la fealdad y la perversión instauradas en la educación sexual, que se nos brinda por doquier respecto al hecho sexual humano.

El placer carnal sigue problematizado, se asocia a menudo al pecado, a algo indecente que hay que ocultar, pero dramáticamente deseable. Ambivalencia. Confusión. Transgresión. Culpa.

La sexualidad como medio para aliviar las tensiones cotidianas. El sujeto con el que uno se relaciona se torna objeto sexual. En el orden patriarcal, las mujeres suelen desempeñar el papel de objetos y los hombres de sujetos sexuales. La educación sexual que se nos da lo facilita. Las mujeres aprendemos a conformarnos, a negar nuestra propia sexualidad, a callar y a ser objetos de deseo de los hombres.

Las mujeres sueñan. Las heterosexuales sueñan con los hombres, sueñan con ser deseadas por ellos, con encontrar su príncipe azul y vivir un gran amor con él. Incluso las fantasías femeninas reproducen lo aprendido en el proceso de socialización. Es bueno pararse a pensar sobre nuestras fantasías amorosas y eróticas. ¿Qué cosas soñamos?

Nuestras fantasías van cambiando a lo largo de nuestra vida en concordancia con los cambios en nosotras mismas. Las personas también estamos hechas de nuestros sueños: lo que deseamos nace en nuestra inconmensurable hondura carnal y se inscribe en ella.

La mayoría de las mujeres siguen queriendo amar y que las amen a la usanza de los mitos amorosos de siempre, internalizados en nuestro proceso de socialización. Pocas mujeres viven el amor soñado en la realidad de su existencia. Los sueños sueños son. La realidad se desenvuelve en una dimensión diferente. Incluso los sueños que se realizan no son como los soñamos.

Demasiado tiempo las mujeres nos hemos movido en un espacio de espejismos que desvalorizan lo real. Toda la fuerza de creación se concentra en el instante presente y de nosotras depende lo que hacemos de él. ¿Qué eliges hacer con ese momento de creación? En cualquier latido cabe cambiar de verso narrativo y componer tu relato de vida con palabras nuevas.

Cumplir un «deber». Deseamos lo que se supone que todo el mundo desea. Deseamos creer en lo que hemos aprendido. El poderoso deseo de ser deseadas enturbia el deseo de ser una misma, nos aleja de nuestros propios deseos.

Las mujeres sí queremos que nos deseen, pero a nosotras mismas, no a los fantaseados ideales andantes, porque no lo somos. Queremos que *nos* deseen de verdad, que nos escuchen de verdad, que nos respeten de verdad y nos tomen en serio como sujetos de pleno derecho a *ser*, en igualdad de oportunidades a nuestro propio desarrollo y vida. Las mujeres queremos sentir a ese otro a nuestro lado, atento, emocionalmente comprometido y apoyándonos de igual a igual para conseguir nuestros sueños.

Las mujeres también deseamos disfrutar, disfrutar en la vida y en las relaciones sexuales. Deseamos sentir orgasmos, el cuerpo que somos lo demanda sin que sepamos cómo lo hace ni entendamos bien por qué y para qué. Deseamos vivir a gusto, disfrutar en nuestra existencia y tener tiempo para nosotras mismas, para ser en primera persona y no a través de servir a otros.

Encuentro entre los dos. Aceptación. Confirmación mutua de uno por el otro. Propuesta de un tipo de relación, que pasa casi siempre desapercibida. ¿Por qué y, sobre todo, para qué nos comportamos de la manera que lo hacemos? ¿Lo que obtenemos es lo que realmente deseamos y pretendemos?

Respondemos al otro queriendo o sin querer. Le comunicamos el efecto de su comportamiento con nuestra conducta. Si se produce una considerable divergencia entre lo que uno espera y el otro ofrece, la relación tiende a romperse.

La calidad de la relación es la que propicia cambios positivos o negativos en los individuos. Toda acción presente nace en un terreno biográfico de acciones pasadas y engendra las futuras que están por llegar. *Continuum* existencial trepidante, latido a latido sentido en relación con otros.

Siempre podemos cambiar nuestra manera de caminar, de relacionarnos con otros. Tener en cuenta que solemos reproducir las pautas de interacción ya vividas en una especie de inercia inconsciente. Hábito relacional. Decidir conscientemente no repetir las pautas de interacción aprendidas que no nos hacen bien.

La relación personal con una misma es la más decisiva que existe. Somos nosotras las importantes a la hora de opinar de nosotras mismas. Somos nosotras las que siempre estamos con nosotras mismas. Todo nace en nosotras, es donde se escribe la narrativa de vida propia.

Las relaciones se crean entre personas, que aportan sus propios mundos de conceptos, interpretaciones y hábitos. Mundos que se entrelazan. Nace un nuevo mundo particular de esas personas en relación, es su creación, consciente o no, que, a su vez, contribuye a crearlas a ellas con su continuo «algo más». El amor y el desamor modulan al sujeto existente.

Todo lo que tocamos cambia. Las personas cambiamos en el tocar y ser tocadas. En el tocar nos comunicamos con otros de manera carnal y humana. El amor y la humanidad se hilvanan en el tocar con afecto, en la caricia que modela el cuerpo-palabra existente. Placer. Relajación. Nos conmueve en nuestra totalidad existente. Las experiencias se graban en la memoria carnal biográfica de cada cual.

Los humanos vivimos mal sin amar a alguien o a algo y sin ser amados por alguien. El amor es una energía sin igual que nos transforma hondamente. Amar como sujetos y a sujetos, dueños de sí mismos y soberanos en su cuerpo sexuado y sexual. El mal trato no casa con el amor. ¡Que nos quieran bien!

Las personas nos vinculamos a otras en el amor. Contrato implícito del que no salimos igual que hemos entrado; puede que la relación nos haga bien y puede que nos perjudique e, incluso, nos destruya. El amor hace reconsiderar nuestros estilos afectivos y es una buena oportunidad para mejorarlos.

Mujeres atentas en el amor, pues, en el orden patriarcal solemos llevar la peor parte. Cuidado con la subordinación existencial, con el sentido en el servir al desarrollo y al éxito de otros. No somos el Gran Seno de nadie. Debe haber un equilibrio entre las ventajas de unos y las desventajas de otros. Igualdad de oportunidades para ser sujetos de pleno derecho al desarrollo personal.

Solo vivimos una vez. La felicidad y el bienestar de unos no pueden fundamentarse en la desdicha y la explotación de otros. Justicia. Cooperación. Solidaridad. Los hombres y las mujeres tenemos que ayudarnos a ser mejores personas, a construir un mundo de relaciones más justas y más humanas. La ayuda mutua y el propósito de influir en la felicidad de los implicados deberían ser los fundamentos de las relaciones entre los seres humanos.

Las mujeres le damos mucha importancia al amor y a la relación de pareja. Búsqueda del amor, de seguridad, de compromiso, de incondicionalidad... Las únicas que podemos ser nuestras incondicionales somos nosotras mismas. Atentas en el amor y en el sexo para evitar que nos hagan mal, que abusen de nuestro querer y que nos exploten. No idealizar el amor romántico. No vivir a través de los demás. Sí pretender nuestra propia realización como personas completas que somos.

Sujeción de las mujeres reforzada por una moralidad desigual para los dos sexos, que confirma el poder superior de los varones en las sociedades patriarcales. La subordinación existencial internalizada. Sentimiento de culpa por desear disponer de tiempo para una misma y por querer ser dueñas de nuestro propio cuerpo. Sufrimos en nuestra autoestima si creemos que no les damos lo suficiente a los demás. Trampa existencial. Culpabilidad insensata y nociva.

Grave problema de poder en nosotras mismas: supuesta omnipotencia para las cosas de los demás e impotencia para nuestras propias cosas. Otra trampa existencial más en el desarrollo personal. Parece claro que si somos casi todopoderosas para resolver asuntos de otros también lo somos para resolver los nuestros.

¿Qué se obtiene con el tipo de educación que se nos da a las mujeres? ¿Para qué sirve? Nuestra educación sirve para mantener el orden social, para que sigamos cumpliendo el papel social que se nos otorga en dicho orden. Con este fin se pretende inculcar a las mujeres los sentimientos de satisfacción haciendo lo que se supone que tienen que hacer. Así no desearán cambiar un orden social injusto.

Hemos sido educadas en un orden misógino y machista. Posición social y cultural inferior del sexo femenino. Lo asimilamos como lo «normal». También las mujeres nos mostramos misóginas cuando juzgamos la realidad con la medida patriarcal, contribuimos sin querer a la perpetuación de lo dado. Al estar dentro de un sistema de valores y de significados es complejo darnos cuenta de que la realidad que creamos es correlacional a estos, y puede ser otra, más justa y mejor para vivir en ella.

Nuestro *ser* mujer está alienado por y para el orden patriarcal. Complacer a los hombres y servir a sus fines. Soportar la injusticia social. Ser pacientes, sacrificadas, comprensivas... Esperar, esperar siempre que otros vengan a salvarnos. Pasa la vida. Frustración.

Estar atentas. Reflexionar. Crear de un modo renovado. Mejorar nuestras existencias de mujeres en relación con otros. El futuro nace en el instante presente.

Los verdaderos cambios se producen en el interior de nosotras mismas: es donde nacen todas las cosas.

Las mujeres priorizamos atendiendo las cosas de otros en primer lugar y posponiendo las nuestras. Hemos aprendido que las mujeres «buenas» son las que se sacrifican por los demás y no aspiran a su propio desarrollo como sujetos. Mentira que hemos aceptado como una verdad que influye en nuestra vida. Aprendemos a autocensurarnos para no crear problemas. ¿Qué pasaría si las mujeres dejáramos de colaborar en nuestra propia subordinación existencial?

El orden social recompensa a las adaptadas y sumisas. No se estimula el pensamiento crítico e independiente. Para que sobreviva el orden patriarcal las mujeres no deberíamos hacernos preguntas ni reflexionar. ¿Qué pasaría si las mujeres nos empeñáramos en pensar, reflexionar y decidir como sujetos que somos? Es hora de que decidamos conscientes qué queremos ser.

El malestar existencial de las mujeres crea la necesidad de cambiar las cosas. Excesiva represión. Trastornos anímicos y enfermedades. Los cuerpos femeninos se quejan somatizando su persistente dolor. Tendencia a dirigir nuestra energía destructiva hacia nosotras mismas. Nos culpamos de lo que sucede.

El maltrato no puede ser justificado ni consentido. Los responsables de tratar mal al otro son los que lo hacen, son los autores de sus actos, siempre pueden decidir no hacerlo y conducirse con honor y dignidad, y crear un mundo mejor para todos.

En nuestra cultura patriarcal, las mujeres tenemos la culpa internalizada. Tendencia a expiar la culpa. Enseñanzas religiosas como la redención por el sufrimiento y la muerte. Purificación del pecado por medio del autocastigo o del dolor causado por otros. Conservación del orden social patriarcal, machista, injusto y perverso en su fundamento. Mantenimiento de la abusiva subordinación del sexo femenino al masculino.

Si aprendemos a no pensar, a no cuestionar lo dado, seremos dóciles instrumentos para preservar el orden patriarcal. Conformidad. Consentimiento. Frustración. Rabia. Sentimientos destructivos. La sinrazón existencial reina entre nosotros. El fuerte y poderoso abusa del que no lo es. Leyes que lo permiten.

Distraer la atención. Entretener. Atontar. ¡No huyamos de nosotras mismas! ¡Pensemos en lo que realmente nos importa! ¡No vivamos persiguiendo metas que nos idiotizan!

Las mujeres solemos ignorar que somos personas completas. Estamos programadas culturalmente para que nos deseen otros, e invertimos mucha energía para conseguirlo. ¿Qué pasaría si las mujeres se dedicaran más a averiguar cuáles son sus deseos y dejaran de gastar su energía, tiempo y dinero en adivinar y adecuarse a los supuestos deseos de otros?

Trascender la perniciosa enseñanza de que el gran poder de las mujeres es ser el objeto de deseo de hombres poderosos, y vivir a su sombra. El verdadero poder de las mujeres está en ellas mismas. ¡Creer en nosotras! ¡Rebeldía! ¡Valor! ¡Perseverancia! Es apasionante crear algo nuevo, un mundo mejor para vivir. Al crearlo, nos creamos también a nosotras mismas renovadas.

Mujeres sujetos de pleno derecho a *ser*. Autoestima. Independencia y autonomía, aunque todos dependamos de otros. El orden patriarcal en crisis.

Papeles sociales femeninos que interesan al orden patriarcal: madre, esposa, amante, musa, cuidadora abnegada de otros, administradora del hogar, objeto erótico… Papel social secundario en definitiva. Aceptación de las mujeres que se conforman. Las mujeres que tienen la costumbre de pensar son sospechosas y peligrosas.

Para mantener la injusta subordinación de la mujer: pobre autoestima, miedo. Se nos enseña a temer, a temer decidir, a temer la libertad, a temer la violencia física y el abuso, la soledad, el abandono, la invisibilidad…, a temer al hombre.

Aprendizaje a competir por atraer a los hombres. Misoginia interiorizada. Desunión. Debilidad como colectivo. Eficaz instrumento para preservar el orden patriarcal. Compromiso para cambiar las cosas.

En las sociedades patriarcales se sigue valorando la fuerza física y la ley del más fuerte, del que puede doblegar y matar. Los héroes de los relatos son los hombres. La condición de víctimas puede perjudicar a las mujeres, pues nos debilita y propicia que continuemos en ese papel. El victimismo coarta nuestra libertad de acción y nuestro desarrollo como personas plenas. Reescribir el relato de nuestras relaciones.

La dependencia económica limita la libertad de decisión y de acción. Situación de riesgo para la mujer. Quedarse en casa limita las experiencias. Mujeres triunfando en sus cometidos en cualquier espacio social, privado y público. Mujeres miembros activos de la sociedad, con voz propia. Ciudadanas de primer orden.

El proceso de socialización de ambos sexos es diferente. Muchas mujeres siguen considerando que su profesión es algo secundario si se la compara con el papel de madre y de esposa. Afecto. Ternura. Amor. Cuidar a otros.

Las mujeres valoramos las relaciones con otros. La amistad. La charla con las amigas como bálsamo existencial. Expresión de emociones. Empatía. Cuidado emocional de otros. Tendencia a ser seres de amor. A los hombres no se les educa para ello. La falta de ajuste emocional entre los dos sexos causa incomprensión, conflicto y sufrimiento.

Las buenas relaciones entre los dos sexos se vinculan con la humanidad, bondad, belleza y verdad. A eso deberíamos aspirar todos, a aprender a relacionarnos mejor unos con otros, a ser mejores personas en relación con otros.

Problematización del cuerpo femenino en las sociedades patriarcales. Cierta distancia internalizada con respecto a nuestro propio cuerpo. Nos enfadamos con él por no ser perfecto, por sus inoportunas menstruaciones, dolencias y limitaciones. El cuerpo como enemigo para realizar nuestros sueños. El cuerpo para otros. Juzgar el cuerpo como objeto, cosificarlo.

En el orden patriarcal el cuerpo femenino despierta deseo, pero también desdén y repugnancia si no es bello, ni joven, ni delgado, ni seductor... Lo que no despierta generalmente es un profundo respeto.

Aprendemos que el amor y el sexo se mezclan con el poder sobre otro; que en el sexo el hombre tiene un papel protagonista, que es él el que hace y las mujeres dejan o no dejan hacer. Lo que ellas piensan y desean está supeditado a las necesidades y deseos masculinos. Descubrir la propia sexualidad y la autoafirmación sexual les pueden causar problemas a las mujeres y desencuentros con los hombres.

El desarrollo sexual de las mujeres ocurre en un terreno problematizado. La sexualidad y el sexo como actividad: placer y peligro, abuso y violencia sobre ellas. Represión de la sexualidad propia. Falta de información veraz. Carencia de palabras. Educación sexual muy deficiente. Problemas. Confusión. Vergüenza. Sentimientos de culpa. Frustración. Depresión.

Hablar con ellos de aquello que se desea y gusta. No conformarse con lo que hay. No darse por vencida ni alejarse. Insatisfacción. Sufrimiento. Podría evitarse mucho daño con una buena educación sexual para ambos sexos y con una mejor relación entre ellos.

Vivir como sujetos de pleno derecho a la existencia en primera persona. Saber lo que realmente deseamos. Reflexión independiente. Decirles «no» a las voces interiorizadas en nuestra infancia. Conscientes. Valientes. Perseverar. Realizarnos.

Relacionarnos de igual a igual con los hombres. Elegir a los que colaboran con nosotras y nos ayudan a vivir en justicia y humanidad. La elección de los amigos, amantes o pareja es importante, porque el amor y el sexo pueden hacer que el rumbo existencial cambie para bien o para mal.

El amor no lo justifica todo. El mal trato no se debe consentir. Es apasionante vivir la vida en verdad, bondad y belleza humanas.

Todos dependemos de todos. Todos somos vulnerables y fuertes a la vez. Capacidad de decidir y elegir nuestro camino. Conocer nuestras capacidades y limitaciones. Gestionar bien lo que somos. Aprender a priorizar bien. Vivir la vida propia es un asunto personal e intransferible. Actuar como sujeto creador de tu vida y de ti misma.

Construirnos en sujetos es el gran tema de las mujeres. Proceso laborioso: esfuerzo y compromiso. El orden establecido tiende a recolocar a las mujeres en los papeles sociales subordinados. Rebeldía. Resistir la dominación machista. Libertad.

Complicado equilibrio entre el cuidado de otros y el de sí misma. El compromiso ético y la solidaridad no sustituyen el autocuidado. Desaprender la invisibilidad. Reconocer nuestros valores. Biografías de las mujeres en primera persona, con palabras propias. Límites frente a los otros: no somos ilimitadas.

En realidad estamos solas. Soledad: espacios-tiempos para pensar, sentir y crear. Aprender a disfrutar de ellos. Libertad de *ser*. Alegría. Felicidad.

Placer de *ser* mujer. Rebeldía. Propósito de libertad. Transformar el mundo y nuestras relaciones. Legitimidad de nuestras experiencias cotidianas. Elegir los placeres que nos fortalezcan como sujetos existentes.

Nuestras acciones y elecciones tienen un propósito consciente o no. ¿Para qué hacemos lo que hacemos? Proyecto de vida oculto. ¿Es lo que realmente deseamos?

Toda conducta es una comunicación que influye en la conducta del otro y le transforma. Creamos constantemente mundos relacionales aunque no seamos conscientes de ello. Crear con propósito, conscientes en el hacer.

Si no podemos cambiar nuestras circunstancias sí podemos cambiar de actitud en ellas. Elegir la propia actitud en cualquier conjunto de circunstancias es una acción de libertad humana que nadie nos puede quitar. Pequeños cambios concretos traerán otros y otros. La realidad se va construyendo con la acción.

Concentrarnos en el momento presente: es el instante de la creación, el comienzo de otros.

Si dejas morir a la gran mujer que existe en ti se perderán diversos mundos, mundos que podrían derivar de su intervención, y esa pérdida será irreparable e irreversible. Valorarnos a nosotras mismas de una manera diferente, más humana y justa.

El proceso de completar el desarrollo propio. Valorar la vida. Llegar a *ser*. Coraje. Alegría de vivir. Fortaleza. Autoestima. Felicidad.

Para crear con propósito necesitamos tiempo. Atrevernos. Trascender la mala educación que se nos ha dado. Reescribir nuestra narración existente. Punto de inflexión para construirnos de un modo renovado.

Los distintos discursos sociales tutelan desarrollos diferentes. La ideología machista impregna el orden patriarcal y sustenta la jerarquía sexual. Innumerables micromachismos. Descubrirlos y trascender el machismo que nos afecta a todos. Si las mujeres no aceptamos la supuesta inferioridad que se nos atribuye, si no consentimos que nos traten como objetos, nadie nos podrá hacer sentir como inferiores y subordinadas.

Las mujeres tenemos que reconocer el gran valor de nuestras acciones, cuidar nuestra autoestima, empoderarnos y ser solidarias entre nosotras, dejando de competir unas con otras para captar las miradas de los hombres. Comprometernos en esa tarea.

Poder de nuestro hacer y de nuestras palabras. Participar activamente en el orden social. Ser independientes: economía, pensamiento y acción. Conocer. Comprender. El conocimiento nos empodera.

Influir en la felicidad de los demás debería de ser la base de todas las relaciones humanas. ¿Os imagináis un mundo que naciera de ese principio?

Descubrimos la responsabilidad con los otros en el proceso de hacernos sujetos, no nacemos con ella. Aprender a relacionarnos mejor como personas. Amar, ayudar y cuidar a otros representa el mayor valor de un ser humano. Las personas que aman sinceramente y enseñan a amar son las importantes. El amor armoniza la coexistencia social.

Amar la vida es el fundamento de vivir con amor. La bondad, la solidaridad y el respeto mutuo conforman una buena base para practicar la ética del cuidado, que habría que fomentar en los dos sexos. Disponer a ambos sexos en favor del otro. Cooperar y ayudarse mutuamente para vivir mejor en relación. Aprender a cuidar nuestras relaciones, a las personas y nuestro mundo. Todos saldríamos ganando. Las buenas relaciones entre los hombres y las mujeres se hilvanan en las buenas relaciones humanas. No puede haber una buena relación entre personas sin el respeto mutuo.

2.   LA MUJER EN LA NIÑEZ

La trayectoria del desarrollo fetal, sin la acción de las hormonas sexuales masculinas, es la femenina. El hombre se origina de la mujer, también de esa mujer que podría haber sido sin el influjo hormonal en momentos claves de su formación.

Nace una niña. Nace un nuevo mundo relacional de padres, abuelos, tíos, primos… Base afectiva para el desarrollo. Un mundo de significados que ordenarán su existencia. Gran dependencia física, emocional y psíquica. Comunión con sus seres más allegados. Su propia personalidad en formación.

Hacernos mujeres es un proceso. Huellas biográficas apenas conscientes. Necesidad de cuidados y de amor. Vínculos afectivos. Aprendemos a amar a las personas que nos cuidan.

Aprendizaje de significados en relación y comunicación con otros. La relación influye en los significados. Los participantes se ofrecen uno al otro, se aceptan o se rechazan, se valoran o se descalifican, se vuelven importantes o invisibles para el otro. Reformulación continuada de la relación.

Intencionalidades. Para qué se hace lo que se hace. No solo por qué llora un bebé, sino también para qué. Objetivos deseados. Maniobras de comunicación y de manipulación de la realidad. La realidad de la bebé se construye a través de la acción aplicando el método de ensayo y error. Orientación en el mundo. Conocimiento. Memoria. Biografía.

Las necesidades sentidas expresan el ser. Placer al satisfacer una necesidad. Malestar por no lograrlo. Conformación de las expectativas en relación con otros.

El placer sentido refuerza la formación del ser. El cuerpo de la bebé es su fuente de evaluación. La bebé siente y actúa procurando satisfacer sus necesidades. Ella es su fuente de valoración, se basa en sus vivencias.

La forma de percibir el mundo cambia en cada etapa de desarrollo. El sujeto va completando su proceso de crecimiento y de maduración. Modos perceptivos adecuados en cada etapa de desarrollo. Un logro posibilita otro logro. Proceso continuado, aunque puede detenerse y no progresar más.

Los recién nacidos: foco sensitivo centrado en la boca. Poco a poco se adquieren nuevas habilidades. El mundo se amplía. Sobrevivir y crecer como mandato inscrito profundamente en nuestro ser.

El constante «algo más». Procuramos ejercer un cierto control sobre el entorno y sobre los otros. La iniciativa de acción y el poder de hacer o no hacer residen en las personas, no fuera de ellas. Los bebés intentan modular su mundo haciendo o no. La vida de la pareja se reorganiza alrededor de ellos.

La madre o la persona que cuida al bebé es el mundo primero del recién nacido, es un mundo sensitivo. El tacto: tesoro de información, la base de las experiencias tempranas del bebé. El tacto sitúa al bebé en la realidad. Establecimiento de límites entre él y lo que no es él. Proceso de hacerse persona. Aprendizaje a través de la piel.

El contacto corporal es esencial para que los bebés sobrevivan. Base de seguridad. Diferenciación de la madre. Consciencia de ser un individuo con límites. Realidad tangible. Tocar para comprobar que algo o alguien es real se inscribe hondamente en nuestro ser y se conserva a lo largo de toda nuestra vida.

Lactante: la interrelación con otros es corporal, en la cercanía y contacto. Los sentidos de proximidad como el tacto, el gusto y el olfato se desarrollan antes que los de distancia como la vista y el oído.

De la etapa del lactante parten el miedo al abandono y la ansiedad de separación, que se inscriben en la profundidad del cuerpo-palabra y nos acompañan toda la vida.

Por la piel viva leemos los mensajes de otra piel. La transmisión de información es inevitable en la comunicación. El vínculo con el otro forma un lenguaje en comunión. Los estados de ánimo se transmiten de unos a otros. Formación de una imagen del mundo y de sí mismos.

A menudo los bebés imponen sus deseos en las relaciones con sus madres. Un bebé que rechaza ser tocado probablemente conseguirá no ser tocado y nadie podrá demostrar dónde comenzó este tipo de interacción, y si fue causa o efecto de otras. Las interacciones suceden a gran velocidad y los participantes no suelen ser conscientes ni de lo que comunican, ni de lo que crean.

Trato diferenciado a la bebé porque se sabe de qué sexo es. Modulación del comportamiento. Lo social ya está ahí. Aprendizaje de normas y de hábitos es incluso anterior a nuestra consciencia de ser, anterior al «yo pienso». El «yo pienso» es un logro evolutivo.

Cuando la bebé adquiere la consciencia de ser, de ser diferente a su madre, continúa en cercanía identitaria con ella por ser del mismo sexo. Los procesos de identificación sexual de una niña son relacionales con su madre y oposicionales con su padre. La identidad sexual de la mujer se ve fortalecida por no tener que separarse de su madre, su primer mundo.

La maduración de las niñas es algo más rápida que la de los niños. Su cerebro se desarrolla de distinta manera: madura antes y más en áreas relacionadas con el lenguaje. Desde muy pequeñas, las niñas tienen mayor habilidad verbal que los niños. Mayor plasticidad cerebral. Menos alteraciones del lenguaje. Las niñas por lo general hablan antes y con mayor fluidez que los niños de la misma edad.

Las habilidades y los intereses de las niñas se diferencian de los de los niños y se desarrollan a distinto ritmo que los de ellos. A los pocos meses, parece que las niñas muestran más interés en las caras, están más orientadas hacia lo relacional, lo afectivo, lo cercano. La empatía y la consideración por el estado emocional propio y por los ajenos son más pronunciadas en las niñas en todas las etapas de crecimiento. Habilidades interpersonales y comunicativas.

En las niñas se permite e, incluso, se fomenta la expresión de emociones. Llorar es una buena manera de aflojar la tensión. Las mujeres podemos mostrarnos débiles y necesitadas de ayuda. Podemos manifestar el aburrimiento y quejarnos sin sentirnos inútiles. En las niñas no se favorece la expresión de rabia o de cólera, ni de asertividad, ni de libertad de acción, ni de autoridad, ni está bien visto que se peleen con otros.

Dimorfismo sexual psicológico: los dos sexos divergen en su evolución emocional como sujetos existentes, sin que podamos separar claramente lo congénito de lo adquirido. Las niñas son motivadas emocionalmente de modo diferente a los niños. A los dos sexos se los educa para dominar y expresar distintas clases de emociones.

Las niñas aprenden a comprender a los demás para relacionarse mejor con ellos. Conducta femenina deseable. Tendencia a evitar la confrontación y el conflicto con otros. Consentimiento de un trato injusto. Misoginia. Los desacuerdos con otros se dan en la vida real, nos ponen a prueba como sujetos existentes. No evitarlos. No perdonar lo imperdonable. Mala educación. Adaptación a lo que hay.

La rabia y la cólera son a veces muy positivas. Rebelarse contra un trato injusto.

La dependencia: condición humana básica. Su satisfacción es importante para convertirse en un sujeto existente independiente. Sentir que podemos depender de los adultos y desarrollarnos en un espacio de seguridad. Atención necesaria. Sentirse queridas. Cierta seguridad en la interacción con el mundo. Memoria del cuerpo-palabra en relación con otros.

En las sociedades patriarcales existe una tendencia a perpetuar la dependencia femenina; es esencial para la conservación de dicho orden social. La educación de las niñas lo acusa. Dependencia mayor. Sobreprotección frecuente. Peligros. Las niñas aprenden a ser prudentes y a no arriesgarse. Miedo a ser dañadas.

Tener precaución y aprender a cuidarse es muy importante para sobrevivir. Miedo nocivo cuando restringe y aprisiona, cuando coarta la curiosidad, dificulta el conocimiento y empobrece los proyectos de vida.

Adaptarse. Obedecer. Aprender a ser sumisas. Decir «sí». Colaborar. Sonreír. No dar disgustos. No rebelarse. Agradar a otros. Las niñas aprenden que el comportamiento desvalido y dependiente les aporta gratificaciones: alguien les ayuda, les hace caso, las protege, las quiere... Poder mediante la manipulación de otros.

Las niñas aprenden desde pequeñas que en nuestras sociedades el gran poder de la mujer es la belleza. Cultivo, sin ser conscientes de ello, de los rasgos que despiertan los instintos protectores de los hombres y su interés. Si su conducta tiene éxito, se van habituando a un modo de interacción con otros.

Colaborar en el cuidado de otros. Ser unas mamás en miniatura. Desvalidas para algunas cosas y, al mismo tiempo, apoyo emocional de otros. Papel de madre con sus hermanos y también con sus mayores. Sensibilidad para detectar las necesidades emocionales de otros. No se educa a las niñas para dar la misma importancia a sus propios sentimientos ni necesidades emocionales. Autoinhibición.

Las eternas cuidadoras de otros. Dar afecto y no esperar recibirlo en igualdad. Poco apoyo emocional. Contar con una misma. El estilo afectivo se adquiere en la infancia. Mujeres hambrientas de comprensión y apoyo emocional en las sociedades patriarcales.

La necesidad de atención y de satisfacción emocional nos acompañarán toda la vida. El compromiso emocional de los otros con nosotras nos es muy necesario. Si los otros no nos reconocen ni nos confirman en su mirar, ¿en quién nos convertimos? El miedo al rechazo y a la soledad es un gran motivador para adaptarnos a lo que hay. Tendencia a someterse.

En la niñez, las expectativas de otros tienen mucho peso. Nos modelamos en el mirar y en el juzgar de los otros. La educación nos inculca hábitos de buena conducta. Premios y castigos, alabanzas y recriminaciones. Querer agradar a nuestras figuras significativas.

La mayor parte del comportamiento no es consciente. Nos habituamos a… Deseamos ser aceptados y queridos por nuestros padres y también influir en ellos, en su comportamiento.

Aprendemos a autocensurarnos. Autocontrol *versus* obediencia ciega. Reflexionar. No nacemos sabiendo hacerlo, es algo que aprendemos o no.

A las niñas se les dice que tienen que ser buenas, comportarse bien, no manchar sus vestidos, no alborotar, no despeinarse, no pelearse, no llamar excesivamente la atención… Se las entrena para ser amables, colaboradoras, conciliadoras, para saber adaptarse y limitarse a estar en un segundo plano, sobre todo si se relacionan con un varón. Las niñas aprenden a admirar a los hombres y a respetar su autoridad. Interiorización de la creencia en la inferioridad femenina.

Los aspectos activos, desenvueltos, arriesgados y triunfadores de la personalidad de las niñas son coartados, y sobreestimulados los «maternales» y los clásicamente «femeninos». La niña animosa y atrevida deja de serlo. Se les dice a las niñas que tienen que ser «buenas» y no aspirar a ser grandes figuras de la sociedad. Respetar las normas.

Los niños quieren creer: creer en la verdad de lo que se les cuenta les aporta sentimientos agradables. Las creencias falsas sobreviven en la repetición. Vigencia de la misoginia inscrita en diversos mensajes. Muchas creencias se nos inculcan antes de que seamos capaces de pensar y de cuestionar lo dado.

Sorda sensación de estar presa, que acompaña a las mujeres a lo largo de toda su vida. Sometimiento. Seducción de las figuras con poder para gozar de su poder hacer: poder de los pobres. Interacción basada en la desigualdad jerárquica entre los sexos.

La familia es un eficaz instrumento de socialización. Empezamos a comprender cómo son las cosas y qué se espera de nosotras. Cada familia con su particular estructura, códigos, normas, mitos, expectativas, valores... Significados. Creencias. Creación de un mundo que se confirma en interacción. Construcción de un sentido en el ser, que persiste en nosotras y nos sitúa en la vida. Guión de nuestra existencia.

Apego a las personas que nos cuidan y también al tipo de cuidado. Vivencias familiares, conocidas y cercanas. Experiencias. Modo de sobrevivir en el mundo. Mecanismos de defensa particulares y estrategias de conducta. Hábito a una realidad. Memoria biográfica que se graba en el cuerpo-palabra. Comportamiento. Tendencia a reproducirlo.

Castigo corporal: daño y atención que vuelve visible a la niña. Posible erotización de los castigos físicos. Mezcla del amor con el dolor y el sometimiento. El objeto del castigo corporal es quebrantar la voluntad de la niña: debe obedecer. Se la prepara para someterse y callar.

Cuerpos heridos: ocultan el dolor en su profundidad. Disociación del cuerpo por no querer recordar. Bloqueo. Estancias en la memoria que no visitará, pero que ejercen su influencia en las decisiones y elecciones.

La novela familiar no siempre es el destino. Tendemos a lo que conocemos y nos resulta familiar. Cada individuo puede decidir lo que realmente quiere lograr en su realidad y comenzar a cambiar su mundo en consecuencia. Acontecimientos insospechables que nos afectan, nos hacen reflexionar y replantearnos las cosas.

Los ritos familiares se graban en la memoria de la niña. Costumbres. Encuentro con otros en determinados entornos. Un mundo en comunicación. Realidades. Efectos imaginados.

La comunicación es circular, simultánea y multidireccional. El nivel de afectividad y empatía de los padres influye en el nivel de empatía de los hijos. Las pequeñas pueden adoptar los sentimientos de sus figuras importantes y experimentarlos como propios.

El estilo de crianza puede alterar el desarrollo de las potencialidades de los niños, pero cada uno tiene su propio carácter y tendencia emocional. Historias inventadas desde el personal sentir y guiones. Actuación como si fuese verdad. La familia puede modificar el sufrimiento de uno de sus miembros cambiando de actitud y de relato. Construir una nueva forma de comunicación con sus hijos. Reflexión. Acción. Perseverancia. Reconsideración.

En la familia: leyes no dichas de amor y de lealtad, que vinculan a sus miembros en un espacio común. Velado equilibrio entre las ventajas de unos y desventajas de otros, entre la felicidad de unos y la desdicha de otros. La necesidad de unión. Similitud y compensación. Culpa sentida por la desdicha de otro. Redención a través del sufrimiento. Más sufrimiento. Más perjudicados por el dolor. Expiación y no reconciliación, más difícil de lograr. Reconciliación y reparación de daños.

Se sigue considerando que las niñas tienen que prepararse para ser en un futuro buenas madres. Se tiende a creer que si no llegan a ser madres no podrán sentirse realizadas ni ser felices. Diferencia entre los sexos en la educación: los estímulos y oportunidades distintos.

Idealización de la maternidad, también de la madre y del bebé. Madres culpabilizadas si sus bebés tienen problemas. Los cuidados maternos son importantes, pero cada bebé tiene su personalidad: decide y elige, reacciona en y desde sí mismo. Cargar a las madres con la culpa es injusto y es propio de sociedades sexistas. Madres cansadas y frustradas.

Entender por qué y para qué nos comportamos en esa red de relaciones intensas que es la familia. ¿Cuál es o era el asunto en nuestra familia de origen? ¿Qué hemos aprendido en esa interrelación? La conducta persigue controlar el medio en que nos ubicamos; no suele deberse a la reflexión sino al ensayo y error.

Las niñas dan mucha importancia a los vínculos afectivos, a amar y a ser amadas por las figuras significativas. Imagen de sí mismas en el reflejo de las miradas de sus otros importantes. Imagen también referente a su sexo y de cómo tiene que comportarse siendo del sexo que es. El narcisismo de las niñas se diferencia del de los niños; los otros valoran aspectos distintos en los dos sexos.

Lo que observamos en las relaciones de nuestros padres entre sí y con nosotras se graba en nuestra memoria biográfica y nos comunica lo que podemos obtener del mundo. Si la madre intenta lograr reconocimiento y visibilidad por medio de la queja, la niña lo internaliza como una manera de relacionarse con los hombres. En esta interacción uno causa agravio al otro y otro manifiesta ser agraviado.

Diferencia de poder entre los padres. Se internalizan las relaciones de dependencia jerárquica de la madre respecto al padre. Las niñas comienzan a envidiar los privilegios otorgados por la sociedad a los varones. El poder produce realidad con sus supuestas verdades y falsedades. Creencias sobre lo que significa ser mujer y comportarse como tal. Ideales de felicidad. Expectativas de desarrollo. Tolerancia de la injusticia social. Consentimiento. También rebeldía.

En la infancia creemos que nuestros padres no pueden equivocarse, que son omnipotentes; les idealizamos, nos identificamos con ellos, les imitamos. Solo con el paso de tiempo aprendemos a ver sus limitaciones reales, debilidades y fallos.

Las niñas se ganan a sus madres manifestando estar de acuerdo con ellas e imitándolas. Con su padre emplean otras estrategias: lloran, le hacen reír, se muestran cariñosas o desvalidas, se convierten en sus «princesitas». Quieren conquistar a su padre, pero se sienten culpables en el fondo por desear superar a la madre y desplazarla en el amor del padre. El conflicto entre las madres y las hijas se sitúa en el desafío de las niñas a la autoridad materna y en su competición por ser la preferida del padre. En nuestras sociedades patriarcales se propicia la rivalidad entre las mujeres, que también aparece en la relación de madres e hijas.

Vinculación con la madre e identificación de las niñas con ella. Nexo que dificulta la separación. La niña debe separarse de la madre para convertirse en un individuo.

Dos arquetipos de la madre: la Gran Madre, que cuida, nutre, ama y da vida; y la Madre Terrible, que controla, exige, bloquea y destruye. La niña rechaza a la Madre Terrible. Impulsos destructivos contra la madre. Conflictos en la relación. La madre sufre por no sentirse querida.

Separación de la madre. Culpabilidad. Ambigüedad y sentimientos contradictorios. Rebeldía necesaria para crecer, ayuda a convertirse en sujeto.

A partir de los cinco años las niñas luchan por su individuación e independencia. Acción y aislamiento. Niña animosa, atrevida, juguetona y satisfecha, con una sana opinión de sí misma y buena autoestima. Tiempo enriquecedor en que las niñas disfrutan con sus experiencias y no se concentran tanto en gustar a los chicos.

Cambio acercándose a la adolescencia. Toma de consciencia de lo que se espera de ellas. Adecuación a las normas. Las niñas quieren gustar a los chicos, quieren que se enamoren de ellas y enamorarse. Al llegar a la adolescencia muchas niñas desconocen su potencial y no emplean su energía en descubrirlo: lo que quieren es gustar a los chicos y no asustarlos con sus maravillosas capacidades. Consentimiento en ser sobre todo objetos de deseo de otros. «Ocultamiento» en el interior de sí mismas. Los silencios por el miedo a no gustar, a no ser queridas. Sensación de extrañeza en el ser.

Gran parte del proceso de socialización de las niñas consiste en enseñarles lo que no deben pensar, sentir, soñar, decir y hacer. Inculcación de reglas. Patrones de comportamiento y maneras de comunicarse con otros. Miembros integrados en el orden social. Mantenimiento de la subordinación femenina.

Uno de los instrumentos más eficaces para perpetuar las relaciones desiguales de poder entre los sexos es la conformidad con los estereotipos sexuales tradicionales y los ideales de la feminidad y la masculinidad. La feminidad se asocia con la pasividad, dependencia, autosacrificio…, y no con las actitudes iniciadoras. La subordinación femenina es «normal» y «natural» en el orden patriarcal.

La misoginia, imperante en nuestras sociedades patriarcales. El sexo femenino considerado como inferior y subordinado a los hombres. Rebelión. Lucha por la igualdad valorativa. Reparto de tareas. Oportunidades para el desarrollo. Nadie te puede hacer sentir inferior sin tu consentimiento. Sostener la dominación de la mujer se vuelve difícil cuando las dominadas dejan de contribuir a que las cosas sigan como están.

La sumisión se sigue inculcando a las niñas como algo atractivo y deseable en el sexo femenino. Mandatos: Aprender a ceder y a complacer. No desafiar la autoridad masculina ni «amenazar» su «hombría». Aprender a sentirse realizadas y satisfechas en la opresión social. Fantasías descalificantes internalizadas desde el exterior. Ser sombras. No destacar por los logros, salvo cuando esos logros sean de belleza, obediencia y adaptación al papel que se otorga al sexo femenino en el orden patriarcal.

La autoestima femenina no se fomenta en el patriarcado salvo cuando se asocie con el papel de la entregada cuidadora de otros. Cometido de cuidar, servir y hacer la vida más cómoda al varón. Aprender a priorizar «en femenino»: los demás primero y una misma en el último lugar.

Múltiples tareas que aparentemente no aportan dinero ni se valoran como importantes a pesar de serlo: ¿Quién podría sobrevivir sin comer, sin tener sus necesidades básicas cubiertas, sin ser afectivamente atendido? Las madres, por lo general, son más pobres que los padres. Profunda injusticia social del patriarcado.

Las niñas aprenden a amar en su familia. Las personas que aprenden a amar son más humanas, son las verdaderamente importantes para la Humanidad.

Las niñas sueñan con el amor, con ese «príncipe azul» que las amará para siempre y las hará felices, como en los cuentos que tanto les gustan. Los ideales de amor romántico asignan a las mujeres papeles de segundo orden. Los héroes son casi siempre los hombres; aprendemos a admirarlos y a desearlos. Se aprende que la diferencia de poder entre los sexos es uno de los temas esenciales del romance.

Mitos: formas de prescripción y control social. Imaginario social. Propagación de los ideales de felicidad. Idealización del amor romántico y de la maternidad. La letra pequeña de ser madre en nuestras sociedades patriarcales es ignorada.

El juego: experiencia creadora. Importante en el desarrollo infantil. En el juego internalizamos reglas del comportamiento con otros, nos expresamos y creamos algo en común; aprendemos a colaborar para conseguir un fin y a lograr un objetivo propio. En el juego se procesan traumas, se representan experiencias personales en un mundo menos amenazante, pudiendo manifestar lo que asusta y hace daño.

Los juegos de las niñas suelen ser más de cooperación que de competición. Compartir y comunicarse más que ganar sea como sea. Las niñas no suelen jugar tanto a la guerra. Buscan pasar un buen rato sintiéndose a gusto con las otras; crean lazos afectivos, comparten secretos, se cuentan cosas... Cuando se aburren, dejan de jugar sin darle tanto valor a ganar o a perder.

Las niñas no suelen organizarse en grandes pandillas jerárquicas como los niños; forman pequeños grupos buscando unión, colaboración y solidaridad. Hacen cosas juntas, pero también charlan para crear y reforzar los lazos afectivos del grupo, y suelen tener una o dos «mejores amigas» con las que comparten secretos y hablan más que con otras.

Consensos en los grupos sobre lo permitido y lo prohibido. Las transgresiones se pagan. Fidelidad al grupo. Miedo a ser marginadas y expulsadas. Imitación de las compañeras. Sentimientos agradables por pertenecer al grupo y ser aceptadas. Cierta seguridad. El grupo de iguales influye en la formación del individuo. Se va aprendiendo a relacionarse y a ser responsable de propias acciones.

La familia y el grupo de iguales son unos eficaces instrumentos de socialización. También lo es la escuela. Cuando las niñas son escolarizadas se les abre un nuevo mundo relacional, un mundo estructurado, con sus normas y reglas. Las niñas aprenden muchas cosas nuevas: leer, escribir, hacer cálculos... Normas de conducta. Límites. Obediencia. Modos de triunfar. La escuela no solo transmite conocimiento, también adiestra, vigila, recompensa y castiga, jerarquiza, inculca sueños, adoctrina...

Mediante la imposición y la persuasión se va logrando una considerable uniformidad en el comportamiento de los alumnos. El conocimiento nos transforma, crea realidades en las que nos ubicamos.

En la escuela se fomentan las cualidades valoradas en la sociedad y no el desarrollo de las cualidades personales de cada alumno. La masificación en las aulas se asocia con la despersonalización del alumnado. No se pretende que el alumno se exprese sino que obedezca y no dé problemas. No se estimula por lo general la creatividad, ni el deseo de libertad, sino la uniformidad en el pensar, sentir y comportarse. El aprendizaje se basa más en memorizar y no en razonar. Se obtienen sujetos más manejables y previsibles, que no cuestionan lo dado y no se hacen preguntas verdaderamente importantes para ellos y para la existencia.

Se enseña a los alumnos a competir entre ellos y a tolerar la injusticia social como la «ley del más fuerte». Aprender a convivir con el abuso del más fuerte sobre el débil o diferente. Impulsos antisociales. Ocultamiento de sentimientos destructivos hacia otros y hacia uno mismo. Rabia depositada en el interior. Una conducta correcta combinada con emociones insanas propicia la infelicidad humana. Aprender a tratar bien a los otros. Un mundo mejor.

En la educación es importante hacerse preguntas. Fomentar la curiosidad en el saber, la búsqueda de la verdad, el pensamiento crítico, la creatividad, la alegría de vivir, el deseo de libertad. El compromiso con una misma desde el reconocimiento y respeto, desde la dignidad y honorabilidad. Aprender a valorarse. Elegir bien como creadores del mundo. Cuidar la autoestima. Saber decir «sí» y decir «no». Tratar bien a los demás.

Los prejuicios contra el sexo femenino son un problema de relaciones humanas y una muestra de profunda ignorancia. La educación de los niños en las escuelas debería disponer a ambos sexos en favor del otro, con solidaridad y respeto. Las escuelas pueden preparar a nuestros pequeños para ser individuos plenos, libres y creadores de mejores mundos para vivir en ellos en relación con otros.

Las niñas como alumnas suelen ser más disciplinadas, respetan más las normas; son más pacientes, cuidadosas y regulares en el estudio. El rendimiento escolar de las niñas suele ser bueno. Ser «buenas» y no dar disgustos a sus padres. Honorabilidad académica. Planes de futuro. Compromiso consigo mismas. Autoestima. Capacidad comprobada. Triunfo.

El aprendizaje configura el cerebro. A mayor estímulo, mayor riqueza del mundo en que se desarrolla la niña. También relacionarse con otros amplía nuestro mundo y nos modula. Aprender a relacionarse bien, con asertividad y respeto hacia una misma, sin agachar la cabeza.

Es el cuerpo el que atraviesa sus procesos en el crecimiento; tiene sus propios mandatos y sigue su propio ritmo. Las niñas van alcanzando logros madurativos y habilidades que las llevan a otros logros, y esos a otros. Progresiva independencia. Constante cambio.

En cada etapa de desarrollo emergen nuevos mundos y las niñas tienen que aprender a desenvolverse en ellos y seguir avanzando o no. Van construyéndose como sujetos existentes. Desarrollo de la inteligencia en el uso.

Lenguaje. Composición del relato sobre las cosas exteriores a ellas. Para relatar lo que acontece en su interior, deben haber construido su «yo»; lo que sucede aproximadamente a partir de los siete años, aunque hay excepciones.

Las vivencias de la niña se graban en su cuerpo-palabra y van conformando su sexualidad. Adaptación a las normas sociales. Proceso de represión y autocensura. Vergüenza si se apartan de las normas. Pudor. Renuncia a los impulsos instintivos. Peligros externos e internos que afectan al «yo». Procesos defensivos. Lucha consigo mismas, con su «monstruo interior», que también tiene buenas cualidades: es fuerte, se atreve y sirve para crecer. Rebeldía.

Ser como mamá, tal como ellas imaginan que es. Idealización de la madre. Admiración. Imitación de la madre irreal: buena, amorosa, pura, generosa y asexual. Continuidad identitaria con sus madres. Vínculo emocional que puede persistir toda la vida.

La sexualidad es una fuerza subversiva en la familia. Las niñas se alejan de las madres al aparecer los tabúes sexuales. Las niñas descubren que las madres tienen secretos que no les cuentan, que saben cosas sobre la sexualidad y se las ocultan.

La masturbación por frotamiento del clítoris. Pocos padres les hablan del clítoris, que no se nombra. Pocas madres saben cómo son sus genitales externos e internos. El clítoris sigue siendo un desconocido y se lo reduce a una especie de «botón» excitatorio. La ley del silencio impera en lo referente a la sexualidad de la niña. Seguimos transitando en un espacio de ignorancia sexual, fantasía, falsedades y falta de aprecio a las mujeres.

La masturbación de las niñas incomoda y preocupa a los padres. Perturbación y confusión de las niñas. Ocultamiento. Frustración. Mayor necesidad de obtener una compensación placentera inmediata. Problematización. Culpabilidad. La masturbación infantil es una experiencia normal del desarrollo del individuo.

Aprendizaje de relacionar el sexo con la sensación de vergüenza y culpa. Ambivalencia: búsqueda y evitación, placer y peligro, deseo y temor... Inmadurez para cuestionar y buscar una información veraz. Las actitudes sexuales en la familia influyen en la sexualidad de las niñas.

El autoconocimiento sexual y la autoafirmación sexual propician una sexualidad plena y una buena gestión de nosotras mismas.

Hecho biográfico traumático y desestructurante como el abuso y la violación. Difícil disociar la sexualidad de la amenaza, el placer del dolor, el amor del odio, el poder sobre otro del sexo, la despersonalización y reducción a un objeto de uso. Problematización del placer y de las relaciones sexuales futuras. Creencia de que el sexo es algo que hacen los hombres a las mujeres desoyendo lo que ellas desean, doblegando su voluntad sin preocuparse de sus sentimientos.

Las niñas abusadas o violadas pueden sentirse culpables, como si ellas hubieran hecho algo «malo» para merecerlo. Es injusto y atroz, pero ocurre. Ocultamiento. Silencio. Profunda vergüenza. Asociación del sexo con dolor, daño y destrucción. Aversión en algunas a ser tocadas, y a los genitales masculinos. Anulación del deseo. Disociación del cuerpo y de sus sentimientos para evitar el dolor interior.

Nuestras historias vividas intervienen en la interpretación que damos a los sucesos del presente y del futuro. Elecciones y acciones. Caminar existencial. Si cambiamos de actitud con respecto al pasado, nuestra vida cambia a su vez. Punto de inflexión biográfica. No es lo mismo considerarse una víctima que una superviviente, capaz de salir adelante de un suceso traumático.

Después de un hecho sexual traumático las niñas se esfuerzan en protegerse a sí mismas de los peligros sexuales, están más atentas a posibles amenazas y evitan situaciones de riesgo. Aprendizaje a temer a los hombres y a desconfiar de ellos en el terreno sexual.

Según las estadísticas, la mayor parte de abusos sexuales se producen en la familia y en contacto con los parientes y amigos de los padres. Silencio. Ocultamiento. Indefensión de las hijas.

Se enseña a las niñas a no indagar sobre la sexualidad. Incomodidad de las madres hablando sobre lo sexual. Negación de la propia sexualidad. Silencio. Ignorancia. La tendencia natural de las niñas es examinar su cuerpo y disfrutar tocándose. Las niñas son curiosas y quieren saber. Censura. Bloqueo.

Una buena educación e información sexual adecuada a cada nivel de desarrollo son muy importantes para que las niñas sean felices en su piel sexuada y sexual. Aprender el hondo placer de vivir corpóreas sin focalizarlo en los genitales. Asombro con los descubrimientos. Entusiasmo en el conocimiento. Cuidar cada instante de placer existencial. La alegría de vivir, la belleza y la poesía existencial no deberían apagarse y menos en la niñez.

¿Qué pasaría si a los niños les comunicásemos que la sexualidad es buena, es hermosa, mueve poderosamente nuestro ser, nos da energía para seguir viviendo y se asocia con la humanidad, bienestar y felicidad? ¿Qué pasaría si las niñas aprendieran a sentirse orgullosas de su condición corpórea, sexuada y sexual? El mundo en que viviríamos todos sería más feliz y digno, un mundo mejor. Influir en la felicidad de las personas debería ser la base de la educación sexual.

Las preguntas de las niñas sobre el sexo deberían ser contestadas de forma clara y adecuada para su nivel de desarrollo. Actualmente, gran parte de la información que les llega a los niños es por el Internet. Los niños no comprenden bien lo que ven, pero lo guardan en su memoria.

Los niños no suelen desear coitos; sí los tocamientos exploratorios y excitantes, la masturbación, los juegos de «médicos», los encuentros secretos y experimentos privados, incluso con otros. La curiosidad de las niñas es muy grande y más acercándose a la pubertad.

Los niños y las niñas son criados con valores sexuales diferentes, que influyen en su deseo y en su comportamiento. Las niñas: comunicación emotiva, expresión de sentimientos. El imaginario de las niñas, rico en historias amorosas, de príncipes azules y bellas princesas, deseosas de ser besadas y desposadas. Fantasías sexualmente excitantes que las hacen estremecer. Escenificación con los muñecos o representando papeles con sus compañeros de ambos sexos.

A quien no quieren imaginar las niñas es a sus padres besándose apasionadamente y haciendo el amor; se sienten excluidas y además, tienden a asociar
el coito con el daño. Para la mayoría de las niñas, la relación sexual de sus
padres permanece oculta y es objeto de fascinantes conjeturas.

Curiosidad. Deseo de parecerse a los adultos. Imitación. Erotización de
lo conocido y de lo imaginado. Fantasías sexuales que pueden compartir con
sus amigas de más confianza. Ensayo de besos y caricias con ellas sin que sean
fruto de un deseo homosexual.

Las niñas temen que los otros las desaprueben por sus fantasías y terminan por reprimirlas. La represión puede dar forma a su deseo. La niña se
defiende contra sí misma.

Con frecuencia, las pequeñas desean lo que se desea en su familia. ¿Qué
fantaseábamos en nuestra etapa infantil? ¿Cuál era mi fantasía amorosa? ¿Sigue siendo la misma? ¿Qué esperaba yo del amor cuando era pequeña? La niña
que fuimos antaño sigue viviendo en nosotras, en el cuerpo-palabra biográfico que lo almacena todo.

Los actos infantiles relacionados con el sexo son sobre todo formas de indagación y de descubrimiento. Las niñas quieren saber, son curiosas, observan, imitan, exploran, ensayan, juegan… Exploración de su propio cuerpo:
partes del cuerpo que dan placer. Aprenden a tocar de manera gratificante.
Tocan los cuerpos de sus otros cercanos con la intención de conocer y no de
excitar. Las niñas no poseen los mismos significados que los adultos: tocan,
acarician y besan de una manera infantil.

En la infancia, los actos sexuales son predominantemente manuales, pero
las niñas también miran y observan. Muchas descubren el clítoris tocándose ahí abajo, aunque no le ponen nombre, porque nadie lo nombra. Poder
nombrar los genitales masculinos y no hacerlo con los femeninos es quitarles
valor y relegarlos a la no existencia y al silencio. La práctica del silencio respecto a lo que se considera «sexual» se va gestando desde la niñez. Dificultad

en el autoconocimiento y la autoafirmación sexual femenina, necesarios para una vida adulta feliz.

Masturbación. Actividad normal en el desarrollo de las niñas. Comprender la diferencia entre lo público y lo privado. Hay actos que se hacen en intimidad y no por eso son «malos». Enseñar a comportarse en la realidad social. Mensaje que la masturbación es una expresión más de la sexualidad humana y no algo pecaminoso.

Masturbación con orgasmos. Sorpresa. Intenso placer. Susto. Confusión. Culpabilidad. Repetición en busca de gratificación.

Primeros encuentros sexuales con otros: caricias, besos, tocamientos, masturbación mutua; suelen ser muy excitantes. Sensación de poder y de ser mayor. La niña vive de manera apasionada sus primeras experiencias sexuales con otros. Susto de los padres. Su preocupación. Escándalo. Impedimento. Castigos. Prohibición. Reclusión y alejamiento.

Los abusos a menores: abusos de poder. No es fácil contar lo sucedido. Silencio. Se sienten «manchadas». A veces, secuelas para siempre. Creencia de que el hombre es el que ejerce el poder en el sexo; que los hombres son «malos» y peligrosos, que el sexo se asocia con el poder y la violencia del más fuerte sobre el débil.

Juegos sexuales de «médicos» que exploran, te dicen que te desnudes y te auscultan; y de «enfermeras», que te ponen inyecciones, te cubren de vendas, te toman la temperatura… Las niñas juegan con gusto intercambiando papeles de la que manda y de la que obedece, papeles activos y pasivos, de dominio y de sumisión. Disfrutan mucho actuando, mirando y sintiendo que las miran. Se sienten poderosas y se estremecen de gusto.

Placer. Culpa. Ocultamiento. Práctica en secreto. Placer por transgredir lo impuesto. Gran abanico de sensaciones, emociones y sentimientos.

Conforme las niñas se acercan a la pubertad, los juegos sexuales se van pareciendo más a las actividades sexuales de los adultos. Si llegan al coito, suelen buscar más el cariño y la cercanía con el otro que el placer sexual en sí.

Los primeros amores. Algunos perduran toda la vida. Generosidad y entrega a su manera infantil. Autenticidad. Oportunidad de aprender muchas cosas que resitúan a la niña en su mundo. Crecimiento personal. Importante evolución afectiva de la niña. Un mundo nuevo. El amor transforma.

Adquisición de un estilo afectivo que influirá en sus relaciones. Por lo general, el amor mejora el estilo afectivo, pero también puede mermar la autoestima y conducir al sufrimiento. El primer amor como fuente de energía transformadora. Posible resolución de vínculos ambivalentes con sus otros importantes. En su mundo afectivo surge un nuevo interés, que reorganiza los demás afectos. Preparación para la pubertad y la adolescencia.

3. LA MUJER EN LA ADOLESCENCIA

Etapa desde los once años hasta los dieciocho aproximadamente. Grandes cambios. Nuevas vivencias. En la adolescencia las chicas se desarrollan antes y a una velocidad mayor que los chicos. Consciencia de sí misma como sujeto. Capacidad de reflexionar sobre sus propios pensamientos, emociones y sobre sí misma. Deseo de comprenderse. Descubrimientos de las particularidades propias.

Inseguridad en su nueva realidad. El mundo relacional se amplía. Cuestionamiento. A veces, crisis identitarias. La niña que fue se integra en la hondura biográfica carnal y causa efectos. Lo que hemos vivido existe en nosotras. La adolescente puede reformular el sentido de sus experiencias infantiles porque su mirada ha cambiado. Relatos renovados.

La conciencia de la adolescente se muta en racional. Pensamiento formal operativo («formop»), de mayor aptitud abstractiva, flexibilidad y relativización. Se recurre a la lógica, se piensa y se reflexiona. Surge un «yo mental».

Las chicas se vuelven más calladas. Sorprendentes transformaciones corporales. Cierta escisión entre la mente y el cuerpo, que es observado y criticado.

La mente adolescente empieza a trascender su propio egocentrismo, se pone en el lugar del otro. Desarrollo de empatía. La conciencia se vuelve más ecológica y social, más responsable y, por tanto, más soberana y autónoma.

Cada adolescente crea de nuevo un mundo particular y es un mundo de relaciones. Influencia en una sincronía trepidante y dramática.

Etapa que combina la consciencia con mucha ensoñación y ensimismamiento. Sueños que no suelen traducirse en acciones.

Aceleradas transformaciones en un tiempo corto. Difícil asimilación. Inseguridad. Influjo de las hormonas sexuales. Cambios corporales, mentales, emocionales y psicológicos. Sorpresa por no poderlos controlar. El cuerpo manda más allá del deseo de las chicas, que atraviesan un proceso que ni conocen, ni comprenden. Emociones contradictorias: alegría y temor, orgullo y vergüenza, timidez y afán de protagonismo... Sentimiento de estar presa en el propio cuerpo.

Las hormonas sexuales controlan la actividad de los genes de todas las células del cuerpo y van modificando tejidos, la distribución de la grasa corporal, la complexión ósea, la pilosidad, la piel, la musculatura, el cerebro, los genitales... El proceso podador de neuronas se intensifica en la adolescencia. Las gónadas se activan y secretan hormonas de forma cíclica. Menstruación: punto de inflexión en la conciencia. «¡Ya no es una niña, es una mujer!»: todos lo dicen.

La menstruación se acompaña de una reorganización psicológica de la chica: una especie de shock que desorienta. La existencia de los genitales en ella, y esos genitales sangran. Susto. Conflicto. Nuevos nombres: vagina, útero, ovarios... Posibilidad de quedarse embarazada. Un peligro más. Mayor cuidado y precaución. Se lo explican bien, pero no le explican su anatomía. El clítoris apenas se nombra.

Los conceptos ordenan el conocimiento y nuestra realidad. La adolescente incorpora sus genitales internos y externos en el esquema corporal, pero sin valorarlos. Ignorancia del clítoris: órgano cuya función es exclusivamente de goce sexual. Esquema corporal empobrecido que problematiza su acceso al placer sexual.

Himen: valorado en muchas sociedades. Falta de información sobre qué es. El himen es un pliegue membranoso que cierra parcialmente la entrada de la vagina. Forma de media luna. Se supone que se rompe con las relaciones coitales vaginales, pero puede también romperse accidentalmente. Reparaciones quirúrgicas en algunas sociedades patriarcales.

Las primeras menstruaciones no se acompañan siempre de ovulaciones. Las hormonas sexuales influyen en todo el organismo de la mujer. Cambios de humor, de ánimo, de sensibilidad al dolor, capacidades cognitivas, temperatura... Posible síndrome premenstrual por bajada de estrógenos antes de la menstruación, y las jaquecas. Desánimo y tristeza. Algunas chicas sufren dolores y se sienten enfermas. A veces, sangrados demasiado abundantes.

Mayor propensión a padecer depresiones en la adolescencia: menor concentración de serotonina, continuos cambios corporales, menor aprecio social del sexo femenino.

Las chicas son más vulnerables al tabaco, al alcohol y a las drogas. Sus efectos tóxicos son más fuertes en ellas. La relación entre las adicciones y los trastornos alimentarios: Anorexia, bulimia y trastornos alimentarios por atracón.

Las adolescentes son más conscientes de ser cuerpos, pero comienzan a considerarse cuerpos para otros. A menudo descubren que su cuerpo es objeto y blanco de poder de otros. El poder social construye héroes y víctimas, líderes y subordinados, amos y siervos, sujetos con plenos derechos a ser o de subyugados sin esos derechos.

La socialización de las adolescentes les enseña que su principal poder reside en la belleza de su cuerpo y en su sexualidad, pero como complementaria y complaciente con la del varón. Esto va cambiando.

La actitud hacia el cuerpo femenino en las sociedades patriarcales es la de deseo del cuerpo joven, bello y «sexy», y de rechazo de los cuerpos que no se ajustan a ese modelo. Las chicas aprenden que su atractivo sexual les aporta poder y se esfuerzan en cultivarlo para tener éxito social.

Ascenso social por el ritual amoroso o por el académico. Muchas adolescentes dejan de lado el desarrollo de su inteligencia porque temen que los chicos no las quieran. A los chicos no les gusta sentirse inferiores y no les atrae, por lo general, la inteligencia de las chicas, sino su aspecto físico. Desventajas de ser inteligentes en el orden patriarcal. Disimulo de su inteligencia. Sacrificio de su propio desarrollo como sujetos de pleno derecho a *ser*.

Supuestos poderes especiales de los cuerpos de las adolescentes, poderes de cuerpos objetos que seducen con su apariencia. La seducción: poder de los pobres. Las adolescentes quieren que se las desee. Deseo de poder, de visibilidad y de control, que se expresa a través de los otros que las desean.

Imaginario colectivo: muchachas que despiertan un deseo incontrolable en los hombres y, a partir de conquistarles, son felices para siempre y viven bien. Preocupación por la apariencia física. Algunas se obsesionan con el peso, con sus pechos, piernas, labios, nalgas… Aprendizaje a ser un objeto de deseo, un objeto bello. Escisión en sí misma. Aversión a su propia carne real.

Debilidad como sujeto existente. Subordinación a otros. Secundario lugar en el entramado social. A la sombra del varón.

La sujeción está siempre reforzada por la moralidad. Diferencia de moralidad para los sexos, que refleja el poder superior de los hombres.

Ritual académico como instrumento para el ascenso social. Buenas estudiantes, más disciplinadas y constantes, mejor adaptación a las normas de los profesores. Éxito académico: mejores oportunidades de ascenso social siendo sujetos, más libres e independientes en su existencia. Una vida propia.

Los cuerpos recuerdan y se habitúan a una serie de cosas: vestido, comportamiento, modo de andar, hablar, mirar, sentarse, correr, gesticular, ocupar un espacio… Disposiciones para sentir lo que se debe y lo que no se debe hacer. Significados. Explicaciones de sentido. Condicionamiento: lo social moldea los cuerpos adolescentes. La socialización respalda las estructuras de poder vigentes en la sociedad. Realidades concordantes con las creencias. Lo social ya está ahí antes de que lo conozcamos y lo internalicemos sin poder cuestionarlo todavía.

La misoginia instaurada en las sociedades patriarcales. El sexo femenino como inferior y subordinado al masculino. Las chicas conviven con ese prejuicio y ordenan su mundo en esa realidad. Los prejuicios refuerzan las relaciones de poder existentes. Con frecuencia, las adolescentes confirman sin querer su subordinación social por ser del sexo femenino. Los comportamientos se aprenden en el proceso de socialización y comunican verdades ocultas sobre cómo son las cosas en cada sociedad. Los prejuicios contra las mujeres representan un verdadero problema de relaciones entre las personas, sujetos existentes sexuados y sexuales.

El orden social imprime sus estructuras en los individuos mediante la inculcación de los ideales de la feminidad y la masculinidad. Feminidad: dulzura, amabilidad, complacencia, entrega, pasividad, modestia, generosidad, desvalimiento, dependencia, autosacrificio, sumisión, emotividad, vivir para otros... Conformidad con el género. Perpetuación del orden establecido.

En las mujeres se fomenta la expresión de emociones salvo de la ira, la rebelión o el inconformismo. Las adolescentes pueden llorar y mostrarse caprichosas, aburridas y desvalidas, pero no está bien visto que expresen sus emociones de manera violenta. ¿Quién decide cuál es el comportamiento adecuado para una adolescente?

Proceso de socialización. Instrucciones sobre cómo hay que ver el mundo. Las cualidades de los chicos y las chicas no son opuestas, eso sí, se expresan de un modo diferenciado. Programación cultural y social de las mujeres para sintonizar con lo que se espera de ellas, con ser «buenas» y no defraudar a sus seres queridos. A muchas se les olvida *ser* realmente.

La adolescente: sujeto inmaduro. Lucha para no ser un objeto. Búsqueda de un proyecto de vida propio. Adiestramiento en el cumplimiento de los papeles femeninos adjudicados para ellas en la sociedad.

El imaginario social se nutre de los eternos mitos referentes a los arquetipos femeninos: Virgen (Palas Atenea), Madre (Hera) y Puta o Bruja (Afrodita). Modos de comportarse para ascender en la sociedad y planificar el estilo de existencia. Los tres arquetipos se entremezclan con distintas fuerzas en cada adolescente dependiendo de sus circunstancias existenciales.

Identificación con la Virgen (Palas Atenea): buena y «honesta», lo que incluye la «honra» académica. Son chicas formales, responsables y estudiosas. Su estrategia de ascenso social se centra en ellas mismas. Profesión. Independencia económica.

Identificación con la Madre (Hera): buenas esposas y madres. Estrategia de ascenso social: matrimonio. Proyecto de vida. La profesión está en un segundo lugar. Idealización de la maternidad.

Identificación con la Puta o Bruja (Afrodita): seductora, sexy, juguetona y coqueta. Conquista a los hombres y los intenta gobernar gracias al hechizo de sus encantos. Es el Objeto de Deseo para muchos. Estrategia de ascenso social por medio del ritual amoroso. Peligro de destrucción personal si se equivocan en su elección del otro. Patrón de desviación inútil de la energía vital.

A las mujeres se nos inculca el papel de entrega a los demás procurando su bienestar, de servirles en sus propósitos y no reconocernos como individuos autónomos, con pleno derecho a desarrollarnos como sujetos, en igualdad de valor que los hombres. No se nos refuerzan la autoestima, la asertividad, el dominio de sí, ni la independencia. Se nos educa en la preocupación por los demás, por las relaciones con ellos y en consentimiento del dominio por parte de los hombres. Creencia de que la verdadera vida de las mujeres es la afectiva. Aprendizaje a priorizar mal, atendiendo en primer lugar las demandas y las necesidades de otros, y desoyendo las propias.

Mayor capacidad expresiva de las adolescentes. Mayor destreza en las artes sociales de la conversación, la empatía, la comprensión de los afectos y el trato íntimo. Programación para amar, sostener, ayudar y consolar a los demás. Se propicia que las chicas perdonen las ofensas y no reparen en desacuerdos, que comprendan a los demás y consientan... Muchas aprenden a no decir «no» para no perder el afecto de los demás. Otras se rebelan con explosiones sentimentales y arrebatos destructivos. Ensayo de su poder sobre otros. Sufrimiento de ellas mismas y de otros.

La adolescencia es una etapa de desarrollo muy turbulenta, de rupturas de vínculos, dramáticos descubrimientos, ritos de paso, cuestionamientos identitarios y de rebeldías. Contradicciones y ambigüedades buscando su lugar en el mundo. Desequilibrios. Redefinición continua. Cabe posicionarse para no colaborar en nuestra propia subordinación como sexo.

La socialización de las adolescentes para ignorar su propio potencial. Recompensa al autoinhibirse. Imposición de la moral sacrificial. Construcción del sentido existencial femenino. Seres de amor. Amar es nuestro «deber» por ser mujeres.

Atribución del éxito existencial en los dos sexos a distintos logros. Los «triunfos» son diferentes para cada sexo. Nos educan para desempeñar distintos papeles sociales. Creencia de conseguir el éxito, el estatus social y la propia identidad a través de un hombre. Compromiso con el papel de esposa y madre. Admiración al hombre. Complacencia en la subsunción femenina.

En la adolescencia, la afectividad se entrelaza con la opresión y con la lucha por la condición de sujeto. «Sombras» de sus otros o intento de convertir a ellos en sus «sombras». El poder sobre otro en las relaciones adolescentes.

Se nos educa para esperar. Sueños con vivir un gran amor. Sacrificio de lo que ellas mismas son. Creencia de que el amor romántico es lo más importante para ser feliz. El amor no lo justifica todo. De quien debemos esperar un auténtico amor es de nosotras mismas. Aprender a ser las mejores amigas de sí mismas.

Idealistas en el amor. Deseo de ser amadas y amar a la manera tradicional. Los mitos amorosos universales del imaginario colectivo. Aprendizaje a sentirse conformes con la diferencia de poder entre los sexos. Las chicas tienen menos poder social, pero emocionalmente son más poderosas que los chicos: Hecho acallado y no reconocido porque el poder femenino sigue suscitando sospecha y miedo. Las adolescentes aprenden a no manifestarlo, no expresarlo directamente.

El amor adolescente sentido: rito de pasaje hacia la juventud, punto de inflexión existencial. Replanteamiento de la imagen de sí misma. Los ritos de pubertad procuran establecer en el sujeto en formación un sistema de sentimientos apropiados al orden social. Individuos integrados en dicho orden.

El amor adolescente como una auténtica transformación existencial. Evolución afectiva. Puede hacer crecer o destruir. Cuando hay desigualdad entre los sexos, el femenino suele llevar la peor parte.

Normas sociales cada vez más complejas. Mundo más rico y complicado. Cumplimiento de las normas y rebelión. Lucha por la individuación separándose de las figuras significativas. Algunas conductas de riesgo en compañía de sus pares. Las adolescentes quieren experimentar, quieren sentir, quieren vivir intensamente... Burlar las normas sin reflexionar sobre las conveniencias desvía la energía vital de manera inútil. ¡Ni obediencia ciega ni rebeldía porque sí! Reflexionar sobre lo que verdaderamente hace bien a una misma.

La educación debería servir para estimular la búsqueda de la verdad, del bienestar y el respeto a nosotras mismas, a reducir la credulidad infantil y el desvalimiento personal. El logro de una cierta independencia mental es posible. La facultad de razonar cada vez es mayor.

Perpetuación del sometimiento de las mujeres: no interesa que ellas aprendan a pensar y a cuestionar lo dado. Se prefiere que sean sobre todo emotivas. Así se las gobierna mejor. Consentimiento de la propia subordinación.

Las mujeres tienen que definirse desde sí mismas y sus valores, y no en función de sus relaciones con otros. Encontrar su propio camino. Sujetos en relación con otros.

Asumir la propia singularidad. Construir sus límites personales frente a los otros. Vivir como protagonistas de su historia y no a través de otros. Empoderamiento existencial. Libertad de *ser*. Compromiso consigo mismas. Autenticidad en el ser. La mayor valentía: ser la persona que una es a pesar de todo y de todos. Conducta ética.

La soledad se relaciona hondamente con la individuación y la asunción de ser diferente. La soledad es inherente a *ser* sujeto existente real.

Aprender a ser responsables de sí mismas y del bienestar propio. Saber cuidarse. Aprender a ser la mejor amiga de una misma. Elegir con propiedad lo que se quiere de verdad. Aprender a controlarnos y decirnos «no» cuando es eso lo que nos conviene.

No ser cuerpos para otros. Nuestro cuerpo nos pertenece. Valorarlo: todo nace en él. Somos cuerpos existentes. Respetarlo. Aceptarlo. Quererlo. Cuidarlo.

Inculcación de una buena conducta en la familia y en el espacio escolar, el cual la va desplazando. La influencia de los compañeros es muy importante en la adolescencia. Actualización de las estructuras de poder existentes en la sociedad.

El espacio escolar debería servir para estimular el conocimiento, para enseñar a pensar de forma independiente y promover la búsqueda de la verdad. Hacerse preguntas y no tanto responder a las preguntas de otros. Crear ciudadanos cultos. Fomentar la imaginación, la originalidad y la creatividad.

Con demasiada frecuencia, en el espacio escolar, se recompensa el conformismo, la docilidad y la rigidez en el hacer. Se apuesta por la disciplina y uniformidad. Se estimula la competitividad y no la cooperación. Se jerarquiza a los alumnos y se dan mayores oportunidades de ascenso social a los mejor adaptados al sistema. Los sentimientos personales, la libertad de elección y la individualidad tienen poca cabida en las aulas, pues dificultan el trabajo del profesorado.

¿En nuestro sistema educativo se recompensan la cooperación con los compañeros, la fraternidad, la bondad, el buen trato, la solidaridad y la creatividad? ¿Se forma a individuos libres? ¿Se enseña a relacionarse a los dos sexos de igual a igual, en comprensión y respeto al diferente? Ni siquiera los adultos conocen las peculiaridades de los dos sexos a la hora de percibir, interpretar las cosas y comunicarse, ¿cómo las van a enseñar? Problemas en las relaciones con otros.

Preparar a los adolescentes para relacionarse mejor, en igualdad de valor y respeto mutuo, procurando que sean más humanos y más felices en sus relaciones. Ambos sexos pueden colaborar en lograr un mundo relacional mejor para todos y pueden aprender uno del otro, pueden ser más solidarios en su realidad existencial y desarrollo como personas. Todos saldríamos ganando.

¿Y qué ocurre en esta etapa en la familia? La niña ya no es una niña. Muchas abandonan el papel de «buenas hijas», se vuelven unas rebeldes, unas contestatarias con deseos de hallar su voz. Dicen «no» a sus padres con fundamento o sin él. Propósito de separarse y progresar en su proceso de individuación. A los padres les duele ese supuesto rechazo y alejamiento emocional. Evolución normal: los adolescentes tienen que separarse de sus padres y construir su propia identidad.

Muchas de las cualidades de las adolescentes son «sombras» de sus padres y hermanos: nos hacemos en relación con ellos. Cada familia tiene su particular relato existencial. Comportamiento para mantener a la familia unida o para destruirla sin ser conscientes de sus intenciones. Gran aprendizaje de relaciones. Experiencias vividas para reproducirlas o evitarlas. Creencias. Valores. Estructura conceptual para percibir el mundo y darle sentido.

La familia: terreno intensamente afectivo. Vinculación. Compromiso. Lealtad. La transmisión de sentimientos y de pareceres en la familia es inevitable. La calidad de las relaciones influye en lo que se aprende.

Relación jerárquica entre los padres. Internalización como lo «normal» o rechazo y rebeldía.

A menudo, las chicas se sienten culpables si alguien de su familia sufre, y sufren a su vez. El concepto mágico infantil del mundo perdura. La frase infantil «te sigo» se va completando con otra frase amorosa de sacrificio: «mejor que sea yo que tú». La familia puede modificar el sufrimiento de uno de sus miembros. Todos influyen en todos. Reconocerse como sujetos separados de los demás. Decisión de seguir su propio camino y no reproducir la historia de otros. No expandir el sufrimiento familiar, su desgracia nutrirá otras desgracias.

La redención a través del sufrimiento y la expiación de culpas como solución a algunos problemas. Es mejor la reconciliación, aunque requiere esfuerzo de todos. Reparar los daños en vez de sufrir y sufrir. Realizar algo bueno por otros, algo que fomente la vida y la satisfacción existencial, algo por lo que puedan sentirse orgullosos. El arte de mutar lo malo en lo bueno y fomentar la felicidad de los que te rodean.

En la adolescencia ya no se idealiza tanto a los padres, que ya sí se equivocan y no lo pueden todo. Alejamiento de sus padres, incluso rechazo y desvalorización. Los padres son personas imperfectas, con defectos y debilidades. Decepción y confusión. Realidad. Inseguridad en un mundo más complejo e incierto. Sufrimiento de ambas partes. Torbellino de sentimientos contradictorios: amor y odio, admiración y desprecio, obediencia y rebeldía, agradecimiento y rencor...

Uno de los cometidos de los padres es dejar que los hijos nos idealicen y luego permitir que descubran nuestras limitaciones e imperfecciones como personas reales que somos. Proceso doloroso para todos, necesario para la maduración de los adolescentes. Reorganización de los vínculos afectivos para poder implicarse en otras relaciones más adultas, como son las amorosas y sexuales. Riesgos al abandonar una base de seguridad. Nuevo mundo de intensas y desconocidas relaciones entre pares, que no se rigen por las mismas reglas que las paterno-filiales.

Cambios de actitud. Vivencias intensas. Transformaciones corporales y conductuales. Posible conflicto consigo mismas y con los padres.

Frecuentes trastornos alimentarios. Autocastigo y autoinhibición. Transferencia de muchas emociones a la comida. Comida como instrumento de control, perdiendo su significado de alimento necesario para nutrir un organismo vivo.

Particularidades diferentes en relación con su madre y con su padre. Con su madre, las adolescentes se reconocen del mismo sexo y comparten un mundo común, aunque no siempre: Intimidad emocional, conversaciones, experiencias, intereses, complicidad femenina… Hablan el mismo lenguaje femenino y perciben las cosas con la mirada de mujer. No temen disolverse en lo «femenino materno». A veces, la hija y la madre son un par cómplice, que se apoya en todos los sentidos. Conversación desde las emociones y los sentimientos. Placer y refuerzo vital.

Complicada separación de la madre: la misma identidad sexual, cualidades y comportamientos compartidos. Creación de una imagen distorsionada de la madre: persona hostil, posesiva, dominante, mandona y vengativa. Rechazo y lucha contra su autoridad. El comportamiento con la madre real cambia.

Los propios logros como sujeto en formación: estudios, habilidades, capacidades… Promesas de una vida interesante. Posible conflicto con las madres. Contradicción: querer liberarse de las madres y culpabilidad por superarlas y dejarlas atrás. También puede ocurrir que la adolescente se sienta apoyada por su madre y comparta sus éxitos con ella, como si fuesen logros de ambas.

El conflicto entre las hijas y las madres también se relaciona con la belleza y el atractivo sexual. Rivalidad por el amor del padre. Competición. Quejas. Malestar existencial. Alejamiento de las hijas.

Tabúes sexuales entre madres e hijas. Ni se pregunta ni se responde. Incomodidad. Incomprensión mutua. Es hora de que cambiemos de actitud respecto al sexo y a nuestra sexualidad. La solidaridad entre las mujeres podría comenzar en la solidaridad entre madres e hijas.

Distinta relación de la adolescente con su padre. No suele haber tanta conexión emocional, ni un lenguaje compartido. Admiración y respeto. Puede que amistad y confianza, y todo lo contrario. Tesoro existencial: un padre que apoya y es un amigo. Algunos padres se convierten en sus peores enemigos, en las personas que más daño les hacen.

Muchos padres se tensan cuando sus niñas se convierten en jovencitas, y procuran guardar distancias con ellas: no las acarician tanto como antes, ni juegan con ellas, ni las tocan... El tabú sexual aparece entre ellos para ser respetado. Confusión y pena de la adolescente. Creencia de que algo han hecho mal para provocarlo. Incomprensión. Decepción. La relación cambia.

La tensión sexual entre padres e hijas adolescentes existe. Utilización de su nuevo poder seductor para obtener de ellos cosas y permisos que las madres no les darían. El modelo seductor entre los sexos, imperante en la sociedad, se manifiesta en las relaciones familiares, también los celos y la competición femenina por el afecto y las atenciones del hombre.

Obediencia al padre. Ser «buenas» para agradar. Intento de complacerle y no defraudarle. Deseo de ser queridas por él. También todo lo contrario: rebeldía, enfrentamiento, rechazo y conducta retadora.

Posibles abusos sexuales y violaciones de las hijas. Angustia de ser violadas por las figuras masculinas de su entorno. Confusión. Daño. Culpabilidad. Resentimiento. Conflicto. Posibles embarazos no deseados y enfermedades. Más problemas. Pérdida de confianza: si su propio padre les ha fallado y les ha hecho daño, qué harán los demás... Desvalorización de sí mismas. Condena a llevar esa pena en sí misma.

El episodio traumático presente en ellas: enorme error y terrible injusticia. Las chicas que han sobrevivido a la violencia sexual tendrían que sentirse orgullosas de haberlo logrado, porque han sido fuertes y han podido superar una situación muy problemática. No convertir el resto de la vida en una condena o en penuria existencial. Empeñarse en ser felices. Construir conscientemente lo que de verdad desean para sí mismas.

Aprender a ser la mejor amiga de sí misma y relacionarse bien consigo misma. Comprender lo que somos. Aceptarnos. Trabajo personal de búsqueda. Cuestionar. Reflexionar. Consciencia. ¿Qué significa ser una mujer? ¿Qué mujer soy yo? ¿Cómo me gustaría ser?

Posibles crisis identitarias. Inseguridades pasajeras. No puede haber una construcción del sujeto si no aceptamos que somos diferentes a los otros. Separación del grupo de iguales. Muchas rechazan partes de sí mismas para no parecer diferentes de sus compañeras. Empobrecimiento como individuos. Independizarse de los demás es un proceso necesario para adquirir la condición de sujeto adulto.

Todavía hoy, la autoestima no se fomenta en el sexo femenino. Valorar los esfuerzos de las adolescentes para ser ellas mismas y desarrollar sus potencialidades les ayuda a adquirir autoestima. Aprender a construir una buena autoestima y cuidarla. La autoestima es importante para ser independiente y lograr las metas que una se pone.

En el orden patriarcal, la autoridad y el poder femenino siguen considerándose como impropios en la mujer. A la adolescente no se le enseña la valía de ser sujeto existente independiente. A menudo, las elecciones de las adolescentes no corresponden a sus potencialidades, sino al empobrecimiento existencial voluntario con el fin de gustar a otros y evitarse problemas. Así, las chicas muy inteligentes se vuelven de repente «normales», olvidando, en busca del amor, sus anteriores intereses e inquietudes intelectuales.

La adolescencia es una etapa de desequilibrios y de fuertes cambios individuales. Numerosos ritos de paso. Nuevos aprendizajes existenciales, que traerán otros y otros.

Mayor desenvoltura en el terreno emocional. Atribución de gran valor a las relaciones con los otros, la comunicación emocional, el afecto, el amor, la amistad, la intimidad… Mejor comprensión de sus propias emociones y de las de los otros. Mejor expresión con el lenguaje verbal y no verbal. Las chicas pueden llorar, quejarse y mostrarse aburridas. Normalmente, se comunican mejor que los chicos, hablan más, emplean más palabras al hacerlo y tienen mayor rapidez perceptiva y mejor memoria.

Las adolescentes suelen madurar emocionalmente antes que los chicos. Desfase emocional entre los sexos, que propicia que las chicas manifiesten su capacidad de amar, apoyar, sostener, consolar y estar al lado de los que las necesitan.

Vuelco en la identificación corporal. El aspecto físico se vuelve muy importante. Quieren ser admiradas y deseadas. La belleza atrae a otros y se asocia con el poder femenino. El narcisismo femenino. La imagen de nosotras mismas como ingrediente determinante de la relación con nosotras mismas, de nuestra existencia.

La adolescente frente al espejo. Cuestionamiento. Calibración de su poder de atraer. Demasiadas adolescentes no están satisfechas con su físico. Imagen ideal fantaseada. Numerosas imágenes de jóvenes que han triunfado en la sociedad gracias a su belleza. No se muestran las que han sido perjudicadas por ser bellas. No se enseña a las chicas que no aceptar su aspecto físico y rechazar el cuerpo propio debilita al individuo y se asocia con los sentimientos de inferioridad, inseguridad, poca autoestima… Chicas que se sienten inadecuadas, tristes y patéticas… Creen que nadie las va a querer.

Frecuentes sentimientos dolorosos de inadecuación. Trastornos alimentarios. Control del cuerpo hambriento. Anorexia: Exceso de ejercicio y cuenta constante de calorías ingeridas. Su aspiración es controlar lo que no es posible controlar: la vida. Lo que ensayan sin cesar es el control. Se asocia frecuentemente con el Trastorno obsesivo-compulsivo.

La bulimia y el trastorno alimentario por atracón: intento de llenar los sentimientos de vacío y de soledad con la comida. Hambre de afectos. Conducta regresiva. Se transfiere el afecto y el amor al alimento.

Los trastornos alimentarios se acompañan a menudo con la adición a sustancias, al alcohol y a las drogas: modos de anestesiar el profundo dolor existencial. Destrucción de sí misma. Somos un cuerpo vivo. Gran reto: concebir el cuerpo de una manera nueva, aceptarlo y cuidarlo a modo de mejor amiga. Saberse cuidar es una cuestión de salud.

Los trastornos alimentarios pertenecen a la categoría de «prácticas perversas», destinadas a ayudar al individuo a sobrevivir en su angustia existencial, paliándola por un tiempo corto: estrategia psicológica casi siempre inconsciente. Hacer algo «malo» en secreto. Culpabilidad entremezclada con la sensación de poder y de «triunfo». Placer y momentáneo alivio. A la vez, tormento y condena por sus transgresiones de la normalidad. Entretenimiento en la destrucción. Desvío de energía vital sin enfrentar el problema de fondo. Esconderse a la verdad refuerza la angustia existencial, el miedo y la pobre autoestima. Círculo vicioso de las conductas «perversas».

Falta de reflexión. El rechazo de la verdad genera una ficción existencial. Anomia. Ausencia de fuerte identidad. Sin propósito existencial. No implicación con el mundo que la rodea. Interpretación de un papel. Presas en su propia piel. Confusión. Inseguridad. Aislamiento. Miedo. Ansiedad. Vergüenza.

La angustia existencial de las adolescentes activa sus procesos defensivos para poder enfrentarse a las amenazas externas e internas. Desarrollo de algunas capacidades como la inteligencia. El «yo pienso» adolescente integra la consciencia reflexiva al «yo soy». Nacimiento de un mundo nuevo de significados. Trascendencia de sí misma.

Despertar de nuevos deseos, impulsos instintivos y miedos. Desarrollo de recursos defensivos. Conflicto existencial entre los impulsos y la reflexión sobre sus posibles consecuencias. Desarrollo de la inteligencia. Dominio de los impulsos potencialmente peligrosos. Prudencia. Sensatez. Templanza. Pasión. Ensoñación. Creencia de que las cosas son como les gustaría que fueran.

Tendencia a reflexionar y a discutir sobre temas abstractos. Refuerzo de los ideales. Los ideales pueden cambiar fácilmente. Intento de dominar los instintos. Período de ensimismamiento y, a menudo, de moralidad, religiosidad y cierto ascetismo. Prohibiciones autoimpuestas al «yo quiero». Mecanismos de defensa: sublimación, desplazamiento, formaciones reactivas... Sustitución de los modos prohibidos de satisfacción existencial por los permitidos y no peligrosos.

La libertad existencial comienza a vincularse con el autocontrol y la responsabilidad. Rebelión y el sometimiento a las normas. Las chicas suelen atenerse más a las normas porque su posición social es más vulnerable y las consecuencias de sucumbir a los impulsos pueden cambiarles la vida, por ejemplo, la maternidad. Mayor riesgo existencial.

Víctimas y heroínas. Actuar de acuerdo a los supuestos nos conduce a construir realidades que los confirman. Prestar atención a la «víctima» de nuestro interior. Heridas existenciales. Situarnos como víctimas en nuestra realidad propicia nuestro apocamiento en el *ser*. Cambiar de actitud: transformación de los sucesos de nuestra vida.

Reflexionar y comprender mejor quién se es. Sentirse mejor en la propia piel. Reorganizar la imagen que se tiene de sí misma. Elecciones nuevas. Huir de una misma no es una buena fórmula para ser feliz.

No podemos elegir lo que nos ocurre, pero podemos decidir sobre los significados existenciales que le atribuimos: libertad humana que nadie nos puede quitar. Nuestra vida es un proyecto consciente o no, fruto de nuestras elecciones. Elegir qué se hace con lo que nos sucede: libertad personal del sujeto existente. Construir una buena vida para una misma.

Aprender a pensar bien, a detenerse en los pensamientos que ayuden en nuestro desarrollo y que no nos atormenten inútilmente. ¿Eso que pienso me hace bien, me hace más fuerte o, por el contrario, me amedrenta?

Apostar por estudiar. Futura profesión e independencia existencial. Libertad de *ser*. Vida más interesante.

Conservar la alegría de vivir, la ilusión y el compromiso consigo mismas. Lograr los objetivos. Darle valor a hacer las cosas lo mejor posible. Ser creativas en la existencia. Crear pensamientos y emociones que fomenten el desarrollo como personas plenas, comprometidas con sus vidas. Al crear nos creamos a nosotras mismas.

Si nos concentramos en el instante vivido, si lo sentimos y vivenciamos conscientes, lo mutamos en un momento creativo, nos cambia con su «algo más». Las apasionadas crisis adolescentes como oportunidades para cambiar de actitud y crear de una manera renovada.

La vida es el asunto más importante. Construir bien. La relación que las mujeres establecen consigo mismas determinará su narración existencial. Expresión. Superar la timidez y el deseo de pasar desapercibidas. Comprometerse con ser sujetos en su propia vida. Respetar los límites personales y perseverar trascendiendo el miedo al rechazo.

Amar a sí mismas con un respeto profundo a ese milagro carnal, real y único que somos. El amor incondicional que se puede vivir independientemente de otros es a sí mismas, crucial en la existencia. Trabajo personal para crearlo. Las mejores amigas de sí mismas. Diferentes percepciones de lo externo y distinto subrayado al relacionarse con otros.

Búsqueda de la seguridad y de la confianza en las relaciones con los otros. La relación con ellos adquiere mucho valor en esta etapa, da miedo perderla. Influencia de los otros en la formación del carácter de las adolescentes. Imitación. Reflejos en su mirar. Comunicación: sistema de retroalimentación simultánea apenas consciente. «¿Me aceptará o no?» Inseguridad. Cesión a otros de la evaluación de sí mismas. Los comportamientos pueden cambiar de modo inconsciente.

Ceder para conservar las relaciones y el amor. Abstraerse en pro de otros. Comprender a los demás, disculparlos, justificar sus conductas, tolerar y perdonar... Responder emocionalmente a los demás. Mandato: amar.

Mucha energía invertida en el amor. Cuidar y atender al amado, ayudarle, apoyarle y también controlarlo y cambiarlo, encauzando su camino a un objetivo compartido en un proyecto vital común. Influir en los demás haciendo cosas que agraden a esos otros. Las chicas suelen tener más claro lo que quieren.

Cultivo de intimidad emocional con las amigas. La amistad centrada en las conversaciones, las confesiones compartidas y el apoyo mutuo. Ellas hablan en un registro de emociones y afectos. Los hombres no suelen emplear este lenguaje en su comunicación con otros. Desencuentros emocionales con ellos.

Dejar a la propia madre atrás. Su sustitución por formas ocultas: personas, instituciones, pareja...

Las adolescentes aprenden a ocultarse en sí mismas y a ser indirectas a la hora de expresar sus necesidades afectivas. El compromiso emocional con los chicos basado en las necesidades y deseos de estos. Ellas no dicen lo que desean de verdad y ellos no lo adivinan, porque su mundo es diferente. Tendencia a convertirse en cuerpos para otros. La subsunción en la relación con los chicos.

Rivalidades, competiciones y envidias entre compañeras. Liderazgo. Falta de respeto al diferente. Maltrato: lacra social. Aislamiento. Insultos. La responsabilidad, la solidaridad con otros y la conducta ética se van aprendiendo poco a poco.

Gran decisión: dejar de ser misóginas y comportarse de forma solidaria con otras. El buen trato entre mujeres es un valor a cultivar. La sororidad: tesoro existencial que nos ayuda a vivir mejor. Todos necesitamos de otros para realizarnos como personas. La calidad del encuentro determina su influencia en la existencia. No puede haber una buena relación sin respeto mutuo.

Las adolescentes pueden decidir ser valientes y procurar expresarse desde sí mismas, trascendiendo el miedo a no agradar y ser rechazadas. Exigir un buen trato en sus relaciones con otros. No vivir conflictos innecesarios. Identificar posibles riesgos y evitarlos. Evitar experiencias dañinas. Cuidar el mundo interior.

El cuerpo no es controlable: menstrúa mes a mes, indiferente al deseo de la chica; se queja y se embaraza; se excita o no en el encuentro con otros... Nuevas sensaciones y emociones. Cambio cíclico de comportamiento. Vergüenza, prevención y ocultamiento. Sorpresa y turbación. Reflexión. A menudo, se viven mal los inexplicables cambios de humor, en la sensibilidad, en la emotividad... Síndrome premenstrual y migrañas en algunas.

La menstruación sigue siendo un tabú sexual. Apenas se habla de ella, se la esconde, se disimula. Reto: concebir el cuerpo femenino de un modo renovado.

Ensayo de una especie de pensamiento carnal, fundamentado en la escucha de lo que se siente y se intuye. Escucha de otros cuerpos tocándolos y sintiéndolos. La necesidad de tocar y ser tocada: apertura relacional, búsqueda de intimidad. Experiencias de piel con piel en un espacio emocional. Significados importantes para las personas: aceptación, consuelo, reafirmación existencial, refuerzo de la vitalidad...

El tacto es el sentido que vivifica y nos sitúa en la realidad: lo que tocamos existe y comprobamos que nosotros existimos. El placer en el tocar. Vivencia de continuidad con las personas a las que se quiere: propia de la sexualidad femenina. Momentánea fusión con el otro sentido y querido. Comunión con otra piel.

Los cuerpos se conmueven y se moldean en sus vivencias, que conforman su sexualidad. Los acontecimientos cobran significado en las circunstancias vividas por cada cual. Besos que no se olvidan, y otros apenas se recuerdan.

El primer coito suele grabarse en la memoria biográfica: rito de pasaje a otra etapa vivencial. Puede ser placentero o doloroso. Las adolescentes suelen dudar si están haciendo lo correcto, y no tanto si lo están haciendo correctamente, como ocurre más a los chicos. Dolor y sangre al romperse el himen, o no. La ausencia del sangrado: poco significado en cuanto a la «virginidad». Orgullo o vergüenza de ser «vírgenes». Las chicas fingen ser mayores y experimentadas. No quieren parecer unas niñas. Confusión. Ambivalencia: desean los coitos y los temen.

La sexualidad femenina se desarrolla en un territorio matizado por el placer y el peligro, muy pronunciado en la adolescencia.

Turbación. Evitación de hablar de sexo con las personas que les pueden dar una buena información. Se habla con las amigas. Se recurre al Internet, plagado de falsedades y sexismo. Idea de que el sexo es obsceno, perverso, falto de sentimientos y furtivo, pero siempre deseable. En el Internet no se suele comunicar que el sexo es puro, elevado, bello y bueno; que proporciona deleite y alegría de vivir, que puede acompañarse de sentimientos profundos y pasiones constructivas, que deja huellas en el cuerpo y crea. Mala educación sexual. No todo vale en el hacer.

Información sobre el sexo en los colegios, pero no educación sexual. La información no es equiparable a la educación. La educación: productora de conocimiento. El conocimiento internalizado se vuelve carne existente que crea mundos. Tomar en serio la educación sexual y la información sexual: mejoría en las relaciones con los otros y en las vidas de los adolescentes. No es lo mismo ser objeto de uso que sujeto de sus propios deseos y decisiones. Aprender a crear buenos mundos en que convivir con otros.

Ignorancia de su propia sexualidad. Malinformadas. Desconocimiento de su propia anatomía y su funcionamiento. Difícil autoafirmación sexual. Muchas expectativas ante su primer coito.

Excitación. Los genitales aumentan de tamaño y de turgencia por la dilatación de los plexos venosos de la zona y su llenado de sangre. Erección del clítoris. Cierto calor en la vulva. Secreción humoral que humedece los genitales externos. El placer crece. Orgasmo o no. Detumescencia de los tejidos. Detención de la secreción humoral. Relajación corporal. Placer.

El importante papel del clítoris en el placer femenino: desconocido para muchas adolescentes. El clítoris apenas se nombra ni se le reconoce su valor como un órgano de placer. Ausencia del clítoris en la realidad vivida de la mujer.

La masturbación adolescente: parte normal del desarrollo sexual de las personas, preparación para la vida sexual adulta. Mayor facilidad para llegar al orgasmo. Secreto. Ambivalencia de sentimientos al respecto: culpa y vergüenza, y placer, rebeldía, orgullo, triunfo...

La capacidad reproductora no significa lo mismo que el despertar sexual. Maduración sexual diferente de los dos sexos. Las adolescentes no suelen centrar su sexualidad en los coitos, que no siempre les proporcionan tanto placer como esperan. Reconocimiento de la sexualidad masculina como «normal». Confusión. Ignorancia de su propia sexualidad. Adecuación a las «normas» vigentes. Muchas dudas: «¿Soy normal o una frígida por no disfrutar enormemente durante los coitos? Si no llego al orgasmo igual no le amo suficiente... Quizás no somos compatibles como pareja... Será que él es torpe...»

La sexualidad humana bebe de la imaginación y la fantasía. Demasiado condicionamiento en la inmadurez sexual. Imágenes internalizadas.

Coraza al cuerpo herido para no sentir de nuevo el dolor grabado en su piel. Abandono. Indiferencia. Actuación en contra de sí mismas. Dificultad para crear una vida feliz. La negación de la propia sexualidad conduce a sentirse encarcelada en sí misma. Frustración. Destrucción continuada.

La inmadura sexualidad adolescente en conflicto interno con la madre asimilada. Imitación y alejamiento de su ejemplo. Embarazos y madres adolescentes.

No todos los coitos se acompañan de orgasmos. Sorpresa. Confusión. Dudas. Expectativas irreales. Mala educación sexual. Placer con las caricias, cercanía, muestras de afecto... El primer orgasmo en el coito es otra iniciación sexual y se recuerda con intensidad. Algunas mujeres tardan décadas en conseguir experimentar un orgasmo durante el coito.

Sin la estimulación directa del clítoris es difícil llegar al orgasmo. Simple gesto, dejar un par de dedos sobre el clítoris durante el coito: estímulo rítmico gracias a los movimientos coitales; mayor facilidad para llegar al orgasmo. Conocimiento de nuestro cuerpo y de cómo funciona. Gran valor del clítoris para el placer femenino.

Los cuerpos adolescentes: nuevos deseos y las censuras sociales. Valores sexuales femeninos diferentes a los masculinos. Búsqueda de una comunicación emotiva y de intimidad con el otro deseado. También experiencias placenteras sin más ataduras sentimentales ni propósitos.

Deseo de encontrar un gran amor y formar una pareja, una relación amorosa íntima y exclusiva. Las chicas prefieren la continuidad de una relación, más aún cuando se enamoran. Los deseos cambian en concordancia con los cambios de los sujetos existentes.

El imaginario de las chicas poblado de seres que amaron, que aman y que amarán. Idealistas y soñadoras en el amor. Deseo de amar y, sobre todo, de ser amadas, generalmente, de manera tradicional. Múltiples historias internalizadas e ideas sobre la felicidad. Héroes masculinos y figuras femeninas secundarias. Erotización de la diferencia de poder. El poder en un varón atrae y seduce.

La educación que se da a las chicas sigue siendo sexista. No se estimula su independencia, ni su deseo de saber y de comprender. El estudio como una gran fuente de placer, hondo placer de comprender y desenvolverse con capacidad propia. Poder mostrarse inteligentes y válidas siendo sujetos.

Conocer sus propias fantasías e ideales de felicidad, pues crean realidades, esconden un para qué de nuestras decisiones y conductas. La profecía del acontecimiento da lugar al acontecimiento en cuestión. Esperanza. Las adolescentes quieren creer que si hacen tal cosa obtendrán los resultados esperados: éxito, amor, felicidad... Creer les aporta emociones agradables. Adaptación a los mandatos imperantes en la sociedad. Modulación del sujeto en formación.

Valor de cualidades diferentes en los dos sexos sin que apenas nos demos cuenta de ello. Papel secundario y subordinado para el sexo femenino. Sujeción femenina reforzada por una moralidad diferenciada para ambos sexos, y por las leyes.

Aprendizaje de desear lo que se espera de ellas que deseen. Autocensura incluso en las fantasías sexuales de las adolescentes. Miedo a la desaprobación y al rechazo por parte de otros. Mudo lenguaje de sumisión. Soñar los sueños de otros, lo que se supone que ellas tienen que soñar. Desear lo que desean los chicos y más, lo que desean los que les gustan.

Conversión en objetos de deseo; no pretender ser sujetos deseantes. Deslealtad consigo mismas. Empobrecimiento de la autoestima. Búsqueda de la valorización en el exterior y no en sí mismas. Posicionamiento asimétrico al relacionarse con los otros, por debajo de ellos.

El deseo de ser deseadas enmascara un deseo de poder y de control sobre el otro. Agradar y satisfacer a otros, pero a cambio obtener poder sobre ellos. Manejo de ellos para que satisfagan los deseos de ellas. Acceso indirecto al poder y a la valía personal. El poder de seducción como el reconocido poder femenino.

Las fantasías sexuales no siempre corresponden a lo que se desea; también sirven para procesar miedos, traumas y carencias. Pueden nacer de las experiencias y los sueños de las personas cercanas; ser sueños y fantasías adoptados de otros.

Las adolescentes no suelen hablar de sus fantasías sexuales, salvo con sus mejores amigas y su enamorado. Fantasías con o sin masturbación, con o sin orgasmos. Placer. Vergüenza. Culpabilidad. Recurrencia de las fantasías «prohibidas» o «perversas». La represión de la libido es una represión libidinalmente cargada.

Los cuerpos adolescentes hablan incluso en su silencio, demandan su desarrollo. Aprendizaje de escuchar su voz y comprender los propios deseos, a menudo, contradictorios y ambiguos. Deseo de relaciones de piel con piel, que no corresponden necesariamente con el deseo de coitos.

Las nuevas formas de deseo se concretan en la orientación sexual del deseo, homo o heterosexual. Dudas. Vaivenes e indefiniciones. Ensayos y comprobaciones. Posibles experiencias homosexuales que no corresponden con la orientación homosexual. Preocupación. Confusión. Culpabilidad. Sufrimiento. Las adolescentes suelen reprimir sus atracciones homosexuales y ocultarlas mientras puedan. Generalmente, las dudas sobre su orientación sexual son transitorias, aunque también pueden durar.

Fluctuaciones cíclicas de la libido: aumento del deseo inmediatamente antes de y durante la menstruación, y en los días alrededor de la ovulación. Turbación. El cuerpo manda. Autocontrol. Los deseos no necesariamente se corresponden con los actos.

Mostrarse sumisas en el hacer aporta algunos beneficios si agrada al otro. Las adolescentes tienden a adecuarse al guion sexual vigente en el orden social. La autoafirmación sexual es poco frecuente. Sujetos inmaduros con mucho desconocimiento de sí mismos y también en la esfera sexual, deseosos de gustar, de ensayar, imitar y aparentar ser adultos. Nuevas experiencias con otros.

A muchas adolescentes les cuesta decir «no» y más si están enamoradas. No quieren parecer unas «niñas», ni perder al chico que les gusta. Consideran el coito como una muestra de su amor y como medio para obtener el amor y consolidarlo. Hacer el amor sin desearlo realmente. Muchas asocian los coitos con estar enamoradas. Dudas y confusiones. Descubrimientos y aprendizajes.

En los coitos, las chicas están muy influenciadas por los deseos y las apetencias del otro. Frecuentemente no se usa el preservativo porque el chico no quiere, a pesar de los riesgos a un embarazo no deseado o a una enfermedad. Miedo al abandono, a los insultos o a la violencia si insisten.

Aprendizaje de que el papel protagonista en el coito es el masculino: los hombres son los que detentan el poder sexual. Ellos son los que hacen y ellas dejan o no dejan hacer. Los coitos no siempre terminan en orgasmos para ellas. No se suele hablar sobre el sexo con la pareja, sobre lo que han sentido. Emociones demasiado confusas. Se refuerza la práctica del silencio en torno al sexo. Fingimiento.

Poco a poco las adolescentes van aprendiendo en el hacer sexual. Cuestionamiento. Ensayo y error. Cambio de conducta. Transformación. Todos somos importantes para conseguir crear un mundo mejor de relaciones entre los sexos. Unos sirven de ejemplo a otros, nos moldeamos en la comunicación continuada con los otros.

Visión mítica, centrada en los héroes que superan dificultades y vencen los problemas.

Desconocido y nuevo mundo de a dos. Riesgos personales. Inseguridad. El vínculo parental va siendo desplazado por nuevos vínculos afectivos. Las relaciones con otros: punto de inflexión que cambia su mundo. Posibles beneficios y daños. El desarrollo de la competencia relacional es importante en esta etapa.

Vínculo al otro. Compromiso afectivo. Creación de ambos al relacionarse. Crecimiento o parada y regresión: normales en un proceso de hacerse sujeto. Las adolescentes no nacen sabiendo relacionarse asertivamente con otros, lo van aprendiendo o no.

Dificultad de marcar los límites en la pareja y conservar la autonomía. Tendencia a fusionarse con el otro y creer que ese otro piensa, siente y sueña lo mismo que ellas: no es así. Desencuentros y conflictos en la relación. Ellas creen que si el otro las quiere, adivinará sus deseos y necesidades: no es así. En una pareja hay que hablar y comunicarse, y es difícil, a menudo requiere esfuerzo de ambos.

Las relaciones amorosas típicas en la adolescencia son breves y un tanto superficiales, apasionadas y exclusivas mientras duren. Acaban y dan paso a otras. Ensoñación. Fantasía. Idealización. Decepción y abandono del otro: «no es como yo creía». Inconstancia amorosa, concordante con la inmadurez de los sujetos.

El otro convertido en un objeto sexual. Estatus entre los pares. Actos que manipulan, humillan y dañan a otros. Es más frecuente que las chicas dirijan su agresividad hacia sí mismas, dejándose degradar y maltratar.

Actos inconscientes. Ser conscientes en el hacer es poco frecuente en la adolescencia. Nuestros actos nos hacen a nosotras, siempre tienen consecuencias para nosotras y para los demás. El mundo en el que vivimos es el resultado de lo que hacemos y de lo que no hacemos, queriendo o sin querer. Aprender a relacionarse bien con los otros es vital. Comprender qué relaciones nos hacen bien y cuáles no. Elegir las que nos ayuden a ser nosotras mismas, mejores como personas plenas.

Aprender a identificar los riesgos y a evitar las relaciones que te ponen en peligro. El amor no justifica el mal trato. Apostar por las relaciones basadas en el respeto mutuo, libres de machismo. Nadie nos puede hacer sentir inferiores sin nuestro consentimiento. Rebeldía. Desarrollo de la inteligencia y de conciencia social. Compromiso con el desarrollo propio.

Rodearse de buenas relaciones, de estímulos que mantengan lúcido el cerebro, con buena cultura: cine, lectura, música, teatro, arte, pintura... Nuestro entorno influye en nuestro desarrollo y puede fomentarlo o entorpecerlo. También es importante hacer ejercicio: salud, buen humor, agilidad, placer...

Aprender a cuidarse en todos los sentidos y no desear cosas que perjudiquen. No consumir sin ton ni son. Alimentos sanos. Evitar hábitos no saludables como comer mal, fumar, beber alcohol o tomar drogas: tóxicos potentes y destructivos para el organismo. El sexo femenino es más vulnerable a sus efectos por su fisiología, nos hacen el doble de daño.

La vida es para vivirla bien, para disfrutar y crear cosas y actos hermosos, de los que podamos estar orgullosas. Respetar ese irrepetible milagro carnal que somos. Respeto hacia una misma y compromiso consigo misma.

Profundo e inagotable placer de vivir conscientes, lúcidas, sensibles, cabales, válidas... Cuidarlo y cultivarlo toda la vida. El cultivo de sí es tarea de una misma. La alegría de vivir se asocia con sentirse orgullosa de sí misma, con la valentía de ser, la curiosidad, la capacidad de asombro, la esperanza y la creatividad... Libertad en el ser en relación con otros. Responsabilidad. Crear un mundo relacional mejor.

El tiempo de una es un precioso tesoro que hay que administrar bien: disfrutar, aprender, divertirse, estudiar, jugar, relacionarse, crear con propósito... Sobre todo aprender a vivir bien, aprender a decir «sí» y «no» con propiedad, y a ser la mejor amiga de una misma.

4.   LA MUJER EN LA EDAD ADULTA

Edad adulta: desde los dieciocho años en adelante. Diversos períodos marcados por hitos existenciales. Importantes cambios en la vida de las personas, en sus cuerpos, emociones, pensamientos, actitudes...

Objetivo óntico: autorrealización, llegar a ser un sujeto razonablemente autónomo. Desarrollo de potencialidades. Responsabilidad. Integración de múltiples aspectos y facetas del sí-mismo carnal, sexuado y sexual. Difícil objetivo siendo mujer en un orden social patriarcal.

Una de las necesidades fundamentales del ser humano es convertirse en un ser humano, objetivo que no siempre se logra. Tendencia a la deshumanización en nuestras sociedades consumistas e insolidarias. Alienación en el vivir. Inconsciencia. Automatismo en el hacer. Reflexionar sobre los valores y las definiciones de ser mujer, internalizados casi sin cuestionar.

La misoginia sigue vigente en nuestras sociedades. Esfuerzo continuado para vivir como sujetos, capaces de decidir libremente y responsables de sí mismos. No se valoran ni se honran los esfuerzos de las mujeres para desarrollar sus potencialidades como sujetos existentes. Sujetos de segunda clase, con menos derechos y peores oportunidades para el pleno desarrollo. No se nos educa para ser sujetos de primer orden. No se legisla para proteger nuestro desarrollo o nuestras oportunidades para trabajar fuera de casa y desempeñar nuestra faceta de madres.

La socialización de las mujeres valora más el éxito en el espacio privado que en el público, el ámbito relacional y afectivo que el liderazgo o el dominio jerárquico, reservados más al sexo masculino.

Educación para atender a los demás y priorizar anteponiendo sus necesidades a las nuestras. Atender, cuidar y nutrir en un sentido amplio: tema oculto de la existencia femenina. La sociedad facilita el desarrollo de las facetas maternales de la mujer. Se valora en la mujer vivir para otros renunciando a su propio desarrollo.

Tendencia a definir a la mujer en función de sus relaciones con otros, sujetos existentes masculinos. Tensión permanente en los cuerpos-palabra. Dudas. Carencia de palabras necesarias para explicarse como sujeto con sus propios valores y autonomía en el *ser*. La extrañeza en el ser. Sensación de inadecuación en un orden social que valora las propiedades masculinas. Constante desequilibrio en la relación con el mundo que rodea a la mujer.

Dificultad de respetar su propio ser independiente sin sacrificarse o difuminarse en relación con los hombres. No se enseña a la mujer el sentido de valía independiente. Vivir a través de los demás. No pretender su propia realización como sujetos existentes de pleno derecho. El conocimiento y la autoridad fuera de ellas. Fuente de aprobación externa. Inseguridad. La autoestima debilitada. Tendencia a complacer a los demás como expresión de una dependencia relacional.

Conforme maduramos, la fuente de aprobación vuelve al sí-mismo carnal. Es frecuente que la autoestima de la mujer se fortalezca en la madurez a pesar de que la edad tienda a convertirla en invisible social.

La socialización de la mujer causa la ignorancia de su propio potencial. Se fomentan facetas útiles para preservar el orden establecido y se silencian otras. El sujeto mujer, de forma inconsciente y aparentemente voluntaria, rechaza partes de sí misma. Desequilibrio existencial. Esfuerzo para adaptarse a su secundaria posición. Sensación de estar presas en sí mismas. Aprender a vivir a pesar de… Ser una misma a pesar de la influencia de los otros.

Ignorancia de sus propias potencialidades para evitar conflictos con los otros. Riesgo de soledad. Tendencia al autosacrificio. La reflexión independiente es un gran logro existencial. Hay que tener mucho valor y firmeza para desafiar la dependencia aprendida. La autoestima femenina y el orgullo de ser mujer no se fomentan en nuestras sociedades.

Las expresiones del ser esperan manifestarse. Necesidad. No satisfacción de esta necesidad conduce al sordo malestar femenino, malestar que no tiene nombre. La desolación por no poder ser del todo.

Biografía propia. Nuestras historias privadas son intransferibles e inenarrables en palabras, se vuelven carne existente. Interpretación personal de lo que sucede en función de las experiencias vividas. Lo que hemos vivido vive en nosotras, impregna nuestro mirar y actuar en el mundo. Representación de sí puede cambiar varias veces en la etapa adulta.

Deseo de sobrevivir en una comunidad. Deseo de comprender y de vivir de la mejor manera posible. Experiencias como capital personal que nos sirve de orientación en las decisiones.

El desarrollo afectivo e intelectual influye en las significaciones que atribuimos a las cosas, en lo percibido por destacarlo de lo que queda sin percibir. No somos conscientes al subrayar lo que nos importa, pero lo que subrayamos desvela nuestra actitud existencial, dejando entrever el relato de nuestra existencia. Los objetivos existenciales cambian, no son los mismos en la juventud que en la vejez.

El relato existencial se ancla en la biografía personal sin que seamos conscientes de ello. La mayor parte del comportamiento es inconsciente, pero corresponde a un por qué y para qué. La construcción de sentido en la experiencia vivida. La vida como proyecto con un relato existencial y un tema central biográfico. Cambio de relato. Reorganización de vida.

Tema existencial oculto de las mujeres: cuidar, nutrir, atender, ayudar, consolar y amar. Profesiones que elegimos mayoritariamente: rama sanitaria, profesorado, trabajadoras sociales... Subraya la importancia de las relaciones humanas. Socialización orientada a las personas. Universo de afectos, comunicación y contacto con otros. Productos intangibles. Se valora mejorar la vida de los demás y la posibilidad de la conciliación familiar.

Las mujeres valoran participar y no tanto ganar venciendo; valoran más los afectos que el dominio sobre el otro. Los afectos también pueden convertirse en un medio para el dominio del otro. Crear buenas relaciones y mantenerlas. Cuidado de redes familiares.

Empatía. Ayudar a los demás. Aparente subordinación. Tendencia al descuido de sí misma. Vivir la vida propia no como respuesta a las necesidades y los deseos de los demás, sino como el asunto más importante de todos. Cuestionar las verdades aprendidas y reflexionar sobre lo que deseamos y pretendemos.

Otro tema existencial oculto de las mujeres: ser «buenas». Estímulo para desarrollar las «virtudes femeninas»: amabilidad, bondad, dulzura, modestia, generosidad, entrega, autosacrificio, paciencia, honradez, decencia, docilidad, sumisión, dependencia, comprensión, solidaridad, misericordia... Atenerse a las normas. Aceptación del estereotipo femenino. La conformidad con el estereotipo: importante instrumento para preservar el orden social.

El estereotipo femenino internalizado moldea los cuerpos-palabra en su expresión. Cuerpos insinuantes y no impositivos, no alzan la voz, no miran directamente a los ojos, no se ríen a carcajadas ni se mueven con desenvoltura irreverente. Costumbre de sentirse pequeñas en relación con otros. Sí pueden llorar, mostrarse desvalidas y quejarse. No, manifestar cólera, rabia o ira: momento de poderío frente a... La rebeldía no se elogia en la mujer. Tendencia a tolerar incluso lo intolerable.

La expresión de autoridad no se asocia con la feminidad. El poder directo no es una característica femenina, sigue considerándose sospechoso y abrumador en el orden patriarcal, salvo si se trata del poder seductor y para dispensar los cuidados. Eso va cambiando: mujeres ocupando puestos de claro poder social.

El poder femenino es sobre todo interpersonal, un micropoder ejercido en las distancias cortas. En el orden patriarcal, el poder suprapersonal, el macropoder, sigue siendo masculino.

Las jóvenes descubren el poder femenino tradicional, que se asocia con la belleza, con la apariencia corporal, y les abre puertas al deseado éxito social. Emanciparse gracias a la belleza. También confiere un cierto poder revestirse con la imagen de mujer que acepta su posición social y sabe estar en su lugar. Ascenso social y conservación del estatus adquirido. Promesas de felicidad.

Mucho tiempo, energía y dinero invertidos por las mujeres para adquirir una imagen corporal atractiva. La apariencia se valora porque atrae la mirada masculina. Poder femenino como objeto de deseo. Ascenso social en el mercado laboral y por medio de un matrimonio ventajoso. La belleza femenina «vende». El hombre con poder «compra» y exhibe la belleza femenina como una muestra de su privilegiada posición de poder. Riesgo de la mujer bella de convertirse en un «juguete roto»: dejada de lado cuando pierde su belleza y su juventud.

La gestión de la belleza y de la edad diferencia a los dos sexos. Miedo a envejecer y perder el atractivo corporal. Las mujeres se esfuerzan mucho en disimular su edad. Algunas interpretan el papel de eternas menores de edad, mostrándose caprichosas, emocionalmente descontroladas e irresponsables: una estrategia existencial consciente o no. Envejecer bien es un objetivo existencial que deberíamos valorar en ambos sexos. Derecho de las mujeres a envejecer bien, y seguir siendo visibles y valoradas mostrando sus canas y arrugas. Descubrimiento de la hermosura de la mujer madura por ser real, por crear en cada instante de su latir.

El papel femenino de eterna cuidadora de otros es valorado en toda la etapa adulta, pues es necesario para sostener el orden patriarcal.

A menudo, la «invisibilidad» de la mujer madura se torna beneficiosa y deseable: liberación, rebeldía, originalidad, autenticidad, extravagancia, creatividad... Importantes descubrimientos y profundas comprensiones existenciales. En la madurez, descubrimos quiénes somos realmente. La anciana recuerda y reescribe su relato de vida, rememora y reflexiona. Mirada diferente: la existencia real trasciende la dicotomía de los conceptos, es otra dimensión.

Las jóvenes apuestan para ascender socialmente por el ritual amoroso y por el académico, laboral y profesional. Ser «buenas» también se relaciona con ser buenas en los estudios o en el trabajo. Rendimiento. Motivación. Compromiso con su propio futuro. Algunas jóvenes esconden su inteligencia para no «espantar» a los chicos, que no suelen desear a las muy inteligentes. Patrón femenino de desviación inútil de energía.

Las chicas «buenas» son programadas para ser, en este orden, vírgenes, esposas y madres. Si sus carreras profesionales entran en conflicto con sus papeles de esposas y madres, suelen sacrificarlas, pues se sienten irreemplazables en esos papeles en el espacio privado. Además, crear un hogar y criar unos hijos forman parte de sus ideales de felicidad.

Gran presión social a favor del matrimonio y la maternidad: medidas de éxito social femenino. Muchas mujeres que no se casan o que no son madres se sienten como fracasadas y extrañamente inútiles. El papel femenino tradicional se vincula con el espacio privado. Desarrollo de habilidades para ser buenas amas de casa. Renuncia a la ambición para sí mismas; ambiciosas para sus maridos e hijos.

El papel de «buena» no debe impedir el desarrollo personal y el avance de las mujeres en el ámbito laboral. La dependencia económica es una situación de riesgo para la mujer. Manejar bien el dinero propio.

Las tareas domésticas se suceden sin fin. Cuando se terminan hay que volver a empezar. Los resultados no se valoran y son efímeros. Ausencia de límites que protejan el desarrollo de las amas de casa como personas: ellas son interpelables y demandadas en cualquier momento. Falta de un «cuarto propio», de un tiempo que les pertenezca solo a ellas. Trabajadoras a tiempo total, no remuneradas, sin vacaciones ni festivos. Empleo fijo y estable sin ningún derecho laboral.

Se espera de la mujer casada que se realice en su cometido y que no viva el matrimonio como una situación de riesgo. El hogar como un espacio de seguridad y afecto, y como un espacio de amenazas, violencia y maltrato. Algunas mujeres lo denuncian y otras no: miedo, vergüenza, desesperanza, desprotección institucional… Por sus hijos las mujeres aguantan lo que sea, y el maltratador lo sabe.

Actualmente, las mujeres no se contentan con ser «buenas», pretenden ser sujetos de pleno derecho y ser. Nos cuesta imponernos como sujetos y desechar lo aprendido. Culpabilidad. Conflicto con nosotras mismas y con los demás. Prejuicios. Contribución a nuestra propia subordinación existencial e impotencia social. Conducta aprendida: mirarnos en los ojos de los demás y vivir a través de los otros. Ocuparnos de nuestro propio desarrollo como sujetos de pleno derecho a *ser* en primera persona.

La mujer adulta tensionada entre dos tendencias: ser ella misma y vivir su vida en primera persona, y ser sobre todo la cuidadora de otros y vivir a través de ellos. Culpabilidad al optar por la primera. Las mujeres reales tienen mucha dificultad para acoplar sus papeles en el espacio privado y en el público, más si son madres. No tienen tiempo para sí mismas y corren mucho para satisfacer las necesidades de los otros. Descuido de sí mismas.

La misoginia perdura. Lo «femenino» como secundario y de menor valor; se descalifica, se acalla, se rechaza. Lo «masculino» y lo «femenino» son características comunes a ambos sexos. Hombres y mujeres misóginos. Enemistad entre las mujeres. Desconfianza. Desunión. Debilitamiento. Mudez.

Machismo: consideración de los hombres como superiores y muestra de prepotencia en relación con las mujeres. Las mujeres se habitúan al machismo y muchas lo consienten cansadas de luchar o aceptándolo como «normal» y «cierto». Revisar nuestras valoraciones de lo «femenino» y lo «masculino». Valorar nuestras experiencias cotidianas. Respetarnos. Solidaridad entre nosotras, un buen trato y ayuda para ser en primera persona.

Educadas en el respeto y la admiración hacia el sexo masculino. Comportamiento deferente hacia los hombres. Codependencia o interdependencia real entre los dos sexos. Las mujeres se encargan de apoyar emocionalmente a los hombres. Muchas no cuentan con ellos para obtener apoyo emocional. Escaso compromiso emocional masculino. Distancia emocional. Insatisfacción femenina. El tipo de compromiso emocional que busca cada uno de los sexos es diferente, está muy influenciado por la educación recibida.

Los dos sexos se diferencian en la esfera emocional. Las mujeres no temen expresar sus emociones: lenguaje reservado más al sexo femenino. Mayor dominio de las emociones gracias a mayor capacidad de reconocer sus emociones, empatía y resistencia emocional. Mayor aguante de la frustración. Los hombres se desenvuelven peor en el terreno emocional y suelen recurrir a la violencia y a la agresividad para resolver sus conflictos emocionales. El número de suicidios es menor en las mujeres que en los hombres.

La desigualdad entre los sexos en la dispensación de cuidados emocionales. Convertirnos en sujetos implica comprender y aceptar que estamos solas. No esperar los cambios de vida por la intervención de otros. Responsabilizarnos de nosotras mismas y de nuestra existencia. Confianza en nosotras mismas.

Las mujeres suelen atribuir sus «errores» a sí mismas y no a los otros o a las circunstancias. Por contra, suelen atribuir sus logros a la suerte o a la ayuda de otros, no a sí mismas.

Diferencia de los dos sexos en la construcción de la autonomía personal. A las mujeres nos cuesta más ser autónomas en nuestra existencia, sobre todo si somos madres. Difícil desvinculación de los hijos: fuerte conexión grabada en la memoria corporal por compartir su ser entero con otro que se gesta en su interior. Vivencias estructurantes difícilmente traducibles en palabras. Cierta ilimitación de la mujer adulta. Construcción de límites personales frente a otros. Evitar ser «habitadas» por otros.

Enfrentarse a la normalidad de su subordinación social en las relaciones con los hombres. Es difícil sobreponerse al orden establecido de las cosas. Problematización de la autonomía femenina. Enseñanza para obedecer sobre todo a las figuras poderosas. Tendencia a ceder y a renunciar a sus propias posturas comprendiendo a los demás. Comprender a los demás no debería servir para tolerar la injusticia social ni el mal trato. Consciencia. Decidir dejar de consentir. Persistir en el esfuerzo: proceso continuado en el ser día a día.

Regla tácita en las relaciones entre los dos sexos: Actuación femenina dependiente, escondiendo la fortaleza para reforzar el ego del hombre con el que se relacionan. Ella renuncia para que el otro se sienta más fuerte y válido, para que no sufra en su «hombría». Consentimiento femenino. Dejar de colaborar en que las cosas sigan como están.

Moralidad diferenciada para los dos sexos, que refuerza la sujeción femenina y el poder superior del sexo masculino. Lo injusto, lo insolidario e, incluso, lo pernicioso y dañino se legitima. El orden social permite que el hombre pueda violentar a la mujer sin apenas rendir cuentas por ello ante la sociedad. Los empresarios pueden pagar menos a las mujeres por ser mujeres. ¡Inaudito! ¿De qué modo cabe justificar esta injusticia social?

Los dos sexos se habitúan a convivir en un terreno de permanente injusticia social. Relación conflictiva. Lucha perpetua por los derechos, por el poder de uno sobre el otro. Los dos sexos compiten por el estatus social. Defectuosa ética en el trato. Incomprensión. Frustración. Resentimiento. Rabia. Destrucción.

Construir buenas relaciones entre los dos sexos se equipara con la creación de buenas relaciones humanas, nos enriquece a todos. Bondad. Solidaridad. Asombro. Admiración mutua. Respeto. Comprensión. Alegría. Creatividad. Educar a los dos sexos para que esto sea posible. Disponer a cada sexo a favor del otro.

Construir la autonomía de las mujeres implica transformar el orden establecido de las cosas. Ardua labor, necesaria para adquirir la condición de sujeto existente de pleno derecho a *ser*. Estar atentas para no deslizarse hacia la dependencia, obediencia y conformidad con lo dado. Resistir.

La autonomía implica la toma de decisiones desde sí mismas. Conocimiento. Esfuerzo. Hábito. Responsabilidad. Compromiso con la propia existencia. Biografía intransferible como individuo real. Libertad en el ser. Somos creadoras de nuestro propio caminar. Somos responsables de lo que hacemos con lo que nos sucede, de nuestra narración existencial. Distinto relato como víctimas que como heroínas de las historias que vivimos, heroínas supervivientes que luchan por *ser*. Caminar erguidas, no solo sobrevivir.

A las mujeres no se les enseña a amar la libertad, a muchas se enseña a temerla. El orden patriarcal no quiere mujeres libres, sino subyugadas. Cada una de las mujeres somos una libertad existente, porque podemos decidir. Aprender a ser libres es un largo camino de superación.

Deseo de encontrar el amor y gustar al otro. Rituales relacionales. Jóvenes que hacen lo que se supone que deben hacer para atraer y gustar. Cierto sonambulismo. Interpretación. Disimulo del vacío en su ser. Miedo a *ser*. La impotencia existencial aprendida no es una buena compañera para vivir siendo sujeto, hay que desaprenderla.

Escribimos nuestra narración en el continuado proceso de decidir y de elegir entre diferentes opciones. Acciones y omisiones. Biografía. Autenticidad en relación con otros. Las mujeres: poderosas para dar respuesta a las necesidades de otros y para satisfacer las nuestras. Confiar en nosotras mismas nos empodera. Aumento de autoestima. La autoestima es un gran capital personal y construirla es nuestra tarea. Conseguir estimarnos y respetarnos desde jovencitas.

La autoestima de las jóvenes se alimenta más de las opiniones de los otros; la de las mujeres maduras se basa más en sus propias consideraciones, es más resistente a las opiniones ajenas. Las mujeres maduras no se empeñan tanto en gustar, apuestan más por vivir de verdad.

Sujeto adulto mujer: Implicación y compromiso consigo misma y con la propia existencia. Narración personal e intransferible, la más importante para nosotras mismas. Existencia digna.

El miedo de muchas mujeres a la soledad dificulta la autonomía en el vivir. La soledad: inherente a ser sujeto y centrarnos en nosotras mismas. Espacio-tiempo de desarrollo de pensamiento propio. Legitimación de nuestras experiencias como mujeres. Creación de nosotras mismas.

Mejor solas que mal acompañadas. Una relación nociva puede destruir al individuo y cambiarle la vida. El amor no lo justifica todo.

Muchas mujeres se quedan solas en su vejez, se vuelven más invisibles, quejicosas y vulnerables socialmente hablando.

Enseñanza a temer en exceso: temer la soledad, el abandono, la invisibilidad, la pérdida de amor; temer que nos hagan daño, temer a los hombres… Tenemos que tener cuidado, evitar las situaciones conflictivas. Aprendizaje de no arriesgarse. Los movimientos y las acciones de las mujeres se limitan, nuestra experiencia de vida se empobrece. El miedo es un gran enemigo de las mujeres, hace enmudecer nuestro decir, nos torna más sumisas y nos limita en nuestra creación; pero al mismo tiempo, nos ayuda a sobrevivir, pues los peligros son reales. Encontrar un equilibrio entre el riesgo y la prudencia.

Algunas formas de violencia de los hombres sobre las mujeres: agresión física, agresión sexual, insultos, castigos, explotación, cosificación…

El propósito de evitar el excesivo sufrimiento. Desarrollo de distintos mecanismos de defensa como la represión, la negación, la regresión, el aislamiento, la sublimación, la proyección, la transformación en lo contrario, la introyección, las formaciones reactivas… El displacer es inevitable en el proceso de vivir en relación con otros. Aumento de la intensidad y la urgencia de los impulsos, característica de la juventud y potencialmente problemática para el individuo, propicia el desarrollo de sus mecanismos de defensa, que le ayudan a sobrevivir.

La actitud emocional, conformada en la niñez y la adolescencia, perdura en la profundidad carnal del sujeto adulto. A menor capacidad de razonar y de procesar lo sentido, menor autocontrol y mayor impulsividad e inconsciencia en el hacer. Para mantener el orden patriarcal no interesa que las mujeres piensen por sí mismas, lo que interesa es lograr que sientan lo que deberían sentir para que las cosas sigan como están, que se sientan satisfechas y realizadas en los cometidos que se les adjudican en la sociedad. La educación de las mujeres se centra más en el desarrollo emocional. Las mujeres que piensan son peligrosas para el orden patriarcal.

La sociedad puede modificar el sufrimiento de los individuos gracias a un discurso renovado sobre las relaciones entre los sexos. Socialización basada en valores humanistas promovería mejores emociones en las personas y una buena vida en relación, con justicia, respeto, solidaridad, ética y humanidad. Decidir procurar vivir bien, en bondad, verdad y belleza en las relaciones; en la predisposición mutua, la admiración y la colaboración solidaria.

Vamos descubriendo y aprendiendo en la experiencia de vivir. El grupo social de influencia se amplía: el mundo entero en la edad adulta. Tendencia a la unificación de la conducta de los individuos, de su modo de pensar, de valorar y de sentir. Ideales de felicidad comunes. Todos influimos en todos en una realimentación simultánea y continuada.

Egocentrismo y narcisismo de las jóvenes, propios de un sujeto inmaduro. La mirada hacia el interior de sí mismas para comprender y conocerse mejor. El pensamiento formal se entremezcla con el intuitivo. La imagen de sí mismas se reevalúa muchas veces. Resistencia al cambio. La repetición de las experiencias crea permanencias, influye en la conservación de la autoimagen.

En la madurez se comprende que los sucesos son difíciles de clasificar en «blanco» o «negro», que lo «bueno» se mezcla con lo «malo» y la construcción se acompaña de la destrucción.

Tendencia de las mujeres a exigirse más. Mayor inseguridad en los cometidos. Meticulosidad y cuidado en el hacer. Comprobación y retroceso si hace falta. Creencia en el esfuerzo personal y en el trabajo para prosperar en sus carreras; no apuestan tanto por crear relaciones de apoyo mutuo y de complicidad femenina.

La reflexión para comprender nuestro mundo es selectiva, sobre las cosas que nos importan. Historias distorsionadas. La huida de la verdad crea ficción. Actuación. Fingimiento. No parece una buena manera de vivir la vida. Con los años nos comprendemos mejor y descubrimos lo que de verdad nos importa. Nuestros valores pueden cambiar. Pico psicológico de las mujeres: entre los cincuenta y los sesenta años. Mayor autenticidad en el estar en el mundo. Mayor confianza y determinación a ser incluso a pesar de...

A los cuarenta y tantos, las mujeres empiezan a sentirse liberadas de la crianza de sus hijos pequeños. Miradas fuera de su hogar. Los intereses se amplían y se retoma el cumplimiento de sus sueños como personas completas. Expresión de sus talentos. Experiencias realizadoras también fuera de su hogar.

En el momento de crear, las personas volcamos todo nuestro ser, y lo creado nos crea a su vez. La creación nace en el cuerpo-palabra que somos y lo enriquece con su constante «algo más», lo transforma.

Ser creativas: crear objetos y crear resultados intangibles con nuestras acciones. Las mujeres somos expertas mutando los momentos en significativos y estructurantes de personas. Lo que tocamos cambia. Creamos seres y mundos casi sin darle importancia ni valorarlo. Cualidad creativa de las mujeres que pasa desapercibida en la sociedad.

Al apoyar, cuidar, amar, sonreír, escuchar, acompañar, socorrer, curar... creas constantemente; creas bondad, verdad, belleza, creas humanidad. Sostenemos el mundo a pesar de los falsos y nocivos valores que lo gobiernan y destruyen.

Producir sin fin. Estar siempre ocupados. Falta de tiempo para mirarse dentro, para comprenderse y decidir con lucidez. El tener suplanta al ser.

El bienestar de las mujeres y su felicidad se relacionan con la sociabilidad. Las relaciones humanas son muy importantes para ellas, sobre todo si son amorosas. Placer en el conversar, en el confiar en el otro, en escuchar, en aceptar su influencia, en aprender, compartir, estar al lado... Todo esto en la amistad entre las mujeres.

Las mujeres no suelen imponer su opinión abiertamente; tienden a ceder y buscar el acuerdo; ponen paz incluso acallando su descontento, esperan, resisten, perdonan, lo intentan de otra manera, más sutil e indirecta... Decir «sí» para ganarse el afecto de otros. Un error: esperar que los otros actúen como ellas desean, y adivinen lo que quieren y necesitan sin que ellas tengan que decirlo. Pistas y no posturas claras. Encubierta sumisión en relación con otros. Perpetuación en la repetición.

La oposición frente al otro forja carácter. La verdadera alteridad acontece entre dos sujetos existentes, cada uno con su propia voz y palabras dichas.

En toda relación tiene lugar el ofrecimiento, la aceptación o el rechazo y la posible reformulación del ofrecimiento. Construcción de un mundo en comunión. El comportamiento en relación oculta un para qué, es decir, qué función tiene nuestra manera de conducirnos en relación con ese otro para que dicha relación pueda existir.

La mujer adulta aprende a decir «no» y a no esperar que otros le consigan sus objetivos. Se centra más en ella misma. Aprende a cuidarse y a actuar más libremente. Mayores progresos femeninos haciéndose miembros activos de la sociedad, sin figuras masculinas intermedias.

Transfiguración de muchas mujeres en seres de amor. Deseo de mejorar la vida de los demás. Mejorar el mundo. Punto de inflexión: descubrir el amor hacia la vida y el amor que nos constituye como sujetos existentes reales. Aprendizaje de nuevas maneras de comportarnos en relación con otros y de estar en el mundo amando la vida. Descubrimiento de la grandeza humana, la misericordia y la solidaridad.

La fuerza transformadora que influirá en el otro depende de la calidad de la relación. Cuidar las relaciones para que surjan acontecimientos que merezcan la pena.

Cuidar de otros significativos: pareja, hijos, padres... Placer y «deber». Idealización de esas relaciones.

La maternidad: un sinfín de nuevas vivencias, muy transformadoras. Las buenas chicas procuran hacerlo bien. Compromiso emocional a tiempo completo. Dedicación. Sacrificio. Fantásticas expectativas de felicidad, de reconocimiento y agradecimiento por parte de los hijos, que, a veces se cumplen y, a veces, no. Algunos hijos se convierten en agentes destructivos de su entorno, que van minando tu salud en su falta de afecto y de respeto, utilizándote y castigándote cuando no les das lo que quieren.

Idealización de la maternidad y de los hijos. Promesa de ganar poder social siendo madres, que, a menudo, no se cumple. Falta de reconocimiento de valor, de recompensa social, sin atención al agotamiento de las mujeres, ni a su frustración existencial y desencanto. Amargura en las tareas sin fin. Jornada laboral perpetua. Las madres no son objetos de uso, son sujetos existentes con todo el derecho a su propio desarrollo. La crianza de los hijos es una tarea de ambos sexos, creativa, enriquecedora y transformadora.

Para las mujeres que quieren triunfar en sus carreras profesionales, la maternidad es una especie de lujo personal que amenaza su avance profesional. Difícil conciliación. La prioridad de la madre es cubrir las necesidades del cuidado de su bebé y sacar adelante a su familia. Responsabilidad. Culpabilidad decidan lo que decidan. La sociedad y los expertos también atribuyen la culpa a las madres si las cosas no van bien. ¡Injusto! Los hijos son individuos con su propia personalidad y tendencia a ser. Muchas mujeres aprenden que, en nuestras sociedades patriarcales, una de las funciones de ser madre es cargar con la culpa de lo que les sucede a sus hijos.

La sociedad ensalza el instinto maternal de la mujer. Creencia afín al orden patriarcal: las madres son las únicas que pueden atender bien a sus bebés. La madre y su bebé como una sagrada unidad de dos. Legitimación de la exclusión del padre de los cuidados de su bebé. Toda la responsabilidad sobre la mujer. Mujeres sin tiempo para procesar las hondas transformaciones ni aclararse con sus intensas y turbadoras vivencias. La sociedad puede contribuir a modificar el sufrimiento de los individuos de ambos sexos reconsiderando el significado del instinto maternal. El instinto maternal no es exclusivo de las mujeres. Los hombres y las mujeres pueden y deben cuidar a sus bebés. Todos saldríamos ganando.

Cuando nace el bebé, nace también la madre, el padre, los abuelos, los primos, los tíos y tías...: una nueva red de relaciones familiares. Acontecimiento más transformador de la mujer adulta. Papel absolutamente nuevo para ella, intenso y dramático, porque el bebé puede morir en su extrema dependencia vital. Angustia. Perplejidad. Nuevas experiencias y descubrimientos. Su cuerpo ha cambiado, ella ha cambiado. Sorprendentes complejidad y ambivalencia existenciales. Placer en el cuidado del bebé, pero, al mismo tiempo, sensación de estar presa, violentada en su constante dedicación, sin certezas en el hacer. Desvelo, cansancio y felicidad.

La experiencia de la maternidad: la más profunda y la que más desarma a la mujer en el terreno afectivo. Su tiempo ya no le pertenece. La maternidad como un importante factor para la depresión: hormonas, cambios corporales, multitud de tareas, responsabilidad, insolidaridad... La maternidad supone un intenso y entregado trabajo de todo el organismo. La maternidad no se valora socialmente como un logro importante a pesar de que crear a un ser es la tarea más importante que puede llevar a cabo una persona en beneficio de otra y ser imprescindible para la existencia de la especie humana.

El embarazo y la maternidad hacen reconsiderar las otras formas de amar. Las relaciones con otros pueden cambiar. Rememoración de las propias vivencias infantiles: Oportunidad de procesarlas. Trabajo personal. Nueva mirada. Su propia experiencia como madre ayuda a comprender mejor a su madre y, a veces, a reconciliarse con ella.

Existe un tira y afloja entre las necesidades de las madres adultas hijas y las de sus madres, con las que conservan vínculos afectivos. Muchas mujeres adultas hacen de madres de sus propias madres, que van envejeciendo y comienzan a tener problemas de salud. Las hijas se convierten en cuidadoras de sus madres. También se apoyan en ellas y buscan su ayuda. Reencuentro. Doble y ambivalente papel de hijas y de madres de sus madres.

Gran necesidad de sus madres y al mismo tiempo deseo de liberarse de ellas, que vuelven a ocupar un importante papel en sus existencias. Culpabilidad. Problemas en hallar la distancia emocional adecuada con ellas. El orden patriarcal propicia el mal trato entre las mujeres, no aprecia su trabajo.

El bebé causa un auténtico y radical cambio en la vida de la pareja, consume tiempo, energía, atención… Los padres, unidos en el propósito de sacarlo adelante, y desunidos y enfrentados en sus nuevos papeles y tareas. Utilización de los hijos como armas en sus disputas. Los niños no son instrumentos de uso, son individuos en formación. Esfuerzo de la pareja para seguir juntos.

En los primeros meses, la madre está cansada, preocupada y ocupada en los constantes cuidados del bebé. Apenas está para otras cosas. Arquetipo vigente de la madre pura, amorosa y «asexual». El sexo de la pareja pasa al segundo plano. Esfuerzo para recuperar su vida. El continuo dar desequilibra la balanza de dar y recibir. La madre sabia aprende a decir «no» de vez en cuando a sus hijos.

Increíble energía vital de amar y crear, pero también de destruir. El arquetipo de la Todopoderosa Madre: la madre protectora, nutritiva, amorosa y capaz de dar vida; y la madre destructiva, asfixiante, castradora y capaz de dar muerte. Inconsciencia y automatismo. Enajenación en su ser sujeto independiente. El bebé como pertenencia, como posesión que la empobrece frente a otros. Simbiosis entre la madre y el lactante. Desequilibrio emocional. La maternidad es difícil incluso para las mujeres con buena autoestima y satisfechas en su propia piel.

El estilo de crianza repercute en el bebé. La empatía de los padres influye en sus hijos. Los padres y su bebé crean un mundo único e irrepetible en su constante e íntima comunicación. El lactante es una parte activa de este mundo, pues los padres se adaptan a sus necesidades y demandas. Comunicación simultánea y circular. Estímulos. Transformación de todos los miembros de la familia. Cada uno de los pequeños es diferente y ejerce una acción significativa sobre el mundo de su alrededor.

Los dos padres intentan que la vida de sus pequeños sea buena. Ser padres supone un intenso y prolongado trabajo. Cada etapa es diferente y trae sus problemas de cuidados y de relación. Separación normal de los hijos de sus padres conforme crecen. Vivencia de pérdida y, a la vez, liberación. El mundo de la mujer adulta vuelve a cambiar. Esfuerzo para retomar sus carreras profesionales. Algunas mujeres comprueban con amargura que nadie las espera ahí fuera.

Ruptura con la madre, necesaria para la individuación de los hijos. Muerte simbólica de la madre infantil. Los padres pierden su capacidad de no equivocarse, se les cuestiona. Tendencia a rechazarlos. Los padres no lo comprenden: dolor, desencanto y resentimiento. Los padres culpan a los hijos por ser unos desagradecidos, egoístas e, incluso, crueles... Los hijos culpan a sus padres por no comprenderlos, por «traicionarlos» y no darles el apoyo y el amor que necesitan. La historia de desencuentro con los hijos es casi inevitable.

El cometido de los padres es dejar que sus pequeños los idealicen y, luego, dejarles descubrir que no son ningunos dioses, que son personas como todas las demás, con sus defectos y fracasos, pero que están a su lado apostando por ellos.

En las relaciones entre los padres y los hijos abundan los resentimientos, la culpa y los daños infligidos sin resolver. Expiar una culpa real o imaginaria. Autocastigo. Compensación por sufrimiento y sacrificio personal. Multiplicación del daño y del sufrimiento. Reconciliación en vez de expiación.

Las experiencias de interacciones de madre-hija y de madre-hijo son distintas. Si la madre acepta la supuesta inferioridad del sexo femenino y la jerarquía entre los sexos, sin querer, los confirmará en el trato diferenciado de sus hijos.

Continuidad identitaria con la hija: mejor comprensión, comunicación e intimidad. Las hijas no temen disolverse en lo femenino-materno. Ambivalencia en la tendencia a compararse y competir de dos mujeres.

Nuestras sociedades patriarcales propician la pugna de las mujeres entre sí para ganarse la atención y el amor de un varón. La cuestión de la belleza y del atractivo sexual en el conflicto entre las madres e hijas. Rivalidad. Celos. Irritación. Culpabilidad. Cambiar de actitud.

La queja materna como una manera de comunicarse y demandar reconocimiento: poco eficaz, porque no convence y sí molesta. Ejemplo a las hijas, que pueden reproducir o rechazar. Tratar de dar otro ejemplo a nuestros hijos. Reparto de tareas más equitativo entre los padres. Respeto y solidaridad. Un mundo mejor. Integración de papeles de madre y de profesional. Personas completas.

La labor de educar a los hijos: tarea de ambos padres y su responsabilidad. Difícil desempeño. Ofrecer un buen ejemplo de relación.

Cuerpo-palabra como un vivo recordatorio de lo que aprendemos. La transformación del cuerpo en su experiencia de vida. Sexuación en la repetición performativa de gestos y de actos que lo moldean. Manera de estar en el mundo: posición física y psíquica en relación. Límites impuestos. Los cuerpos: objetos y blancos de poder ejercido sobre ellos. Cuerpos educados, manipulados y habituados a responder a lo que se espera de ellos.

Los sentimientos se graban en los cuerpos, los cuerpos los recuerdan y los pueden revivir deseándolo o no el sujeto. Contribución sin querer de las mujeres a su propia dominación y subordinación. El hábito en la existencia diaria moldea los cuerpos. Modo renovado de vivir y de expresarse.

Parece que los cuerpos de las mujeres en el orden patriarcal no les pertenecen: cuerpos para otros, para su disfrute, para gestar y nutrir, para servir a otros, decorar su vida, cuidarlos, seducirlos... El cuerpo que atrae es el cuerpo bello y sexy de la mujer joven, cuerpo con capacidad de reproducirse.

No podemos salir del cuerpo que somos porque vivimos en y desde nosotras mismas. Somos corpóreas y reales, envejecemos. Cuerpos que sienten y piensan, que se mueven y deciden, que actúan y crean en cada instante vivido; cuerpos que se transforman en su proceso de vida. Las ancianas se vuelven más conscientes de ser corpóreas: cuerpos que duelen, que enferman, que no pueden...

El lenguaje no verbal del cuerpo. Increíble fisiología interna. Las dolencias nos hablan y nos inclinan a un hacer diferente. El organismo posee su propia sabiduría y tiende a sobrevivir y a curarse. Mensajes que a menudo no comprendemos. Intuición para comprenderlos. Trastornos cutáneos como expresión. Ritmo acelerado de vida, sin tiempo para escuchar los cuerpos.

Descontento con la apariencia corporal. Hacer ejercicio es beneficioso para el cuerpo: activa la energía vital, mejora la agilidad, la salud y la autoestima, ayuda a eliminar el estrés, estimula la secreción de endorfinas; incluso, puede mejorar nuestras relaciones sexuales y contribuir a que nos sintamos más vivos y felices. El ejercicio aeróbico puede proteger el cerebro de los deterioros de la edad.

Construir una continuidad saludable y rica en estímulos, que ayuden a nuestro crecimiento como personas. Nuestros cerebros se van configurando en las experiencias diarias, se van sexuando. Proceso podador de neuronas, dependiente de las hormonas sexuales.

El cerebro de la mujer adulta: los dos hemisferios cerebrales menos asimétricos porque no desarrollan tanta especialización funcional como los masculinos. Cuerpo calloso y comisura anterior más pronunciados: más interconectividad entre los hemisferios y mayor plasticidad. Ventaja femenina en el lenguaje y memoria verbal. Habilidades comunicativas de la mujer.

Sexuación del cuerpo sometido al influjo hormonal. La menstruación. Los embarazos. Los partos. La lactancia. La menopausia. Mayor consciencia femenina del cuerpo. Los hombres no tienen esas vivencias y no entienden lo que significan para un cuerpo vivo y real. Dificultad de expresarlo en palabras.

Período fértil: producción de hormonas sexuales en los ovarios. Ciclos mensuales con sus transformaciones corporales rítmicas: acúmulo de líquidos, crecimiento de algunos tejidos y órganos como el útero, su decrecimiento, cambios de ánimo, en la sensibilidad al dolor y a otros estímulos, en las funciones y los desempeños, cambios en los deseos… Mensualmente, el cuerpo femenino se prepara para una posible fecundación, y es fisiológico, no depende de nuestra voluntad.

La no aceptación de la menstruación y la elaboración negativa del ciclo menstrual pueden perjudicar a la mujer y problematizar sus vivencias. En las sociedades patriarcales sigue existiendo un tabú sobre la menstruación, que internaliza la mujer. Ocultamiento de la menstruación. Silencio. Vergüenza. Temor a la sangre menstrual por considerarla impura.

Premenopausia: período hormonal y fisiológico de transición. Menor secreción ovárica, que se vuelve más irregular, menos cíclica. La proporción de las hormonas sexuales cambia: los estrógenos disminuyen y los efectos de la testosterona se notan más. Sofocos. Sudores, sobre todo nocturnos. Irritabilidad. Problemas de sueño y de concentración. Cansancio. Tendencia a engordar. Sequedad vaginal. Incontinencia urinaria. Depresión. Algunas pasan por este período sin apenas enterarse.

En las sociedades patriarcales la menopausia se asocia con la pérdida de valor de la mujer. La última regla como punto de inflexión en la vida femenina. Importantes cambios. Anuncia la futura vejez y gira en torno de la decadencia física y la muerte. Cesa la amenaza de embarazos no deseados, las molestias y las incomodidades que acompañan la menstruación. Liberación. Ambivalencia.

Tras la menopausia: una nueva etapa de vida, que puede ser larga, interesante, próspera y feliz. Mayor control en sí misma, sin los rítmicos cambios menstruales.

Conocer la propia anatomía y sus funciones. Nombrar las estructuras. Lo que no se nombra no existe. Conocer la rica sexualidad femenina y también la propia. Saber lo que gusta y lo que no. El autoconocimiento sexual es importante para alcanzar la felicidad sexual.

Sensaciones de inadecuación, de carencia y de deficiencia en el campo sexual por no reconocerse en lo «normal» de la sexualidad masculina. Miedo a ser descubiertas en su «insuficiencia». Culpa por no sentir lo que supuestamente deberían. Valorar las peculiaridades de la sexualidad femenina.

Sentirse culpables de no llegar a experimentar orgasmos en los coitos y sí en otras ocasiones. Creencias erróneas: anormalidad, defecto, perversión, enfermedad… Sentirse presas en sí mismas. Distanciamiento de sí mismas. En muchas mujeres, una parte de sí mismas se encuentra aislada, oculta, rechazada e inmadura. Frustración en las relaciones sexuales. Evitación. Cólera contenida.

La cólera que sienten muchas mujeres adultas no solo responde a los hechos traumáticos de su biografía, sino también a la cultura y al orden social en los que viven en relación con otros.

En el orden patriarcal, muchas mujeres han sido educadas para dejar sus sueños y echar por la borda sus planes de vida en el momento en que un hombre entre en su existencia: se tornan las compañeras de vida de… Mujeres «habitadas» por otros.

La condición de «habitados» lleva a los dos sexos a conductas diferentes: a los hombres, a intentar conquistar el mundo para su amada, a ser una especie de héroe; a las mujeres, a ser una buena compañera, esposa, madre, ama de casa. Las mujeres «habitadas» se colocan generosamente a la «sombra» de su amado para no «dañar» su hombría ni hacerle de menos.

Las mujeres sacrifican su sexualidad para evitar el desencuentro con el otro deseado. La autoinhibición sigue siendo recompensada en la mujer adulta. Fractura en la relación consigo misma. Disociación. Desconfianza del placer. Prohibiciones a sí mismas.

Negación de la propia sexualidad. Desarrollo de la llamada feminidad, ampliamente aceptada en el orden social. Aparente asexuación: imposible en el ser humano, pues somos individuos sexuados y sexuales, lo aceptemos o no. Empobrecimiento del sujeto existente mujer. Represión en el día a día. Olvido e ignorancia de sí.

Las creencias sobre lo que es «normal» en la sexualidad son internalizadas por las mujeres en su proceso de socialización. Expectativas que influyen en sus actitudes respecto a su propia sexualidad. Comportamientos normalizados. Reforzamiento de las relaciones de poder vigentes en la sociedad.

Contribución de las mujeres a su subyugación sexual. La autoafirmación sexual femenina sigue siendo una asignatura pendiente.

Reducción de la sexualidad a los coitos y éstos, a la acción y sensaciones centradas en los genitales. Las personas no somos unos genitales andantes.

Ser «sexy» no se equipara con ser «sexual». Reconocerse como sexual es vivirse como tal, implica valorar la propia condición sexual. En nuestras sociedades el sexo se refiere al hacer y no al ser, se lo sigue banalizando, reduciendo y criminalizando. Se sigue transmitiendo la idea de que el sexo es obsceno y furtivo, que es perverso cuando aporta mucho placer, y más refiriéndose a la mujer.

La sexualidad femenina como un asunto de servir al otro para aliviar sus tensiones. La mujer es reducida a un objeto sexual necesario para que el otro goce y se relaje. La intimidación de la mujer para que sea un servil complemento de su compañero varón sigue vigente en el contrato sexual en nuestras sociedades patriarcales. Impuesta dependencia sexual.

Muchas mujeres que se consideran «liberadas» y sexualmente activas adoptan los tradicionales patrones masculinos: desapego emocional, múltiples experiencias sin apenas improntas biográficas, sin que el otro tenga un rostro concreto. Placer sin ataduras.

La sexualidad femenina forma parte de y deriva de *ser* mujer existente, viva y real. No es tan coitocentrista como la masculina. El placer femenino no se obtiene solo en las relaciones coitales. Respetar nuestras vivencias.

La sexualidad humana se impregna de asociaciones, imágenes, recuerdos de experiencias vividas, de imaginación, creencias y fantasía, que hacen que algunas cosas nos exciten y otras no. El tipo de educación influye en nuestras actitudes. Aprendemos a sentirnos de un modo y no de otro con el hacer sexual. Influencia de los otros.

Construcción de un sentido en el ser, una identidad propia y una auto-imagen. La repetición de las acciones crea una continuidad, una permanencia de lo que se hace y de lo que se es. El desarrollo afectivo influye en lo que percibimos y cómo lo interpretamos. En las mujeres, para bien o para mal, lo cognitivo se entrelaza con lo afectivo-sentimental.

Una fuente de malestar sexual es el hecho de haber sufrido experiencias traumáticas como el abuso, el incesto y la violación, que se graban en los cuerpos-palabra de las mujeres. Confusión. Resentimiento. Rabia. Sufrimiento. Culpa. Desvalimiento. Desesperanza. Disociación del cuerpo para no sentir el sordo dolor grabado en él. Vergüenza. Ocultamiento. No recordar. No hablar de ello porque duele hacerlo. «Olvido». No elaboración del trauma. Problemas. Un oscuro pacto con sus agresores, que asegura la continuidad del daño, de su propio sufrimiento. Es injusto que las víctimas se muten en sus propios verdugos. Comprender el dolor y sobreponerse a sus traumas. Atención a los actos autodestructivos y al autosabotaje. Mirada adulta que hace crecer y liberarse del agresor. No contentarse con sobrevivir. Aprender a pensarse de una manera nueva, con respeto, complicidad y amor de mejor amiga.

Posibles causas de los problemas sexuales en la etapa adulta: hechos biográficos traumáticos, algunas maneras de ser y de ver las cosas, tabúes internalizados, prohibiciones sociales, trastornos de personalidad, mala educación sexual, que ni informa bien ni forma como personas sexuales. Restricciones. Negaciones. Ignorancia. Frustración. Sufrimiento.

Actitud ambigua respecto al sexo: deseo y miedo, esperanza y desencanto, placer y peligro. Búsqueda de la sensación de ser queridas, deseadas, de estar acompañadas, cuidadas y protegidas... Placer que nutre existencialmente. Compromiso con las relaciones, incluso si no les aportan placer físico. Conformidad. Aguantar y callar si son «buenas chicas».

En las sociedades patriarcales no se le da el mismo valor al placer femenino que al masculino. Jerarquía sexual.

Valorar nuestras vivencias. Comprenderlas. Legitimarlas. Descubrir nuestra sexualidad. Elaborar nuestros conceptos en la experiencia vivida siendo mujer: sujeto existente de igual valor que el hombre y con todo el derecho a su propio desarrollo. Ética. Justicia. Dignidad humana.

Sentir placer en su existencia diaria es una acción de rebeldía de la mujer frente al apocamiento impuesto desde fuera e internalizado en su proceso de vivir. Situarse en el hondo placer de *ser* mujer transforma nuestro mundo. Un mundo mejor, más bello, bueno y verdadero. Placer gratuito, profundo, libre, constructor... al alcance de cualquier mujer, tenga la edad que tenga. La libertad individual de elección de placeres es una potencialidad a desarrollar.

A las mujeres nos gusta sentir con el tacto, el gusto, el olfato, con las palabras dichas y con las silenciadas e intuidas, con los colores, la música, el baile, la conversación... ¡Cuántos placeres!

El tacto: sentido asociado a la piel, muy desarrollado en la mujer. Las mujeres intuyen las emociones del otro en el tocar, le conocemos en el sentir, tocamos el tocar y descubrimos la relación con ese otro. Caricias que despiertan a otras pieles. Cercanía. Continuidad. Interés. Sensación de realidad: lo que es tangible existe. Sensación de seguridad y de afecto. El tacto es contacto. Los estímulos táctiles más intensos en los coitos: tiempo compartido de vivas sensaciones y emociones.

El placer de comer se relaciona profundamente con el afecto. Búsqueda de comida como sustituto de amor. La necesidad de comer sin que se tenga hambre como signo de malestar interno.

El tipo de compromiso emocional que buscamos las mujeres es distinto al de los hombres. La sexualidad femenina: matiz de cercanía y de continuidad, tendencia a la fusión con el otro, mayor vinculación afectiva, comunicación impregnada de emociones. Los hombres no entienden ese tipo de compromiso emocional. Su compromiso es de fidelidad y de desempeño del papel del marido y del padre de sus hijos. Conducta diferenciada de los dos sexos en la esfera emocional.

Otras diferencias en la sexualidad de los dos sexos: Carácter cíclico mensual de las secreciones de las hormonas sexuales femeninas en la etapa fértil, hormonas que influyen en su sexualidad. Sucesos tan importantes como el embarazo, el parto, la lactancia. Pautas de maduración y de envejecimiento sexuales distintas. El hecho de que el coito no se acompañe frecuentemente del orgasmo. El orgasmo femenino no da término a la excitación, como el masculino, sino que, a menudo, la aumenta. Orgasmos múltiples.

La excitación sentida por la mujer activa su región genital, muy vascularizada e inervada: los tejidos se llenan de sangre y aumentan de tamaño; humedecimiento de los genitales con la secreción humoral, movilización. Todos esos sucesos son fisiológicos y ocurren al margen de los deseos de la mujer, pues el cuerpo está provisto de mecanismos de defensa para evitar el daño de tejidos y de estructuras. El humedecimiento genital de la mujer puede tener lugar incluso en una relación no deseada, es una reacción fisiológica del cuerpo. Es importante que las mujeres conozcamos nuestra fisiología sexual para evitar las falsas interpretaciones que hacen daño.

El orgasmo: clímax de la excitación. Después la sensibilidad excitatoria decrece de una manera más pausada que en el varón, los tejidos se relajan, baja su vascularización... Distensión corporal. Relajamiento. El orgasmo femenino también puede prolongarse en un período de mayor excitabilidad. Orgasmos múltiples.

El primer orgasmo en una relación sexual: una iniciación existencial. Nuevo placer. La excitación depende de la estimulación directa o indirecta del clítoris. Las mujeres que se han masturbado en las etapas anteriores suelen llegar más fácilmente al orgasmo.

La masturbación en la edad adulta. No desaparece necesariamente cuando se vive en pareja. Expresión de un trastorno si es compulsiva y sustituye a otras maneras de gratificación sexual con otros deseados.

El primer coito como una especie de iniciación para la mujer. Dolor o no. Desgarro del himen o no. Pequeño sangrado o no.

El cuerpo se transforma y cambian sus funciones, sus apetencias y deseos, sus creencias y consideraciones. Evolución física, psíquica y emocional. Las relaciones sexuales se dan a cualquier edad y pueden incluso mejorar con la experiencia vivida.

La mujer madura sexualmente despacio. Pico fisiológico entre los treinta y los cincuenta años. El psicológico, entre los cincuenta y los sesenta. Período máximo de receptividad en la juventud, hasta los treinta años. A partir de los treinta, período de máxima respuesta: la mujer ya se ocupa más de su propia satisfacción, sabe lo que le gusta y lo que no. Muchas han superado algunos miedos e inhibiciones, y se han informado mejor.

Toma de anticonceptivos. No embarazos no deseados. Influencia en la sexualidad y en la libido. Reacción particular de cada mujer. Efectos secundarios o no. Otros métodos. La posibilidad de un embarazo está muy presente en la edad fértil de la mujer e influye en su sexualidad, en su deseo y amatoria.

Abortos. Incluso los espontáneos causan sentimientos de culpabilidad. Hechos traumáticos en la biografía de la mujer, además de ser situaciones de serio riesgo para la salud. Todavía hoy, muchas mujeres mueren o quedan con secuelas para siempre a consecuencia de abortos clandestinos o practicados en malas condiciones sanitarias.

También el embarazo es una situación de riesgo para la salud femenina. Regalo generoso a ese nuevo ser. La mujer se transforma. La sexualidad cambia en cada trimestre, el deseo también. Cambian las sensaciones, las emociones, las percepciones, prioridades, deseos, actitudes, acciones... Miedo a perder o a dañar al feto. Desequilibrio personal. Los embarazos no deseados pueden convertirse en una verdadera tortura de nueve meses.

Poderosa y apenas consciente lucha de la mujer: seguir siendo una persona con sus propias necesidades y proyecto de vida, y ser madre por encima de todo. Conflicto en la sexualidad de la mujer adulta. Cambios en el embarazo, la lactancia y la crianza. Priorización de los cuidados de los hijos. Falta de tiempo libre para sentirse como personas y no madres. Cansancio. Preocupaciones y muchas tareas. Olvido de sí. Culpabilidad por no cumplir con todos: padres, hijos, pareja, amigas, jefes... Agotamiento físico y psíquico. Las relaciones coitales como una tarea más que supone esfuerzo.

Frecuente depresión posparto: la dramática transformación de vida, el cuerpo cambiado, dolencias, las hormonas, la lactancia, la tremenda responsabilidad, los miedos, desamparo, falta de comprensión, el permanente cansancio y la falta de sueño... Las mujeres somos increíbles, porque a pesar de todas las dificultades la gran mayoría no cambiaría el hecho de haber tenido hijos.

Las mujeres de cuarenta, cincuenta y sesenta años se vuelven más conscientes de que su sexualidad es una parte inherente de su ser y estar en el mundo, y no se reduce a los coitos. Aspecto lúdico del sexo y beneficioso para la salud. Las mujeres maduras se atreven más a ser ellas mismas, mayor confianza en sí. Construcción de relaciones más gratas y significativas.

En la madurez, manifiestan características tradicionalmente consideradas como masculinas: seguridad, independencia, valoración de atributos físicos de la relación sin ataduras emocionales... Efecto hormonal por el descenso de estrógenos y por el aprendizaje de las conductas «masculinas» en sus experiencias relacionales. También, porque muchas mujeres ya no pretenden encontrar comprensión y compromiso emocional en sus relaciones con los hombres; se quedan con algo bueno de «lo que hay». Algunas se disocian de su cuerpo. Papel de persona «asexual». No es lo mismo ser que hacer.

Menopausia: descenso de estrógenos. Disminución de las sensaciones en el clítoris, la vagina y el periné. Atrofia de las mucosas. Tendencia a la sequedad vaginal. Posibles molestias y dolor en el coito. Muchas ya están más libres de sus cometidos como madres, con más tiempo para todo, también para el sexo. El placer sexual puede intensificarse en esta etapa.

Vejez. Problemas de salud. Nunca es tarde para encontrar el placer de vivir, que incluye el placer sexual. La edad no impide disfrutar con el sexo: orgasmos en los coitos o con la masturbación, fantasías, recuerdos y sueños eróticos. La «invisibilidad» de la anciana que puede ser liberadora y deseable.

El desear de la mujer adulta se va matizando con la experiencia vivida. Deseo de ser deseadas y de desear. Las jóvenes desean más ser deseadas. Deseo de vivir un gran amor. Influencia de los mitos tradicionales del amor romántico. ¿Qué fantaseamos en el amor? ¿Con qué tipo de pareja soñamos? Los deseos cambian con la edad. En las jóvenes: no sólo se busca a un compañero, sino también al padre de sus hijos.

Deseo de ser madre. Deseo de tener una profesión o un buen empleo. Deseo de tener una pareja. Deseo de una buena vida. Algunas desean por encima de todo la libertad y la independencia personal. Deseo de una vida con sentido. Deseo de ayudar a los demás. Deseo de tener un estatus elevado: objetos de lujo, casas, propiedades...

Deseo de ser «buenas» y reconocidas como tales: la madre perfecta, la esposa modélica, la amante seductora y amena, la amiga ideal, el cuerpo bello y sexy, la vecina amable, la profesional competente... Internalización de las normas de éxito femenino. Placer y constante tensión. Atrapadas en los espejismos. Adaptación a los ideales vigentes, porque los hombres suelen escoger a las que lo hacen. Atentas a la impresión que producen en otros.

Disimulo de algunas cualidades como la inteligencia para no «asustar» a los hombres.

Aprendemos a desear lo que se supone que tenemos que desear. Deseamos lo que nos resulta familiar, grato y cómodo. La esperanza de ser felices nos guía. Confiamos en que si hacemos tal cosa sucederá tal otra, porque creer nos proporciona sensaciones agradables: paz, seguridad, cierta certeza... Adaptación al medio socio-cultural. Sumisión en el orden patriarcal. Deseo de dejar huella: creadoras del bienestar en sus pequeños-grandes ámbitos de acción.

La mujer sueña con una vida feliz. El imaginario de las mujeres las nutre con las ensoñaciones que colorean su cotidianidad. Paraje secreto, muy visitado si existe frustración en la vida real. Ayuda a seguir a pesar de... y a sobrevivir.

Las jóvenes sueñan con el «príncipe azul», que las salvará de todo mal. Las mujeres maduras sueñan con un verdadero compañero: ya saben que los príncipes azules habitan en los cuentos. Las mujeres maduras desean vivir en paz, comprender y conocer, ser visibles, tener voz, expresar sus talentos, vivir experiencias interesantes...

Las mujeres, como los hombres, desean triunfar en la vida, pero sus «triunfos» no se corresponden con los de ellos. Cumplir bien los papeles que les toca en el orden social. Combinar sus cometidos personales con los profesionales es un logro difícil para la mujer, tal como están las cosas. Las mujeres desean relacionarse con los demás y un triunfo es llegar a expresarse como sujeto en sus relaciones con otros, decir «no» y no sentirse culpable, hacer lo que verdaderamente se desea hacer, desprenderse del machismo internalizado y de tantas falsedades aprendidas en nuestro proceso de socialización, tener tiempo y espacio propios...

Otro deseo típicamente femenino es ser bella y atractiva, porque las mujeres siguen desempeñando el papel de objetos de deseo de otros. La belleza como poder femenino. Mejora de oportunidades de éxito social. Aprendizaje de competir con otras mujeres, sus posibles rivales para atraer a esos poderosos. Esfuerzo de disimular la edad.

El deseo de ser deseadas se asocia con el deseo de ser visibles para otros, y con el deseo de poder y de control. El poder femenino directo se rechaza en el orden patriarcal. Desarrollo del poder indirecto por medio de la seducción y dominación del otro que la desea: el poder del subyugado que intenta dominar al dominador. El mito universal de la terrible y peligrosa mujer que seduce y domina al varón.

Los gestos esconden promesas de comportamiento en la relación, comunicamos sin ser conscientes lo que los otros pueden esperar de nosotros. El encuentro: confirmación de uno por el otro en una conversación sin palabras.

Los gestos de las mujeres suelen ser breves e insinuantes, no bruscos ni rotundos, salvo si nos enfadamos. Las mujeres tienden a ocupar menos espacio al sentarse, dan pasos más cortos, sonríen más y no alzan tanto la voz. Al hablar, no suelen adoptar posturas claras en sus afirmaciones, buscan un posible consenso: lenguaje de sumisión. La mujer comunica al varón que no es ninguna amenaza ni para él, ni para su hombría. Eso atrae normalmente a los hombres. Por lo general, las mujeres expresan mejor que los hombres sus sentimientos con los gestos y con las palabras.

Las mujeres jóvenes que desean atraer tienden a dar cuerpo a las fantasías sexuales masculinas, pero tienen las suyas propias. Las fantasías, fantasías son: no siempre corresponden a lo que deseamos. Las fantasías pueden servir para procesar traumas y diversos miedos. Solemos erotizar lo que conocemos, las experiencias propias y las pertenecientes al imaginario colectivo. En el orden patriarcal se erotiza la violencia sexual. Represión de las fantasías por censura externa e interna. Lo prohibido se manifiesta en lo que se fantasea.

La orientación del deseo puede cambiar a lo largo de la edad adulta. A partir de los cuarenta-cincuenta años, algunas mujeres heterosexuales emprenden relaciones con otras mujeres, más si están solas y encuentran apoyo emocional en ellas.

Carácter cíclico del deseo de la mujer en la edad fértil. Aumento del deseo en los días alrededor de la ovulación (por el pico de estrógenos) y antes de la menstruación (mayor proporción de testosterona).

En el embarazo, la libido cambia en cada trimestre. Creencias. Miedo a dañar al feto.

El deseo sexual a menudo aumenta después de la menopausia. Desvalorización de la mujer postmenopáusica en nuestras sociedades patriarcales.

Las conductas de las mujeres en el amor y en el sexo cambian a lo largo de la etapa adulta. En todas acontecen un ofrecimiento, aceptación o rechazo, reconsideración y reformulación del encuentro entre dos. Un para qué oculto. Moldeamiento en la comunicación con otros. Reconocimiento y confirmación mutua en el encuentro. Simultánea y circular comunicación: todos influimos en otros. Ofrecimiento de información seleccionada sobre sí misma y proposición de un tipo de relación. Constante retroalimentación mutua.

Tendencia a reproducir pautas de interacción con otros aprendidas en nuestras relaciones anteriores. Elección inconsciente de otros que presenten pautas conocidas y familiares. Repetición de historias parecidas con personas aparentemente distintas.

Cada relación amorosa nos transforma, vamos aprendiendo en la experiencia. Generalmente, el amor hace que mejore nuestro estilo afectivo, más si es correspondido: aprendemos a colaborar, compartir, conversar, confiar en el otro, preocuparnos por él o ella, aceptar que es diferente y a admirarlo a pesar de sus flaquezas... Gozamos en estar juntos, soñamos, creamos un proyecto común, nos sobreponemos a las dificultades, nos ayudamos… Es imposible amarse y relacionarse sin aprender uno del otro, sin comunicar ni compartir un mundo que se va gestando entre dos.

Relaciones sexuales o amorosas tóxicas o destructivas. Consecuencias dañinas. Huir de ellas por muy enamoradas que estemos. Nos va la vida en ello. Lo más importante de una relación entre dos es su calidad. Respeto mutuo. Cuidado al elegir a los otros. Las personas que nos convienen son las que nos ayudan a realizarnos como sujetos de pleno derecho a *ser*. Las mujeres no estamos en este mundo para servir a los hombres. Tenemos que cuidar nuestra seguridad y no ponernos en riesgo ni en nombre del amor, ni del deseo, ni de la bondad, generosidad o sacrificio.

Las mujeres adultas siguen temiendo a los hombres, su violencia y su falta de consideración y de respeto. Demasiadas mujeres creen que los hombres son sus enemigos. La relación de pareja sirve a algunos hombres para maltratar impúnemente a sus mujeres, a abusar de ellas y a violarlas cada vez que quieran; y eso sucede en la intimidad de sus hogares, y demasiado a menudo pasa sin ningún castigo, es acallado y ocultado hasta que sea tan evidente como para terminar en lesiones o muerte. A veces, el hogar es el espacio de mayor peligro para la mujer.

Numerosas mujeres son ignoradas y desoídas en el sexo como actividad, que gira en torno al poder masculino. Cosas tan concretas como el uso del preservativo puede desencadenar conflictos, incluso violentos, que amenazan su seguridad o la de sus hijos.

Tendencia a complacer a otros amados o deseados, a no contradecirles defendiendo sus propias palabras. Poner paz a toda costa. Esperar de que el otro adivine o se dé cuenta de…

Aceptación de la mala comunicación verbal con los hombres, de su huida de hablar de los sentimientos, de abrazar y de acariciar sin pretender otra cosa. Resistencia del dolor y de la frustración. Soñar con otra realidad, en la que ellas puedan expresarse sin miedo a la incomprensión, al rechazo, a la burla y a la violencia. Todavía hoy, la mayoría de las mujeres temen manifestarse como poderosas en el sexo, disimulan, fingen, se autoinhiben…

En la actualidad, muchas mujeres adultas ya no se contentan con ser «buenas» y sonreír dominándose y renunciando a expresarse; desean disfrutar en el sexo, desean saber, desean vivir felizmente su vida. Sin embargo, muchas aprenden que un comportamiento dependiente y sumiso en el sexo es el que les permitirá obtener la satisfacción del varón y la continuidad de la relación entre ambos. En ese tipo de comportamiento, los deseos y necesidades del otro se tornan prioridades a satisfacer.

En la relación entre dos no siempre lo que creemos que desea el otro es lo que este desea de verdad. Hay que hablar, hay que comunicarse y no dar por hecho lo que uno se imagina. El otro no es un adivino. Adivinar no es una «prueba de amor». Incomprensión y alejamiento mutuo. Sufrimiento evitable.

Los hombres suelen desconocer el placer de una conversación íntima de dos y no suelen recurrir a la conversación como una poderosa forma de fortalecer los lazos en una pareja. Frecuentes crisis de pareja por causa de una mala comunicación.

Las mujeres tienden a culparse a sí mismas de los «fracasos» de sus relaciones. Creencia en nuestro orden social: la vida de la pareja depende sobre todo de ellas.

Búsqueda de la unión con ese otro amado, de confianza, de seguridad, fidelidad y compromiso… Ellas valoran mucho la pareja, una relación íntima con otra persona de forma exclusiva. Las que se sienten insatisfechas miran en el exterior y tienden a romper tengan o no a un sustituto. Independencia económica es crucial para poder irse.

Es complicado para las mujeres ser independientes y formar parte de una pareja. Educación que las predispone al cuidado, a la autoinhibición y al desarrollo de los rasgos que despiertan los instintos protectores del varón. Ideales del amor romántico. Poder femenino al convertirse en un ideal objeto de deseo de los hombres, sacrificando su propio desarrollo como personas sexuadas y sexuales, sujetos en su desear y en su actuar.

Los coitos, incluso los que acaben en orgasmos femeninos no lo solucionan todo en la relación de dos; tiene que haber comunicación y ayuda mutua, tiene que haber respeto y trabajo compartido para cuidar la relación y mejorarla con la experiencia y el aprendizaje del buen vivir.

¿Las mujeres hemos internalizado el guión falocrático y coitocentrista en nuestra amatoria? Si prescindimos del afán de auotoconocimiento sexual no podremos autoafirmarnos como sujetos en el sexo. Autoafirmación placentera y necesaria. Darse cuenta y poner atención en el instante vivido, tornar la mirada hacia lo que se siente, lo que se piensa de verdad, lo que se sueña y desea. Sinceridad y autenticidad con una misma.

Las jóvenes suelen ser curiosas, deseosas de descubrir el sexo y complacer a sus amantes. Apuestan mucho por el amor, confiando que el amor lo puede todo, incluso transformar al otro. Parejas sucesivas en su búsqueda de ese otro. Períodos de desencanto y de abstinencia. Cuerpos sanos, flexibles, dinámicos y vitales en sus encuentros sexuales.

El Internet. Pocas fronteras. Mayor complejidad. Mayor libertad. Mentiras. Peligro. Posibilidades nuevas.

Las mujeres de treinta años en adelante: más seguras de sí mismas, más exigentes en el hacer amatorio, aunque persista la conformidad con lo dado y el silencio en la comunicación.

Vivimos y aprendemos unos de otros, y nos vamos pareciendo más con los años: las mujeres valoran más los coitos que antes, y los hombres, las caricias y el contacto de piel con piel. Algunos hombres incluso descubren el placer de conversar con la mujer que tienen al lado.

Las personas autorrealizadas mejoran su hacer en el encuentro sexual porque saben lo que quieren y están más en paz consigo mismas. Relaciones más auténticas, significativas y profundas. Cómodas en el dar y en el recibir. Amantes activas y pasivas. Besar y ser besadas. Estar encima o debajo. Tomar la iniciativa o aceptar que el otro la tome.

A partir de la menopausia, el encuentro sexual ya no tiene intención reproductiva, sino el del gozo de vivir, de afecto y expresión, de la reafirmación de la vida, que nutre al sujeto. El buen sexo mejora la salud y nos hace estar más a gusto. Nunca es tarde para resolver alguna dificultad o problema.

Algunas mujeres maduras entablan relaciones con otras mujeres, relaciones con coitos o sin ellos, pero sí con una buena comunicación e intimidad, y un proyecto de vida común.

Cierta excentricidad de la mujer madura, que ya no se atiene a las normas en uso; apuestan por vivir y ser ellas mismas, disfrutar con las pequeñasgrandes cosas del día a día… Mayor autenticidad. Aquí y ahora.

Mayor responsabilidad de la mujer madura. Valoración de los intercambios cordiales con los demás: alegría y calor muy humano. Actos de amor, como, por ejemplo, hacer una tarta. Lazos afectivos con los otros queridos ayudan a vivir a pesar de las frustraciones y dificultades. Las mujeres valoran mucho las relaciones.

Buscar la alegría en el vivir. Recuperar a esa «niña interior», curiosa, atrevida, animosa y juguetona, con capacidad de asombro y de maravillarse con los descubrimientos existenciales. La vida como aventura apasionante de creación continua. Hacer las cosas con amor y cuidado. Sentirnos orgullosas de nuestras creaciones y de nosotras mismas. Aprender a ser las mejores amigas de una misma. Amor hacia sí misma: verdadero tesoro en la existencia, clave para ser razonablemente feliz.

Elegir bien a las personas y las relaciones que nos convienen para realizarnos y vivir como sujetos. Resistir frente a la tendencia de otros a dominarnos y a cosificarnos. Rebelarse para *ser*. Camino que se hace paso a paso, proceso de *ser* sujeto mujer. Valentía y coraje existencial. Detectar situaciones de riesgo y evitarlas. Buenas decisiones. Huir de las relaciones que nos perjudican. La dependencia económica y el abandono de la trayectoria profesional son situaciones de riesgo para la mujer.

Un orden social que tiende a ignorar a la mitad de la población no puede ser ni bueno, ni bello, ni verdadero para vivir en él. Tener voz. Hacernos oír en el espacio público. Las mujeres no somos sombras de otros. Valorar las experiencias de las mujeres y reclamar su legitimidad.

Implicarse en la vida propia y comprometerse con ella es un objetivo de la madurez. Mujeres creadoras de sí mismas. Crear conscientes. Vivir cada momento con interés y atención.

No sentirnos culpables de lo que no depende solo de nosotras. No expiación que multiplica el dolor. Sí reconciliación si es posible, y buenas acciones. No somos responsables de las decisiones y acciones de los otros.

Mirar el pasado con los ojos de un adulto capaz de enfrentarse a las dificultades y resolver las situaciones para mejorar la existencia. La posibilidad de elegir la propia actitud frente a las cosas que nos suceden es una expresión de libertad humana y es inherente a *ser* persona. Podemos elegir hacernos daño a o trascender los traumas y crear una realidad mejor para vivir en ella.

Las buenas relaciones son importantes para crear un mundo más humano, más justo y mejor. Los dos sexos tendrían que aprender a relacionarse bien, en respeto y colaboración mutua, de igual a igual. Podríamos trascender lo aprendido y no tratarnos como contrarios, oponiéndonos unos a otros.

Aprender a ser razonablemente libres a pesar de las imposiciones diarias. Decisiones propias. Acciones. Responsabilidad. Confianza en una misma. Perseverancia.

En la madurez, solemos comprender que en realidad no sabemos muchas cosas, ni podemos prever todas las consecuencias de nuestros actos. Aprender a convivir con ello. Humildad y misericordia.

También comprendemos en la madurez que estamos solas en nuestra existencia como individuos reales, a pesar de que nos relacionemos o convivamos con otros. La soledad, necesaria para aclararnos con nosotras mismas. Tiempo y espacio propios para encontrar momentos de paz y de creación. Construcción de límites para protegerlos. Vivir la propia vida en primera persona. Nuestra vida es nuestro asunto más importante, es nuestra creación.

Las mujeres sabias dicen «no» sin sentirse culpables. Respetan sus propios límites. No existen para dar cuerpo a las fantasías sexuales masculinas. Se atreven a expresarse como inteligentes y fuertes, asertivas y con autoridad en sus decisiones.

Derecho a envejecer con legitimidad, con dignidad humana. Envejecer bien es un objetivo existencial importante también para las mujeres.

Aprender a cuidar el placer de ser mujer, placer inagotable, gratuito y libre, que nos acompaña a lo largo de toda la vida. Es posible descubrirlo en cualquier momento. Elegir los placeres y colorear la cotidianidad con experiencias gozosas, creativas de una misma: escuchar música, leer, estudiar, cocinar, bailar, pintar, tejer, pasear, hacer ejercicio, conversar... El mundo que creamos alrededor puede ser bueno, bello y verdadero, rico en estímulos beneficiosos para nosotras y para los otros.

Hacer ejercicio. El ejercicio aeróbico mejora la salud, y la salud es crucial para poder ser felices. El ejercicio rebaja el estrés. Secreción de endorfinas. El ejercicio mejora la autoestima y activa nuestra energía vital. Sentirse a gusto en nuestra piel. El ejercicio mejora el sexo. Protege el cerebro del deterioro relacionado con la edad.

Para ser felices: deshacernos de nuestros prejuicios, gozar de buena salud, tener inclinaciones y pasiones, ser propensas a la ilusión... Estudio como una inagotable fuente de placer. Aprender para conocer y comprender. El amor al estudio se vincula con el deseo de vivir felizmente la propia vida.

No olvidarnos del compromiso ético con los otros, de aportar al mundo lo mejor de nosotras. Influir en la felicidad de los demás debería formar parte de la base de todas las relaciones humanas. Más espíritu maternal y menos rechazo al diferente. El mundo necesita más a personas que aman y cuidan, y menos a las que odian y destruyen; personas que piensan y razonan, comprenden y respetan, y crean en bondad, belleza y verdad.

Mujeres conquistando el saber, relacionándose bien con los hombres y con las mujeres. Dejar de ser misóginas. Solidaridad con otras mujeres. Compromiso. Sororidad.

Ardua tarea: desaprender muchas cosas aprendidas que nos impiden ser en libertad, realizarnos como personas completas que somos y convivir con los hombres de igual a igual, en justicia social. Mujeres sujetos existentes.

Bibliografía

Abbott, Edwin A.: *Planilandia*, Palma de Mallorca, José J. Olañeta, 1999.

Alberoni, Francesco: *El erotismo*, Barcelona, Gedisa, 1998.

Alborch, Carmen: *Malas*, Madrid, Aguilar, 2002.

Amezúa, Efigenio: «El sexo: historia de una idea», Revista Española de Sexología 115-116, Madrid, (2003).

Amorós, Celia: *La gran diferencia y sus pequeñas consecuencias... para las luchas de las mujeres*, Madrid, Cátedra, 2007.

Arnaiz Kompanietz, Anna: *La condición sexual humana y la construcción de la realidad*, Madrid, Biblioteca Nueva, 2010.

— *El sujeto existente*, Madrid, Biblioteca Nueva, 2010.

— *El sujeto existente en relación con otros*, Madrid, Biblioteca Nueva, 2011.

— *Sujeto mujer*, Createspace Independent Publishing Platform, 2016.

— *Cuerpo-palabra mujer*, Createspace Independent Publishing Platform, 2016.

Badinter, Elisabeth: *XY. La identidad masculina*, Madrid, Alianza Editorial, 1993.

— *¿Existe el amor maternal?*, Barcelona, Paidós Pomaire, 1981.

— *La mujer y la madre*, Madrid, La Esfera de los Libros, 2011.

Bauman, Zigmunt: *Miedo líquido*, Barcelona, Paidós, 2010.

Belli, Gioconda: *La mujer habitada*, Tafalla, Txalaparta, 2002.

Bocchetti, Alessandra: *Lo que quiere una mujer*, Madrid, Cátedra, 1999.

Bolen, Jean Shinoda: *Las brujas no se quejan*, Barcelona, Kairós, 2008.

— *Sabia como un árbol*, Barcelona, Kairós, 2012.

Botella Llusiá, J. y Fernández de Molina, A. (editores): *La evolución de la sexualidad y los estados intersexuales*, Madrid, Díaz de Santos, 1998.

Bourdieu, Pierre: *Meditaciones pascalianas*, Barcelona, Anagrama, 1999.

— *Capital cultural, escuela y espacio social*, Buenos Aires, Siglo Veintiuno Editores, 2010.

Branden, Nathaniel: *El respeto hacia uno mismo*, Barcelona, Paidós, 1993.

— *Los seis pilares de la autoestima*, Barcelona, Paidós, 1995.

— *La autoestima de la mujer*, Barcelona, Paidós Autoayuda, 1999.

Brown, Norman O.: *El cuerpo del amor*, Barcelona, Santa & Cole, 2005.

— *Apocalipsis y/o metamorfosis*, Barcelona, Kairós, 1995.

Bruckner, Pascal: *La tentación de la inocencia*, Barcelona, Anagrama, 1999.

Bruner, Jerome: *La importancia de la educación*, Barcelona, Paidós, 1987.

Butler, Judith: *Mecanismos psíquicos del poder*, Madrid, Cátedra, 2011.

Buzzatti, Gabriella y Salvo, Anna: *El cuerpo-palabra de las mujeres*, Madrid, Cátedra, 2001.

Campbell, Joseph: *Los mitos*, Barcelona, Kairós, 1994.

Ceberio, Marcelo y Watzlawick, Paul: *La construcción del Universo*, Barcelona, Herder, 2006.

Chomsky, Noam: *La (des)educación*, Barcelona, Austral, 2013.

Crenshaw, Theresa L.: *La alquimia del amor y del deseo*, Barcelona, Grijalbo, 1997.

Cyrulnik, Boris: *El amor que nos cura*, Barcelona, Gedisa, 2005.

De Beauvoir, Simone: *El segundo sexo, vol. 1, Los hechos y los mitos*, Buenos Aires, Siglo Veinte, 1987.

— *El segundo sexo, vol. 2, La experiencia vivida*, Buenos Aires, Siglo Veinte, 1987.

De Béjar, Sylvia: *Tu sexo es tuyo*, Barcelona, Plaza & Janés, 2001.

Deepwell, Katy (editora): *Nueva crítica feminista de arte*, Madrid, Cátedra, 1998.

Dolto, Françoise: *Lo femenino*, Barcelona, Paidós, 2000.

— *Sexualidad femenina*, Barcelona, Paidós, 2001.

Downing, Christine (editora): *Espejos del yo*, Barcelona, Kairós, 1994.

Du Châtelet, Madame: *Discurso sobre la felicidad*, Madrid, Cátedra, 2009.

Ehrhardt, Ute: *Las chicas buenas van al cielo y las malas a todas partes*, Barcelona, Debolsillo, 2003.

— *...Y son cada vez peores*, Barcelona, Debolsillo, 2003.

Eichenbaum, E. L. y Orbach, S.: *¿Qué quieren las mujeres?*, Madrid, Talasa, 1995.

Estés, Clarissa Pinkola: *Mujeres que corren con los lobos*, Madrid, Ediciones B, 2002.

Fernández, Juan et al: *Varones y mujeres*, Madrid, Pirámide, 1996.

Firestone, Shulamith: *La dialéctica del sexo*, Barcelona, Kairós, 1976.

Fisher, Helen: *El primer sexo*, Madrid, Taurus, 1999.

Foucault, Michel: *Historia de la sexualidad, vol. 1, La voluntad de saber*, Siglo Veintiuno, Madrid, 1987.

— *Historia de la sexualidad, vol. 2 El uso de los placeres*, Siglo Veintiuno, Madrid, 1987.

— *Historia de la sexualidad, vol. 3. La inquietud de sí*, Siglo Veintiuno, Madrid, 1987.

— *Tecnologías del yo*, Barcelona, Paidós, 1990.

— *Vigilar y castigar*, Madrid, Siglo XXI, 2005.

Fraisse, Geneviève: *Del consentimiento*, Santiago de Chile, Palinodia, 2011.

— *El privilegio de Simone de Beauvoir*, Buenos Aires, Leviatán, 2009.

Frank, Ana: *El diario de una adolescente*, Barcelona, Plaza & Janés, 2002.

Freixas, Laura (editora): *Madres e hijas*, Barcelona, Anagrama, 2000.

Freud, Anna: *El yo y los mecanismos de defensa*, Barcelona, Paidós, 1984.

Friday, Nancy: *Sexo: varón*, Barcelona, Argos Vergara, 1981.

— *Mi jardín secreto*, Barcelona, Ediciones B, 1993.

Friedan, Betty: *La mística de la feminidad*, Madrid, Cátedra, 2009.

Galende, Emiliano: *Sexo y amor*, Buenos Aires, Paidós, 2001.

García de León, María Antonia: *Herederas y heridas*, Madrid, Cátedra, 2002.

Giddens, Anthony: *La transformación de la intimidad*, Madrid, Cátedra, 1998.

Gilbert, Sandra M. y Gubar, Susan: *La loca del desván*, Madrid, Cátedra, 1998.

Gil Calvo, Enrique: *La mujer cuarteada*, Barcelona, Anagrama, 1991.

— *Medias miradas*, Barcelona, Anagrama, 2000.

— *El nuevo sexo débil*, Madrid, Temas de hoy, 1997.

— *Máscaras masculinas*, Barcelona, Anagrama, 2006.

Grad, Marcia: *La Princesa que creía en los cuentos de hadas*, Barcelona, Obelisco, 1997.

Gray, Miranda: *Luna roja*, Madrid, Gaia Ediciones, 1999.

Greer, Germaine: *La mujer completa*, Barcelona, Kairós, 2000.

— *La mujer eunuco*, Barcelona, Kairós, 2004.

— *El cambio*, Barcelona, Anagrama, 1993.

— *La carrera de obstáculos*, Madrid, Bercimuel, 2005.

Hellinger, Bert: *Órdenes del Amor*, Barcelona, Herder, 2001.

Hite, Shere: *El informe Hite. Estudio de la sexualidad femenina*, Madrid, Suma de Letras, 2002.

— *El nuevo informe Hite. Mujeres y amor*, Madrid, Suma de Letras, 2002.

— *Sexo y Negocios*, Madrid, Prentice Hall, 2000.

— *Shere Hite responde a las cartas de los jóvenes sobre el sexo*, Madrid, La Esfera de los Libros, 2006.

— *El orgasmo femenino*, Barcelona, Ediciones B, 2002.

Hite, Shere y Barraud, Philippe: *El orgullo de ser mujer*, Madrid, Espasa Calpe, 2004.

Jung, Carl G.: *Arquetipos e inconsciente colectivo*, Barcelona, Paidós, 1997.

Kaplan, Louise: *Perversiones femeninas*, Buenos Aires, Paidós, 1994.

Lagarde y de los Ríos, Marcela: *Para mis socias de la vida*, Madrid, Horas y horas, 2005.

— *Claves feministas para la autoestima de las mujeres*, Madrid, Horas y horas, 2000.

Leites, Edmund: *La invención de la mujer casta*, Madrid, Siglo XXI, 1990.

Legato, Marianne J.: *Por qué los hombres nunca recuerdan y las mujeres nunca olvidan*, Barcelona, Urano, 2007.

Leroy, Margaret: *El placer femenino*, Barcelona, Paidós, 1996.

Le Vay, Simon: *El cerebro sexual*, Madrid, Alianza Editorial, 1995.

Levinas, Emmanuel: *El Tiempo y el Otro*, Barcelona, Paidós, 2004.

— *De la evasión*, Madrid, Arena Libros, 2011.

— *Entre nosotros*, Valencia, Pre-textos, 2001.

Lipovetsky, Gilles: *La tercera mujer*, Barcelona, Anagrama, 1999.

Masters, William H., Johnson, Virginia E., Kolodny, Robert C.: *Eros*, Barcelona, Grijalbo, 1996.

— *Respuesta sexual humana*, Buenos Aires, Ed. Intermédica, 1976.

Matthews-Simonton, Stephanie y Simonton, Carl y Creighton, James: *Recuperar la salud*, Madrid, Los Libros del Comienzo, 2007.

Merleau-Ponty, Maurice: *Fenomenología de la percepción*, Barcelona, Planeta-Agostini, 1993.

— *La duda de Cézanne*, Madrid, Casimiro, 2012.

— *La institución. La pasividad*, Barcelona, Anthropos, 2012.

Metz, Pamela K. y Tobin, Jacqueline L.: *El tao de las mujeres*, Madrid, Gaia, 1996.

Michelet, Jules: *La mujer*, México, Fondo de Cultura Económica, 1985.

Mill, John Stuart: *La esclavitud femenina*, Madrid, Artemisa, 2008.

Mill, John Stuart y Taylor Mill, Harriet: *Ensayos sobre la igualdad sexual*, Madrid, Cátedra, 2001.

Montagu, Ashley: *El tacto*, Barcelona, Paidós, 2004.

— *La mujer, sexo fuerte*, Madrid, Guadarrama, 1970.

— *Hombre, sexo y sociedad*, Madrid, Guadiana, 1969.

Moran, Caitlin: *Cómo ser mujer*, Barcelona, Anagrama, 2013.

Morris, Desmond: *Masculino y Femenino*, Barcelona, Plaza & Janés, 2000.

Muraro, Luisa: *El Dios de las mujeres*, Madrid, Horas y horas, 2006.

— *El orden simbólico de la madre*, Madrid, Horas y horas, 1994.

Murdock, Maureen: *Ser Mujer: un viaje heroico*, Madrid, Gaia, 1991.

Nolen-Hoeksema, Susan: *Mujeres que piensan demasiado*, Barcelona, Paidós, 2009.

Norwood, Robin: *Las mujeres que aman demasiado*, Buenos Aires, Javier Vergara Editor, 2003.

Osho: *El libro de la mujer*, Madrid, Debate, 1999.

Paglia, Camille: *Vamps & Tramps*, Madrid, Valdemar, 2001.

— *Sexual personae*, Madrid, Valdemar, 2006.

Pease, Allan y Barbara: *Por qué los hombres no escuchan y las mujeres no entienden los mapas*, Barcelona, Amat, 2000.

Pheterson, Gail: *El prisma de la prostitución*, Madrid, Talasa, 2000.

Pinker, Susan: *La paradoja sexual*, Barcelona, Paidós, 2009.

Politzer, Patricia y Weinstein, Eugenia: *Mujeres: la sexualidad oculta*, Barcelona, Grijalbo, 2005.

Rivera Garretas, María Milagros: *Textos y espacios de mujeres*, Barcelona, Icaria, 1990.

Rivière, Margarita: *El placer de ser mujer*, Madrid, Síntesis, 2995.

Rogers, Carl y Stevens, Barry: *Persona a persona*, Buenos Aires, Amorrortu, 2012.

Russell, Bertrand: *El poder*, Barcelona, RBA, 2010.

— *La educación y el orden social*, Barcelona, Edhasa, 2004.

— *Misticismo y lógica*, Barcelona, Edhasa, 2001.

Sáez Sesma, Silberio: «Los caracteres sexuales terciarios», *Revista Española de Sexología* 117-118, Madrid, (2003).

Sanyal, Mithu M.: *Vulva*, Barcelona, Anagrama, 2012.

Sartre, Jean-Paul: *Verdad y existencia*, Barcelona, Paidós Ibérica, 1996.

Selvini Palazzoli, Mara: *El mago sin magia*, Barcelona, Paidós, 1990.

Strong, Stanley R. y Claiborn, Charles D.: *El cambio a través de la interacción*, Bilbao, Desclée De Brouwer, 1985.

Tiefer, Leonore: *El sexo no es un acto natural y otros ensayos*, Madrid, Talasa, 1996.

Tubert, Silvia: *La sexualidad femenina y su construcción imaginaria*, Madrid, El Arquero, 1988.

Watzlawick, Paul: *Cambio*, Barcelona, Herder, 1995.

— *La coleta del barón de Münchhausen*, Barcelona, Herder, 1992.

Watzlawick, Paul y otros: *La realidad inventada*, Barcelona, Gedisa, 2010.

Watzlawick, Paul y Krieg, Peter: *El ojo del observador*, Barcelona, Gedisa, 2000.

Wilber, Ken: *Breve historia de todas las cosas*, Barcelona, Kairós, 2000.

Winnicott, D. W.: *Realidad y juego*, Barcelona, Gedisa, 1997.

Wollstonecraft, Mary: *Vindicación de los derechos de la mujer*, Madrid, Taurus, 2012.

Woolf, Virginia: *De la enfermedad*, Barcelona, José J. De Olañeta, Editor, 2014.

— *Un cuarto propio*, Madrid, Horas y horas, 2003.

Young-Eisendrath, Polly: *La mujer y el deseo*, Barcelona, Kairós, 2000.

Zambrano, María: *Los sueños y el tiempo*, Madrid, Siruela, 1992.

— *El hombre y lo divino*, Madrid, Fondo de Cultura Económica, 2007.

Zweig, Connie (editora): *Ser mujer*, Barcelona, Kairós, 1992.

Zweig, Stefan: *El misterio de la creación artística*, Madrid, Sequitur, 2015.

VV. AA.: *De qué hablamos las mujeres cuando hablamos de sexo*, Barcelona, Debolsillo, 2003.

— *La cultura patas arriba*, Madrid, Horas y horas, 2006.